Kraftquelle
Positives Denken

Dan Custer

Kraftquelle
Positives Denken

Gondrom

Lizenzausgabe für Gondrom Verlag GmbH, Bindlach 1996
© 1989 Verlag Peter Erd, München
ISBN 3-8112-1376-8

Inhaltsverzeichnis

Teil eins

Vorwort: 11
Die beiden grundlegenden Wünsche des Menschen 11
Für jedes Problem gibt es eine Lösung 11
Bewußtsein – die größte Macht der Welt 12
Das Wichtigste auf der Welt 13
Etwas über den Autor 15
Drei Wege, durch die der Mensch zum Wissen gelangt 16
Was Sie erwarten können 17
Das Leben als Abenteuer 18
Bewußtsein – eine magische Macht 18
Erfolg – eine mathematische Gewißheit 19
Zu lernen, wie man denkt, heißt zu lernen, wie man lebt 20
Probleme sind das Ergebnis falschen Denkens 21
Jeder kann die guten Dinge des Lebens haben 22
Unser einziges Problem sind wir selbst 23
Teil eins 23
Teil zwei 23
Teil drei 24

1. Kapitel: Was bist du? 27
Äußern Sie sich selbst auf gesunde Weise 28
Sind Sie ein bewußtes Wesen? 30
Sind Sie ein geistiges Sein? 31
Sie können Ihr eigenes Schicksal entwerfen 33

2. Kapitel: Die magische Kraft in dir 37
Auch Sie können Wunder wirken 37
Wenn Sie denken, gebrauchen Sie Bewußtsein 40
Beobachten Sie Ihre Gedanken 42

3. Kapitel: Das Königreich Gottes ist in euch 43
Sehnsucht ist ein geistiger Zustand 44
Sie haben einen inneren Führer 44

Schließen Sie Bekanntschaft mit sich selbst. 48
Bewußtsein ist das schöpferische Gesetz des Lebens. 49
Sie müssen nicht um Ihr Gutes kämpfen 50

4. Kapitel: 53
Die Zauberkraft des Glaubens. 53
Positiver Glaube gegen negativen 53
Was ist Glaube? 56
Das universelle Leben als Einzelpersönlichkeit 58
Sie können Ihren Glauben verändern 60
Verändern Sie Ihren Glauben, und Ihre Erfahrungen ändern sich 62
Handeln Sie unbedingt so, als ob Sie unsterblich seien 63
Die vier Grundzüge des Lebens 65

5. Kapitel: Ihre grenzenlose Macht zu wählen 69
Gott gegen das Böse 69
Furcht, ein negativer Bewußtseinszustand, ist zweifellos der
größte Feind des Menschen. Glaube, bzw. ein positiver Bewußt-
seinszustand, ist des Menschen größter Verbündeter 70
Sie sind Schöpfer Ihrer eigenen Erfahrungen. 70
Geistige Haltungen spiegeln sich in Körper und Angelegenheiten. . . . 72

6. Kapitel: Die Zauberkraft des Entscheidungsvermögens 77
Die Wichtigkeit des Entschlußfassens 77
Eine Entscheidung klärt die Atmosphäre 81
Wir machen unseren Erfolg oder unsere Niederlage. 84
Unterschätzen Sie Ihre Fähigkeiten nicht 85

*7. Kapitel: Jeder fühlt sich zu dem Menschen oder dem Ort
hingezogen, der am angenehmsten ist* 87
Die Wichtigkeit der Selbstachtung. 87
Das Bewußtsein arbeitet wie ein Radio. 89
Unser Körper reagiert auf Liebe 91
Was ist wissenschaftliches Gebet? 93

*8. Kapitel: Die Zauberkraft des schöpferischen
Vorstellungsvermögens* 95
Machen Sie einen Plan für sich 95
Erzwingen Sie nichts – machen Sie sich nur ruhig eine Vorstellung 99
Machen Sie sich keine geistigen Abbilder von dem,
was Sie nicht wollen 100

Sie können Ihre Vorstellungskraft zum Guten oder zum
Schlechten gebrauchen............................. 102
Schöpferische Vorstellungskraft ist kein Tagträumen 103

*9. Kapitel: Liebe und Glaube beeinflussen die
Vorstellungskraft*............................... 105
Sie denken in Bildern, Plänen und Entwürfen 105
Ihre Pläne werden von Ihren Gefühlen beeinflußt 107
Die meisten wursteln nur so vor sich hin 109

10. Kapitel: Die Zauberkraft von Gebet und Vergebung 111
Einige Gebete werden erhört – andere nicht. Warum? 111
Zwei Schritte bei wirkungsvollem Gebet 112
Vergebung ist ein Naturprinzip 115

11. Kapitel: Vergib dir selbst 117
Ein tiefes Schuldgefühl kann Sie krank machen 118
„Heute ist die Welt neu erschaffen worden" 121

12. Kapitel: Vergib anderen. 123
Was ist Vergebung?. 123
Abneigung wird durch Vergebung geheilt 125
Vergebung muß sich in Handeln umsetzen 130

13. Kapitel: Vergib der Vergangenheit. 133
Schuld verursacht geistige und körperliche Krankheit. 133
Verständnis ist das Heilmittel 134

14. Kapitel: Vergib Gott. 139
Gott ist nicht verantwortlich für Kummer, Krieg und Krankheit 139
Jede Situation entweder ein Stolperstein oder eine Stufenleiter 140
Harmonische Angeglichenheit ist Gesundheit. 143

15. Kapitel: Selbstanalyse und Neuerziehung. 147
Ein negatives Bewußtsein verursacht viel Krankheit. 147
Wie sich Komplexe entwickeln. 148
Wie man negative Komplexe loswird 151
Zwei Arten, Furcht und Haß loszuwerden. 152
Vier Fronten, an denen das Leben zum Ausdruck kommt 153
Gottesdienst lädt Sie wieder auf 154
Machen Sie ein Diagramm von sich 156
Ihre Ego-Vorstellung. 156

Das Ego-Ideal 157
Bewegen Sie sich auf Ihr Ideal zu 159
Liebe ist die Antwort 160
Oberflächensymptome 162
Gespaltene Persönlichkeiten 164
Nachts – Vergib 165

16. Kapitel: Das schöpferische Prinzip in dir 167
Die Schöpfungsgeschichte 167
Das unendliche Leben gibt Ihnen von sich 170

17. Kapitel: Vorbereitung auf geistige Behandlung 173
Was ist Meditation? 174
Die Bedeutung der Meditation 175

18. Kapitel: Die Kraft, die heilt 177
Nur eine Heilkraft 177
Die Macht zu wählen wird in jedem Menschen geboren 179
Was ist wissenschaftliches Gebet oder geistige Behandlung? 180

19. Kapitel: Schritte in Richtung auf einen
positiven Glauben 183
Lassen Sie uns diese Schritte klar und deutlich betrachten 185

20. Kapitel: Die Techniken der geistigen Behandlung 189
Da Geist das schöpferische Gesetz ist, ist Ihr Bewußtsein
schöpferisch 190
Bewußtsein die Maschine, Sie der Maschinist 191
Wie man seine Erfahrungen verändert 191
Geistige Behandlung 193
Nichts ist unverbesserlich 193
Fünf Schritte in geistiger Behandlung 195
Seien Sie eindeutig 196
Machen Sie Ihr Gutes erfahrbar 198
Die Macht der Dankbarkeit 200
Unbekümmertheit ist alles 200
Behalten Sie eine Haltung der Erwartung bei 201
Bleiben Sie „im Dauergebet" 203
Vertrauen Sie dem Leben 203
Schreiben Sie Ihre Behandlung vollständig auf 204

Teil zwei

21. Kapitel: Wie man sein Bewußtsein für körperliche Gesundheit einsetzt 211

22. Kapitel: Wie man sein Bewußtsein für finanzielle Sicherheit einsetzt 217

23. Kapitel: Wie man sein Bewußtsein für persönliche Führung einsetzt 227

24. Kapitel: Wie man sein Bewußtsein für Entspannung einsetzt .. 233

25. Kapitel: Wie man sein Bewußtsein für Erfolg in zwischenmenschlichen Beziehungen einsetzt – Gesellschaft – Geschäft – Ehe 239
Die Gesetze der erfolgreichen Ehe 245
Eine gegenseitige Behandlung für Kameradschaft 257

26. Kapitel: Wie man eine machtvolle Persönlichkeit aufbaut ... 259

27. Kapitel: Wie man neue Gewohnheiten formt 267

28. Kapitel: Wie man sein Bewußtsein dazu einsetzt, jung zu bleiben 277

29. Kapitel: Wie man die Furcht loswird 285

30. Kapitel: Wie man sich von einem Minderwertigkeitskomplex befreit 291

31. Kapitel: Wie man Sorgen überwindet 301

32. Kapitel: Wie man jede Situation gewinnträchtig macht 313

33. Kapitel: Eine Morgenmeditation 321

Teil drei

34. Kapitel: Eine Abendmeditation 329

35. Kapitel: Ich bin, ich kann, ich will 333

36. Kapitel: Der Schlüssel zu Gesundheit,
Glück und Wohlergehen. 339

Vorwort

Die beiden grundlegenden Wünsche des Menschen

Jedes menschliche Wesen hat zwei grundlegende Wünsche: dem Schmerz zu entkommen und Vergnügen zu erreichen. Wenn diese Wünsche befriedigt werden sollen, muß der Betreffende gut mit anderen Leuten auskommen, sich seiner Umgebung anpassen und vor allem in zufriedenstellender Weise gut mit sich selbst zurechtkommen. Wenn es ihm irgendwo – innerlich oder äußerlich – an Ausgeglichenheit fehlt, leidet er unter Schmerzen – dem Un-Behagen der Krankheit – in seinem Gewissen, seinem Körper, seinen persönlichen Beziehungen oder seiner Brieftasche. Wenige Leute sind heutzutage vollkommen glücklich, denn wenige sind ohne krankhaftes Un-Behagen – an Geist und Körper und in bezug auf ihre Angelegenheiten.

Wenn Sie nicht so glücklich, so gesund, so erfolgreich sind, wie Sie es gerne wären; wenn Sie sich selbst nicht achten; wenn Sie nicht ein Gefühl völliger Zufriedenheit und Erfüllung haben, dann ist dieses Buch für Sie geschrieben.

Für jedes Problem gibt es eine Lösung

Was auch immer Ihr Problem ist, es gibt eine Lösung; und ich glaube, Sie werden die Lösung auf diesen Seiten finden. Sicherlich würden Sie sich nicht die Zeit nehmen, dies Buch zu lesen, wenn Sie nicht hofften, einige Ideen zu bekommen, einige Vorschläge, einige Methoden, durch die Sie dem Schmerz entkommen und zu größerem

Vergnügen gelangen könnten. *Sie möchten etwas Besseres aus Ihrem Leben machen.* Ihnen fehlt vielleicht eine bessere Gesundheit oder mehr Geld. Vielleicht fehlt Ihnen die Liebe in Ihrem Leben oder ein Gefühl des Friedens und der Heiterkeit.

Bewußtsein – die größte Macht der Welt

Was immer Sie sich wünschen, *es gibt eine wirkende Kraft, die Ihnen diesen Wunsch erfüllen kann* – und diese wirkende Kraft ist das Bewußtsein. Bewußtsein ist die größte Macht der Welt! Und *Sie* besitzen und gebrauchen Bewußtsein!
Ralph Waldo Emerson sagte:
„Es gibt ein Bewußtsein, das allen einzelnen Menschen
gemeinsam ist. Jeder Mensch ist ein Tor zu demselben und
zu allen, die an demselben teilhaben. Wer Zugang zu
diesem universellen Bewußtsein hat, ist an allem beteiligt,
was getan wird oder getan werden kann, denn dies ist die
einzige und die allerhöchste wirkende Kraft."
Während des letzten Jahrhunderts sind viele Bücher über die wunderbare Macht des Bewußtseins und die guten Ergebnisse, die durch positives Denken erzielt werden können, geschrieben worden; aber es sind zu wenige darüber geschrieben worden, *wie* man das Bewußtsein *gebraucht*, *wie* man positiv *denkt*, *wie* man von negativem zu positivem Denken wechselt.

Ich bin sicher, wir stimmen darin überein, daß das Bewußtsein, dessen sich der Mensch bedient, unbegrenzte Möglichkeiten in sich trägt; aber wir möchten wissen, *wie* man dieses Bewußtsein gebraucht, um die am meisten zufriedenstellenden Ergebnisse zu erzielen.

Sie möchten wie tausend andere wissen, *wie* und *was* Sie denken sollen, kurz, *wie* Sie Ihr *Bewußtsein* lenken müssen, um in Ihrem Leben die größte Zufriedenheit zu erreichen.

Das Wichtigste auf der Welt

Sie sind *sich* das Wichtigste auf der Welt. Freunde, Geld, Familie, selbst unsterbliches Leben hätten für *Sie* keine Bedeutung, wenn *Sie* nicht existierten. Die ganze Welt Ihrer Erfahrung hat ihren Mittelpunkt in *Ihnen*. Sie mögen sich selbst ein unergründliches Rätsel sein, aber Sie wissen, daß *Sie* existieren. Sie haben Wünsche und Sehnsüchte, die nach Erfüllung verlangen. Sie müssen ein gesundes und harmonisches Leben führen, wenn Sie glücklich sein wollen. Sie essen, schlafen, spielen, lieben, lernen und beten, damit Sie mehr von dem tun, sein und haben können, was zu größerem Genuß beiträgt – einem größeren Gefühl der Erfüllung.

Jeder Ihrer Handlungen, die aus Ihrer Sehnsucht nach besserem Leben hervorgeht, geht eine geistige Handlung voraus – ein Entschluß. Sie wünschen sich bestimmte Ergebnisse. Sie entscheiden und handeln. Was für eine Erfahrung auch immer Sie gerade jetzt machen – *Bewußtsein* ist das Werkzeug, das Sie gebrauchen. Jedoch, was für ein Rätsel ist das Bewußtsein. Obwohl niemand alles über das Bewußtsein weiß, würden wir uns sicher nicht weigern zu gebrauchen, was, wie wir wissen, die bestmöglichen Ergebnisse erzielt.

Jeden Tag gebrauchen wir die Elekrizität. Obwohl niemand weiß, was Elektrizität ist, gebrauchen wir das, was wir von ihr wissen, und erhalten Licht, Wärme und Antriebskraft. Mit der Zunahme unseres Wissens erhalten wir immer bessere Ergebnisse. Es heißt, daß jemand Thomas Edison schrieb: „Mr. Edison, was ist Elektrizität?" Edison antwortete: „Elektrizität ist · Gebrauchen Sie sie."

Niemand weiß, wie es kommt, daß wir, wenn wir einen kleinen braunen Samen in den Boden pflanzen, einen Rettich erhalten. Glücklicherweise haben wir gelernt, wie man den Samen auspflanzt und die von uns erwünschten Ergebnisse erzielt. So sind Elektrizität, der Same und *Bewußtsein* alle unser, sie zu gebrauchen. Folglich ist es nur vernünftig, soviel über Bewußtsein oder Elektrizität zu lernen, wie wir können, und es dann zu einem bestimmten Zweck zu gebrauchen, der unseren Bedürfnissen dient. Ihr Leben kann ein schönes, wunderbares, erfolgreiches Abenteuer sein, wenn

Sie nur die Ausrüstung, die die Natur Ihnen gegeben hat, weise gebrauchen.

Leben kann ein erregendes Abenteuer sein

Wenn Sie dieses Buch sorgfältig lesen und Ihr Bestes tun, die Vorschläge in die Praxis umzusetzen, kann ich Ihnen verblüffende Ergebnisse versprechen. Wie entmutigt Sie auch sein mögen, was immer Ihre Erfahrungen in der Vergangenheit gewesen sein mögen, Sie werden die Hilfe finden, die Sie brauchen. Sie werden die vollkommene Erfüllung nicht so eben durch ein Fingerschnippen erreichen. Nein! Es wird ein bißchen Anstrengung kosten. Aber die Ergebnisse werden all die Mühe sehr wohl wert sein.

Henry David Thoreau sagte: „Die meisten Menschen leben ein Leben stiller Verzweiflung." Sie sind um das Wissen verlegen, warum diese unglücklichen und unvorteilhaften Situationen in ihrem Leben entstehen. Sie versuchen, sich vom Problem des Lebens zurückzuziehen, und nehmen ihre Zuflucht zu Alkohol, übermäßiger Arbeit, übermäßigem Essen oder übermäßigem Schlafen. Einige legen sich aufs Krankenlager, denn Flucht ist einfacher, als Mut zu haben. Und dann gibt es jene, die beständig Widerstand leisten und gegen das Leben kämpfen. Für diese Leute ist leben geradezu eine Abfolge von Problemen. Frustierte Leute finden Sie überall, und viele, die desillusioniert sind. Und doch bin ich froh zu sagen, daß es auch viele gibt, die glücklich sind.

Ob jemand erfolgreich oder ein Versager ist, er gebraucht das *Bewußtsein*. Einer gebraucht das Bewußtsein, um ein Erfolgreicher zu werden; der andere, um ein Versager zu sein. Der Unterschied liegt im *Gebrauch* dieser magischen Kraft. Niemand braucht sich frustriert, schwach, entmutigt oder unglücklich zu fühlen. Niemand braucht in Armut, Kummer oder Einsamkeit zu leben. Niemand braucht ein Versager zu sein.

Auf einfache, verständliche Weise zeigt dieses Buch, wie es Ihnen möglich ist, sich durch Ihr eigenes Denken das zu sichern, das zu besitzen Sie das Recht haben – Gesundheit, Glück, Wohlergehen und Seelenfrieden, zusammen mit einem Gefühl der Selbstachtung und Befriedigung.

Etwas über den Autor

Nun, da Sie, der Leser, und ich, der Autor, etliche lohnende Stunden miteinander verbringen sollen, wollen Sie natürlich etwas über mich wissen. Ich bin sicher, daß Sie davon überzeugt werden wollen, daß ich aus Erfahrung und mit Autorität schreibe, denn niemand kann mit irgendeinem angemessenen Grad von Autorität über etwas schreiben, das er nicht erlebt hat – etwas, das er nicht in seinem eigenen Leben durchgemacht hat. Wenn jemand die Dinge nicht untersucht, beobachtet und erfahren hat, weiß er nicht wirklich Bescheid. Ehe er selbst durch die Erfahrung gegangen ist, ist alles, was er schreibt, reine Theorie, die sich nur auf Spekulation gründet.

Früh in meinem Leben schon war ich gezwungen, die Antworten auf einige sehr ernste Probleme zu finden. Als Junge hatte ich einen so sehr gut entwickelten Minderwertigkeitskomplex, daß ich in unserem Ort nicht die Hauptstraße hinunterging, wenn ich nach Hause wollte. Ich suchte die Seitenstraßen, weil ich mich auf der Avenue fehl am Platze fühlte.

Mit einundzwanzig Jahren wurde mir eine Lebensversicherung wegen eines ernsten Herzleidens verweigert. Ich fühlte mich sowohl körperlich als auch gesellschaftlich minderwertig. Dieses Gefühl der Minderwertigkeit hatte zur Folge, daß ich überaus aggressiv war; als Konsequenz geriet ich in viele unglückselige Situationen. Einmal wurde ich in einen schweren Unfall verwickelt. Beide Beine, ein Arm und mein Kiefer waren gebrochen. Körperliche Krankheit folgte mir auf Schritt und Tritt. Schließlich erlitt ich in meinem ungesunden Drang nach Leistung das, was man einen „Nervenzusammenbruch" nennt. Natürlich weiß ich nun, daß meine Nerven nicht zusammenbrachen. Ich hatte ein verwirrtes Bewußtsein und einen gebrochenen Körper. Die Zukunft sah dunkel und hoffnungslos aus. Mit dreißig war ich ein niedergebrochener alter Mann.

Jetzt, mit siebzig Jahren, bin ich jung, lebendig, vital und glücklich. Denn die vergangenen dreißig Jahre meines Lebens sind sehr gut zu mir gewesen. Viele Leute mögen mehr von den Gütern dieser Welt haben als ich, aber ich habe reichlich und zu sparen. Tatsächlich habe ich den Überfluß. Seit mehr als dreißig Jahren ist mein Körper eine perfekt laufende Maschine gewesen, die mir gut gedient hat. Ich glaube, daß ich heute mehr physische und geistige Widerstandskraft habe als zu irgendeiner anderen Zeit in meinem Leben. Ich glaube, daß ich heute besser in der Lage bin, den Bedürfnissen anderer zu dienen. Ich mache viel mehr aus meinem Leben. Ich bin glücklich und frei. Ich möchte sagen: „Ich bin beinahe zufrieden." In den vergangenen dreißig Jahren ist es meine Aufgabe gewesen, anderen zu dienen, was bedeutet, daß sich mein eigenes Leben auf eine äußerst gesunde und zufriedenstellende Weise entwickelt hat.

Die Seiten dieses Buches werden die Geschichte vieler meiner eigenen persönlichen Erfahrungen wie auch derjenigen, die ich beobachtet habe, enthüllen sowie das, was ich im Umgang mit Tausenden von kranken, elenden, unglücklichen Menschen gelernt habe. Mein psychologischer Hintergrund ist mir in den vielen Jahren, in denen ich geistliche Arbeit getan habe, von großem Nutzen gewesen. In den vergangenen dreißig Jahren habe ich, glaube ich, eine anwendbare Formel für glückliches, erfolgreiches Leben gewonnen.

Drei Wege, durch die der Mensch zum Wissen gelangt

Wir haben die wissenschaftliche Methode – dies ist die Methode der Erfahrung und des Experimentes; wir haben die philosophische Methode, die Methode der Vernunft; und wir haben die mystisch-intuitive Methode. Dies ist *der Weg des inneren Wissens*. Alle drei Methoden sind wohlbegründet, aber es ist leicht zu sehen, daß keine dieser Methoden für sich und unter Ausschluß der anderen beiden eine verläßliche Grundlage abgeben kann. Es kann vorkommen, daß man eine bestimmte Erfahrung nicht versteht oder von einer falschen Voraussetzung aus argumentiert. Dann wieder mag, was eine Vorahnung oder innere Stimme zu sein scheint, nur der eigene innere Wunsch sein, der zu einem spricht. Ich habe über einen Zeitraum von mehreren Jahren hinweg die Beobachtung gemacht, daß man sehr befriedigende Ergebnisse erzielt, wenn man alle drei Methoden kombiniert.

Als ordinierter, aber nichtkonfessioneller Geistlicher habe ich jahrelang jeden Sonntagmorgen im größten Theater im Geschäftszentrum von San Franzisko zu einer der größten Zuhörerschaften in Kalifornien gesprochen. Im ganzen genommen kommen viele Leute Woche für Woche, um mehr über sich selbst und darüber, wie man den Problemen des täglichen Lebens begegnen kann, zu lernen. Wie Sie wünschen sie alle, in den Genuß von Gesundheit, Glück und Wohlergehen zu gelangen. Sie würden nicht fortfahren, Sonntag für Sonntag in hellen Scharen zu diesem Theater zu strömen, wenn sie keine Resultate erzielen würden.

Seit ungefähr achtzehn Jahren habe ich ein tägliches Radioprogramm, das Tausende erreicht, und habe viele tausend Briefe von Leuten erhalten, die sagen, daß meine Science-of-Mind-Radiosendungen ihnen zu einem besseren Verständnis ihrer selbst verholfen und ihnen den Schlüssel zu einem glücklicheren, reicheren Leben gegeben haben. Indem sie sich selbst kennenlernen und den effektiveren Gebrauch ihrer Bewußtseinskraft lernen, leben sie ein gesünderes, glücklicheres und erfüllteres Leben!

Was Sie erwarten können

Auf Vorschlag der Herausgeber habe ich die Philosophie, die Wissenschaft und die Techniken zusammengebracht, die zum Gebrauch des Bewußtseins gehören und die ich die letzten 30 Jahre über benutzt habe, um Tausenden von Menschen zu helfen, Gesundheit, Glück und erfolgreiches Leben zu erleben. Sie haben mich gebeten, Ihnen, dem Leser, mitzuteilen, was Sie vom Lesen dieses Buches und von der Umsetzung der darin enthaltenen Vorschläge in die tägliche Praxis erwarten dürfen. Ich will Sie mit einem Schlüssel zum Lagerhaus von Glück, Seelenfrieden und Sicherheit beschenken und Ihnen zeigen, wie man die Tür entriegelt.

Das Leben als Abenteuer

Sie und ich stehen im Begriff, sich auf die Reise in ein aufregendes neues Land voller Abenteuer zu begeben. Wir werden die Wissenschaft des Lebens, des Bewußtseins und der menschlichen Persönlichkeit studieren. Wir werden die Tiefen Ihres Bewußtseins erforschen, sehen, wie es funktioniert, und lernen, wie Sie es zu Ihrem Besten gebrauchen können.

Nun mögen Sie fragen: „Aber was ist Leben? Was ist Bewußtsein? Und was ist eine Person?" Ich will antworten: „Bis jetzt weiß niemand die ganze Antwort auf diese Fragen." Ich würde sagen: *„Es gibt das Leben! Lebe es!* Der Mensch ist ein bewußter Teil des Lebens, also akzeptieren Sie sich selbst! Bewußtsein ist das Gesetz des Lebens, die Art, wie Leben funktioniert, das Werkzeug des Lebens in schöpferischer Aktion. Gebrauchen Sie es!"

Bewußtsein – eine magische Macht

Als ein bewußter Teil des Lebens gebrauchen Sie das Bewußtsein beständig. Und während Sie mehr über das Bewußtsein und seine Kräfte lernen, werden Sie entdecken, daß Bewußtsein ein Wunder-Wirker ist; und da Sie Bewußtsein gebrauchen, können *Sie* als der Zauberer bezeichnet werden. Da dies so ist, sollten Sie über dieses Instrument, das Sie gebrauchen, alles wissen, was Sie schlechterdings wissen können, und so viel, wie Sie möglicherweise darüber erfahren können, wie man es gebraucht.

Der Zweck dieses Buches ist es, Sie mit diesem großen Werkzeug Bewußtsein bekanntzumachen und Ihnen zu zeigen, wie Sie es benutzen können, damit es Ihnen *Gesundheit, Erfolg*, ja selbst das bringt, was *Ihres Herzens sehnlichster Wunsch* ist. Wenn Sie die Vorschläge, wie Sie Ihnen Schritt für Schritt erläutert werden, studieren und anwenden, werden *Sie*, wie Tausende von anderen auch, die sie angewendet haben, Resultate erzielen, die Ihre größten Erwartungen übertreffen.

Erfolg – eine mathematische Gewißheit

Es steht außer Frage, daß die Gesetze erfolgreichen Lebens jedem zur Verfügung stehen und daß sie für jeden auf genau die gleiche Weise arbeiten. Ich würde ohne Angst vor einem erfolgreichen Widerspruch sagen, daß *Erfolg eine mathematische Gewißheit* ist, wenn Sie die Gesetze erfolgreichen Lebens, die Ihnen auf diesen Seiten enthüllt werden, wissenschaftlich anwenden.

Die Hausfrau, die die passenden Zutaten zusammenbringt und auf die richtige Weise mit ihnen arbeitet, hat Erfolg beim Backen eines guten Kuchens. Dabei ist kein glücklicher Zufall im Spiel. Dies ist eine rein wissenschaftliche Angelegenheit. Wenn Sie, ich oder irgend jemand sonst die Zutaten für Erfolg, Glück und Wohlbefinden zusammenträgt, wenn wir nur beständig die bekannten Gesetze des Lebens auf eine effiziente Weise anwenden wollen, werden wir zweifellos die erwünschten Resultate erzielen.

Dieses Buch ist dazu bestimmt, die Tür zu einem reicheren, erfüllteren Leben zu öffnen; aber *Sie*, mein Freund und meine Freundin, müssen diese Tür öffnen. *Sie* müssen die Anstrengung dazu machen. Ich kann nur den Weg zeigen und Sie vielleicht dazu anregen, die Anstrengung zu unternehmen. Das Werkzeug, mit dem Sie arbeiten müssen, ist in *Ihnen*. Sie dürfen sich nicht auf jemanden oder auf etwas außerhalb Ihrer selbst verlassen. Sie brauchen sich niemanden zu suchen, der für Sie handeln oder etwas tun soll. Hier sollte Ihnen eine große Last von den Schultern fallen, wenn Sie nun wissen, daß Sie nur mit sich selbst zusammenarbeiten müssen und daß alles, was Sie zum Arbeiten brauchen, sofort zur Hand ist. Es wird Ihnen gezeigt werden, wie Sie Ihre Gedanken kontrollieren und ein neues Denkmuster entwickeln können. Ihnen wird der Schlüssel zu erfolgreichem Leben gegeben werden.

Zu lernen, wie man denkt, heißt zu lernen, wie man lebt

Das Wertvollste, was Sie lernen können, ist, wie man so denkt, daß man sein Leben voll ausschöpfen kann. Schmerzen durch Unglücklichsein, Versagen und Unzufriedenheit sind nur die Art und Weise der Natur, Ihnen zu sagen, daß Sie nicht so denken und handeln, wie Sie sollten, daß Sie die Gesetze des Lebens auf eine unzuträgliche Weise gebrauchen; dagegen sind Glück, Überfluß, Gesundheit und Seelenfrieden die Weise der Natur, Sie für richtiges Denken und Handeln zu belohnen.

Dieses Buch darf nicht hastig durchgelesen werden wie etwa eine Detektivgeschichte; es muß studiert, bedacht und überlegt werden. Einige der dargestellten Ideen mögen neu für Sie sein. Meditieren Sie über sie, bis sie ein Teil von Ihnen werden. Lassen Sie diese Ideen Ihre Gedanken inspirieren, und Sie werden bald entdecken, daß Ihre Wünsche sich erfüllen. Sie werden sich auf praktische Weise den Weg des Gelingens geführt sehen. Sie werden Ihr altes Lebensmuster ändern. Sie werden freudig Sprosse um Sprosse die Leiter des positiven Denkens erklimmen; und welche Heiterkeit werden Sie empfinden, wenn Sie die Spitze erreichen!

Himmel wird nicht erreicht in einem einz'gen Sprunge;
Wir bauen die Leiter, durch die wir von der nied'ren Erde
Aufsteigen zur gewölbten Sphäre,
Und wir klimmen auf zum Gipfel Rund' um Runde.
– Josiah Gilbert Holland

Seit Urzeiten wird uns gesagt, daß wir Glauben haben müssen, daß wir unsere Überzeugungen ändern müssen, daß wir lieben sollen und daß wir unsere Vorstellungskraft konstruktiv gebrauchen müssen. Wir stimmen darin überein, daß der Mensch durch eine „Erneuerung seines Bewußtseins" verändert werden kann. Wir alle wissen, daß „Denken lernen" auch „Leben lernen" heißt, aber zu wenige von denen, die uns ermahnen, unsere Überzeugungen zu ändern, haben uns gesagt, *wie* man das macht.

Nach meiner eigenen Ansicht wollen die meisten modern denkenden, praktischen Leute den philosophischen Hintergrund geistigen Handelns kennen. Sie wollen wissen, warum sie anfangs in Schwierigkeiten geraten sind. Sie wollen etwas über die Kraft in sich erfahren und darüber, wie sie diese Kraft erkennen und auch gebrauchen können.

In diesem Buch fangen wir mit uns selbst an. Wir kommen zu einem Verständnis eben dessen, was ein menschliches Wesen ist, womit es arbeiten muß, warum es ist, wie es ist, warum es seine Erfahrungen verändern kann und wie es die Veränderung in Angriff nehmen soll.

Probleme sind das Ergebnis falschen Denkens

Die Probleme, die Sie und ich in unserer Umgebung haben – diese Erfahrungen von Krankheit, Versagen und Unglück – sind nichts als Symptome davon, daß im Innern etwas falsch ist. Sie sind das Ergebnis von Fehlern im Denken, denen Fehler im Handeln folgen.

Der Uninformierte will einfach die schmerzhaften Symptome loswerden, aber das trifft nicht den Kern des Problems. Die grundlegende Ursache des unseligen Zustandes muß verändert werden; und wenn man die Grundursache verändert, ändert sich automatisch auch die Wirkung. Wenn man eine stabile Ursache für Gesundheit errichtet, braucht man nicht länger die Krankheit loszuwerden. Wenn man Glück findet, braucht man nicht länger Unglück loszuwerden. Wenn man die Bausteine für den Erfolg zusammenfügt, ist man kein Versager mehr.

Wenn Sie beginnen, die Bedeutung des Lebens und das Wie seiner Wirkung in Ihnen und für Sie zu verstehen, wenn Sie beginnen, etwas darüber zu wissen, was Sie sind und warum Sie hier sind, wenn Sie sich Ihrer inneren Bewußtseinsfähigkeiten bewußt werden, dann werden Sie beginnen zu sehen, wie Sie das Leben erfolgreich leben können, und die Umstände werden sich automatisch zu Ihren Gunsten verändern.

In jeder Epoche, jedem Land, jeder Kultur sind Männer und Frauen mit den gleichen Problemen konfrontiert worden, die wir heute haben – mit sich selbst auskommen, sich selbst schätzen, glücklich und mit sich zufrieden sein, mit seinem Nachbarn zurechtkommen, sich dieser Welt der Umgebungen anpassen, ein Gefühl von Erfolg, Freiheit, Sicherheit und Seelenfrieden erreichen. Niemand will das Elend von Krankheit, Ärger, Unglück und Disharmonie in seinen Beziehungen zu anderen Leuten; noch will er in Armut leben.

Jeder kann die guten Dinge des Lebens haben

Jeder begehrt die guten Dinge, die das Leben zu bieten hat und die Genuß und Glück bringen. Sie alle stehen jedem von uns als menschlichen Wesen zur Verfügung, und jeder hat ein Recht auf die guten Dinge des Lebens, wenn er tut, was erforderlich ist – mit anderen Worten, wenn er recht denkt und recht handelt.

Wenn Sie eine elektrische Verbindung legen, die Birne einschrauben, auf den Schalter drücken und dann kein Licht erhalten, sind Sie nicht böse auf die Elektrizität. Sie geben nicht den Gesetzen der Elektrotechnik die Schuld. Nein! Sie geben sich sofort daran, den Wackelkontakt zu finden, wobei Sie wissen, daß Sie, wenn Sie getan haben, was Sie tun sollen, nicht nur Licht erwarten dürfen, sondern es auch bekommen. Das bedeutet ganz einfach, wenn Sie das, was Sie sich wünschen, in keinem Bereich Ihres Lebens erfahren, tun Sie ganz offensichtlich nicht das Richtige; aber natürlich müssen Sie zuerst wissen, was zu tun ist. Sie müssen informiert werden. Das ist die Absicht dieses Buches. Ich werde Ihnen die Informationen geben, die Sie brauchen, und dann aufzeigen, wie sie zu gebrauchen sind.

Unser einziges Problem sind wir selbst

In der Sache des erfolgreichen Lebens sind wir selbst unser einziges wirkliches Problem. Wenn wir dagegen sagen, unser Problem sind andere oder unsere Umgebung, so ist das nicht wahr. Tatsächlich ist es unser Problem, wie wir den anderen behandeln sollen, wie wir mit ihm umgehen; es liegt in unserer Haltung ihm gegenüber und darin, wie wir der Situation begegnen. Ein Hund knurrt den einen Mann an und ist freundlich zu dem anderen. Warum? Weil jeder eine andere Einstellung zu dem Hund hat.

Teil eins

In Teil eins dieses Buches werden wir *Sie* studieren. Sie werden Ihre eigenen Kräfte entdecken. Sie werden zu einem Verständnis Ihrer Umgebung kommen. Sie werden sehen, wie Ihr Körper auf Ihre Einstellung und Ihre Gedanken reagiert. Sie werden verstehen lernen, wie Sie in Schwierigkeiten kamen, und dann werden Sie sehen, wie Sie wieder herauskommen. Sie werden lernen, auf dem Felde der Ursachen statt in der Welt der Wirkungen zu arbeiten.

Teil zwei

Teil zwei handelt von Ihrem Umgang mit der Kraft des Bewußtseins, von dem Sie persönliche körperliche Gesundheit, glückhafte Beziehungen zu anderen, Wohlstand und richtige Ideen haben und erhalten können. Sie werden lernen, wie man ein Minderwertigkeitsgefühl und Überempfindlichkeit überwindet; wie man schlechte Angewohnheiten in gute verwandelt; wie Sie mit Ihrem Bewußtsein umgehen müssen, um immer zu wissen, was zu tun ist und wie Sie es tun sollen. Kurz, Sie werden das Geheimnis entdecken, wie man Versagen in Erfolg verwandelt.

Teil drei

Teil drei des Buches behandelt das Bewahren Ihres neuen Bewußtseinszustandes. Diese Kapitel sind dazu bestimmt, Sie zu größeren Bemühungen zu bewegen. Sie werden herausfinden, daß es für diese Straße des Glücks und der Vollendung kein Ende gibt.

Wieder sage ich: „Zu lernen, wie man denkt, heißt zu lernen, wie man lebt." Jeder, der sein Bewußtsein verändern und es verändert bewahren kann, kann seine Erfahrungen verändern. Wenn Sie nicht völlige Kontrolle über die Gedanken haben, die Ihre Handlungen veranlassen, können Sie das leicht lernen.

Ja, zusammen starten wir eine interessante Reise. Diese Reise wird eine fruchtbare, lohnende, offenbarende Erfahrung sein. Es wird ein erregendes Abenteuer sein... und Sie, mein Freund, können der Zukunft mit wahrer Begeisterung entgegensehen.

Teil eins

1. Kapitel

Was bist du

Eine elegant aussehende, intelligent wirkende Frau sprach mich gegen Ende einer Vorlesung an, die ich eines Sonntagmorgens hielt, stellte sich vor und sagte: „Ich bin hier fremd. Ich lebe in einer Stadt, die 160 Kilometer von hier entfernt ist. Mir liegt sehr viel daran zu erfahren, was Sie hier lehren, weil sich mein Vetter John Roberts so sehr verändert hat. Er hat sich Instruktion von Ihnen geholt, und er ist nicht mehr der gleiche Mensch wie vor sechs Monaten. Ich würde gern herausfinden, was er gefunden hat."

Was die Frau sagte, war wahr: John Roberts war NICHT der gleiche Mann, der er sechs Monate zuvor gewesen war. Er hatte denselben Namen; er lebte im selben Haus; er arbeitete im gleichen Büro wie vor sechs Monaten, aber nun war er gesund an Geist und Körper. Seine Gesinnung hatte sich geändert. Seine Angelegenheiten waren entschieden auf dem Wege der Besserung. Sein Bankguthaben hatte sich sehr gebessert. Seine ganze Welt hatte sich verändert; das heißt, seine Erfahrung mit der Welt hatte sich auf scheinbar wunderbare Weise zum Besseren gewendet. Er hatte etwas über sich selbst entdeckt, was er sechs Monate zuvor noch nicht gewußt hatte, und setzte dieses neue Wissen in die Praxis um.

Haben Sie sich jemals gefragt: „Was bin ich?" Und sind Sie in der Lage, sich auf diese Frage eine befriedigende Antwort zu geben? Wenn Sie ein glückliches, erfolgreiches Leben leben wollen, müssen Sie zu einer zufriedenstellenden Schlußfolgerung darüber gelangen, was Sie sind, womit Sie arbeiten müssen, welches Ihre Fähigkeiten sind und was Sie tun können und sollten.

Lassen Sie uns eben jetzt der Tatsache zustimmen, daß Sie für sich das Wichtigste auf der Welt sind. Selbstbewahrung ist das erste Gesetz der Natur; und wenn Sie nicht existierten, wenn es keinen Punkt im Leben gäbe, der als Sie identifiziert werden könnte, dann würde es kein „Sie" geben, um überhaupt etwas zu erleben, oder? Alles in *Ihrer* Welt beginnt mit *Ihnen*. Alle Ihre Überzeugungen sind da richtig, wo *Sie* denken. Alles, was Sie tun, alles, was Sie in Ihren Erfahrungsbereich ziehen – Liebe, Familie, Geld, Erfolg oder Reisen –, alles kommt durch irgendeine geistige Handlung, ob bewußt oder unbewußt, von *Ihrer* Seite zustande. Verwirrt Sie das? Erschreckt Sie diese Vorstellung? Ich weiß, daß Menschen manchmal gelehrt wurde, sich von sich selbst abzuwenden. Es wurde ihnen gesagt, daß sie unwichtig, wertlos seien; aber das ist eine vollkommen irrige Vorstellung. Es ist nicht krankhaft, für sich selbst Gutes zu begehren. Es ist nur dann krankhaft, wenn man nur für sich allein Gutes begehrt. Tennyson sagte: „Selbstachtung, Selbstkenntnis, Selbstkontrolle, diese drei allein führen das Leben zu höchster Macht."

Äußern Sie sich selbst auf gesunde Weise

Natürlich ist Selbstsucht ein großer Fehler; das heißt, etwas auf Kosten eines andern zu bekommen zu suchen. Selbstausdruck ist jedoch normal und notwendig. Also raten wir zu Selbstausdruck – nicht zu Selbstsucht.

Es ist offensichtlich, daß dieses Selbst, wenn es auf eine gesunde, erfolgreiche Weise leben will, sich gesunder, kreativer, konstruktiver Äußerung zuwenden muß – einer Vollendung entgegen. Es muß ein gesundes Interesse nicht nur an sich selbst, sondern auch an anderen Leuten haben, an der Welt, an dem großen, es umgebenden Leben. Es muß von sich und von seinen Kräften abgeben, von seiner Liebe, von seiner Hingabe. Das ist die Äußerungsweise des Selbst. Aber niemand kann geben, was er nicht hat. Er kann nicht dem Bedürftigen einen Dollar geben, wenn er kein Geld in der Tasche hat; auch kann er den Gestürzten nicht aufheben, wenn er keine Kraft hat.

Der größte Lehrer, den die Welt jemals gekannt hat, sagte, daß man, wenn man gesund und glücklich sein will – in den Himmel gelangen –, seinen Nächsten lieben muß wie sich selbst. Nun meint dies nicht, daß Sie sich selbst nicht lieben sollen. Es bedeutet, daß Sie an dem Wohlergehen Ihres Nächsten ebenso großes Interesse haben sollen wie an Ihrem eigenen. Die Folgerung daraus ist, daß es für einen normal und richtig ist, sich selbst *zuerst* zu lieben; dann jedoch sollte man weitergehen und seinen Nächsten *wie* sich selbst lieben; denn es ist eine Tatsache, daß niemand mit dem Leben zurechtkommen kann, wenn er nicht zuerst mit sich selbst einig wird. Er wird es unmöglich finden, andere Menschen zu lieben, bevor er sich nicht selbst liebt. Er muß sich selbst schätzen und achten, wenn er irgendeinen wahren Wert am Leben finden will oder irgendeine Wertschätzung anderer empfinden soll. Er kann nicht an andere, selbst nicht an Gott glauben, bevor er nicht an sich selbst glaubt.

Sie sind offenbar sehr wichtig! Was sind Sie? Was ist dies Ding, auf das Sie sich beziehen, wenn Sie „ich" sagen? Wenn Sie „ich" sagen, beziehen Sie sich dann auf Ihren Geist oder Ihren Körper, Ihre Gefühle, Ihre Angelegenheiten, Ihre Tätigkeit, Ihren Beruf oder Ihre Familie? Oder beziehen Sie sich auf Ihre Erfahrungen? Stimmt es nicht, daß Ihr Geist und Ihr Körper, Ihre Empfindungen und Ihre Angelegenheiten bloß bestimmte Dinge sind, die das „Ich" gebraucht und erfährt? Instinktiv erkennen Sie, daß Sie nicht Ihr Körper sind, da Sie sagen: „Ich habe einen Körper. Ich gebrauche einen Körper." Also *wissen* Sie, daß Sie nicht Ihr Körper sind.

Einige Leute glauben jedoch irrtümlicherweise, daß ihre physischen Körper sie selbst seien. Indem sie das glauben, treffen sie alle Entscheidungen aus der Sicht des physischen Körpers und der materiellen Welt. Diese Leute schlafen gegenüber ihren inneren Kräften. Sie sind sich des wahren Selbst nicht bewußt. Glaubend, daß sie ihre Körper seien, werden sie von den Bedürfnissen des Körpers beherrscht. Ihre Zeit und ihre Bemühungen sind weitgehend der Aufgabe gewidmet, dem Ruf des Körpers nach Nahrung, Unterkunft und Sinnenfreude nachzukommen. Sie kontrollieren ihre Körper nicht.

Sicher ist uns der Körper sehr nah. Er ist das Mittel, das wir in weitem Maße gebrauchen, um uns selbst zu äußern. Er stellt seine

Anforderungen an uns, aber auch wir dagegen stellen unsere Anforderungen an *ihn*. Wir haben Kontrolle über unseren Körper, wenn wir nur daran glauben.

Es gibt Leute, die glauben, sie seien ihre Gefühle – Liebe, Haßgefühle, Befürchtungen und Überzeugungen. Sie nehmen wahr, daß ihr Körper unter der Führung ihrer Empfindungen und Gefühle steht. Sie wissen, daß ihr Körper auf ihre Gefühle antwortet, und glauben so, daß sie ihre Gefühle seien, ohne zu erkennen, daß sie die Kraft haben, ihre Gefühle zu kontrollieren und zu lenken. In der falschen Annahme, daß ihre Gefühle sie selbst seien, fällen sie ihre Urteile und Entscheidungen vom Standpunkt des Gefühls aus; so sind auch sie Sklaven – Sklaven ihrer Gefühle.

Sind Sie ein bewußtes Wesen?

Hier und dort jedoch finden wir einen Menschen, der sich selbst für ein bewußtes Wesen hält. Er weiß, daß er seine Gefühle durch die Vernunft leiten und durch die Gefühle sein körperliches Befinden dirigieren und kontrollieren kann. Er ist vielleicht eine glatt funktionierende, hocheffiziente geistige Maschine, aber *immer noch* ist er ein *Sklave* der Vernunft, der Zweckdienlichkeit. Er ist vielleicht ein sehr effektiver Geldverdiener. Er ist vielleicht sehr gut in den kreativen Künsten, aber er hat versäumt zu erkennen, daß er noch etwas anderes ist – etwas mehr: ein Teilchen Leben, das Bewußtsein gebraucht; und daß er wählen kann, wie er denken oder sein Bewußtsein gebrauchen will. Er ist noch immer nicht zu der Erkenntnis gelangt, daß seine geistigen Operationen unter der Leitung und Kontrolle eines Teils seiner selbst stehen, der über dem mechanischen Handeln des Bewußtseins steht. Diesen tiefen Punkt der Kontrolle wollen wir „Geist" nennen.

Sind Sie ein geistiges Sein?

Sehr wenige Menschen haben gelernt, sich selbst als geistige Wesen zu erkennen. Die Definition von Geist ist: „Jene Macht, die sich ihrer selbst bewußt ist." Derjenige, der die tiefere, grundlegendere Wahrheit über sich selbst erkennt, weiß, daß er ein Ort des Bewußtseins ist, ein willensmäßig wählender Erscheinungsort des Lebens. Dieser Mensch weiß, daß er eine Entität ist, die sich ihrer selbst bewußt ist und die bewußt das Bewußtsein anweisen kann, das zu denken, was es denken sollte. Diese Person kann in der Tat ihrem Bewußtseinsapparat ein Problem zu lösen oder eine Aufgabe zu erledigen geben.

Sehr wenige Leute jedoch übernehmen bewußt die Kontrolle über ihre Bewußtseinsvorgänge, was bedeutet, daß sehr wenige ein erfülltes, befriedigendes Leben leben. Diejenigen, die ihre Bewußtseinsvorgänge durch Intellekt und Vernunft kontrollieren, haben Kontrolle über ihre *Gefühle* und demnach auch über ihren Körper. Sie sind die Schiedsrichter ihres eigenen Schicksals, die Befehlshaber ihrer Seele. Derjenige, der seine Fähigkeit, seine Macht, das zu tun, erkennt, ist zu einer Position der Stärke aufgestiegen. Er hat die Herrschaft über sich selbst übernommen. Dieser Mensch ist wahrhaft Herr im eigenen Hause. Er nimmt den Thronsaal für sich in Anspruch. Er lebt in und aus dem „geheimen Ort des Höchsten". Er hat die Vorherrschaft über seine Welt angetreten.

Bevor man nicht erkennt, daß man selber tatsächlich ein selbstbewußter Mittelpunkt ist, in dem Erkenntnis sich manifestiert, eine in sich ruhende Ganzheit, die freien Willen besitzt, der das eigene Bewußtsein lenken, die Emotionen beherrschen und den Körper benutzen kann, ist man tatsächlich ein Schlafender. Man ist seiner Kraft, das Schiff des eigenen Lebens zu steuern, nicht eingedenk und blind ihr gegenüber; folglich hat man keine Kenntnis von dem eigenen Vermögen, seine Erfahrungen zu beeinflussen. Herrschaft über die eigenen Erfahrungen, über die eigene Welt ist das Ergebnis des Erwachens zur Wahrheit über sich selbst.

Der Teil von einem, auf den man sich bezieht, wenn man „ich" sagt, ist ein undefinierbarer, immaterieller Ort des bewußten Lebens. Er ist das Zentrum, von dem aus Sie alle Ihre Wahlen und Entscheidungen treffen. Von diesem Zentrum des „Ich" aus können Sie bewußt und gezielt entscheiden, zu welchem Zweck auch immer Sie das Bewußtsein gebrauchen wollen; und das Bewußtsein als das schöpferische Gesetz des Lebens lenkt Ihre Gefühle, das Zentrum Ihrer Kraft, und den Körper – Ihre physische Ausrüstung – auf den Weg des Handelns.

Lange vor der christlichen Zeit konnten sich die alten Griechen keine passendere Inschrift denken, um sie auf ihrem neuen Tempel zu Delphi eingravieren zu lassen, als jene Worte Sokrates' „Mensch, erkenne dich selbst". Es liegt sicherlich in der Verantwortung eines jeden von uns, soviel wie möglich über uns selbst in Erfahrung zu bringen; und wir sollten über dieses Instrument *Bewußtsein* alles irgend Mögliche wissen, da wir es gebrauchen müssen, und ebenso über die *Gefühlskraft*, die wir zu dirigieren haben. Dann müssen wir noch über die Welt Bescheid wissen, in der wir leben, so daß wir uns völlig und ganzheitlich äußern können.

Wir sind gewiß ungeheuer wichtig, da das Leben uns ja aus sich herausschuf und jeden einzelnen von uns dazu bestimmte, ein einzigartiges Werkzeug zu seinem Selbstausdruck zu werden. Jeder Mensch ist von der gleichen ungeheuren Wichtigkeit und Bedeutung. Nicht zwei Menschen auf der Welt gleichen sich völlig; nicht zwei haben genau die gleichen Gedanken; nicht zwei haben genau die gleichen Motive oder den gleichen Hintergrund; nicht zwei können das Leben auf genau die gleiche Weise zum Ausdruck bringen. Es ist eine Tatsache, daß sich keine zwei Daumenabdrücke gleichen, und man berichtet uns, daß sich tatsächlich nicht einmal zwei Schneeflocken genau gleich sind.

Da Sie von allen anderen Menschen der gesamten Geschichte verschieden sind, sollten Sie ein Gefühl Ihrer eigenen Bedeutung haben und dann diese Bedeutung rechtfertigen. Zu wissen, daß sich das Leben in Ihnen zu einem bestimmten Zweck verkörperte und daß Sie einen Platz einnehmen, den niemand sonst auf der ganzen Welt einnimmt; zu wissen, daß das Leben mit all seinen Kräften, Eigenschaften und Vermögen zu Ihnen wurde, muß Ihnen zur Ursache eines tiefen Selbstwertgefühls und eines Gefühls der Selbstachtung werden, vorausgesetzt, daß Sie die Tatsache Ihres Lebendigseins rechtfertigen, indem Sie Ihren Sinn im Leben erfüllen. Niemand kann ohne ein Selbstwertgefühl oder ohne Selbstachtung gesund oder glücklich leben.

Jeder von uns ist persongewordenes Leben. Jeder von uns ist Leben als Person; daher trägt ein jeder von uns die ganze Intelligenz, die Kraft, die Fähigkeiten und die Mittel zur Äußerung des Lebens. Jeder Mensch trägt in sich die Fähigkeit und hat die Kraft und die Intelligenz zu seiner Verfügung, das Leben in Frieden und Glück, Fülle und Zufriedenheit zum Ausdruck zu bringen. Die ganze Fülle des Lebens ist zu unserem Guten ausgegossen worden – zu unserem Gebrauch. Gutes umgibt uns. Jeder hat Zugang zu ihm, und jeder hat ein Werkzeug, das er gebrauchen kann, um in sein Leben zu bringen, was immer er sich wünscht.

Dieses Werkzeug ist das *Bewußtsein*. Wenn Sie *denken*, gebrauchen Sie Bewußtsein. Das Bewußtsein ist das große schöpferische Prinzip – das Werkzeug bzw. der Vermittler – des Lebens.

Sie können Ihr eigenes Schicksal entwerfen

Jeder von uns kann sein eigenes Schicksal entwerfen, ohne Begrenzung hinsichtlich dessen, was er haben, tun oder sein will. Diese Vorstellung mag einige Leute schockieren, weil sie sich schwach und frustriert fühlen, da sie sich selbst nicht verstehen – nicht begreifen, wer sie wirklich sind. Sie würden es lieber sehen, wenn jemand anders die Verantwortung übernähme, für sie zu wählen und Entscheidungen zu treffen – Vater, Mutter, Schwester, Mann, Pfarrer oder Freund. Die Wahrheit aber ist, so verwunderlich sie einigen Leuten auch erscheinen mag, daß jeder von uns in Wirklichkeit eine Inkarnation des Lebens selbst ist. Wenn wir uns selbst gegenüber und gegenüber dem Leben, das wir sind, wahrhaftig sein wollen, werden wir nicht leugnen, daß wir für das verantwortlich sind, was wir mit unserem eigenen Leben tun.

Unglücklicherweise versteht sich der Durchschnittsmensch nicht und will sogar manchmal nichts über sich wissen. Er weiß nicht, daß da, wo er seine Entscheidungen trifft, in Wirklichkeit das Leben – das unendliche Leben – entscheidet. Er weiß nicht, daß das Bewußtsein, das er gebraucht, in Wirklichkeit das Bewußtsein des Lebens ist, und daß in jedem Augenblick, in dem er eine Entscheidung trifft, die ganze Einsicht und die Macht des Lebens selbst hinter ihm stehen.

Es sollte für einen jeden von uns erregend sein zu wissen, daß wir aus all den allumfassenden Möglichkeiten von Erfahrung uns das aussuchen können, was wir erleben wollen; daß wir niemand anders für uns wählen zu lassen brauchen. Da jeder von uns ein bewußt wählender Teil des Lebens ist, sollten wir uns unserer selbst und unserer Kräfte voll bewußt sein. Wir sollten wissen, daß wir unsere eigenen Entscheidungen treffen können, und dann ohne Furcht oder Zögern dementsprechend handeln. Diese Macht zu wählen ist das, was jeden von uns zu einem Individuum macht, in seinen eigenen Rechten ein Gott; und unsere Entscheidungen bestimmen, was mit uns geschieht, wie unsere Zukunft aussieht – glücklich oder unglücklich, ob wir darin erfolgreich sind oder ob wir versagen.

Ich denke dabei auch an eine Frau, die nun geradezu vor Glück strahlt, die das tut, was sie tun möchte, und zwar mit Erfolg. Ich erinnere mich deutlich an das erste Mal, als sie mich aufsuchte. Sie erzählte mir, man habe sie auf mich verwiesen, weil sie in fürchterlicher Bedrängnis sei. Ich erinnere mich, daß sie, angeschlagen an Körper und Seele und unter dem Druck unsagbarer innerlicher Qualen, zu mir sagte: „Ich würde Selbstmord begehen, wenn ich den Mut dazu hätte; ich kann nicht mehr." Offen gesagt, ich wußte kaum, wo ich bei ihr anfangen sollte, da es ihr völlig an Mut oder Glauben zu fehlen schien, auf den man hätte aufbauen können. Ich wendete in gewisser Hinsicht die „Schocktherapie" an, wenn ich ihr sagte, zum Sterben sei kein Mut erforderlich; was ihr fehle, sei der Mut zu leben. Ich erklärte ihr, das Leben sei ohne Würde, wenn es durchweg einfach sei; wenn es keine Notwendigkeit gebe, mutig oder tapfer zu sein. Das Wort „Tapferkeit" erregte ihre Aufmerksamkeit. Während wir uns unterhielten, begann es ihr, obwohl sie sich mit einer „Ausrede" versehen hatte, indem sie all ihre tragischen Verhältnisse Gott, anderen Leuten und für sie unkontrollierbaren Einflüssen anlastete, langsam aufzudämmern, daß ihre eigenen irrigen Einstellungen und ihre falschen Vorstellungen, die sich in ihrem Handeln ausdrückten, ihre gegenwärtige niederdrückende Lage verursacht hatten. Während dieses ersten Gesprächs entstand in ihr der Gedanke, daß es Hoffnung, Hilfe für sie gäbe. In den Tagen, die dann folgten, kam sie zu der Erkenntnis, wie unmöglich es war, daß Gott sie mißhandelte; sie sah, daß sie selbst sich mißhandelt hatte. Als wir ihre Probleme Stück für Stück ans Licht brachten und sie objektiv besprachen, war sie dazu imstande, eine vernünftige Analyse vorzunehmen. Schließlich erreichte sie den Punkt, an dem sie sich ein Ziel stecken konnte, und sie erkannte, daß ihr Ziel verwirklicht werden würde, *weil* sie daran glaubte. Das Leben begann, einen Sinn zu haben.

Wenn ich auf die Geschichte dieses Falles zurückschaue, sehe ich, daß alles, was ich für diese Frau zu tun in der Lage war, darin bestand, daß ich ihr half, sich selbst zu entdecken. Sie lernte erkennen, daß sie ein vollkommenes Werkzeug war, durch das das Leben sich ausdrükken konnte und würde, wenn ihm die Gelegenheit dazu gegeben wurde. Von diesem Augenblick an konnte das Leben auf ihre tatkräftige und ernsthafte Mitarbeit rechnen. Die Ergebnisse sind in bemerkenswerter Weise lohnend gewesen. Sie hat zu Tätigkeiten gefunden, die ihr Freude machen. Die Liebe ist in ihr Leben getreten. Sie ist erfolgreich und liebenswert. Sie ist inspirierend für jeden, der mit ihr zu tun hat – vibrierend vor Glück und Lebensbegeisterung.

Sich selbst verstehen zu lernen, wird *Ihnen* ein Gefühl ehrfüchtiger Heiterkeit geben. Zu wissen, daß es von Ihnen abhängt, was Sie mit der Ihnen zur Verfügung stehenden Kraft des Lebens tun wollen, wird Ihnen, je nachdem, was Sie von sich selbst glauben, entweder Begeisterung oder Furcht einflößen. Wenn Sie irgend etwas fürchten, wenn Sie sich schwach und frustriert fühlen, dann nur deshalb, weil Sie Ihr wahres Ich nicht kennen, das wundervolle, sinnvolle, bedeutende *Ich*, das Sie in Wirklichkeit sind. Es gibt keine Grenze für das, was Sie tun, haben oder sein können.

Den meisten von uns ist von Eltern oder Lehrern beigebracht worden, außerhalb unserer selbst nach den Antworten auf unsere

Wünsche zu suchen; also haben wir draußen nach Kraft gesucht, nach Glück, nach Stärke – entweder ohne zu wissen oder ohne wissen zu wollen, daß das Wichtigste für uns im gesamten Bereich des Lebens wir selbst sind, daß wir auf uns selbst schauen müssen. Es ist höchste Zeit, daß uns bewußt wird, was der größte Lehrer aller Zeiten, derjenige, der die heutige westliche Kultur mehr beeinflußt hat als irgendein anderer, zu sagen hatte: „Das Reich Gottes ist in euch."

2. Kapitel

Die magische Kraft in dir

Ist Ihnen jemals eingefallen, daß die Bewußtseinskraft, die Edison, Einstein, Beethoven, Emerson oder die Brüder Wright gebrauchten, die gleiche Bewußtseinskraft ist, die Sie benutzen? In der Tat ist eben diese Bewußtseinskraft, deren sich die Großen aller Zeiten bedient haben, die Kraft, die Ihnen zur Verfügung steht. „Es gibt ein Bewußtsein, das allen einzelnen Menschen gemeinsam ist." Es gibt eine Bewußtseinskraft, und jeder von uns gebraucht sie.

Auch Sie können Wunder wirken

Sie mögen sagen: „Aber wer bin ich denn, um mich mit den Großen und Wundertätern zu vergleichen?" Die Antwort bleibt nach wie vor: „Sie gebrauchten die gleiche Bewußtseinskraft, die Sie gebrauchen." Selbstverständlich mögen sie sie effizienter und wirkungsvoller genutzt haben; aber wenn *Sie* Ihr Bewußtsein effizienter und wirkungsvoller und mit größerem Verständnis gebrauchen würden, wären *Sie* in der Lage, mehr zu tun, zu sein und zu haben.

Natürlich müssen wir da anfangen, wo wir sind, mit dem Verständnis, das wir haben. Wir müssen dieses Verständnis ausweiten, dieses Wissen, diesen Informationsstand und den Gebrauch, den wir von all dem machen. Wir sollten über uns soviel wie möglich lernen und auch über dieses großartige Werkzeug, unser Bewußtsein, das wir zu benutzen haben; und danach müssen wir es anwenden.

Es ist nicht lange her, da kam eine junge Frau mit einer Ballade in mein Büro, die sie veröffentlicht sehen wollte. Sie hatte es bei vielen

Verlagen versucht; ohne Erfolg. Immer noch hatte sie das Gefühl, das Lied sei gut. Wir halfen ihr, zu der positiven Überzeugung zu kommen, daß es jemanden gebe, der es veröffentlichen werde. In ihrer Vorstellung sah sie es in Millionenauflagen verkauft und in Radio und Fernsehen gesungen. Sie baute in ihrer Vorstellungskraft ein Bild des Erfolges auf. Bezüglich dessen, was sie tun sollte, ließ sie sich von ihrer Intuition leiten. Sie handelte in Übereinstimmung mit ihrem tiefsten Verständnis, und es dauerte nicht lange, bis ihr der richtige Verleger über den Weg lief – ein Verleger, der sich von dem Lied überaus begeistert zeigte –, und der Erfolg der jungen Frau war eine feststehende Sache geworden. Sie veränderte ihr Denken bezüglich der Ergebnisse; entschlossen bewahrte sie sich diesen neuen Bewußtseinszustand, und sie handelte nach bestem Verständnis; das war alles, was erforderlich war.

Einem Mann, den ich gut kannte, gehörten einige große geschäftseigene Gebäudekomplexe, aber alle waren schwer mit Hypotheken belastet. Er hatte sich mehr vergrößert, als es die Sicherheit erlaubte. Seine Gläubiger schienen im Begriff zu sein, ihm auf den Leib zu rücken. Vor Furcht und Angespanntheit wußte er nicht, was tun. Der Bankrott stand ihm vor Augen. Er war verängstigt und krank. Er berichtete mir, daß er in dem angestrengten Bemühen, sein Vermögen zu retten, jeder noch so hoffnungslosen Möglichkeit hinterherlief; aber alles schien schiefzugehen. Ich erinnere mich, wie er an seinen Fingernägeln biß, während er nervös von einem Mißerfolg nach dem anderen erzählte und daß es nun keinen Ausweg mehr zu geben schien; er hatte den Boden unter den Füßen verloren. Er war überzeugt, daß seine Gläubiger ihm seinen Besitz nehmen würden und daß es nichts gäbe, was er tun könnte.

Ich sagte: „Bill, warum nicht deine Einstellung deinen Kreditgebern gegenüber verändern? Betrachte sie als deine Freunde – deine Partner. Tatsache ist, daß sie wirklich deine Partner sind, da sie dir Geld geliehen haben, damit du diese geschäftlichen Wagnisse angehen konntest. Und sie sind deine Freunde. Sie haben an dich geglaubt, sonst hätten sie deinen Kredit nicht erweitert." Ich erläuterte ihm, daß sie als Partner Anrechte an jenen Besitztümern hätten geradeso wie er;

daß er versuchen solle, jede Situation ebenso aus ihrer Sicht zu sehen wie aus seiner; mit anderen Worten, er solle beginnen, seine Partner wie sich selbst zu lieben, das gleiche Interesse an ihrem Wohlergehen zu haben wie an seinem eigenen. Ich schlug vor, daß er, bevor er sich mit seinen verschiedenen Kreditgebern träfe, sein Bewußtsein darauf vorbereiten solle, ihr Gutes genauso wie sein eigenes im Auge zu haben, ihr Wohlergehen genauso anzustreben wie sein eigenes. Natürlich veränderte sich durch seine gewandelte Einstellung die gesamte Atmosphäre dieser Treffen. Die Haltung seiner Kreditgeber ihm gegenüber änderte sich. Wir wollen eine lange Geschichte kurz machen, indem wir sagen, es geschah scheinbar ein Wunder. Der größte Kreditgeber, eine Bank, finanzierte sein gesamtes Eigentum von neuem; und innerhalb kurzer Zeit wurde Bill Geschäftsführer in dieser Bank und war zuständig für den Bereich Immobilien. Seine finanzielle Existenz war gewährleistet, seine Zukunft gesichert. Sein Selbstvertrauen, seine Nächstenliebe, sein Verständnis für die und seine Anteilnahme an der Position seiner Kreditgeber trugen reiche Früchte. Seine veränderte Bewußtseinshaltung führte eine vollständige Veränderung seiner Erfahrungen herbei. Er tat wirklich, was er wünschte, daß es ihm getan würde, mit dem Ergebnis, daß seine Gesellschafter ihre Einstellung ihm gegenüber änderten.

Jim Drake, der eine Ladenkette besaß, befand sich in einer peinlichen Lage. Auch er hatte seinen Kredit zu sehr ausgeweitet. Einige Zeit lang sah es so aus, als würde er alles verlieren, was er besaß. Entmutigt, verzagt und voller Angst trank er eine Zeitlang sehr stark, ehe er sich entschloß, mich aufzusuchen. Ich erläuterte ihm, daß er da, wo er wegen seines negativen und verzerrten Denkens versagt hatte, genausogut Erfolg erleben könne, wenn er geradlinig und positiv denken würde. Da er ein intelligenter Mann war, sagte er schließlich: „Nun, alles, was ich brauche, ist die richtige Idee, und diese richtige Idee wird mich erreichen, sobald ich wieder an mich und daran, daß ich das Recht habe, die richtigen Ideen zu haben, glaube." Mit diesem Kommentar entspannte er sich und wandte sich nach innen um Führung; und schon bald wußte er, was zu tun war. Mit allem Ernst erstellte er für sich einen Plan. Es erforderte Mut, Stärke und

Entschlossenheit, diesen Plan durchzuführen; aber er wußte, daß er all dies hatte, weil er wußte, daß die Kraft des Lebens in ihm war, und er nahm diese innere Kraft in Anspruch. Heute ist er eine reichere, weisere, interessantere Persönlichkeit, als er es jemals war; und er ist ein viel glücklicherer Mensch. Während dieser Wandlung hat er viele neue Freunde gewonnen. Heute haben die Leute Vertrauen zu ihm und möchten mit ihm Geschäfte machen. Das war kein Wunder. Dies war nicht das Werk von etwas Übernatürlichem oder Übermenschlichem. Er wendete ganz einfach das Gesetz von Ursache und Wirkung an, ein Gesetz, das nie versagt. Er begründete eine neue Ursache; folglich hatte er eine andere Erfahrung.

Wenn Sie denken, gebrauchen Sie Bewußtsein

Durch Ihr Denken, das ein Gebrauchen von Bewußtsein ist, setzen Sie eine Ursache in Gang, und diese Ursache wird aktiv, indem sie eine ihr entsprechende Wirkung erzeugt. All dies sehen wir durch das Leben. Wenn Sie einen Mohnsamen aussäen, erhalten Sie eine Mohnpflanze; es wird keine Distel dabei herauskommen. Aber denken Sie daran – Sie müssen den Samen pflanzen, wenn Sie den Mohn haben wollen. Zuerst wünschen Sie sich ein bestimmtes Ergebnis. Lassen Sie uns sagen, Sie wünschen sich eine Mohnpflanze. Sie stellen sich den Mohn in Blüte vor. Sie glauben daran, daß Sie den Mohn bekommen werden, wenn Sie den Samen pflanzen, – und dann müssen Sie selbstverständlich den Samen pflanzen.

All das ist wirkendes *Bewußtsein*. Alles, was geschieht, ist das Endergebnis von Bewußtsein, das am Werk ist. Zu lange haben wir uns nur für einen Körper mit Gehirn, Kreislauf und anderen Körperfunktionen gehalten. Wir haben nicht den Punkt von bewußtem Leben hinter dem Gehirn und hinter dem Körper erkannt. Was bringt Gehirn oder Körper dazu zu funktionieren? Was ist ursprünglich für ihre Existenz verantwortlich? Wir haben vielleicht gedacht, all dies sei das Werk irgendeines großen, übermächtigen Gottes oben im Himmel oder draußen im Weltraum, der den Zauberstab schwänge. Wir haben unsere Fehler und unser Versagen einem außenstehenden Gott oder Schöpfer angelastet – unsere Unfähigkeit, einen Beruf auszuüben, unsere Armut, unsere Mißerfolge, unser Kranksein – das Fehlen von Gutem in unserem Leben. Einige Menschen beschuldigen sogar einen bösen Gott, den sie einen Teufel nennen. Viele weigern sich, der Wahrheit ins Gesicht zu sehen: der Wahrheit, daß sie selbst durch ihr eigenes negatives Denken diese krank machenden, unglücklichen Erlebnisse herbeigeführt haben.

Die schöpferischen Kräfte des Lebens sind für jeden von uns in Reichweite. Das Bewußtsein ist das schöpferische Werkzeug. Jeder von uns benutzt es, und wir schaffen entweder das, was wir nicht wollen, oder das, was wir wollen. Die meisten Leute sind froh, das Verdienst an ihren Erfolgen zugeschrieben zu bekommen, würden die Schuld an ihren Fehlern aber lieber jemandem oder etwas außerhalb ihrer selbst zuschieben. Sie pflegen Gott ohne weiteres für ihren Kummer verantwortlich zu machen, indem sie sagen: „Gott wollte es eben so. Wenn er gewollt hätte, daß ich gesund bin, hätte er mich nicht krank gemacht. Wenn er gewollt hätte, daß ich reich bin, hätte er mich nicht arm geschaffen." Das sind kindische Ausflüchte, und derjenige, der sie gebraucht, versucht ganz einfach, vor seiner eigenen persönlichen Verantwortung davonzulaufen.

Ich bin sicher, daß an dieser Stelle jemand sagen wird: „Nun gut, warum zeigt der Autor nicht den Weg zu Gott und erläutert, wie man zu einer Erkenntnis Gottes gelangt, der alle Dinge tun kann?" Nun, genau das hoffe ich zu tun, aber vielleicht nicht eben auf diese Weise, wie Sie es erwarten; denn wenn wir auf diesen Seiten unsere Suche zusammen fortsetzen, werde ich versuchen, Ihnen zu helfen, Gott als die wahre Realität Ihrer selbst zu entdecken – als jene Kraft, die Sie täglich gebrauchen.

Wir erwarten uns keine Hilfe von einem außerhalb befindlichen Gott irgendwo oben im Himmel. Sie und ich suchen nach einer immanenten, verläßlichen Gotteskraft – einer allmächtigen Kraft, die uns immer und sofort zur Verfügung steht, einer Kraft, die wir täglich dazu gebrauchen können, mehr Gutes in unser Leben zu bringen. Ich hoffe, Ihnen dabei zu helfen, Ihre Wertschätzung Ihrer selbst so weit zu heben, daß Sie erkennen, daß Sie eine unbegrenzte Fähigkeit dazu haben, die Kraft Gottes zu gebrauchen. Ich hoffe, Ihnen Gott als unendliche Macht, unendliche Energie entdecken zu helfen; als die Macht, die auf Ihr Denken reagiert, ob der Gedanke nun negativ oder positiv ist. Wenn Sie sich dieser Kraft täglich mehr bewußt werden, werden Sie von sich aus entdecken, daß das Leben oder Gott Ihnen immer Ihren beherrschenden Denkgewohnheiten, Haltungen, Überzeugungen oder Ihrem Glauben gemäß antwortet – denn *es geschieht Ihnen* durch das unendliche Leben selbst, und immer in Entsprechung zu *Ihrem* Glauben.

Beobachten Sie Ihre Gedanken

Beobachten Sie Ihre Gedanken, Ihre Einstellung, Ihren Glauben, und Sie werden selbst sehen, wie die Kraft des Lebens auf Ihre geistige Haltung antwortet.

Wir diskutieren nicht über einen mystischen, geheimnisvollen, abstrakten Gott. Wir diskutieren die warme, in uns wohnende, nutzbare, intelligente, liebende Kraft des Lebens, das nicht nur das Leben dieses gesamten Universums, sondern auch *Ihr* eigenes Leben ist. Es ist *Ihr* Leben. Es ist *Sie*, weil Sie und Ihr Vater eins sind.

3. Kapitel

Das Königreich Gottes ist in euch

Hat Sie jemals das Wunder Ihres eigenen Daseins tief beeindruckt? Sind Sie aufrichtig dankbar, daß Sie existieren? Sie sind ein menschliches Wesen, und die Menschheit ist die höchste Ausdrucksform des Lebens auf diesem Planeten. Haben Sie ein so hohes Selbstwertgefühl, daß Sie tun können, was die Lehrer in der Antike ihren Schülern zu tun beibrachten: sich an die Brust zu schlagen und zu sagen: „Wunderbares, wunderbares, wunderbares Ich!"?

Was sehen Sie, wenn Sie tief in sich hineinblicken? Erkennen Sie jenen Punkt des Lebens, der sagt: „Ich bin, ich existiere, ich kann in mich hineinschauen"? Dieses „Ich" ist ein Punkt des Lebens, der sich selbst erkennt und sich selbst leitet. Es ist selbst-kennend und selbst-lenkend. Was für ein interessanter, komplexer Organismus sind Sie!

An dem Punkt, wo Sie sich Ihrer selbst bewußt werden, entdecken Sie, daß Sie ein Verlangen haben zu leben, zu existieren und sich auszudrücken. Sie sehnen sich danach, glücklich und frei zu sein. Die Sehnsucht zu leben, ewig zu leben, ein reiches, überfließendes und siegheftes Leben zu führen, ist unendlich. Ihre Wünsche mögen viele Formen annehmen; aber indem jeder Wunsch erfüllt wird, stellen Sie fest, daß Ihr Verlangen sich vergrößert. Je mehr Sie bekommen, desto mehr wollen Sie haben. Das macht Ihre Sehnsucht dem Wesen nach *unendlich*, nicht wahr? Sie ist ohne Ende. Sie ist unsterblich.

Sehnsucht ist ein geistiger Zustand

Sehnsucht ist in der gesamten Natur am Werk. Leben sehnt sich beständig danach, sich selbst auszudrücken und sich selbst zu erleben. Die Pflanze sehnt sich danach zu blühen. Der Baum möchte wachsen. Der Vogel möchte singen. Die Sehnsucht in Ihnen, einem menschlichen Wesen, ist tatsächlich die Sehnsucht des Lebens, die Ausdruck werden will; daher ist die Sehnsucht so endlos wie das Leben selbst.

An dem Ort in Ihnen, wo Sie sich sehnen, ist auch ein Glaube vorhanden, der sagt: „Es gibt Antwort auf diesen Wunsch." Sie glauben, daß Sie zur Erfüllung jedes Wunsches gelangen können, wenn Ihnen Zeit und Gelegenheit dazu gegeben wird. Alles, was Sie tun, geschieht in Beantwortung eines Verlangens. Ihr Glaube führt Sie in allem, was Sie tun. Es gibt keine Grenze dafür, wohin dieser Glaube Sie führen kann. Vielleicht machen Sie keinen vollkommenen Gebrauch davon, aber er ist da. Glaube ist ein Bewußtseinszustand.

Da, wo Sie denken, wünschen und Glauben haben, ist auch eine Fähigkeit namens Vorstellungskraft. Sie besitzen die Fähigkeit, in Ihrem Bewußtsein Pläne, Bilder, Porträts zu entwerfen. Vorstellungskraft ist Ihre Planungsabteilung, und sie steht unter Ihrer Leitung. Ihre Fähigkeit, Vorstellungskraft zu verwenden, ist unbegrenzt. Sie ist eine unendliche Begabung. Einige Leute nutzen sie nicht besonders effektiv, aber sie ist da und wartet darauf, gebraucht zu werden.

Sie können eine Idee oder eine Erinnerung an etwas Erlebtes nehmen und sie mit anderen Ideen und Erinnerungen verbinden und dadurch auf eine neue Idee kommen. Sie haben die Kraft, Ideen miteinander zu kombinieren und zu durchdenken, um dann zu einer logischen Schlußfolgerung zu gelangen.

Sie haben einen inneren Führer

Wenn Sie in sich hineinschauen, finden Sie auch ein Vermögen, das *innere Führung* genannt wird. Haben Sie nicht oft eine Ahnung oder eine Eingebung gehabt, von der Sie ohne Grund oder vorherige

Erfahrung wußten, daß sie stimmte, – und entdeckten, wenn Sie sich in der gewiesenen Richtung bewegten, daß es richtig war? Es ist etwas in Ihnen – eine Ebene oder Fähigkeit des Bewußtseins –, das bewirkt, daß Sie zur richtigen Zeit am richtigen Orte sind, das Richtige sagen und das Richtige auf die rechte Weise tun. Wenn Sie sie nur erkennen und ihr völlig vertrauen würden, wenn Sie ihr treu bleiben und sie gebrauchen würden, gäbe es nichts, wozu diese Fähigkeit Sie nicht führen würde. Also ist auch sie eine unendliche Fähigkeit.

Der Wissenschaftler beschreibt das Gewissen manchmal als „inneren Mechanismus" oder als geistiges Vermögen, das einen davon abhalte, das Falsche zu tun; es halte einen davon ab, sich selbst zu verletzen oder das Lebensprinzip in einem zu verraten. Auch das ist ein unendliches Vermögen.

In Ihnen ist die Eigenschaft der Intelligenz, sogar der Weisheit; und auch wenn keiner von uns diese Eigenschaft so sehr verwirklicht, wie er sollte, würde doch keiner von uns behaupten, daß unsere Möglichkeit, Weisheit zu erlangen, in irgendeiner Weise eingeschränkt sei. Unbegrenzte Intelligenz und Weisheit sind in jedem von uns.

Auch ist da Liebe. Viele Menschen lieben die falsche Person oder das falsche Ding. Sie mögen ihre Liebesimpulse in eine falsche Richtung schicken – und dennoch muß jeder irgend etwas lieben. Die Fähigkeit zur Liebe ist ohne Grenzen. Wir können diese Fähigkeit unbegrenzt erleben, und wir können wählen, *wie* wir sie zum Ausdruck bringen wollen.

In jedem von uns ist die Eigenschaft des Friedens. Er ist immer da, bereit, erfahren zu werden. Einige Leute drücken diese Eigenschaft in höherem Maße aus als andere, aber niemand würde bestreiten, daß keiner in seiner Fähigkeit, Frieden zu vermitteln, begrenzt ist.

In Ihnen ist die Eigenschaft der Schönheit. Sie können Ihr Äußern dieser Schönheit begrenzen oder Sie können sie auf großartige und wunderbare Weise verwirklichen; aber in welchem Maße Sie auch Schönheit zum Ausdruck bringen mögen, es gibt noch immer keine Schranke für weitere Möglichkeiten ihrer Äußerung.

Da ist auch noch die Eigenschaft, Freude und Glück erleben zu können. Wenn Sie keine Freude erleben, liegt es nicht daran, daß da keine Freude wäre, die Sie erfahren oder zum Ausdruck bringen könnten. Die Freude wird von Ihnen bloß nicht geäußert. Freude und Glück stehen Ihnen stets unbeschränkt zur Verfügung.

Ist es nicht erstaunlich, wie schon ein rascher Blick nach innen unendliche und grenzenlose Eigenschaften – Intelligenz, Weisheit, Frieden, Schönheit, Freude – enthüllt, – tatsächlich alles, was Sie gerne erleben würden? Dazu sind in Ihnen die Fähigkeiten der Sehnsucht, des Glaubens, der Vorstellungskraft, der Vernunft und der Führung.

Ist es also nicht eine Tatsache, daß diejenigen Lebensqualitäten, die Sie gerne in *Ihrem* Leben erfahren würden, und jene Fähigkeiten, die ihre Verwirklichung ermöglichen, eben das Sein ausmachen, das Sie sind? Sie *sind* Sie! Würden Sie nicht zustimmen, daß diese göttlichen, unsterblichen, niemals endenden Fähigkeiten und Eigenschaften, die in Ihnen verkörpert sind (was Sie in der Tat als natürlich empfinden), Ihr wahres Selbst ausmachen? Würden Sie nicht zustimmen, daß Sie, wenn Sie in Ihrem Selbstverständnis und in Ihrer Fähigkeit, jene Eigenschaften zu nutzen und jene Qualitäten des Lebens zum Ausdruck zu bringen, wachsen, Ihren Erfahrungsbereich in das Erleben des Unendlichen, des göttlichen Lebens hinein ausdehnen? Da Ihr Glaube grenzenlos ist, ist auch Ihre Vorstellungskraft grenzenlos; Ihre Verstandeskräfte sind unbegrenzt; und da Liebe, Frieden, Kraft, Schönheit und Freude in Ihnen unbegrenzt sind, wäre es nicht praktisch, wenn Sie sich selbst in der Tat als ein unbegrenztes Wesen verstehen würden?

Zusätzlich zu diesen Fähigkeiten und Eigenschaften, die Sie in sich entdeckt haben, besitzen Sie auch die Fähigkeit, zu wählen und Entscheidungen zu treffen. Sie können wählen, ob, wie und in welchem Maße Sie diese Fähigkeiten gebrauchen wollen, und Sie können entscheiden, welche und wieviel von jenen unendlichen Eigenschaften Sie zum Ausdruck bringen wollen. Das heißt, durch Ihre Macht, zu wählen und zu entscheiden, können Sie die Persönlichkeit und den Charakter aufbauen, die Sie sich erwählt haben. Nicht nur, daß Sie die innere Kraft haben zu wählen – Sie haben auch die Kraft, Ihrer Wahl gemäß zu handeln. Dies alles sind geistige und verstandesmäßige Fähigkeiten und Eigenschaften, die dazu da sind, von Ihnen gebraucht, geäußert und erfahren zu werden, während Ihr Verständnis Ihrer selbst wächst. Alle diese Eigenschaften warten zusammen mit den Fähigkeiten, durch die Sie zum Ausdruck gebracht werden können, darauf, daß Sie sie in Anspruch nehmen. Die einzige Begrenzung, die der Äußerung und dem Erleben dieses inneren Besitzes auferlegt ist, ist die Begrenzung, die Sie selbst festsetzen.

Natürlich würden Sie nicht so dumm sein, die Segnungen, die das Leben Ihnen gegeben hat, bewußt abzulehnen; aber wenn Sie diese Segnungen nicht wahrnehmen, ist es fast so, als ob Sie sie nicht hätten. Jemand mag ein Bankguthaben von einer Million haben; und doch würde die Million von geringem Wert für ihn sein, wenn er nicht wüßte, daß er sie besitzt, oder wenn er sich weigerte, sein Konto in Anspruch zu nehmen. Er muß seine Ressourcen kennen und sie gebrauchen, wenn sie ihm Segen bringen sollen.

Weil Sie das Leben sind, verkörpern Sie die Fähigkeiten und Eigenschaften des Lebens. Was das Leben ist, sind Sie! „Da der Vater Leben in sich trägt, so hat er es dem Sohne gegeben, Leben in sich zu tragen." – „Alles, was der Vater hat, ist mein."

Der Mittelpunkt Ihrer selbst ist dasjenige, auf das Sie Bezug nehmen, wenn Sie „ich" sagen. Dort wählen Sie, wie und in welchem Ausmaß Sie die Eigenschaften des Lebens zum Ausdruck bringen und wie Sie die Fähigkeiten des Bewußtseins gebrauchen. Sie können wählen, ob Sie sie auf negative oder positive Weise äußern. Sie können sich dafür entscheiden, Ihren Glauben in der Gestalt von Angst zu äußern; Sie mögen wählen, in Ihrer Vorstellung lieber Bilder von den Dingen zu erschaffen, die Sie nicht wollen, als von denen, die Sie wollen. Sie mögen Liebe als Haß äußern, und Sie können sich weigern, Freude oder Glück zum Ausdruck zu bringen. Ihre Fähigkeit zu wählen ist unbegrenzt; daher stehen Ihrer Wahl alle Möglichkeiten des Himmels oder auch der Hölle offen.

„Es gibt nichts Gutes oder Schlechtes, sondern das Denken macht es dazu." Lassen Sie uns nochmals daran denken, daß „Geist" jene Kraft ist, die sich ihrer selbst bewußt ist. Ihr innerster Kern, „Ich", ist sich seiner selbst bewußt, also ist es Ihr Geist. Das ist der Gott in Ihnen.

Das ist der denkende, wählende Punkt, von dem aus Sie die Erschaffung Ihrer Erfahrungswelt leiten, gerade wie der eine Geist des Lebens die Kraft durch die gesamte Natur strömen läßt. Sie sind demnach eine Person – eine Personifikation des großen Lebens. Sie sind ein Erscheinungsort des göttlichen Bewußtseins, der Gottes Fähigkeiten gebraucht und Gottes Eigenschaften zum Ausdruck bringt. Wenn Sie zu dieser Erkenntnis gelangen, haben Sie Gott, den innersten Gott, entdeckt, der „vertrauter als der Atem und näher als Hände und Füße" ist.

Ehe wir die Kräfte des Lebens erfolgreich lenken können, damit sie für uns diejenigen guten Dinge erzeugen, die wir ersehnen, ehe wir über unsere Welt die Herrschaft übernehmen, wie es uns bestimmt ist, ist es notwenig, daß wir diese grundlegende, fundamentale Wahrheit über uns wahrnehmen. Es ist notwendig zu verstehen, daß wir an dem Punkt der Erkenntnis, wo wir „ich" sagen, das Gott-Leben selbst sind.

Schließen Sie Bekanntschaft mit sich selbst

Wir machen jetzt persönliche Bekanntschaft mit dem Gott-Leben, der Gott-Kraft, dem Gott-Verständnis, *das wir selbst sind*. Unsere Fähigkeiten und Verantwortungen, Pflichten und Privilegien erkennend, werden wir darangehen, Bewußtseinskraft für Gesundheit, Glück und Wohlergehen zu gebrauchen; für Frieden, Freude und Schönheit. Wir werden anfangen, herrlich zu leben. Wir haben jetzt bereits einen flüchtigen Einblick in das, was mit den Worten des Meisters „Das Königreich Gottes ist in euch" gemeint ist.

Vor einigen Jahren kam Jack Burnham, ein Mann in mittlerem Alter, unbefriedigt von seinem Beruf, unzufrieden mit dem, was er im Leben erreicht hatte, zu mir. Er war bei einem Elektrizitätswerk beschäftigt. Als wir über die göttliche Existenz sprachen, die er in Wirklichkeit war, lernte er diese zentrale Wahrheit über sich verstehen. Er akzeptierte die Tatsache, daß an dem Punkt, wo er Bewußtsein hatte, wirklich das Gott-Leben in seiner Person individualisiert war, seiner selbst bewußt als eines menschlichen Wesens – er. Dieses neue Selbstverständnis enthemmte sein Denken. Sein Verstehen seiner selbst erreichte eine solche Höhe, daß er sagte, wenn er allmorgendlich zur Arbeit ging: „Jetzt geht Gott an die Arbeit." Wenn er in dem großen Elektrizitätswerk den Schalter einstellte, sagte er: „Nun schaltet Gott die Lichter der Stadt ein." Wenn er sie ausschaltete, sagte er: „Nun schaltet Gott die Lichter der großen Stadt ab." Dieses Bewußtsein von unendlicher, unbegrenzter Kraft ergriff von Jack Besitz. Er fing an, größere Weisheit, größere Intelligenz und Kraft in so bemerkenswertem Ausmaß an den Tag zu legen, daß er innerhalb von zwei Jahren Vizepräsident dieser großen Versorgungsgesellschaft wurde.

Bewußtsein ist das schöpferische Gesetz des Lebens; wenn wir die allumfassende Kraft des Geistes konstruktiv, positiv und kreativ lenken wollen, um uns den Wunsch unseres Herzens zu erfüllen, müssen wir erkennen, daß wir das Recht und die Fähigkeit haben, es zu tun. Wir müssen erkennen, daß wir tatsächlich das Universelle, das Gott-Leben, als Individium verkörpern.

Sie sind kein kleiner Mensch mit einem kleinen Geist. Nein, Ihr Leben selbst ist das Leben Gottes. Der Geist des Bewußtseins, den Sie gebrauchen, ist der unendliche, schöpferische, göttliche Geist, der alles ins Sein rief. Ist das nicht eine wundervolle Vorstellung, um sie zu bedenken? Erkennen Sie jetzt, daß es auf Sie zutrifft. In dem Maße, wie Sie diese Vorstellung von sich anerkennen können, diese Vorstellung von dem Bewußtsein, das Sie gebrauchen, und lernen, wie dieses Bewußtsein zu gebrauchen ist, haben Sie den Schlüssel zur Lösung aller Probleme.

In der Vergangenheit konnten viele Leute das nicht verstehen. Ich weiß, daß es immer noch viele gibt, die sich weigern, es zu glauben. Der Durchschnittsmensch, der sich nicht versteht, empfindet sich als schwach, ängstlich und angespannt. Er begreift nicht, daß die grenzenlose Kraft des Lebens sein ist; daß das krative Bewußtsein sein ist, um es seiner Wahl entsprechend zu benutzen. Er weiß nicht, daß das Leben bereitsteht, um ihm alles zu geben, was er braucht, vorausgesetzt, er nimmt es rechtmäßig. In seinem Unbefriedigtsein, seiner

Unkenntnis und seinem Selbstmitleid hadert und handelt er mit einem Gott, von dem er glaubt, er sei irgendwo außerhalb seiner selbst.

Sie müssen nicht um Ihr Gutes kämpfen

Weil sie ihre eigene innere Gotteskraft nicht erkennen, fühlen sich die Leute oft schwach, mutlos und unglücklich. Pflegeheime sind bis zum Rande ihrer Kapazität ausgelastet wegen der Menge frustrierter und entmutigter Menschen. Die Gefängnisse sind voll und wir haben Kriege, weil Menschen sich selbst nicht verstehen. Sie erkennen oder gebrauchen ihre Gotteskraft nicht konstruktiv. Sie suchen am falschen Ort nach ihrem Guten, ihrem Glück und ihrem Seelenfrieden. Sie vernachlässigen sich selbst. Sie begreifen nicht die Würde des menschlichen Lebens und die Bedeutung der menschlichen Persönlichkeit. Sie kontrollieren ihr eigenes Denken nicht. Sie lassen zu, daß ihre Gedanken sich in Furcht, Haß, Eifersucht und Gier verlaufen. Da sie nicht erkennen, daß das Leben auf ihre Einstellung ihm gegenüber und ihre Überzeugung von ihm antwortet, denken sie, sie müßten um ihren Vorteil kämpfen. Fälschlicherweise glauben sie, ihr Vorteil stünde im Gegensatz zum Guten anderer: folglich wünschen sie lieber sich selbst Gutes als ihrem Nächsten, ihrem Arbeitgeber oder ihren Angestellten.

Wenn diese Welt frei von Konflikten werden soll, wenn der einzelne Mensch aus seinen persönlichen Schwierigkeiten herauskommen soll, muß eine Anerkennung der gewaltigen Werte und Kräfte stattfinden, die in jedem Individuum vorhanden sind. Es muß ein Verständnis der Göttlichkeit und Unsterblichkeit jedes Menschen und seiner Beziehung zu anderen und zu seiner Quelle entstehen. Ein Verständnis der Gesetze des Lebens muß erwachen, und den Leuten muß beigebracht und sie müssen dazu angeregt werden, diese Gesetze zu ihrem und anderer Menschen größerem Wohl anzuwenden.

Es gibt keinen kosmischen Hunger. Unbegrenztes Gutes umgibt uns. Alles, was wir zu unserem Erfolg, unserem Glück und unserem Wohlbefinden brauchen, ist in uns oder um uns herum. Durch Unwissenheit und Mißverständnisse weigern sich die Menschen häufig, ihre Segnungen anzunehmen. Sie begreifen die automatische Empfänglichkeit des Lebens ihnen gegenüber nicht. Zu wenige verstehen oder begreifen, daß ihnen nach ihrem Glauben geschieht.

Der Durchschnittsmensch will die grundlegenden Gesetze menschlicher Beziehungen nicht erkennen – das Gesetz der Goldenen Regel, das Gesetz der Liebe, das Gesetz von Ursache und Wirkung. Daher leidet der Durchschnittsmensch unter Konflikten, Frustration und Unglücksgefühlen.

Moses, der große Gesetzgeber des Altertums, entdeckte, daß das „*Ich bin*" seiner selbst nichts anderes war als das große universelle „*Ich Bin*". Er entdeckte, daß der Punkt bewußten Seins in ihm, der sagte: „Ich; ich existiere", nichts anderes war als das universelle Leben, das sich als menschliches Wesen seiner selbst bewußt wurde. Er fand Gott im Innern. Er fand heraus, daß das Leben des Universums eben sein Leben war. Was Moses für sich entdeckte, können Sie für sich entdecken. Das war es, was Jesus lehrte. Es war, was Paulus lehrte. Es ist das, was die großen Mystiker immer gelehrt haben.

Sie sind der Mittelpunkt Ihrer Erfahrung. Ihre Erfahrungswelt wird von Ihnen durch Ihr eigenes, individuelles Denken geformt und gesteuert; inspiriert durch Ihre Sehnsüchte, geplant von Ihrer Vorstellung und erfahrbar gemacht durch Ihre Überzeugung oder Ihren Glauben. Das allumfassende Gesetz des Bewußtseins gibt Ihren Erfahrungen Gestalt und Form, in Übereinstimmung mit der Weise, wie Sie in Ihrem Herzen denken.

Es wäre gut für einen jeden von uns, jeden Tag ruhig über diese Grundwahrheit über das Selbst zu meditieren; und wenn wir zu einer hohen Erkenntnis unserer selbst gelangen, wird die Furcht aus unserem Leben verschwinden. Wir werden im Selbst alles entdecken, was wir brauchen, um zu leben, wie wir leben sollten.

4. Kapitel

Die Zauberkraft des Glaubens

Nehmen wir an, ein Mann glaubt, er könne keine Arbeit finden. Ob dieser Glaube nun gerechtfertigt ist oder nicht, würden wir doch übereinstimmend sagen, daß er eine mächtige Kraft ist, gegen die er kämpfen muß, wenn er versucht, eine Stelle zu bekommen. Dieser Mann weiß, daß er finanziell nicht in der Lage ist, für seine Familie zu sorgen, wenn er keine Arbeit hat, und dennoch hat er Angst vor der Zukunft. Er ist überzeugt, daß er ein Versager ist. Er ist sicher, daß er nicht bekommen wird, was er haben will und haben sollte. Er hat einen tiefeingewurzelten Glauben an das Negative. Er glaubt an seinen Mangel an Kraft, an seine Unzulänglichkeit. Er glaubt an seine *Unfähigkeit*, eine Arbeit zu behalten und dem Leben zu begegnen.

Positiver Glaube gegen negativen

Angenommen, dieser Mann sieht ein, daß er kein Versager zu sein braucht. Angenommen, er erkennt, daß das Leben nur auf ihn reagiert, und zwar seiner Selbsteinschätzung gemäß. Angenommen, er erfährt, daß er, weil er eine wirkliche Begabung und einzigartige Talente besitzt, irgendwo im geschäftlichen Leben gebraucht wird und daß es nur seine Angst vor dem Leben oder sein Glaube von sich selbst ist, was ihm im Wege steht. Wenn er diese Wahrheit über sich selbst einsieht und entsprechend handeln wird, werden die Lebenskräfte nicht länger gegen seine Bedürfnisse arbeiten. Indem er mehr von der Wahrheit über sich selbst kennenlernt, verändert sich sein Glaube vom Negativen zum Positiven. Wenn sein Glaube an sich selbst und seine

Fähigkeiten sich verändern, wird sich mit Sicherheit auch seine Erfahrung ändern. Ein solcher Mensch braucht nicht mehr Glauben. Er muß nur einfach den Glauben neu umstellen, den er bereits besitzt. Sein negativer Glaube stößt sein Gutes von ihm, während positiver Glaube sein Gutes zu ihm und ihn zu seinem Guten bringt.

Eines Tages saß mir ein Mann gegenüber und erzählte mir, daß er keine Arbeit finden könne. Er war seit vielen Monaten arbeitslos. Er hatte eine Frau und drei Kinder. Er war vollständig entmutigt. Ich half ihm, die Tatsache zu akzeptieren, daß es einen Platz für ihn gebe, weil er lebendig war; es gibt im Leben keine ungewollten oder unnützen Dinge. Ich half ihm zu sehen, daß es eine Lösung für sein Problem gebe, da er eine Familie habe, die von ihm abhängig sei und sie diese Lösung brauchten. Irgendein Arbeitgeber brauchte ihn geradeso, wie er eine Stellung brauchte. Außerdem würde das Leben ihn führen und unterstützen, wenn er daran glaubte, daß die intelligente Kraft des Lebens ihn leiten werde; wenn er seine innere Führung anerkennen würde, ohne sie in Frage zu stellen; wenn er daran zu glauben lernte, daß das Leben ihn zu einem bestimmten Zweck erschaffen habe, und wenn er bereit wäre, diesen Zweck zu erfüllen. Während dieses einen Gesprächs wurde er davon überzeugt. Er verließ mein Büro und hatte innerhalb von zwei Stunden eine ausgezeichnete Stellung. Ein inneres Wissen lenkte ihn an den richtigen Ort; und als er dort anlangte, sagte er die richtigen Worte und machte den richtigen Eindruck. Als er mein Büro verließ, hatte er nicht mehr Glauben, als er gehabt hatte, als er es betrat; aber er hatte eine andere *Art* von Glauben. Er hatte seinen Glauben von der Überzeugung, daß sein Problem nicht gelöst werden könne, zu dem Glauben verändert, daß es *gelöst werden könne und werde*.

Glaube ist etwas sehr Reales im Leben eines jeden von uns. Glaube ist in Wirklichkeit ein Bewußtseinszustand. Der religiöse Mahner redet uns oft zu, Glauben zu haben. Er befiehlt uns zu glauben; aber was er nicht erkennt, ist, daß wir bereits Glauben haben. Wir wären keine Menschen ohne Glauben. Wir haben niemals auch nur eine Stunde lang existiert, ohne ihn auszuüben. Jede Erfahrung, die wir machen, sei sie gut oder schlecht, erreicht uns aufgrund unserer

Fähigkeit, an etwas zu glauben; und durch den Gebrauch unseres Glaubens haben wir uns unseren Himmel oder unsere Hölle geschaffen.

So wie jeder irgend etwas liebt, so glaubt auch jeder an etwas. Niemand muß dazu ermahnt werden, Glauben zu haben, aber er muß lernen, wie er ihn lenken und anwenden soll. Wahrscheinlich ist unsere Kraft zu glauben unser wichtigster Besitz. Wir glauben instinktiv. Die Aufgabe, die vor uns liegt, ist die, unseren Glauben vom Negativen zum Positiven zu verändern, vom Glauben an das, was wir nicht wollen, zum Glauben an das, was wir wollen, zu gelangen. Wenn wir das getan haben, haben wir das „Allerheiligste" aufgeschlossen.

Ich erhielt einen Telefonanruf von einer Frau in Texas. Ihre Tochter in San José befand sich im Krankenhaus. Die Ärzte hatten ihr gesagt, daß ihre Tochter nicht nur eine zerebrale Blutung erlitten habe – einen Gehirnschlag –, sondern auch noch einen Herzanfall. Es hieß, Jane sei in einem hoffnungslosen Zustand. Wir wurden gebeten, für diese Tochter eine geistige Behandlung durchzuführen. In dieser Behandlung oder diesem wissenschaftlichen Gebet riefen wir – zusammen mit der Mutter – in uns die Überzeugung wach, daß die natürlichen Kräfte in der Tochter wußten, wie das Gehirn zu heilen sei; daß intelligentes Leben ihr Herz anfangs geschaffen habe und immer noch wisse, wie es wiederherzustellen sei. Wir wurden überzeugt, daß die wissende Kraft des Lebens jetzt für ihre vollkommene Wiederherstellung arbeitete. In unserer Vorstellung sahen wir die Heilung jetzt stattfinden. Durch Vorstellungkraft und Glauben wurden die Lebenskräfte zu einer vollkommenen Wiederherstellung geführt. Innerhalb weniger Tage hieß es, die Tochter sei wohlauf und fähig, wieder an die Arbeit zu gehen. Durch eine Veränderung ihres Glaubens an sich selbst, durch das Umgebensein von einer Atmosphäre positiven Glaubens, durch unsere Zusammenarbeit mit der Familie, die bewirken sollte, daß sie an die Gesetze des Lebens und an die Unzerstörbarkeit der Seele dieser Frau glauben sollte, durch ein aktives Zusammenwirken und Harmonisieren mit der Natur, durch das Beseitigen der negativen Bewußtseinszustände und ihr Ersetzen durch positive, durch Vertrauen in die heilende Kraft des Lebens, die in ihr wirksam war, durch ein Stimulieren der Lebenskräfte, durch geistige Überzeugung und Vorstellungskraft hindurch zu handeln, wurde diese Frau geheilt. Sie ist heute stark und gesund. Niemand weiß genau, wie die Natur vorging, um dies zu bewirken. Ich weiß jedoch auch nicht (und auch sonst weiß es keiner), wie aus einem Samen ein Rettich wird.

Wir lernen, Bewußtsein zu gebrauchen, indem wir mit der Natur zusammenarbeiten, damit wir mehr von dem Guten erfahren können, das das Leben für uns hat. Das Leben besitzt ein Wissen, das weiß, wie man aus einem Samen ein Gemüse wachsen läßt. Es gibt eine intelligente Kraft, die weiß, wie Ihr Körper geheilt und wiederhergestellt wird. Die Natur erbringt eine Ernte, die dem Glauben des Farmers entspricht. Wenn ein Farmer nicht an einen Ernteertrag glauben würde, dann würde er gar nicht erst aussäen. Und er würde weiterhin nur Unkraut ernten. Natürlich zieht er sich die Ernte heran, weil er daran glaubt. Es sollte erwähnt werden, daß alle Anzeichen dagegen sprachen, daß Jane jemals gesund werden würde. Wenn sie und die sie umgebende Familie sich vom Anschein der Dinge hätten beherrschen lassen, dann hätten sie nicht an ihre Wiederherstellung geglaubt. Wenn ihr Glaube und der ihrer Familie nicht umgelenkt worden wäre, wenn irgendeiner irgendwo nicht die Überzeugung und Erfahrung der Allgemeinheit überwunden hätte, wenn wir nicht über den Anschein hinausgesehen hätten, dann wäre sie wahrscheinlich heute nicht lebendig und gesund. Wir werden durch unseren großen Lehrer Jesus ermahnt, uns nicht von der Erscheinung der Dinge beherrschen zu lassen.

Was ist Glaube?

Glaube ist eine Überzeugung, eine intuitive geistige Erkenntnis. Glaube muß über das hinausgehen, was unsere fünf Sinne uns mitteilen, denn diese berichten nur über das Aussehen der physischen Welt. Gewiß kann Glaube negativ oder positiv sein; aber der Glaube, der heilt, der „Berge versetzt", muß eine *Gewißheit* in bezug auf etwas sein, das nicht gesehen und nicht jetzt bewiesen werden kann.

Emerson sagte, daß ihn alles, was er gesehen und erfahren hatte, dazu bestimmte, an das zu glauben, was er nicht sehen konnte. Wer immer nur gemäß dem argumentiert, was die fünf körperlichen Sinne enthüllen, oder glaubt, daß die einzig mögliche Erkenntnis über Sehen, Hören, Schmecken, Riechen und Fühlen stattfindet, wird von Erscheinungen kontrolliert.

Der Mensch selbst ist etwas, was nicht gesehen werden kann. Leben kann man nicht sehen. Das Leben des Menschen ist immateriell. Wir können nur sehen, was Leben bewirkt. Jeder Mensch muß zu seinem wahren geistigen Selbst zurückkehren, *sich selbst entdecken* und *seine Realität* erkennen. Er muß mit sich selbst bekannt werden. Er muß wissen, daß er, als ein bewußtes Lebenszentrum, die Kraft hat zu wählen, was er unter jedweden Umständen tun will; daß er demnach nicht unter der Herrschaft oder Kontrolle von irgend etwas Äußerem steht, wie es durch die fünf Sinne erscheint.

Es gibt Leute, die diese unsichtbare Natur ihrer selbst anzweifeln. Sie sagen, sie glauben an nichts, das sie nicht sehen, hören, berühren, schmecken oder riechen können; dennoch wissen wir, daß die Liebe existiert, obwohl niemand sie jemals angefaßt hat. Wir wissen, daß der Geist existiert, obwohl niemand ihn je gesehen hat. Wir wissen, daß das Leben existiert, obwohl niemand jemals Leben in ein Reagenzglas getan oder mit einem Metermaß vermessen hat. Dies alles sind Realitäten, auch wenn sie unsichtbar sind. Jeder von uns ist eine unsichtbare Wirklichkeit, die durch einen Körper handelt. Sie sprechen zu mir durch den Gebrauch Ihrer Stimmbänder. Ihr Körper und Ihre Handlungen sind einfach Ihr Mittel, sich auszudrücken, aber es ist Ihre Seele, die zu meiner Seele spricht.

Derjenige, der nur aus dem Äußeren lebt und alle seine Urteile danach trifft, was seine fünf Sinne ihm sagen, ist nur mit materiellen Dingen beschäftigt. Er hat das Gefühl, unter ihrem Einfluß zu stehen, in Wirklichkeit steht er unter der Kontrolle von Scheinbarkeiten.

Nur durch einen lebendigen Glauben können Sie und ich aus den Fesseln von Krankheit und Armut entkommen, die Erscheinungen sind; sicher sind es Erfahrungen, aber keine Wirklichkeiten. Wir sehen die furchtbare Kraft negativen Denkens rund um uns her. Um in der

Aufgabe Leben erfolgreich zu sein, um Frieden zu haben, sollten wir wissen, daß wir in einer Kraft und Intelligenz wurzeln, die größer ist, als wir bisher unsere begrenzte Kraft eingeschätzt haben.

Im Leben eines jeden von uns kommt eine Zeit, wo alles Irdische zu versagen scheint und es nichts von materieller Natur gibt, was unsere Probleme lösen kann. Um dem Problem zu begegnen und zu überleben, müssen wir spüren, daß wir in etwas Substantiellem und Ewigem verankert sind, in etwas, das uns ein Gefühl des Fortdauerns und der Beständigkeit gibt. Wir müssen wissen, daß wir in Wirklichkeit immateriell und unwägbar sind. Und dennoch sind wir real. Da das Leben ist, sind wir. Weil das Leben unzerstörbar ist, sind wir unzerstörbar. Unsere eigene Natur ist göttlich, unendlich und unsterblich. Je mehr wir diese fundamentale und grundlegende Wahrheit über uns selbst annehmen, desto freier und ungebundener wird unser Denken sein.

Emerson sagte: „Es ist das Universelle, was dem Individuellen Wert verleiht." Er erläuterte, daß das universelle Leben sich in jedem von uns individualisiert hat, so daß jeder von uns *das universelle Leben als Einzelpersönlichkeit* verkörpert. Uns stehen universelle Kräfte zur Verfügung; also ist es das Universelle, das uns als Individuen Wert und Bestehen gibt. Wenn wir uns mit einem Leben – einer Kraft, einer Intelligenz – identifizieren können, das keine Grenzen hat, dann muß daraus folgen, daß wir unsere Möglichkeiten, in den Genuß von Gesundheit, Erfolg und Wohlergehen zu gelangen, für grenzenlos halten.

Einer unserer größten modernen Wissenschaftler, Dr. Jung, sagte, daß er in dreißig Jahren Erfahrung niemals die Heilung einer Neurose ohne eine Rückkehr zum Glauben erlebt habe. Sicher meinte dieser hervorragende Arzt nicht, daß wir zu einer besonderen Art des Glaubens an einen bestimmten, in Grenzen definierten Gott zurückkehren sollten; auch meinte er keine bestimmte Sorte Religion, da seine Patienten alle Arten von religiösen Gruppen aus aller Welt repräsentierten. Er meinte, daß wir etwas Wertbeständiges entdecken müssen, in das wir unser volles Vertrauen setzen können. Wir müssen Vertrauen haben. Wir müssen an die Aufrichtigkeit und Integrität des Lebens und der Naturgesetze glauben und wissen, daß wir in uns die Fähigkeit und die Anlagen haben, durch die wir gesund, glücklich und erfolgreich sein können.

Dies ist etwas sehr Intimes, Persönliches und etwas sehr Herausforderndes für jeden von uns. Sie haben vielleicht irgendeine ungewöhnlich schlechte Erfahrung gemacht, irgendein Unglück oder einen Verlust erfahren, und alles sah plötzlich schwarz aus. Die Welt erschien Ihnen möglicherweise niederträchtig, und Sie wurden negativ. Sie mögen sich dann entschlossen haben, sich eben damit abzufinden und zu versuchen, so gut wie möglich weiterzumachen. Vielleicht erschien es Ihnen, als müsse die Welt von einem Teufel geschaffen worden sein. Dieses natürlich vorausgesetzt, kann Sie nur ein neuer Gedanke, eine neue Idee, ein neuer Glaube retten. Etwas Neues muß in Ihr Bewußtsein treten, etwas, das über diese Erfahrung hinausgeht. Sie müssen mehr positive Gedanken denken, größere Ideen und klarere Konzepte entwickeln. Sie müssen zu der Überzeugung gelangen, daß es etwas in Ihnen gibt, das Ihnen über diese unglücklichen Erlebnisse hinweghilft.

Jeder von uns muß glauben, daß zu uns und zum Leben mehr gehört als das, was man sieht, fühlt, schmeckt, hört und riecht. Wir müssen erkennen, daß wir mehr sind als unser Körper. Oft versäumen wir es, die Welt der Ursachen in uns zu erkennen, eine Welt der Ideen, Ideale und Motive. Ja, wir sind so vollständig befaßt mit dem Körper, so in Anspruch genommen von unserer unmittelbaren Umgebung, von dem Aussehen der Situation, daß wir den Wert von Bewußtsein und Geist, die nicht sichtbar sind, nicht in Rechnung stellen.

Haben Sie nicht auch schon zwei Menschen aus der gleichen Familie gekannt, von denen der eine krank und der andere gesund war, der eine erfolgreich und der andere ein Versager? Ihre Körper werden von ungefähr der gleichen Nahrung genährt, aber der eine ist gesund und der andere krank. Einer erlebt einen Verlust, wird ein Versager und fährt fort, ein Versager zu sein. Er hält sich selbst für einen Versager, also lebt er das Leben eines Versagers. Der andere läßt sich von der gleichen Erfahrung stimulieren, sich zu neuen Höhen des Denkens bringen, und feuert sich zu dem folgerichtigen Erfolg an. Der Mensch, der sich aus den Erfahrungen des Durchschnittlichen befreit hat, hat an etwas Unsichtbares in sich geglaubt, das ihn aus dem Erlebnis des Versagens heraus- und ihn darüber hinwegheben kann. Wir erkennen schnell, daß der Unterschied in den Erfahrungen dieser beiden Menschen das Ergebnis ihrer individuellen Glaubenshaltung war.

Sie sollten zu einer persönlichen Entscheidung und Überzeugung hinsichtlich der unsichtbaren Kräfte von Leben, Geist und Seele gelangen. Das Unsichtbare ist so real wie das Sichtbare. Ihr Glaube ist so wirklich wie Ihre Hände und Füße. Ihre Liebe ist so wirklich wie Ihr Herz. Ihr Glück ist so wirklich wie Ihre Verdauungsorgane.

Wenn Sie ausschließlich auf der biologischen Ebene leben, nur an das Sichtbare glauben, sind Sie nur einer in der Masse. Sie leben auf der Ebene der Durchschnittlichen – krank den einen Teil der Zeit und gesund den anderen; zeitweilig arm und zeitweilig einigermaßen wohlhabend. Die durchschnittlichen Erfahrungen von Menschen sind es, die Sie machen.

Wer nur auf der Ebene seines Körpers oder auch nur auf der Gefühlsebene lebt, erkennt nicht, daß er in sich das Vermögen trägt, sich aus der Massenerfahrung herauszuheben. Er kann dies nur durch Erkennen einer höheren Ebene, die die Information übertrifft, die seine fünf Sinne ihm geben.

Wenn Sie nur den Erscheinungen entsprechend leben, müssen Sie die Dinge in Ihrer Umgebung gewaltsam bewegen. Alles scheint so groß zu sein und Sie im Vergleich dazu so klein, und Sie fühlen sich natürlich frustriert. Um die Frustration zu überwinden, müssen Sie lernen, anders von sich selbst zu denken.

Sie können Ihren Glauben verändern

Ich erinnere mich an die Besitzerin eines Apartment-Hauses. Sie hatte Angst, daß sie ihr Eigentum verlieren würde, weil zwei ihrer Apartments seit über einem Monat leerstanden. Sie hatte annonciert, und viele Interessenten hatten sie sich angesehen, aber aus irgendeinem Grund mieteten sie sie nicht. Mit Bezug auf ihr Problem sagte sie: „Es gibt viele freistehende Apartments in San Francisco, und es gibt viele, die viel hübscher und attraktiver sind als meine. Tatsächlich sehe ich keinen Grund, warum irgend jemand haben wollen sollte, was ich zu bieten habe." Ich fragte sie: „Ihnen gehört doch der Hausbesitz, nicht wahr?" – „Ja", antwortete sie, „natürlich, aber er ist mit Hypotheken belastet, und ich bin von einem vollen Haus abhängig, um die monatlichen Raten zahlen zu können und etwas für meine Lebenshaltungskosten übrigzubehalten." – „Wie viele Mieter brauchen Sie, Mrs. Green?", erkundigte ich mich. „Zwei", antwortete sie. „Nun", sagte ich, „San Franzisko ist eine ziemlich große Stadt, und zwei Mieter sind nicht viel. Haben Sie das Haus nicht gekauft, weil Sie die Lage, die Größe der Räume und die Form des Gebäudes mochten? Hatten Sie nicht, als Sie es kauften, genügend Glauben an die guten Eigenschaften dieser Apartments, daß Sie investierten und wußten, daß es gut für Sie war? Wußten Sie nicht, daß es auch im Interesse der von Ihnen benötigten Mieter war, das Haus stets vollständig vermietet zu haben?" Sie überdachte das, dann sagte sie: „Nun ja, ich hatte den Glauben, als ich es kaufte; aber jetzt scheint mein Glaube ins Wanken geraten zu sein." Ich erläuterte ihr, daß sich die Umstände nicht geändert hätten und daß sie nur zwei Mieter brauche. „Gewiß gibt es in dieser großen Stadt zwei Menschen, die diese Lage und die Art von Apartment haben wollen, die Sie zu vermieten haben. Lassen Sie uns jetzt hier zusammensitzen und uns vorstellen, daß diese glücklichen Mieter bereits eingezogen sind, zufrieden mit ihrem neuen Zuhause, zufrieden mit dem Preis, glücklich, daß sie genau das gefunden haben, was sie suchten." Sie erfaßte dieses Bild. Sie änderte ihren Glauben. Tatsächlich begeisterte sie sich so sehr, daß sie kaum schnell genug nach Hause kommen konnte, um ihre neuen Mieter zu begrüßen. Zum Abschied warnte ich: „Beeilen Sie sich nicht. Sie sind immer an dem für Sie richtigen Ort. Denken Sie daran, daß Sie durch ein inneres Wissen geführt werden. Falls jemand anruft und Sie sind nicht da, wird er wieder anrufen." Sie entspannte sich, aber sie verlor keine Zeit beim Nachhausegehen. Weniger als eine Stunde nachdem sie eingetroffen war, rief jemand an und war begeistert von dem Apartment in der zweiten Etage. Es war genau das, was er wollte. Er nahm es auf der

Stelle und zahlte die Miete. In den nächsten drei Tagen sprachen drei interessierte Mieter bei ihr vor, die das andere Apartment im obersten Stock haben wollten. Nachdem sie es vermietet hatte, war der dritte Mann so bestrebt, es zu bekommen, daß er ihr 25 Dollar mehr im Monat bot, als sie ursprünglich gefordert hatte. Er sagte ihr, daß er überall in der ganzen Gegend nach dem gesucht habe, was sie hatte – einem ruhigen Ort mit einer heimeligen Atmosphäre und mit Sicht auf die Bucht; aber ehe er dieses Apartment entdeckt habe, habe er nicht genau das gefunden, was er sich wünschte. Natürlich tat es ihr leid, daß sie sein Angebot nicht annehmen konnte, aber sie hatte bereits vermietet.

Dies ist nicht die Geschichte eines Wunders. Es ist nichts Übernatürliches daran. Diese Frau änderte ihr Bewußtsein – ihre Glaubenshaltung. Sie entdeckte, daß es nicht notwendig war, Leute dazu zu drängen, die Wohnungen zu mieten. Es war keine Gewalt vonnöten. Sorge war unnütz. Es bedurfte nur einer veränderten Überzeugung. Sie sah ein, daß ihre Apartments erwünscht waren, für zwei Menschen sogar erwünschter als alle anderen in San Franzisko, und das Leben reagierte, da es in sich empfänglich ist, auf diesen Glauben, wie es vorher auf den Glauben reagiert hatte, ihre Wohnungen seien nicht erwünscht oder aber andere seien wünschenswerter.

Verändern Sie Ihren Glauben, und Ihre Erfahrungen ändern sich

Dir geschieht, wie du glaubst. Verändern Sie Ihren Glauben, und Sie verändern Ihre Erfahrungswelt. Das Leben ist wirklich! Aber Sie können es nicht sehen. Sie sehen weder das Leben noch den Glauben; aber Sie sehen, was das Leben durch den Glauben bewirkt. Sie können den Beweis dafür sehen: Glaube ist nicht weniger real als Ihr Geist, denn er ist eine Geisteshaltung. Ihre Motive sind unsichtbar und immateriell. Der wahre Mensch ist unsichtbar; und wenn Sie sich erinnern, daß das auf Sie selbst zutrifft, wissen Sie, daß Sie wahrhaft unzerstörbar und unsterblich sind. Sie sind nicht länger ein Sklave Ihres Körpers, Ihrer Umgebung oder Ihrer Angelegenheiten. Sie werden nicht mehr vom Konkurrenzkampf der Außenwelt bestimmt. All Ihre Kraft und Stärke kommen aus Ihrem Glauben an die nicht sichtbaren Dinge. Glaube, daß du stark bist, und du bist stark! Zweifle, und du bist schwach!

Solange wir uns nicht auf das verlassen und in dasjenige unser Vertrauen setzen, was über der materiellen Ebene des Stofflichen und jenseits von ihr ist, haben wir wenig, worauf wir uns verlassen können. Die meisten von uns haben ihr klares Denkvermögen mit Bremsen versehen, und wir haben uns unsere Vorstellungskraft verbaut. Wenn wir lernen, die Bremsen von unserem Denken zu lösen und unsere Vorstellungskraft zu deblockieren, sind wir frei.

Eine neue Glaubenshaltung entsteht nicht durch die Anwendung von Willenskraft oder durch eine Gewaltanstrengung. Es genügt nicht, wenn wir uns zwingen zu glauben. Wir können unseren Glauben nicht wie einen Autoreifen aufpumpen. Wir müssen ihm nur einfach ein rationales, logisches Fundament unterlegen und uns verhalten, als ob es wahr wäre. Häufig haben Leute zu mir gesagt: „Ich verstehe das intellektuell. Mein Verstand sagt mir, daß es die Wahrheit ist, aber ich habe Schwierigkeiten, wenn es darum geht, es zu fühlen und zu praktizieren."

Ein sehr intelligenter Mann sagte einmal: „Glaube ohne Werke ist tot." Und eine gute Interpretation dieser Feststellung wäre die Aussage, daß Ihr Glaube stirbt, wenn Sie nicht an ihm arbeiten. Glaube wird durch Werke aktiviert. „Handle, als ob ICH BIN, und ich werde sein." Wenn Sie glauben, daß dieses uns umgebende Universum des Lebens eines der Liebe und Empfänglichkeit ist, daß es Sie erhält, daß es an Ihnen interessiert ist, dann handeln Sie so, und Sie werden Frieden haben.

Wenn die Vernunft Ihnen sagt, daß das Leben nicht vernichtet werden kann, daß Sie als eine Verkörperung des Lebens nicht zu nichts werden können – daß *Sie* nicht vernichtet werden können –, dann haben Sie dem Glauben an die Unsterblichkeit eine Grundlage gegeben. Dann *handeln Sie unbedingt so, als ob Sie unsterblich seien.* Sicherlich werden Sie eines Tages in einen anderen Erfahrungsbereich hinübertreten, aber Sie werden immer noch existieren. Wenn Sie unsterblich sind, gibt es für Sie niemals einen tatsächlichen Tod; daher können Sie Ihrem Problem genausogut jetzt ins Auge sehen. Es ist weit besser, ihm jetzt zu begegnen, als es auf irgendeine Zeit in der Zukunft zu verschieben. Wenn Sie wirklich an Ihre eigene Unsterblichkeit glauben, werden Sie sich nicht auf den Tod vorbereiten; Sie werden sich darauf vorbereiten zu leben. Sie werden wissen, daß jede Tat und jeder Gedanke von Ihnen Sie in irgendeiner Hinsicht verändert, daher werden Sie jeden einzelnen Gedanken und jede Handlung sorgfältig im Hinblick auf Ihre unsterbliche Zukunft auswählen.

Furcht oder negativer Glaube ist bloß ein Zustand Ihres Bewußtseins. Er kann durch Verständnis, durch Vernunft geändert oder umgeleitet werden, und Sie behaupten diesen Glauben durch Handeln. Das Leben reagiert nicht entsprechend Ihren Hoffnungen auf Sie, sondern gemäß Ihrem Glauben. Ihr Glaube ist etwas, zu dem Sie werden. Er ist etwas, mit dem Sie sich identifiziert haben, daher handeln Sie, als ob das, was Sie glauben, bereits wahr wäre; und indem Sie handeln, als ob es wahr wäre, wird es zu einer faktischen Realität in Ihrer Erfahrungswelt. Der große Lehrer Jesus wies darauf hin: „Was immer ihr begehret, wenn ihr betet, glaubt, daß ihr's bekommen habt, und ihr werdet es haben." Er beschrieb ein Gesetz. Er stellte fest, daß das Leben entsprechend dem eigenen Glauben auf einen reagiert, in Entsprechung zu dem Bild, das man sich in seiner Vorstellung gemacht hat. Dir geschieht nach deiner Überzeugung – dem gemäß, was du tatsächlich glaubst. In dem Ausmaß, in dem Sie glauben, wird dieser Glaube in Ihrem Leben lebendig.

Der biblische Hiob entdeckte nach vielen Verlusten, Schmerzen, Sorgen und Enttäuschungen: „Das, was ich sehr gefürchtet habe, ist über mich gekommen." Er sah, daß jene Übel, an die er geglaubt hatte, jene Situationen und Gegebenheiten, die ihn seiner Überzeugung nach heimsuchen würden, tatsächlich seine Erfahrungen wurden.

Die vier Grundzüge des Lebens

Es gibt vier wesentliche Grundzüge, auf denen Sie einen positiven Glauben aufbauen sollten. Erstens sollten Sie zu einem positiven Glauben an die Gutheit, die Integrität, die Aufrichtigkeit, die Verläßlichkeit und die Empfänglichkeit des Lebens bzw. Gottes gelangen. Sie sollten zu der Überzeugung kommen, daß das intelligente, gute Leben der Liebe Sie hierhergebracht hat; und da es das tat, brachte es Sie zu einem bestimmten Zweck hierher. Weil es Sie mit einer bestimmten Absicht hergebracht hat, ist es an Ihnen interessiert, und es beweist dieses Interesse, indem es Sie mit allem umgibt, was Sie brauchen. Wenden Sie hieran wirkliches Nachdenken und Meditation, und Sie werden es ohne Frage glauben. Sie werden glauben, daß das Leben tatsächlich gut ist, nicht böse; was Sie bis dahin böse genannt haben, ist bloß das Ergebnis Ihrer falschen Entscheidungen und Ihres falschen Gebrauchs dessen, was gut ist. Das Leben ist vielmehr *für* Sie statt *gegen* Sie, und es ist an Ihnen, mit den Gesetzen des Lebens oder der Art, wie das Leben handelt, zu harmonisieren. Der moderne Anwalt interessiert sich sehr dafür, was Sie von Gott glauben, denn er möchte wissen, ob Sie Angst vor dem Leben haben oder ob Sie positiv auf eine Kraft vertrauen, die Ihnen zur Verfügung steht und durch die Sie Ihre Schwierigkeiten überwinden können.

Zweitens sollten Sie zu einem positiven Glauben an den Menschen gelangen; erkennen Sie also, daß der Mensch eine Individualisierung oder eine Personalisierung des guten Lebens ist. Wenn Sie fähig sind zu erkennen, daß Sie eine Inkarnation des Lebens sind, daß Sie in sich und zu Ihrer Verfügung all die Eigenschaften und Fähigkeiten des Lebens zusammen mit der Kraft besitzen, zu entscheiden, wie Sie diese Fähigkeiten gebrauchen wollen und wie Sie sich diese Eigenschaften aneignen werden, dann werden Sie an sich glauben. Mit diesem Glauben an sich selbst werden Sie wissen, daß auch andere von Grund auf gut sind. Wenn Sie soweit sind, daß Sie an sich selbst glauben können, werden Sie auch an andere Menschen glauben. Sie werden wissen, daß Sie keine Maschine sind, die durch etwas außerhalb von Ihnen bedient wird, über das Sie keine Macht haben. Sie werden sehen, daß Sie ein freies Wesen sind, das die Macht hat zu entscheiden, wohin es gehen und was es tun will. Wenn Sie glauben, daß Sie nur eine Maschine sind, werden Sie keine hohe Meinung von sich selbst, geschweige denn von anderen haben. Sie sind nicht bloß ein Stück Fleisch. Sie sind eine unsterbliche Seele. Aber wie Sie handeln, wird davon abhängen, was Sie von sich glauben; und Sie werden andere dieser Überzeugung gemäß behandeln. Natürlich bedeutet das auch, daß Sie von anderen nach Ihrem Glauben von sich selbst behandelt werden. Wenn Sie glauben, Sie seien nichts wert, werden andere der Ansicht sein, Sie seien nichts wert. Wenn Sie sich selbst für minderwertig halten, werden Sie minderwertig handeln, und andere werden Sie als minderwertig betrachten. Wenn Sie glauben, daß Sie gleichwertig sind, daß das Leben Ihrem Guten dient und daß Sie wichtig sind, werden Sie automatisch auf diese Weise handeln, und Sie werden den Platz, den Sie einnehmen, zu einem wichtigen machen.

Drittens müssen Sie einen positiven Glauben an die Gesetze des Lebens erreichen; mit anderen Worten, allen Glauben an den Zufall ablegen. Die moderne Wissenschaft hat uns gezeigt, daß es keinen Punkt in diesem Universum gibt, wo das Gesetz nicht wirksam ist. Derjenige, der an den Zufall glaubt, meint, daß er den feindlichen Stürmen ausgesetzt sei. Der, der glaubt, daß ihm die Gesetze des Lebens zur Verfügung stehen und daß er sie gebrauchen kann, sieht sofort, daß er sein Schicksal steuern und kontrollieren kann. Glauben Sie, daß Sie es nötig haben, alles hinzunehmen, wie es kommt, – daß Sie nichts dagegen tun können? Oder glauben Sie, daß Sie neue Ursachen in den Strom des Lebens einfließen lassen können, daß Sie neue Vorstellungen von sich selbst akzeptieren und so neue Erfahrungen machen können?

Dann, viertens, müssen Sie an die individuelle Unsterblichkeit glauben; glauben, daß Sie, wenn Sie hinübergehen, fortfahren werden zu leben. Das ist praktisch für Sie; wenn Sie glauben, daß Sie immer leben werden – daß der Tod nicht das Ende ist, dann wissen Sie, daß Sie Ihren Problemen irgendwann gegenübertreten müssen, und der gesunde Menschenverstand sagt, daß es genausogut jetzt sein kann wie irgendwann in der Zukunft – tatsächlich je eher, desto besser.

Sie müssen nicht mehr Glauben bekommen. Sie brauchen nur die Richtung Ihres gegenwärtigen Glaubens zu verändern. Wenn Sie einen positiven Glauben an diese vier Grundprinzipien aufbauen – Gott, Mensch, Gesetz und Unsterblichkeit –, können Sie an nichts auf negative Weise glauben, weil alle Dinge und alle Gegebenheiten in Ihrem Leben auf irgendeine Weise von diesen vier Grundzügen abgebildet werden.

Vor einigen Jahren unterrichtete ich eine Gruppe von erwachsenen Männern in der Kunst des Lebens. Diese Gruppe setzte sich aus aktiven Geschäftsleuten und freiberuflichen zusammen. Unsere Diskussionen drehten sich oft um dieses Thema des Glaubens. Eines Abends stand ein Geschäftsmann, ein Lieferant, auf und sagte: „Mein ganzes Leben lang habe ich das Gefühl gehabt, es stimme etwas nicht mit mir, weil ich dachte, ich hätte keinen Glauben. Ich habe es versucht. Ich habe um Glauben gerungen und gebetet. Nun ist mir schließlich aufgegangen, daß ich kein bißchen mehr Glauben brauche, als ich schon immer gehabt habe; alles, was ich zu tun brauche, ist, den Glauben, den ich habe, in neue Bahnen zu lenken."

Was Sie grundsätzlich haben müssen, ist ein positiver Glaube an das Leben selbst. Da Sie das Leben sind, sagt Ihnen die Vernunft, daß auch andere Menschen das Leben sind, dasselbe Leben wie Sie, und daß alle Menschen von dem gleichen Leben erhalten werden. Sie müssen entscheiden, ob dieses Leben gut oder schlecht, ob es Freund oder Feind ist. Wie Sie es sehen, so werden Sie es erleben.

Da Sie das Leben sind und Gott das Leben ist, sind Sie eine Persönlichkeit mit Gott-Leben. Wenn Sie kein Vertrauen zu diesem Leben haben können, zu seiner Aufrichtigkeit und seiner Verläßlichkeit, sind Sie sicherlich der unglücklichste aller Menschen. Das Leben ist jedoch verläßlich und Ihnen gegenüber aufgeschlossen. Es ist alles, was Sie haben, um sich darauf zu verlassen, und Sie können sich auf es in jedem Augenblick verlassen.

Das Leben wird zu allem; und da wir die Macht der Wahl haben und da wir das Bewußtsein bzw. die Gesetze des Lebens gebrauchen, können wir entscheiden, in unseren Erfahrungsbereich zu bringen, was immer das Leben werden kann. Jeder Mensch kann sein ganzes

Vertrauen auf ein unbegrenztes Leben setzen, denn das Reich Gottes ist in ihm. Er kann wissen, daß er in einer unendlichen Wirklichkeit verankert ist; und wenn er diese Wahrheit erkennt, ist er von aller Begrenzung befreit.

Zu wissen, daß Sie wichtig sind, zu wissen, daß Ihr Dasein einen Sinn hat, heilt Sie von dieser unglückseligen Krankheit, die man Ziellosigkeit nennt. Sie sind so lange ziellos, wie Ihr Leben gespalten ist. Sie müssen zu einem Ganzen zusammengefaßt werden und in eine Richtung gehen. Sie können nicht vorwärts gehen, wenn Sie zur gleichen Zeit zurückschauen. Sie können nicht in verschiedene Richtungen gleichzeitig davonstürzen, wenn Sie etwas Wirkungsvolles erreichen wollen.

Ein positiver Glaube an das Leben heilt Sie von jedem Gefühl der Schwachheit oder der Mangelhaftigkeit. Wie können Sie sich schwach fühlen, wenn Sie wissen, daß Sie eins sind mit dem unendlichen Leben und mit unendlicher Kraft? Zu wissen, daß ein unendlich empfängliches Leben Sie hierhergebracht hat und Sie auch erhält, wird Sie gewiß von jeglicher Empfindung von Furcht bzw. negativem Glauben heilen, die der größte Fluch der Menschheit ist. Die Neueinstellung Ihres Glaubens ist sehr wichtig für Ihr Wohlergehen.

Sie leben jede Minute eines jeden Tages durch den Glauben. Gelangen Sie zu einem *befriedigenden positiven* Glauben, und handeln Sie dann, als ob Sie ihn bereits fest in sich glauben, denn Handeln ist erforderlich, wenn Sie einen dynamischen Glauben haben wollen.

5. Kapitel

Ihre grenzenlose Macht zu wählen

Ist es nicht wunderbar zu wissen, daß Sie die Macht haben zu wählen, was Sie denken, sagen und tun wollen?

Diese Fähigkeit, eine bewußte Wahl zu treffen, hebt den *Menschen* von den niederen Tieren ab. Durch die Ausübung seiner Macht der Wahl hat der *Mensch* Erfolg oder versagt er im Geschäft des Lebens.

Gott gegen das Böse

Das, was der Mensch das Böse nennt, ist das Resultat davon, daß er die Energien des Lebens auf eine unproduktive und zerstörerische Weise gebraucht hat. Der sogenannte böse Mensch benutzt seine ihm von Gott gegebene Stärke des Geistes und des Körpers auf eine zerstörerische Weise, während der gute oder gerechte Mensch seine Kräfte in einer konstruktiven, hilfreichen und produktiven Weise gebraucht. Die Stärke, die Energie, die Kraft ist in sich selbst weder gut noch böse. Das Gute oder das Böse ergibt sich aus ihrem Gebrauch, und der wird durch die Wahl des Menschen bestimmt. Der Mensch selbst ist nicht von Grund auf böse; aber aus Unwissenheit, Angst und Enttäuschung entscheidet er sich oft, seine Kräfte auf die falsche Weise einzusetzen. Unwissenheit ist die einzige Sünde. Ich kann die Elektrizität dazu gebrauchen, mein Heim zu erleuchten oder mich selbst durch elektrischen Strom hinzurichten. Die Macht des Menschen zu glauben kann gegen ihn selbst oder zu seinem Guten gebraucht werden. Er hat die Wahl.

Wenn wir uns fürchten, benutzen wir unsere Kraft zu glauben auf die falsche Weise. *Furcht, ein negativer Bewußtseinszustand, ist zweifellos der größte Feind des Menschen. Glaube, bzw. ein positiver Bewußtseinszustand, ist des Menschen größter Verbündeter.* Er befreit ihn von dem Feind.

Eine Frau rief mich eines Sonntagnachmittags an und fragte, ob sie mich vor der Vorlesung, die ich am Sonntagabend zu geben hatte, für einige Minuten sehen dürfe. Das war vor mehr als zwölf Jahren. Sie traf mich für ein paar Minuten in einem Seitenraum der Halle, in der ich sprechen sollte, und sagte: „Die Ärzte sagen mir, ich habe Krebs." Ich fragte sie, warum sie mit mir darüber sprechen wolle, und sie sagte, „Ich möchte, daß Sie für mich beten." Ich fragte: „Glauben Sie, daß Sie gesund werden, wenn ich für Sie bete?" Sie antwortete: „Ich weiß, daß ich es werde. Ich habe keinen Zweifel daran. Ich habe absolutes Vertrauen, daß ich, wenn Sie für mich beten werden, gesund werde." Ihre Überzeugung war offenkundig. Ich sagte ihr, daß ich es tun würde, und ich tat es. Das war das einzige Gespräch, das ich mit der Frau jemals über dieses Thema hatte. Einige Zeit lang betete oder meditierte ich täglich für ihre Gesundheit, und das bösartige Gewächs verschwand. Vor etwa einem Jahr sah ich sie wieder. Sie erzählte mir, daß sie all die Jahre über vollkommen gesund gewesen sei. Ich bin sicher, mit ihrem Glauben wäre sie gesund geworden, ganz egal, was für eine Art von Gebeten ich für sie angewendet hätte, denn sie hatte den absoluten Glauben, daß meine Gebete sie heilen würden. Was für eine Methode gebraucht wird, um einen positiven Glauben zu erreichen, macht sehr wenig aus, wenn man ihn nur erreicht.

Wahrscheinlich war die grundlegendste Feststellung, die je in bezug auf unseren Erfolg oder unser Versagen im Leben getroffen wurde, die von Jesus: „Dir geschehe, wie du geglaubt hast."

Sie sind Schöpfer Ihrer eigenen Erfahrungen

Glaube ist einfach Ihr Bewußtseinszustand, und der Geist des Bewußtseins ist das schöpferische Gesetz des Lebens. Wenn Sie an den Erfolg glauben, werden Sie erfolgreich sein. Wenn Sie an das Versagen glauben, werden Sie versagen. Sie sind ständig dabei, etwas zu erschaffen, denn Sie haben immer irgendeine Art von Glauben. Sie denken stets, und Gedanken produzieren das, was ihnen entspricht.

Jeder Mensch ist durch seinen Gebrauch von Bewußtsein Schöpfer seiner Erfahrungswelt. Tatsächlich ist das, was Sie ihren Geist nennen, einfach Ihr Gebrauch des einen allumfassenden schöpferischen *Bewußtseins*, das alles gemacht hat und weiterhin erschafft und verändert.

„Du bist vielleicht nicht, was du denkst, daß du es seist; aber was du *denkst*, das bist du." Vieles von dem, was der Durchschnittsmensch denkt, ist unkontrolliert; wirklich ist es oft falsch gelenkt. Der Durchschnittsmensch ist sich der Macht seiner Gedanken weitgehend nicht bewußt. Fehlgeleitete Gedanken bringen dasjenige in die Erfahrung hinein, was unerwünscht ist. Wenn Sie sich überhaupt dessen bewußt sind, was Sie sind, wenn Sie auch nur eine vage Vorstellung von der Wahrheit über sich selbst haben, werden Sie erkennen, daß Sie Ihr Denken kontrollieren können. Denn was Sie denken, was Sie glauben, wovon Sie überzeugt sind, das ist die Wahrheit, das wird zu Ihrer Erfahrung; durch die Wahl der Gedanken, des Glaubens und des Empfindens können Sie Ihre Erfahrungen kontrollieren. Denken heißt Bewußtsein gebrauchen.

Alles Gestaltete, alles Handeln und Erleben ist auf irgendeine Weise das Ergebnis von geistigen Vorgängen auf irgendeiner Ebene. Die Erfahrung, die Sie mit mir und mit diesem Buch machen, das Sie lesen, ist in Wirklichkeit das, was Sie von mir denken, was Sie über dieses Buch denken; und das ist in Ihrem Geist, in Ihrer Bewußtheit. Ihre Erfahrung ist nicht hier, wo ich bin, und auch nicht in dem Buch. Ihre Erfahrung ist in Ihnen selbst, an dem Ort, wo Sie denken. Wenn Sie anders über mich denken, werden Sie eine andere Erfahrung mit mir machen. Wenn Sie anders über sich selbst denken, werden Sie eine andere Erfahrung mit sich machen. Wenn Sie anders über andere Menschen und über das Leben im allgemeinen denken, werden sich all Ihre Erfahrungen verändern.

Wenn Sie eine Vorlesung hören, bedeutet sie für Sie genau das, was Sie darüber denken. Die gleiche Vorlesung wird für jemand anderen etwas anderes bedeuten, weil er sich entschieden hat, anders darüber zu denken. Wenn Sie anders von Ihrem Mann, Ihrer Frau oder Ihrem Beruf denken, werden Sie mit ihnen andere Erfahrungen machen. Alles, was Sie jemals erfahren, ist das Resultat Ihres Denkens.

Denken lernen heißt leben lernen. Das ist eine gewaltige Vorstellung. Lehnen Sie sie nicht ab! Ihre Erfahrungen gehen von Ihnen aus. Ihre Erfahrungen sind das Ergebnis des Denkens. Ihr Wählen und Entscheiden liegt in Ihnen. Ihre Überlegungen sind in Ihnen. Ihre Befriedigung liegt in Ihnen; ebenso Ihr Friede und Ihr Glück, – alles in diesem unendlichen *Ich*, das Sie sind. Sie können, wenn Sie in der Stille des Waldes spazierengehen oder sich an einem schönen Garten erfreuen, sagen: „Dies ist ein friedvoller Ort"; aber selbst dann ist der Frieden Ihrer Erfahrung in Ihrem Bewußtsein – in Ihrem eigenen Fühlen. Ein Mensch schaut auf einen Sonnenuntergang und sagt: „Er ist schön!" Er ist hingerissen, erregt und ergriffen, während ein anderer, der den gleichen Sonnenuntergang sieht, sagt: „Das Licht blendet meine Augen." Jeder Mensch erlebt die Welt seinem vorherrschenden Gedankenschema gemäß – entsprechend seinem Interesse und seiner Wahl.

All die Liebe, die Sie jemals erfahren können, ist in Ihrem Geist; und je mehr Liebe Sie anderen gegenüber zum Ausdruck bringen, desto mehr werden Sie selbst erfahren. Das Leben in Ihnen und um Sie herum antwortet auf Ihr Denken. Was für ein komplexes, interessantes Wesen Sie sind! Sie sind ein Erscheinungsort des Lebens, der *es selbst* erlebt und äußert; also sind Sie natürlich dem *Leben* äußerst wichtig – *Gott* äußerst wichtig.

Geistige Haltungen spiegeln sich in Körper und Angelegenheiten

Sie sind vielleicht nach einem großen Wutausbruch oder einem intensiven Gefühl der Angst krank gewesen. Diese Wut oder diese Angst war eine geistige Haltung. Es war eine Glaubenshaltung, die Sie gewählt hatten, und Ihnen geschah nach Ihrem Glauben. Sie haben vielleicht nach einem Schock ein Gefühl der Schwäche gehabt. Sie mögen bemerkt haben, daß alles schiefzugehen schien, als Sie geistig durcheinander waren. Sie haben vielleicht infolge einer emotionellen Erregung unter Schlaflosigkeit gelitten. Ja, es geschieht Ihnen nach Ihrem Glauben.

Eines Tages verließ ich mein Büro, um zum Rundfunksender zu gehen und eine Sendung zu machen. Ich hatte es mir an jenem Morgen durchgehen lassen, daß mein Denken aufgewühlt und verwirrt war; und als ich aus der Kurve herauskam, verfehlte ein anderer Wagen nur knapp meinen vorderen Kotflügel. Ich fuhr weiter auf der Straße und hatte mehrere Beinahe-Zusammenstöße mit anderen Wagen, bis jemand die Ecke meines Kotflügels eindrückte. Da sagte ich zu mir: „Mein Freund, es wird jetzt Zeit, daß du an den Straßenrand fährst und dein Denken in die Reihe bringst." Nachdem ich einige Minuten lang mit mir argumentiert hatte und mir meine Fähigkeit zur Kontrolle meines Denkens und meiner Handlungen klargemacht hatte, fühlte ich mich ruhig und sicher. Ich entschied mich, meine Bewußtseinshaltung zu ändern. Der innere geistige Konflikt war gelöst, und ich begab mich an meine Arbeit. Den Rest des Tages ging alles glatt.

Die Dinge scheinen schiefzugehen, wenn wir geistig erregt sind. Wir kommen zu spät zur Arbeit und zu spät zu Verabredungen. Leute treten uns auf die Zehen, und wir müssen scheinbar länger warten, ehe wir bedient werden. Wir kommen weder zu Hause noch im Geschäft gut mit den Leuten aus, wenn wir sauer gestimmt sind. Eine miese Stimmung treibt die Leute von uns fort. Aber wir sollten daran denken, daß eine Verstimmung ein geistiger Zustand ist – eine Glaubenshaltung. Wenn wir wollen, daß die Leute uns mögen, an uns glauben und mit uns zusammenarbeiten, müssen wir unsere Stimmungen versüßen – unsere Bewußtseinshaltungen. Wir müssen daran denken zu lächeln. Jemand hat einmal gesagt: „Du bist nicht vollständig angezogen, wenn du kein Lächeln trägst." Dieses Lächeln ist das Ergebnis einer Entscheidung.

Unser Erfolg oder unser Versagen ist das Ergebnis unseres geistigen Zustands – unserer Gedanken über andere und über uns selbst, unserer Einstellung uns und anderen gegenüber. Derjenige, der freundlich und überlegt ist, interessiert an anderen, interessiert an seinen Kunden, seinen Klienten, und der sie liebt, ihnen gegenüber mitfühlend ist und an sie glaubt, derjenige hat ein gutgehendes Geschäft.

Eine mit uns befreundete junge Frau kommt mir in den Sinn. Ich will sie Mary nennen. Sie heiratete jung und hatte niemals außerhalb ihres Hauses gearbeitet; aber mit dem Tode ihres Mannes fühlte sie die Notwendigkeit, irgend etwas Kreatives zu tun. Im November sicherte sie sich eine Stellung in einem der großen Kaufhäuser in Los Angeles, wo sie lebt. Sie war nie eine Ladenverkäuferin gewesen, aber sie liebte die Menschen. Sie war interessiert an ihnen und daran, ihnen Freude zu bereiten. Sie war als Verkäuferin während der Ferienzeit in der Halstuchabteilung dieses großen Warenhauses beschäftigt. Obwohl sie die einzige unerfahrene Verkäuferin in der Abteilung war, verkaufte sie schon bald mehr Halstücher als irgend jemand sonst. Ich war neugierig zu erfahren, war ım das so war, und ich machte halt, um sie aus einiger Entfernung zu beobachten und zu versuchen, ihr Geheimnis herauszufinden. Eine andere Verkäuferin in der Abteilung mit einem ziemlich sauren und gelangweilten Gesichtsausdruck bediente eine Kundin, die recht abgelenkt und verwirrt zu sein schien. Die Kundin befingerte Halstuch um Halstuch, nicht sicher, was sie haben wollte. Schließlich, nach einer halben Stunde, rief die Verkäuferin Mary zu: „Würdest du meine Kundin übernehmen? Ich bin reif für eine Kaffeepause." Mary übernahm die Kundin, lächelte freundlich, als sie der enttäuschten Frau ins Gesicht sah. „Möchten Sie ein Halstuch für eine jüngere Person oder für jemand älteren kaufen?" fragte sie. Die Dame sagte: „Ich hätte gern verschiedene, wenn ich finden kann, was ich haben möchte." – „Gut, sagen Sie mir die Farben, die sie mögen, und die Kleider, die sie tragen, und ich bin sicher, ich kann Ihnen helfen. Wir haben Halstücher für jeden Geschmack." Sofort war das Verhältnis freundlich, und die Kundin entspannte sich. Mary fragte: „Wie wäre es, wenn wir mit diesem anfingen?", und sie hielt ein schönes Halstuch in die Höhe, drapierte es um ihren Hals und lächelte. Die Frau lächelte zurück und kaufte das Halstuch. Innerhalb weniger Minuten hatte sie ein Dutzend Tücher gekauft und ging glücklich ihres Weges. Das Ergebnis war, daß Mary bereits im

Dezember oberste Verkäuferin war; und am ersten Februar wurde sie zur Leiterin der Abteilung ernannt, etwas, was in diesem Kaufhaus noch nie vorgekommen war.

Es ist eine Tatsache, daß sich unsere Einstellungen auf dem Weg über unseren Körper auf unsere Angelegenheiten auswirken. Andere Leute reagieren günstig auf uns, wenn wir ehrlich unser Bestes tun. Unsere Wünsche, Motive, Haltungen und Entscheidungen sind Bewußtseinszustände. Wir haben angenommen, daß ein kranker Körper uns reizbar macht. Wir haben geglaubt, daß reizbare Personen uns nervös machen. Viel zu häufig heißt dies das Pferd beim Schwanz aufzäumen. Wenn wir ärgerlich, ängstlich oder wütend sind oder wenn wir uns in einem geistigen Konflikt befinden, erzeugen wir Krankheit in unserem Körper. Unser Körper reagiert auf unsere geistige Einstellung, und das gleiche tun andere Menschen. Leute reagieren auf unerfreuliche Weise auf uns, wenn wir schlechter Laune sind; aber was ist diese Laune anderes als ein Bewußtseinszustand? Ja, wir sind in dieser Angelegenheit des Lebens mit uns und mit anderen erfolgreicher, wenn wir uns entscheiden, Vertrauen zu uns und zu anderen zu haben; wenn wir uns selbst aufrichtig lieben und schätzen und Liebe und guten Willen den Leuten gegenüber zum Ausdruck bringen, mit denen wir zusammenkommen.

6. Kapitel

Die Zauberkraft des Entscheidungsvermögens

Nichts bringt so schnell und so sicher Ordnung in ein in Unordnung geratenes Bewußtsein oder in Unordnung geratene Angelegenheit wie ein Entschluß und das Sich-Entschließen, diesen Entschluß aufrechtzuerhalten.

Die Wichtigkeit des Entschlüssefassens

Wenn Sie von einer logischen Prämisse aus bewußt und gezielt zu einem Entschluß gelangen und diesen Beschluß Besitz von Ihnen ergreifen lassen, so daß er Sie und Ihre Angelegenheiten durchdringt, werden Sie bemerken, daß Sie die Herrschaft über Ihr Leben in die Hand nehmen. Ehe Sie das nicht tun, sind Sie wie ein Blatt im Strom ohne bewußte Richtung, ohne Ziel oder Bestimmung; und daher sind Sie unglücklich. Wir alle wissen, daß das wahr ist. Natürlich möchten wir alle wissen, wie man logische Entscheidungen trifft – richtige Entscheidungen. Das ist eine entschieden persönliche Angelegenheit – eine persönliche Verantwortung und ein persönliches Privileg.

Der Mensch ist das Person gewordene allumfassende Leben in individualisierter Form. „Der Mensch ist ein Stück Universum, das zum Leben gebracht wurde." Der Mensch ist ein Stück Universum, das sich seiner selbst bewußt geworden ist. Tatsächlich ist jeder Mensch sein eigenes Universum. Jeder von uns lebt in seiner eigenen Welt. Das Stück Leben, das Sie oder ich genannt wird, ist ein bewußter, wählender, willensbegabter Teil des universellen Lebens.

Das Leben möchte sich äußern. Es möchte erfahren, was es ist, und sein Sich-Äußern in Gesundheit, Glück und Harmonie ist der Himmel. Wenn wir das Leben in Harmonie, Glück und Gesundheit äußern, erleben wir den Himmel.

Im Vaterunser beten wir darum, daß der Himmel in unserer Welt zum Ausdruck kommen möge. Der Mensch möchte, daß sich die universellen Eigenschaften von Weisheit, Liebe, Frieden, Kraft, Schönheit und Glück in seinem individuellen Leben zeigen. Da der Mensch eine Inkarnation des Lebens ist, verkörpert er die Gesetze des Lebens. Wie er die Gesetze des Lebens gebraucht, wie er vom Leben diejenigen Dinge fordert, die er haben will, ist das Ergebnis seiner Entschlüsse. Nichts von wirklicher Bedeutung geschieht in unserem Leben, solange wir keinen Entschluß fassen. Wenn wir einen Entschluß fassen, entscheiden wir wirklich, wie das Leben für uns handeln soll.

An einem Tag, der mehrere Jahre zurückliegt, hatte ich bis gegen vier Uhr nachmittags Anrufe nach außerhalb getätigt. Ich kam in meinem Büro an und fand dort einen Mann vor, der den ganzen Tag auf mich gewartet hatte. Als ich auftauchte, ging er den Flur auf und ab. Er hatte nichts gegessen und seit vierundzwanzig Stunden nicht geschlafen, da er die vorige Nacht in seinem alten Auto von San Diego herübergekommen war. Er hatte einen wilden Blick und war voller Angst. Nachdem ich ihm eine bequeme Sitzgelegenheit verschafft hatte und etwas zu essen bringen ließ, erzählte er mir seine tragische Geschichte. Er hatte seinen Job verloren. Er hatte eine wunderbare Frau und zwei hübsche Mädchen, aber irgendwo auf seinem Weg hatte er angefangen, stark zu trinken. Er hatte etwas mit einer anderen Frau angefangen. Er hatte den Namen seines Arbeitgebers auf einigen Schecks gefälscht, und nun war die Polizei hinter ihm her. Seine Frau hatte ihre Sachen gepackt und war im Begriff, zu ihrer Mutter nach Seattle abzureisen. Er war verzweifelt. Er sah keinen Ausweg mehr. An dem Tag, bevor er mich aufsuchte, hatte er Gift gekauft und war in einen Waschraum in San Diego gegangen mit der Absicht, es zu nehmen. Selbstmord schien die einzige Lösung. Er erzählte mir, daß er eine Zeitschrift vom Boden des Waschraumes aufgehoben und zufällig einen Artikel bemerkt habe, der die Überschrift trug: „Es gibt für jedes

Problem eine Lösung." Der Untertitel des Artikels war: „Aus jeder Situation gibt es einen Ausweg, und zwar einen richtigen." Das gab ihm Hoffnung. Sie fragen sich vielleicht, wie ich in die Sache hineinkam. Nun, ich war der Autor jenes Artikels, der in der Zeitschrift erschien. Natürlich hatte er nie von mir gehört; aber nun entschloß er sich, mit mir zu sprechen, ehe er seinen Plan, sich selbst zu töten, ausführte. Er sagte, wenn es einen Ausweg aus seinen tragischen Schwierigkeiten gebe, könne er ihn mit Sicherheit nicht sehen. Ich wies ihn darauf hin, daß Selbstmord seiner Frau und seinen Töchtern nicht helfen würde. Wie es stand, würde es ihnen nur größeren Kummer bringen. Ich half ihm einzusehen, daß Selbstmord eine selbstsüchtige Sache wäre – ein Ausweg für ihn selbst vielleicht, aber gewiß nicht für die, die von ihm abhängig waren. Diese Bemerkung saß! Ich fragte ihn, was er wirklich denke, was er tun solle, und es dauerte nicht lange, bis er sich entspannte; und mit vollem Magen war er in der Lage, sein Problem mit einem gewissen Grad an Objektivität zu betrachten.

Wir unterhielten uns einige Stunden lang. In dieser Zeit erkannte er, was falsch war. Er kam zu einem Entschluß. Er entschloß sich, das zu tun, wovon er wußte, daß es das Richtige war. Er wurde ergriffen von der Vorstellung, daß, wenn er richtig dachte und handelte, am Ende nur rechtes Handeln und Glück zu ihm kommen könnten. Er entschied sich, sich auf das Gesetz des Lebens zu verlassen, daß es ihm das zuführen werde, was der Wahl, die er getroffen hatte, entsprach.

Sie werden sich an Sokrates' Ausspruch erinnern, daß kein Übel zu einem guten Menschen kommen könne, daß „was auch immer einem guten Menschen passiert, schließlich etwas Gutes sein muß" – und auch an die Worte Davids, „Die Gerechten sind niemals verlassen".

Ich versicherte diesem Mann, daß ich nicht in die Zukunft sehen und ihm sagen könne, was das genaue Ergebnis sein werde; daß ich aber wisse, daß richtiges Denken und richtiges Handeln nur Richtiges in seinen Erfahrungsbereich bringen könnten. Er entschloß sich, nach San Diego zurückzukehren und seine Frau zu bitten, ihm zu verzeihen. Er entschloß sich, ihr zu sagen, daß sie einen vollkommen stichhaltigen Grund habe, ihn zu verlassen, und daß er ihr keinen Vorwurf machen würde, wenn sie es täte; aber wenn sie ihm vergeben könne, wenn sie sich entschließen könne, ihm noch eine Chance zu geben, werde er sein Äußerstes tun, um ihren Glauben an ihn zu rechtfertigen. Er entschloß sich, zu seinem alten Arbeitgeber zu gehen und ihm zu sagen, daß er ein vollkommenes Recht dazu habe, ihn ins Gefängnis zu schicken, und daß er auch keine Abneigung gegen ihn empfinden werde, wenn das die Entscheidung sei. Sollte man ihm jedoch eine weitere Chance geben, so werde er Arbeit finden und all seine Schulden zurückzahlen, denn er habe seine Lektion gelernt.

Als er zu einem Entschluß darüber gekommen war, was er tun sollte, als er beschlossen hatte, zu handeln und seinen Entschluß durchzuhalten, verließ der junge Mann mein Büro mit einer bestimmten Ruhe und friedlich. Er hatte sich entschlossen, das zu tun, was er ehrlich als richtig empfand. Er hatte sich entschieden, seine Medizin zu nehmen, worin sie auch bestehen mochte – ins Gefängnis zu gehen, wenn nötig –, aber er würde nicht vor seiner Verantwortung davonlaufen. Er kehrte nach Hause zurück mit dem Vorsatz, aufrichtig zu seiner Familie zu sein.

Eine seiner ersten Taten war, seine Verbindung zu der anderen Frau völlig zu lösen. Er entschied sich, das Trinken zu lassen, und er hielt diesen Entschluß durch. Er trat seinem Arbeitgeber, dessen Namen er gefälscht hatte, ehrlich gegenüber. Seine Frau, seine Gläubiger und sein Arbeitgeber fühlten seine Aufrichtigkeit, und als Reaktion auf seine veränderte Einstellung nahmen sie ihn beim Wort.

In weniger als Jahresfrist hatte er seine Schulden abbezahlt. Er hatte bei seiner Firma eine viel bessere Stellung als vorher. Er und seine Frau kauften sich ein neues Haus. Ihre Töchter nahmen Musik- und Tanzstunden. Diese ganze Veränderung kam durch einen geistigen Akt zustande. Viele Male rief dieser Mann selbst nachts in Ferngesprächen an, um seinem Gefühl für das wundervolle Gute, das als Ergebnis eines vernünftigen, logischen Entschlusses in sein Leben gekommen war, Ausdruck zu verleihen.

Eine Entscheidung klärt die Atmospäre

Eine beunruhigte Frau suchte mich auf. Sie erzählte mir, daß sie in einem zweihundert Kilometer entfernten Ort lebe. Ihr gehörte ein Gebäude in unserer Stadt, das sie an einen großen Supermarkt vermietet hatte. Das Gebäude war für diesen Zweck bestimmt; aber der Besitzer des Marktes, der ihr Gebäude gemietet hatte, hatte ihr geschrieben, wenn sie nicht gewisse Reparaturen an dem Haus durchführen ließe und die Miete auf ein bestimmtes Maß ermäßige, werde er räumen, denn es gebe ein anderes Gebäude in der Gegend, das seinen Bedürfnissen entspräche. Sie sagte mir, daß sie nur sehr wenig Zeit habe, um mit diesem Mann zu verhandeln, denn sie habe seinen Brief erst vor wenigen Tagen bekommen, und nun sei sie gehalten, ihn binnen dreißig Minuten aufzusuchen und ihm ihre Entscheidung mitzuteilen. Sie sagte mir, daß seine Forderungen unmäßig seien; sie habe zwar das aufrichtige Gefühl, daß sie gewisse Reparaturen durchführen und die Miete reduzieren sollte, es werde jedoch unmöglich sein, alles zu tun, was der Pächter verlange.

Ich schlug ihr vor, sie möge sich ruhig hinsetzen und das Problem nicht nur von ihrem eigenen Standpunkt, sondern auch von dem des Mieters aus überdenken; daß sie dann auf ein Blatt Papier genau das niederschreiben solle, was *sie* als richtig empfände, was sie in aller Ehrlichkeit in bezug auf Reparaturen und Mietermäßigung tun könne; daß sie dann dieses Papier nehmen und vor den Mieter hinlegen und ihm sagen solle, das sei es, was sie entschieden habe, und daß sie glaube, es sei richtig. Ich erklärte, wenn sie absolut aufrichtig sei und um sein Wohl genauso besorgt sei wie um ihres, könne sie erwarten, einen anderen Pächter für ihr Gebäude zu finden, wenn dieser ablehnen sollte. Das Haus sei dazu geschaffen worden, dem Leben zu dienen, und das Leben ist ehrlich. Dem intelligenten Leben kann man vertrauen.

Innerhalb einer Stunde rief sie mich an und sagte mir, daß sie mit ihrem Mieter gesprochen, ihm ihre Entscheidung vorgelegt und ihm gesagt habe, was sie tun könne, und daß sie das Gefühl habe, das sei richtig. Er las die Aufzeichnung, sah zu ihr auf und sagte: „Ich denke auch. Lassen Sie uns einen neuen Mietvertrag unterzeichnen." Das kam als Ergebnis einer Entscheidung zustande.

Wenn wir immer von der höchsten Ebene der Aufrichtigkeit und Integrität her handeln, die wir kennen, und das Wohl anderer genauso im Auge haben wie unser eigenes, und wenn wir durch richtiges Entscheiden, positiven Glauben, Mitgefühl und Liebe wissen, daß die Gesetze des Lebens uns nur Gutes bringen werden, dann müssen richtige Ergebnisse folgen.

Eine Frau, die in verantwortlicher Stellung bei der Telefongesellschaft beschäftigt war, rief mich an. Sie sagte, ihre Tochter, sechzehn, wäre ein ziemliches Problem. Diese berufstätige Frau war Witwe. Sie und ihre Tochter hatten mit ihrer Mutter zusammengelebt – drei Generationen zusammen. Die Großmutter, die weitgehend für die Erziehung der Tochter verantwortlich gewesen war, war vor kurzem gestorben. Die Tochter weigerte sich nun, bei der Hausarbeit zu helfen. Sie wollte nicht einmal ihr eigenes Zimmer in Ordnung halten. Sie blieb bis spät in die Nacht aus, und die Mutter war fast von Sinnen. Am Abend bevor sie mich aufsuchte, hatte die Tochter geschrien: „Hör auf, mich zu schlagen!" in der Absicht, die Nachbarn möchten es hören und glauben, die Mutter mißhandele sie wirklich.

Ich machte den Vorschlag, die Mutter solle auf ein Blatt Papier genau niederschreiben, was die Tochter ihrer Meinung nach tun solle, und dabei solle sie die Situation sowohl von den Bedürfnissen der Tochter aus betrachten wie von ihren eigenen her. Sie sollte klar genau das aufschreiben, was die Tochter tun solle, um im Haus mitzuhelfen, ihr eigenes Zimmer zu pflegen, an welchen Abenden sie ausgehen könne, wie lange sie fortbleiben dürfe und so weiter. Die Mutter zögerte. Sie hatte Angst, wenn sie das ihrer Tochter zeigen würde, würde sie von zu Hause fortgehen. Ich wies sie darauf hin, daß aus einer richtigen Entscheidung nur richtiges Handeln erwachsen könne. Sie machte sowohl für die Tochter als auch für sich selbst einen kompletten Stundenplan. Ich sagte ihr, sie solle ihn mit nach Hause nehmen und ihn der Tochter vorlegen, wobei sie mit absoluter Überzeugung wissen solle, daß die Tochter zustimmen werde, da es richtig sei.

Sie verließ mein Büro und hatte einen Entschluß gefaßt, und zwei

Stunden später rief sie mich an. Ihre Stimme hatte ihre Angespanntheit verloren. Sie erzählte mir, daß die Tochter, als sie nach Hause gekommen war, sie an der Tür empfangen, ihre Arme um ihren Hals geworfen und sie geküßt habe. Das war seit Wochen das erste Mal, daß die Tochter überhaupt Zuneigung gezeigt hatte. Natürlich zeigte sie der Tochter das Blatt Papier nicht. Ich schlug ihr vor, sie solle es ihrer Tochter nur zeigen, wenn sie das Gefühl habe, es sei an der Zeit, es zu tun. Dieser Zeitpunkt kam nie. Die Haltung der Tochter gegenüber ihrer Mutter wie auch gegenüber ihrer Schularbeit und ihrem Zuhause änderte sich vollständig. Mit viel Liebe half sie im Haushalt mit und kümmerte sich um ihr Zimmer; und jeden Sonntagmorgen nach unserer Unterredung sah ich die beiden in der vordersten Reihe des Theaters sitzen, wo ich meine Vorlesungen hielt. Diese Änderung zum Guten war zweifellos das Ergebnis der Entscheidung dieser Mutter. Die positive Überzeugung seitens der Mutter wurde von der Tochter unbewußt empfunden.

Wenn wir von der Aufrichtigkeit und der Wahrheit von irgend etwas überzeugt sind, können wir gewiß sein, daß die Gesetze des Lebens zum Tragen kommen; aber wir müssen *glauben*, daß sie es tun werden. Das ist das Geheimnis.

Eines Sonntagmorgens hielt ich eine Vorlesung im Curran Theatre in San Franzisko über die Bedeutung des Entschlüssefassens. Am darauffolgenden Tag suchte mich ein Geschäftsmann auf, dem ein großer und wertvoller Besitz gehörte, für den ihm ein beträchtlicher Betrag geboten worden war. Er sagte, daß er seit Wochen von Unentschlossenheit zerrissen sei, ob er den Besitz verkaufen solle oder nicht, aber nachdem er die Vorlesung gehört habe, sei er entschlossen, sich zu entscheiden. An meinem Tisch sitzend, kam er zu dem Entschluß, zu einem Preis zu verkaufen, den er für sich und für den Käufer als richtig empfand. Das war bedeutend mehr, als man ihm geboten hatte. Sofort nach dem Verlassen meines Büros ging er zu den Leuten, die das Angebot gemacht hatten, sagte ihnen genau, was er für richtig hielt, und innerhalb von zwei Tagen war sein Entschluß akzeptiert. Sein Besitz wurde sowohl zu seinem großen Vorteil als auch zum Vorteil des Käufers verkauft. Diese Transaktion von über einer Million Dollar entsprach in direkter Linie der definitiven Entscheidung von seiten meines Freundes.

Wir machen unseren Erfolg oder unsere Niederlage

Entschlußkraft, Vorstellungsvermögen, Glaube, Motivation, – das alles sind geistige Zustände, Zustände des Bewußtseins, die sich für uns in Erfahrung verwandeln. Durch die Übung in diesen Fähigkeiten setzen wir die dynamische Gotteskraft in uns und um uns frei und geben ihr eine Richtung. Das Reich Gottes ist wirklich in uns. Die allumfassende Kraft des Lebens ist die Kraft, die wir gebrauchen. Diese Macht ist allgegenwärtig; daher muß sie die Kraft einschließen, die wir gebrauchen.

Es gibt nur ein Leben. Dieses Leben ist in uns einzelnen Individuum geworden. Der einzige Ort, an dem Sie und ich dieses eine Leben kennenlernen und erfahren können, ist der, den wir als „mein Leben", „Ihr Leben" bezeichnen. Der einzige Ort, an dem wir dieses unendliche Prinzip des Bewußtseins anwenden können, ist da, wo wir denken; also fängt unsere Arbeit natürlich bei uns an. In uns ist das Gott-Bewußtsein, und wir gebrauchen und lenken die Gott-Kraft. Es ist wahr, viele Menschen lenken diese Kraft eher in Richtung auf Versagen als in Richtung auf Erfolg, in Richtung auf Krankheit statt auf Gesundheit, in Richtung auf Beunruhigung statt auf Frieden.

Wo immer Sie sind, was auch immer Sie tun, Sie werden immer mit sich selbst konfrontiert; aber wenn Sie tief in dieses Ihr Selbst hineinschauen, werden Sie dort ein bodenloses Becken voll unendlicher Eigenschaften und Fähigkeiten vorfinden, die Sie aller Wahrscheinlichkeit nach niemals voll ausgeschöpft haben. Diese Eigenschaften und Fähigkeiten warten darauf, von Ihnen entdeckt zu werden – warten darauf, daß Sie ihnen Richtung und Anwendung geben. Warum nicht sich entscheiden, sie anzuwenden? Zu wissen, daß unendliches Wissen der Anwendung durch Sie harrt und unbegrenzte Kraft zu ihrer Verfügung steht, hat wenig zu sagen, solange Sie beides nicht benutzen. Sie benutzen sie mittels Entscheidung, Vorstellungskraft und Glauben. In Ihnen ist die Kraft zur Einsicht. In Ihnen sind die wunderbaren Fähigkeiten der Entscheidungs- und der Vorstellungskraft. In Ihnen ist die Fähigkeit zu wählen. In Ihnen sind all die Werkzeuge, um es einmal so auszudrücken, die Sie brauchen, um das Leben so reichhaltig und vollkommen zum Ausdruck zu bringen, wie Sie es sich wünschen. Es ist nur nötig zu wissen, daß diese Werkzeuge zur Verfügung stehen, und dann zu lernen, wie sie zu gebrauchen sind.

Unterschätzen Sie Ihre Fähigkeiten nicht

Verkleinern Sie sich nicht. Verkaufen Sie sich nicht zu billig. Sie sind ein wunderbares Geschöpf. Das Leben wirkt durch das Gesetz des Geistes, und dieses Gesetz des Geistes soll von Ihnen benutzt werden. Sie müssen nur, wie ich auch, lernen, wie dieses Gesetz des Geistes, wie das Handeln des Lebens funktioniert, und das Gesetz des Bewußtseins für mehr heile, glückliche, erfüllte Erfahrungen einsetzen. Wenn Sie das gelernt haben, haben Sie das Geheimnis gesunden, glücklichen, reichen, erfüllten Lebens gelernt. Es tut nicht im geringsten etwas zur Sache, wie lange Sie Bewußtsein gegen sich selbst und gegen ihre wichtigsten Interessen gebraucht haben. Heute können Sie anfangen, es in gute und vollkommene Erfahrungen einfließen zu lassen. Das alte Unkraut, das verwilderte Gestrüpp und die Disteln in Ihrem Lebensgarten, die Ergebnis eines falschen Anpflanzens sind, werden natürlich üppig weiterwachsen, wenn sie nicht ausgerissen und neue Stecklinge eingepflanzt werden, aber Sie können heute noch jäten und neu pflanzen, und sofort werden Sie anfangen, neue und andere Resultate in Ihrem Garten zu erzielen.

7. Kapitel

Jeder fühlt sich zu dem Menschen oder dem Ort hingezogen, der am angenehmsten ist

Genießen Sie es nicht, in Gesellschaft eines fröhlichen Menschen zu sein? Weil das so ist, werden sich andere Leute zu Ihnen hingezogen fühlen, wenn Sie Ihre Umgebung angenehm machen. Sie werden zu Ihnen kommen und um Sie sein; und wenn sie Sie mögen, werden sie Nettes für Sie tun.

Die Wichtigkeit der Selbstachtung

Menschen anzuziehen ist eine geistige Handlung. Menschen mögen und lieben ist etwas, was in Ihrem Bewußtsein vorgeht; wenn daher andere Sie mögen und Ihnen gegenüber aufgeschlossen sind, ist das das Ergebnis eines bestimmten Bewußtseinszustandes in Ihnen. Wenn Sie sich selbst lieben und achten und eine hohe Meinung von sich haben, kommen Sie viel besser mit sich aus; und natürlich kommen Sie auch besser mit anderen aus. Es ist immer gut, sich daran zu erinnern, daß Sie sich zuerst selbst mögen und respektieren müssen, wenn Sie andere Leute gern haben wollen.

Jemand, der sich nicht achtet, nicht schätzt, wird das unausweichlich auf andere übertragen. Da er sich selbst ein Problem ist, überträgt er seine Unzulänglichkeiten auf andere Menschen. Derjenige, der das Gefühl hat, ein Versager zu sein, wird sich entschuldigen, sein Versagen rationalisieren und sagen, es sei der Fehler eines anderen. Er tut dies, damit er mit sich selbst in einem gewissen Frieden leben oder in etwa das Gefühl geistiger Ruhe haben kann.

Jeden Tag kommen wir mit Leuten in Berührung, die sich selbst nicht leiden können und folglich ihre Abneigung und ihre Kritik auf andere übertragen. Natürlich bringt das andere Leute dazu, automatisch mit Abneigung und Widerstand ihnen gegenüber zu reagieren.

Ihre Persönlichkeit bringt Ihre Gefühle und Ihre Einstellung zum Ausdruck. Leiten Sie Ihre Gefühle in gesunde, angenehme Bahnen oder lassen Sie ihnen freien Lauf, bis sie eines Tages eventuell Sie kontrollieren? Wieviel besser fühlen Sie sich körperlich, wenn Sie glücklich sind! Angst, Streß, Haß, Eifersucht zeigen sich sämtlich in Ihren Blicken, in Ihrem Gesichtsausdruck, in Ihrer Weise zu reden und in Ihrem Verhalten. Oft zeigt sich ein Gefühl der Bedrückung an gebeugten Schultern und schleppendem Gang. Sie kommen viel besser mit sich und folglich auch mit anderen aus, wenn Sie glücklich sind, wenn Sie Selbstvertrauen und Vertrauen zu anderen Menschen haben. Vertrauen zu anderen Menschen werden Sie haben, wenn Sie Selbstvertrauen haben, – wenn Sie Vertrauen zum Leben haben.

Ist es nicht leicht zu verstehen, daß Glück nicht etwas ist, was man außerhalb von sich finden kann, nichts, was andere Ihnen bringen können? Es hängt von keiner fremden Person oder Erfahrung ab. Glück ist ein Bewußtseinszustand, eine Geisteshaltung, die Sie erkennen, entwickeln, fühlen und schätzen können. Wie der Glaube ist es etwas Inneres, das kultiviert werden kann. Sie mögen denken, Sie könnten nicht glücklich sein, ehe Sie nicht irgendeinen bestimmten Gewinn erzielt haben oder ehe Sie sich vollkommen wohl fühlen, oder auch ehe Sie den richtigen Menschen geheiratet haben; oder vielleicht sparen Sie sich Ihre Glücksgefühle auf, bis Sie eine besondere Leistung vollbracht haben. Das bedeutet, das Pferd beim Schwanz aufzuzäumen, denn Glück ist etwas Inneres. Statt ein Ergebnis bestimmter Leistungen oder bestimmter Umstände zu sein, ist es in sich selbst eine der Hauptursachen von Leistung. Eine fröhliche Bewußtseinshaltung führt einen zu Erfolgserlebnissen. Man wird automatisch dazu angeregt, etwas zu leisten, wenn man glücklich ist. Glücklichsein führt Ihnen die richtigen Menschen zu. Es macht Ihnen Freunde.

Das Bewußtsein arbeitet wie ein Radio

Sprechen Sie ins Mikrofon, und Sie werden noch Hunderte von Kilometern weit gehört. Ihre Stimme wird so klar übertragen, als ob Sie mit der Person, die Ihnen zuhört, in einem Raum wären. Das zu empfinden, war für mich schwer, als ich vor vielen Jahren erstmals mit Rundfunkarbeit anfing. Der kleine Apparat, in den ich sprach, erschien mir sehr kalt und furchteinflößend. Ich konnte niemanden auf das reagieren sehen, was ich zu sagen hatte. Ich konnte niemanden sehen, der mir zuhörte oder mich anlächelte. Die, die mich angestellt hatten, waren vielleicht gerade eben dabei, mich wieder abzuschalten; aber allmählich konnte ich mir all diese Hörer als meine Freunde vorstellen. Ich lernte, sie zu mögen. In meiner Vorstellung konnte ich sehen, wie sie mich anlächelten, und ich fing an, ein Gefühl enger persönlicher Freundschaft mit meiner Zuhörerschaft zu empfinden. Als Ergebnis davon habe ich Tausende von Briefen von Leuten bekommen, die mir sagten, sie hätten das Gefühl, daß ich direkt zu ihnen spräche; daß ich ihnen eine persönliche Botschaft übermittele.

Wissenschaftler sagen uns heute, daß jeder von uns tatsächlich sowohl Radiowellen aussendet wie auch empfängt; daß bestimmte Zellen unseres Körpers und unseres Gehirns Sender sind und andere Empfangsstationen. Sicherlich erzeugen wir an dem Ort, wo wir denken, ganz eindeutige geistige Schwingungen, und das Ergebnis ist, daß etwas Entsprechendes mit unserem Körper, mit unseren Angelegenheiten und sogar mit dem Denken und Handeln anderer Leute geschieht. Da wir heute mehr und mehr mit den erstaunlichen Kräften des Lebens vertraut werden, erscheint dies überhaupt nicht seltsam. Zweifellos geschieht es, weil es nur ein Bewußtsein, ein allen Menschen gemeinsames Medium gibt – ein universelles, schöpferisches Bewußtsein, das jeder gebraucht –, und ein Gedanke oder eine Bewegung an einer Stelle dieses Bewußtseins ist in Wirklichkeit an allen Stellen wirksam. Emerson lehrte uns: „Es gibt nur ein Bewußtsein, das allen einzelnen Menschen gemeinsam ist."

Gedanken sind real. Wir selbst können Gedanken erzeugen und sie anderen übermitteln. Wir können leicht beobachten, wie unser Körper, unsere Angelegenheiten und andere Menschen auf unsere Gedanken reagieren. Unser Denken wird durch unsere Umgebung auf uns zurückreflektiert. Uns geschieht, wie wir glauben bzw. wie wir Bewußtsein benutzen. Dies trifft nicht nur auf unseren Körper zu, auf unsere Angelegenheiten und auf andere Leute, es trifft auf das gesamte Leben zu. Ihr Hund reagiert auf Ihre Gedanken und Gefühle. Wenn Sie einen Hund hassen, reagiert er ganz anders, als wenn Sie ihn lieben. Selbst Pflanzen sind empfänglich für unsere Gedanken über sie.

Erst kürzlich haben sich Wissenschaftler mit sehr interessanten Experimenten mit Pflanzen beschäftigt. Es wird berichtet, daß ein Teil der Pflanzen gesegnet und mit liebevollen Worten bedacht wurde, während der andere verflucht wurde. Die Pflanzen, die geliebt und gesegnet wurden, wuchsen unnatürlich schnell, während die, die verflucht worden waren, welkten und eingingen. Das klingt vielleicht phantastisch, aber derjenige, der seinen Garten und seine Pflanzen liebt, macht ganz andere Erfahrungen mit diesen lebenden und wachsenden Dingen als der, der sie haßt, ablehnt oder ihnen gegenüber gleichgültig ist. Einige dieser Experimente, so wird mir berichtet, wurden tatsächlich von Mitarbeitern durchgeführt, die an die hundert Kilometer von den Pflanzen, die sie segneten oder verfluchten, entfernt waren.*

Sie haben sicher schon einmal jemanden sagen hören: „Der hat einen grünen Daumen." Sie kennen vielleicht sogar jemanden, der in diesem Ruf steht. Aber das heißt ganz einfach, daß Pflanzen für Liebe empfänglich sind und auf sie reagieren. Ich kenne einen Orangenpflanzer in Südkalifornien, dessen Pflanzung in einer Gegend liegt, in der andere Pflanzer mit Rauchfeuern gegen Schädlinge vorgehen müssen, aber dieser Mann mußte nie Gebrauch davon machen. Jeden Tag geht er durch seine Plantage, segnet seine Bäume und sagt ihnen, wie er es schätzt, daß sie so stark Frucht ansetzen. Tatsächlich hat er mir erzählt, daß jeder von seinen Bäumen einen Namen hat und daß er für die Leistung eines jeden einzelnen Baumes eine enge persönliche Liebe

---

* Vgl. zu diesem Forschungsgebiet beispielsweise Peter Tompkins/Christopher Bird, „Das geheime Leben der Pflanzen", Bern/München/Stuttgart, das einen umfassenden Überblick über Forschung und Literatur gibt (Anm.d.Ü.).

und Achtung empfindet. Das mag Ihnen närrisch erscheinen, aber ich war bei diesem Mann, als er zur Bank ging, um sich einen Scheck für seine Ernte abzuholen, und der Bankier zu ihm sagte, er habe die zweitbeste Ernte in der ganzen Region.

Unser Körper reagiert auf Liebe

Wir wissen, daß unsere Körper auf Liebe und Anerkennung reagieren. Browne Landone, der beinahe hundert Jahre alt wurde, sagte, daß er in seinen Siebzigern einmal einen Herzanfall erlitt. Die Ärzte sagten ihm, daß sein Herz verbraucht sei und daß er wahrscheinlich zehn Stunden nicht überstehen werde, sicherlich aber nicht zehn Tage. Da er die Macht der Liebe kannte, begann er mit seinem Herzen zu sprechen und ihm zu sagen, wie sehr er schätzte, was es für ihn getan hatte, wie er es mißhandelt habe, aber wie tüchtig es selbst dann gearbeitet habe, wenn er es ihm besonders schwergemacht habe. Er versprach seinem Herzen, wenn es sich selbst heilen werde, werde er mit ihm in Zukunft sehr vorsichtig und überlegt umgehen. Er nahm für sich in Anspruch, daß durch die Annahme einer anderen Einstellung seinem Herzen gegenüber – einer der Liebe und der Anerkennung – dieses vollkommen erneuert wurde und weitere fünfundzwanzig Jahre lang leistungsfähig für ihn arbeitete.

Alles reagiert auf Ihr Denken über es, denn alles ist lebendig. Auch Ihr Berufsleben reagiert darauf, denn auch es ist, wie Ihr Körper, andere Menschen, wie Tiere und Pflanzen, lebendig. Alles wird durch das Bewußtsein beherrscht.

Sie wissen, daß Sie Ihre Gedanken wählen können, aber die Tatsache, daß Sie Ihre Erfahrungen durch Ihr Denken schaffen und umschaffen können, ist Ihnen vielleicht nie zum Bewußtsein gekommen.

Eine Frau, die als Reisebüroangestellte für eine Busgesellschaft arbeitete, sagte mir, die Leute seien den ganzen Tag lang so unvernünftig, sie fragten dumme Sachen und erwarteten von ihr, das Unmögliche zu tun, bis sie so müde sei, daß sie abends kaum genügend Kraft habe, nach Hause zu gehen. Ich fragte sie, ob es ihr möglich wäre, ihre Haltung diesen Leuten gegenüber zu ändern. Könnte sie sie sich als Freunde vorstellen, die sie besuchen kämen, und ihre Arbeit dann als ein interessantes Spiel betrachten? Die Idee sprach sie an. Sie entschloß sich, ihre Einstellung zu ändern, jeden freundlich anzulächeln, der an ihren Schalter kam, und alle Fragen höflich zu beantworten, egal, wie lächerlich diese Fragen erscheinen mochten. Sie entschloß sich zu versuchen, jeden zu mögen, der in die Niederlassung kam. Und es funktionierte! Schon am ersten Tag ging sie nach Hause, ohne sich müde zu fühlen, und sie war auf einen angenehmen Abend mit ihrer Familie vorbereitet. Sie fand die Leute, mit denen sie zu tun hatte, viel angenehmer als sonst. Warum war das so? Sie hatte ihre Haltung verändert. Sie hatte neue Denkgewohnheiten angenommen. Sie mochte die Leute, und die Leute mochten sie. Sie hatte ihre Lektion gelernt.

Henry van Dyke schrieb:
Vier Dinge muß ein Mensch erlernen,
Wenn er will, daß sein guter Ruf Wirklichkeit werde:
Ohne Verwirrung klar zu denken,
Seinen Nächsten aufrichtige Liebe zu schenken,
Nur aus aufrechten Motiven zu handeln,
Im Vertrauen auf Gott und den Himmel zu wandeln.

Unser Denken und Lieben, unsere Motive und unser Vertrauen sind allesamt Bewußtseinszustände.

Der Geist ist das große, schöpferische Prinzip des Lebens. Ihnen ist er gegeben, um ihn bewußt zu gebrauchen. Durch Ihren Bewußtseinszustand oder Ihre Glaubenshaltung können Sie für sich erschaffen, wozu immer Sie sich entscheiden. Sie mögen das nicht leiden können, was Sie nun an Ihrem Körper erleben, mit anderen Leuten oder in Ihren Angelegenheiten erfahren. Dann verändern Sie doch Ihr Bewußtsein, Ihre Glaubenshaltung und Ihre Einstellungen – Sie werden andere Erfahrungen machen.

Was ist wissenschaftliches Gebet?

Wenn eine falsche Glaubenshaltung zu unglücklichen Ergebnissen geführt hat, dann sagt schon die Vernunft, daß eine richtige Glaubenseinstellung zu glücklichen Ergebnissen führen wird. Geistige Behandlung oder wissenschaftliches Gebet ist das bewußte Verändern Ihrer geistigen Einstellung, wobei sich Ihr Glaube vom Negativen zum Positiven wandelt. Ein anderer Gedanke hier läßt dort draußen etwas anderes geschehen, weil dort das gleiche Bewußtsein wirkt, das auch hier am Werk ist. Die Veränderung kann sich an Ihrem Körper, an Ihren Angelegenheiten oder in den zwischenmenschlichen Beziehungen zeigen. Verändern Sie da, wo Sie sind, Ihr Bewußtsein, und Sie erzielen ein anderes Ergebnis.

Als ein erwachsener Mensch haben Sie die Kraft, bewußt zu wählen. Sie können bewußt Ihre geistige Einstellung wählen, Ihre Glaubenshaltung. In der Tat können Sie in Wirklichkeit Ihr Schicksal machen und lenken. Indem Sie Bewußtsein gezielt gebrauchen, können Sie Ihre Welt schaffen und erneuern. Tiere oder Pflanzen können das nicht, denn sie denken nicht bewußt. Sie leben gänzlich nach dem Instinkt, obwohl sie Bewußtsein dazu benutzen; aber Sie, die höchste Personifikation des Lebens, haben die Macht des bewußten Denkens, die Macht, bewußt zu wählen, was Sie denken wollen. Wie David im achten Psalm schrieb, haben Sie Macht über die Vögel in der Luft, die Fische in der See und über die wilden Tiere des Feldes. Tatsächlich liegen Ihnen alle Dinge zu Füßen.

In dem Maße, wie Sie vom Geist bewußten Gebrauch machen, übernehmen Sie die Vorherrschaft über Ihre Welt. Bewußtsein ist das große, schöpferische Instrument allen Lebens. Sie können oder können es auch nicht zu Ihrem höchsten Guten gebrauchen. Das hängt ausschließlich von Ihnen ab!

8. Kapitel

Die Zauberkraft des schöpferischen Vorstellungsvermögens

Sie haben die Fähigkeit, in Ihrem Geist Bilder, Muster und Pläne zu erzeugen; und da das Leben empfänglich ist, fließt es über diese Pläne und Muster für Sie in Erfahrung ein. Diese Fähigkeit, Bilder vorzustellen, wird Vorstellungskraft genannt. Jeder hat Vorstellungskraft, und jeder gebraucht sie, entweder, um Pläne für das zu machen, was er will, oder für das, was er nicht will.

Die geistigen Bilder, die Sie erwägen und *für sich selbst annehmen*, sind die Pläne, die Sie dem Leben geben. Diese Pläne werden durch Ihren Glauben gelenkt und überwacht. Glaube ist eine geistige Überzeugung. Es ist das, wovon Sie überzeugt sind, daß es auf Sie zutrifft, es ist das, wovon Sie überzeugt sind, daß es Ihnen passiert. Das, was Sie bewußt oder unbewußt für wahr halten – das, wovon Sie tatsächlich annehmen, daß es geschieht –, wird die Art des Bildes oder des Plans bestimmen, den Sie in Ihrem Bewußtsein erstellen. Das Leben wird über diesen Plan aktiv. Ihre Vorstellungskraft ist der entwerfende Teil Ihres Bewußtseins, Ihre Planungsabteilung.

Machen Sie einen Plan für sich

Wenn das Leben in die Erfahrungen einfließen soll, die Sie haben möchten, müssen Sie zuerst einen Plan machen und an diesem Plan unerschütterlich festhalten. Der Plan oder das Bild sollte lebendig, klar und deutlich sein. Wenn Sie an diesem Entwurf beständig und mit unerschütterlichem Glauben festhalten, muß er sich irgendwann in sichtbarer Form manifestieren. Wenn Sie jedoch, nachdem Sie sich von dem, was Sie sich wünschen, ein Bild gemacht haben, diese Vorstellung durch ein Bild oder Schema überlagern, das besagt, Sie hätten *nicht* das, was Sie gern haben würden, oder Sie seien *nicht* der Mensch, der Sie gern wären, werden Sie nicht verwirklichen können, was Sie möchten.

Als Jesus sagte: „Glaubet, daß ihr's bekommen habt, und ihr werdet's erhalten", meinte er, glaube ich, daß wir uns ein lebhaftes geistiges Bild von dem machen sollen, was wir uns wünschen, und dann das Gefühl nähren sollen, es zu haben. Wenn wir ein inneres Gefühl, eine Überzeugung nähren, daß wir haben, beginnt das Bewußtsein, das Gesetz des Lebens, das zu tun, was notwendig ist, um den Wunsch zu erfüllen. Durch unsere Vorstellungskraft werden unsere Wünsche verwirklicht.

Wenn Sie sich einen Erfolg vorstellen, wenn Sie das Gefühl haben, ein Erfolg zu sein, werden Sie zweifellos Erfolg haben, denn das Leben führt Sie automatisch in diese Richtung. Wenn Sie im Glauben an und im Gefühl von Gesundheit leben, kann keine Macht der Erde Sie daran hindern, gesund zu sein. Das Bewußtsein des Lebens öffnet Ihnen beständig Bahnen, um Ihnen vorzuweisen, was immer Sie zu *haben* glauben und was immer Sie zu *sein* überzeugt sind.

Bewußtes Aufbauen von Vorstellungen ist *schöpferisches Vorstellungsvermögen*. Wenn Sie unerschütterlich an einem lebendigen geistigen Bild festhalten, wenden sich alle Kräfte Ihres Seins automatisch Ihrem Wohl zu und verwirklichen das, was Sie als Ihr Sein, Haben und Tun vor sich sehen. Die Fähigkeit der Vorstellungskraft kann, wie jede andere natürliche Fähigkeit, gelenkt werden. Sie kann nicht unterdrückt werden, die Ausdrucksmöglichkeit kann ihr nicht verweigert werden; aber sie kann und sollte in Richtung auf die Erfahrungen hin geleitet werden, die wir uns wünschen. Denken Sie daran, die Vorstellungskraft ist ein schöpferisches Vermögen. Sie ist mächtig. Wir bewegen uns automatisch auf das zu, was wir uns vorstellen, daher sollten wir vorsichtig mit dem sein, was wir uns für uns selbst und für andere vorstellen.

Lassen Sie uns annehmen, Sie sollen vor einer großen Versammlung eine Rede halten. Wenn Sie sich vorstellen, daß Sie nicht vorbereitet sind, daß Sie stottern, stammeln und unangenehm auffallen, ist es sehr unwahrscheinlich, daß Sie Erfolg haben werden. Sie mögen sich sagen: „Ich kann nicht reden, wenn all diese Leute auf mich schauen! Ich frage mich, ob ich richtig angezogen bin?" Natürlich haben Sie eine schreckliche, nervöse Angst entwickelt. In Ihrer Vorstellung haben Sie die falsche Art von Bild erzeugt. Sie haben einen völlig falschen Plan gemacht. Es wird wenig Unterschied machen, wie sehr Sie sich selbst antreiben mögen oder sich vielleicht vorsagen: „Ich *werde* diese Rede trotzdem halten!" Sie werden versagen. Sie werden vielleicht sogar krank durch den geistigen Konflikt.

Nehmen Sie jedoch an, Sie sagen sich: „Jeder, der jemandem gegenüberstehen und mit ihm reden kann, kann auch hundert oder tausend Leuten gegenüberstehen und zu ihnen sprechen. Diese Leute sind alle meine Freunde, sonst wären sie nicht hier. Sie sind an dem interessiert, was ich zu sagen habe. Sie sind nicht an mir persönlich interessiert; aber sie glauben, daß ich meinen Stoff kenne. Ich bin gut vorbereitet. Ich habe viel Nachdenken daran gewendet und weiß natürlich mehr darüber als irgendein anderer hier. Was ich zu sagen habe, wird hilfreich sein. Ich bin hier, um nützlich zu sein. Ich glaube, daß ich in der Lage sein werde, diesen Leuten mein Thema so deutlich zu erklären, daß sie es so sehen werden, wie ich es sehe." Wenn Sie nun Ihre Vorstellungskraft in dieser Weise gebrauchen, werden Sie nicht von Furcht gelähmt sein; Sie werden zuversichtlich sein, und Sie werden eine gute Vorlesung halten. Sie haben in Ihrer Vorstellung ein lebendiges, positives Bild aufgebaut.

Dieser Gesichtspunkt kann auch an der Frau illustriert werden, die versucht, nicht mehr zu erröten, oder die bei der geringsten Provokation in Tränen ausbricht. Ein Gefühl von Scham, Verlorensein oder Verlegenheit ist in ihrer Vorstellung lebendig; und so angestrengt sie es auch versuchen mag, sie kann nichts an dem Erröten oder an den Tränen ändern.

Coué lehrte die Leute, zu sich zu sagen: „Jeden Tag geht es mir in jeder Hinsicht immer besser." Wenn Sie sich das immer und immer wieder sagen, verfestigt sich die Vorstellung; und es geht Ihnen automatisch immer besser.

Coué gab auch ein anderes beeindruckendes Beispiel für die Macht der Vorstellungskraft, als er sagte, wenn eine fußbreite Planke auf den Boden gelegt würde, würde kein normaler Mensch zögern, vertrauensvoll beliebig weit darauf zu gehen; aber angenommen, dieselbe Planke würde zehn Stockwerke hoch von einem Gebäude zum anderen ausgelegt, dann wäre es eine ganz andere Sache. Wenige Leute würden es wagen, darüber zu gehen. In ihrer Vorstellung würden sie ihren Sturz bereits bildlich vor Augen sehen. In solcher Höhe würden die meisten Leute schwindlig werden und ihr Gleichgewichtsgefühl verlieren, wenn sie nur daran dächten. Es ist die gleiche Planke, die gleiche Breite; aber hundert Fuß hoch in der Luft tritt eine mächtige Vorstellung in Kraft.

Sie gebrauchen diesen Bilder und Pläne machenden Teil Ihres Bewußtseins bei allen Ihren kreativen Tätigkeiten. Zum Beispiel mögen Sie sich wünschen, mit einer alten Gewohnheit zu brechen oder eine neue anzunehmen. Am besten tun Sie dies durch den Gebrauch Ihrer Vorstellungskraft.

Ich kannte einen Mann, der sich dachte, er sollte mit dem Rauchen aufhören. Er sagte häufig, er könne entweder aufhören oder weitermachen mit Rauchen, wie es ihm passend erschiene. Er hörte nicht auf zu rauchen. Eines Tages veranschaulichte er sich die Vorteile, die ihm ein Einstellen der Gewohnheit bringen würde. Er entschied, daß er den Nutzen davon haben wolle. Er stellte sich vor, wie er sich bereits besser fühlte. Er stellte sich all die guten Ergebnisse vor Augen, die als Resultat des Nichtrauchens in sein Leben kommen würden. Er machte sich ein Bild von besserer Gesundheit und von dem Geld, das er sparen würde. Als dieses neue Bild fest in seiner Vorstellung verankert war, richtete sich jeder Teil seines Wesens auf eine Veranschaulichung, die diesem neuen Selbstbild entsprach, und automatisch stellte er die Gewohnheit ein. Er sagte mir, daß er ganz plötzlich jede Lust am Rauchen verlor.

Erzwingen Sie nichts – machen Sie sich nur ruhig eine Vorstellung

In der Vergangenheit haben die Leute am Altar des Willens angebetet. Sie haben versucht, Willenskraft zu entwickeln. Sie haben angenommen, auf irgendeine Weise sei Willenskraft beim Erreichen dessen, was sie vom Leben wollten, mit im Spiel. Manchmal haben Menschen sogar geglaubt, es fehle ihnen an Willenskraft, und wurden entmutigt. Heute trennt sich unsere moderne Psychologie von dieser Anschauung in Hinsicht auf die Willenskraft. Tatsächlich wird nun ziemlich allgemein angenommen, daß es nichts Derartiges wie ein „Willensvermögen" gibt. Was wir früher als Willenskraft bezeichneten, ist nur das Sich-Zwingen zu dem, was man nicht tun will – etwas, das im Kontrast steht zu den eigenen emotionellen Wünschen. Vorstellungsvermögen wird jetzt als die schöpferische Quelle betrachtet.

Wir alle kennen Leute, die Dinge scheinbar ohne alles Aufsehen getan bekommen. Sie scheinen sich nicht selbst anzutreiben. Alles scheint für sie reibungslos abzulaufen. Sie scheinen die meiste Zeit beschäftigt zu sein, aber anscheinend fordert es ihnen keine besondere Anstrengung ab. Das ist so, weil sie tun wollen, was sie tun. Sie zwingen sich nicht dazu und bemitleiden sich auch nicht. In ihrer Vorstellung sehen sie die guten Resultate ihrer Tätigkeiten, und sie leben in Erwartung guter Ergebnisse. Ihre Vorstellungskraft lenkt ihre Bemühungen, und es besteht kein Konflikt zwischen dem, was sie tun möchten, und dem, was sie ihres Wissens tun sollten.

Wir kennen auch Leute, die immer treiben, hetzen, streiten, – Leute, die erst dies und dann das wollen. Sie treiben sich morgens mit Gewalt aus dem Bett und treiben sich den ganzen Tag über voran, wobei sie ihren Geist zum Denken und ihren Körper zum Handeln zwingen. Wenn dann der Abend kommt, sagen sie: „Ich habe heute sehr wenig geschafft. Ich bin hierhin und dorthin gegangen, habe mich abgehetzt und mich angestrengt. Ich bin völlig erschöpft davon, mich selbst anzutreiben, und das alles für nichts." Diese Menschen verbrauchen eine enorme Menge Energie und reißen sich gleichzeitig in Stücke, denn sie haben sich nicht durch ihre Vorstellungskraft auf einen einfachen, angenehmen Weg geführt und sich auch nicht klar den

Wert vor Augen geführt, den es hat, wenn man aller Anstrengung enthoben ist.

In Ihrer Vorstellung sollten Sie so leben, daß Sie alle Ihre Wünsche bereits als erfüllt ansehen, dann werden Sie sich mit Enthusiasmus voranbewegen und dabei wenig Energie verbrauchen. Wenn Sie Ihr Tagewerk vollendet haben und sich entschlossen haben, nach Hause zu gehen, müssen Sie sich nicht dazu zwingen, Hut und Mantel zu holen, einen Fuß nach dem andern zu heben und zur Garage zu gehen, Ihr Auto zu holen und nach Hause zu fahren. Wenn Sie sich begeistert vorstellen, wie Sie zu Hause sind und dort alle Bequemlichkeiten haben, und wenn Sie dann einfach loslassen, werden Sie automatisch alles tun, was nötig ist, um das Angenehme zu erreichen. Das Unterbewußtsein – der empfängliche, schöpferische Teil des Bewußtseins – übernimmt die Ausführung, wenn Sie sich das Ergebnis vorstellen und von Begeisterung angespornt werden.

Machen Sie sich keine geistigen Abbilder von dem, was Sie nicht wollen

Unglücklicherweise stellen sich die meisten Leute vor, sie seien krank, erfolglos und unglücklich. So viele Leute reden angeregt über ihre Krankheiten, ihre Kümmernisse und Probleme und glauben, Unglücklichsein und Enttäuschung seien ihr Normalzustand. Da sie die Probleme mit Hingabe beschreiben, binden sie sie nur noch enger an sich. Wenn sie sich genauso begeistert über Gesundheit, Erfolg und Leistung auslassen würden wie über ihre Sorgen, Verluste, Krankheiten und Fehler, würden sie völlig andere Erfahrungen machen.

Ich kenne einen jungen Mann, der Präsident einer der größten Banken des Landes wurde. Er hatte keine besonderen Beziehungen oder irgendeinen besonderen Einfluß, und kaum einer konnte sich vorstellen, wie es ihm möglich war, von der Position eines gewöhnlichen Kontoristen in so kurzer Zeit zum Vorsitz über die Bank zu gelangen. Er verriet mir das Geheimnis seines Erfolges. In dem Augenblick, als er bei der Bank angestellt wurde, sah er sich bereits als ihren Präsidenten. Wenn er Kunden am Schalterfenster bediente, stellte er sich vor, er tue diese Arbeit als Präsident der Bank. Er hielt seinen Blick auf den Stuhl des Präsidenten gerichtet, und eines Tages – in der Tat sehr bald – hatte er diesen Platz inne. Er war nicht aggressiv. Er stieß die Leute nicht herum oder übte Druck aus durch seine gewichtige Stellung. Er gebrauchte einfach seine schöpferische Vorstellungskraft als einen positiven Weg, sich selbst für diese Stellung geeignet zu machen. Daß er sich selbst in der höheren Position sah, veranlaßte die Kräfte des Lebens, ihn zu durchströmen und ihn in Richtung auf diese neue und bessere Erfahrung hin zu lenken. Der Präsident, ein älterer Mann, setzte sich zur Ruhe, und der junge Mann wurde dazu gewählt, seinen Platz auszufüllen.

Angenommen, dieser junge Mann hätte gesagt: „Hier sitze ich in dieser großen Bank fest. Hunderte von Angestellten hier sind bei dieser Institution wesentlich länger beschäftigt als ich. Viele sind besser geeignet, besser ausgebildet als ich. Viele haben größere Übung und bessere Verbindungen. Es wird Jahre dauern, ehe ich irgendeine Gelegenheit zum Aufstieg habe. Andere werden alle freiwerdenden Plätze besetzen. Ich habe immer Pech!" Wenn er dieses Bild der Niederlage angenommen und durch seine schöpferische Vorstellungskraft hätte Projektion werden lassen, würde er gewiß nicht diese bessere Möglichkeit geboten bekommen haben.

Henry Ford, einer der reichsten Männer der Welt, sagte: „Du kannst alles haben, wovon du dir vorstellst, daß du es hast." Jesus sagte: „Glaubet, daß ihr's empfangen habt, und ihr werdet es haben."

Sie müssen Ihre Vorstellungskraft aktivieren und zu einem guten Zweck gebrauchen. Leben Sie in dem Bewußtsein, bereits das zu besitzen, was Sie sich wünschen. Stellen Sie sich vor, es sei jetzt in Ihrem Besitz. Bauen Sie ein Gefühl des Erfolgreichseins, der Gesundheit, des Glücks, alles dessen, was Sie sich wünschen, auf, und keine Macht auf Erden kann verhindern, daß dieser Wunsch erfüllt wird. Er wird zu Ihnen hingezogen werden und Sie zu ihm.

Sie können Ihre Vorstellungskraft zum Guten oder zum Schlechten gebrauchen

Sie können Ihre Vorstellungskraft dazu gebrauchen, sich niederzureißen oder sich aufzurichten. Wenn Ihre Vorstellungen von Furcht bestimmt sind, von bösen Ahnungen und von Ablehnung (einem negativen Glauben), hindern Sie sich ganz sicher daran, jene Dinge zu haben, die Sie sich wünschen und die Ihnen von Rechts wegen zustehen. Wenn Sie weniger Gutes erfahren, als Sie sich wünschen, können Sie neue Denkformen entwickeln und die Vorstellungskraft durch einen unerschütterlichen Glauben daran, daß alles Gute Ihnen gehört (was so ist), *umlenken*. Wenn Sie an diesem Glauben festhalten, kann Ihnen nichts Ihr ersehntes Gutes vorenthalten.

Ich kenne eine Frau, die niemals ihr Haus verläßt. Sie will nicht auf die Straße oder auch nur in den Hof hinausgehen. In dem Moment, wenn sie daran denkt, den Schutz ihres Hauses zu verlassen, stellt sie sich all die fürchterlichen Dinge vor, die ihr passieren könnten. Wenn sie aus dem Haus tritt, wird sie sofort schwach und verwirrt. Das wird Agoraphobie genannt bzw. Angst vor weiten, offenen Räumen. Sie kontrolliert ihre Vorstellungskraft nicht. Ich kannte andere Leute, die Klaustrophobie hatten, Platzangst, Angst vor geschlossenen Räumen. Sie haben Angst ihre Vorstellungen beherrschen lassen.

Einmal lernte ich zwei Männer kennen, die in ihrem früheren Leben Geschäftspartner gewesen waren. Das Geschäft wurde ein Mißerfolg. Einer der Männer ließ sich von dieser Erfahrung niederdrücken. Er stellte sich vor, er sei ein Versager. Er glaubte, andere hielten ihn ebenfalls für einen Versager. Er erholte sich nie von dem Erlebnis. Er war ein Versager, solange er lebte. Da er darüber brütete, was er verloren hatte und was er falsch gemacht hatte, und nicht davon loskam, was er glaubte, daß andere von ihm dächten, wurde er leistungsunfähig und verkürzte sein eigenes Leben. Durch sein negatives Denken brachte er sich genau dahin, wovor er sich fürchtete. Sein Partner verlor ebenfalls all sein Geld, aber er verlor nicht den Mut. Er verlor weder seine Ambitionen noch seinen Glauben an sich selbst. Er sagte: „Mein Geschäft hat versagt, aber ich habe nicht versagt. Ich werde von meiner vergangenen Erfahrung Gebrauch machen und ein neues Geschäft aufbauen. Ich will eine Lehre daraus ziehen. Ich werde mir eine neue Existenz aufbauen." Und er tat es! Er sah in sich einen erfolgreichen Mann, und er wurde ein erfolgreicher Mann. Er baute sich ein ansehnliches Geschäft auf und tat viel Gutes. Er half vielen Menschen. Er war ein wertvoller Mensch. Er machte die Welt zu einem besseren Ort, um darin zu leben. Diese beiden Männer hatten die gleiche ursprüngliche Erfahrung, aber sie reagierten auf unterschiedliche Weise. Einer gebrauchte seine Vorstellungskraft dazu, ein kompletter Versager zu werden. Der andere gebrauchte seine Vorstellungskraft, um ein erfolgreicher Mann zu werden, und mit seinem Erfolg wurde er ein großer Wohltäter der Menschheit.

Wir gebrauchen beständig die Macht der Einbildungskraft, ob wir es wissen oder nicht. Wir können nichts dagegen tun, daß wir sie gebrauchen; aber durch unsere Macht, zu wählen und zu entscheiden, können wir bestimmen, *wie* wir sie gebrauchen wollen. Glaube kann positiv zu unserem größten Guten eingesetzt werden oder negativ, in Gestalt von Furcht. Dann wird er Krankheit und Mißerfolg bringen. Liebe, ein grundlegendes Gefühl, kann in Haß umgewandelt werden; oder wir können das Falsche lieben und uns in Schwierigkeiten bringen; aber richtig gebraucht ist Liebe eine unserer größten Segnungen.

Als individuelle, bewußte Erscheinungsorte des Lebens haben wir die Macht zur Wahl. Die beiden Männer, von denen ich gesprochen habe, waren beide vom gleichen Leben umgeben. Ihre ursprüngliche Erfahrung war dieselbe. Einer nahm sein Gutes an, der andere wies es zurück.

Schöpferische Vorstellungskraft ist kein Tagträumen

Der Tagträumer macht keinen Plan, den er wirklich auszuführen gedenkt. Er akzeptiert ihn nicht für sich. Er bringt sich selbst nicht mit ins Bild. Er sitzt am Rande. Im Endeffekt sagt er: „Ich will meine Befriedigung im Träumen finden. Keiner kann mir meine Träume nehmen." Der Träumer, der seine Träume nicht mit Handeln verbindet, glaubt nicht, daß das Gute, das er sich wünscht, ihm gehört, also bekommt er es nicht.

Wenn einer den Glauben hat, daß das Gute, das er ersehnt, verfügbar ist, wenn er sich selbst inmitten dieses Guten vorstellt, wenn er in seiner Einbildung glaubt, daß er es hat; wenn er empfindet, daß das große Leben ihn unausweichlich in Richtung dieses Guten, das er sich wünscht, lenken wird, dann ist er kein Tagträumer; er ist ein Schöpfer – ein Schöpfer seines eigenen Schicksals.

Wenn wir in unserer Vorstellung Bilder des Gebundenseins für uns schaffen, legen wir uns in Bande. Durch fehlgeleitete geistige Planung zwingen wir uns Ketten der Sklaverei auf und gehen als Sklaven durchs Leben. Wie dumm ist das doch, wo wir doch denken können, was zu denken wir wählen, und uns ans ideale Ziel bringen können, indem wir an dem idealen Bild in unseren Gedanken und in unserer Vorstellung beständig festhalten. Es macht keinen Unterschied, wie lange wir vielleicht im Dunkeln gesessen haben; wenn Licht hereingebracht wird, verschwindet die Finsternis.

Unsere Bande der Zurückhaltung und der Schwierigkeiten werden dann zerrissen werden, wenn wir in unserer Vorstellung nicht länger an Plänen der Begrenzung festhalten. Wir können unserem Glauben eine neue Richtung geben und geistig neue Entwürfe der Freiheit schaffen, die uns neue Erfahrungen bringen werden. Wir sind nicht durch alte, begrenzende Überzeugungen gebunden, wenn wir uns mit Freiheit identifizieren, mit Fülle, Gesundheit, Erfolg, Frieden und Glück. Die Mauern unseres Gefängnisses werden ganz von selbst in sich zusammenfallen, denn die Außenwelt um uns spiegelt stets unseren inneren Bewußtseinszustand wider.

9. Kapitel

Liebe und Glaube beeinflussen die Vorstellungskraft

Sie fangen jetzt an, einen Schimmer von der magischen Kraft Ihres Bewußtseins zu erahnen. Sie fangen an zu sehen, wie es kommt, daß Sie selbst der Magier sind – denn Sie gebrauchen Bewußtsein. Es wird Ihnen klar, daß Gedanken Dinge sind. Sie verstehen jetzt, daß Ihr Denken einen Gebrauch von Bewußtsein bedeutet, von Bewußtsein, das das schöpferische Gesetz des Lebens ist. Da Sie die Prämisse akzeptieren, daß das eine Bewußtsein oder schöpferische Gesetz überall existiert, wird es nun klar, daß Ihre Gedanken, Ihre Überzeugungen und die geistigen Bilder, die Sie in Ihrem Bewußtsein haben, sich als Erfahrungen in Ihrer Welt manifestieren. Tatsächlich sehen Sie jetzt, wie es kommt, daß Sie buchstäblich Gut oder Böse in Ihre Erfahrung hineindenken können.

Sie denken in Bildern, Plänen und Entwürfen

Jene geistigen Bilder, die Sie dem Leben anbieten, werden beeinflußt und sogar gelenkt durch Ihre Liebe, das heißt, durch Ihren gefühlsmäßigen Zustand, und durch Ihren Glauben; daher werden die Pläne und Bilder, die Sie sich in Ihrer Vorstellung machen, für gewöhnlich ohne Ihre bewußte Kenntnis oder Ihre Überwachung gemacht; aber da Sie die Macht haben zu wählen, *können* Sie sie bewußt so machen, wie Sie wollen – wenn Sie wollen. Wenn Sie einen Plan, einen Entwurf für sich machen, dann durchgängig zu ihm stehen und handeln, als ob es so wäre, werden Sie es schließlich erleben. Das Leben kann sich nicht weigern, sich nach dem Entwurf zu entwickeln, den ein bewußter

Denker gemacht hat, wenn dieser Entwurf beständig im Bewußtsein bleibt. Weigern Sie sich nicht, Ihre eigene Vorstellungskraft zu gebrauchen, und versäumen Sie es auf keinen Fall, sie konstruktiv zu benutzen.

Setzen Sie Ihre Vorstellungskraft in Gang. Machen Sie sich im Geiste Ihren Plan. Geben Sie ihm Gestalt und Form. Halten Sie dann dieses Bild im Bewußtsein fest, liebevoll, vertrauend, leicht, aber beständig. Drängen oder erzwingen Sie nichts, sondern übergeben Sie den Plan dem Leben und haben Sie völliges Vertrauen in seine Ausführung. Auf diese Weise steuern Sie das schöpferische Gesetz des Lebens, das gar nicht anders kann, als Ihnen Antwort zu geben, so wie der Same sich nicht weigern kann zu wachsen, wenn Sie ihn in die Erde pflanzen und ihm liebende Zuwendung geben.

Unglücklicherweise trifft es zu, daß viele Leute sich in ihrem Bewußtsein unbewußt Bilder von dem machen, was sie nicht wollen, und an diesen Bildern äußerst zäh festhalten. Diese Bilder von dem, was sie nicht wollen, sind das Ergebnis ihrer negativen Einstellung und ihres negativen gefühlsmäßigen Zustands. Wenn jemand sich nicht auf gesunde Weise liebt, wenn er glaubt, nichts wert zu sein, schwach, ein Geschöpf voller Mängel, vom Leben zurückgestoßen, macht er sich unbewußt ein Bild seiner selbst als eines Versagers. Wenn er sich selbst gegenüber eine negativ-kritische, lieblose Haltung einnimmt, mag es sein, daß er sich einbildet, er sei krank; oder er sieht in seiner Vorstellung Ungemach seinen Schritten folgen und noch mehr Schwierigkeiten in der Zukunft auf ihn warten. Da es das Wesen des Lebens ist zu reagieren, kann es nur das ausführen, was mit dem Entwurf übereinstimmt, den man ihm geliefert hat.

Sie haben in der Bibel die Geschichte von Hiob gelesen. Hiob war ein reicher Mann, gesund und mit einer vollkommenen Familie; aber er wurde ein pathologischer Fall. Er machte einige schwere Fehler und wurde sehr selbstkritisch, dergestalt, daß er sich vorstellte, seine Familie, seine Herden und sein Geld zu verlieren. In seiner Einbildung sah er sich allein, mittellos und ohne Freunde, und das genau ist es, was ihm zustieß. Er verlor seine Familie, seine Freunde und sein Vermögen. In seiner Verbitterung wollte er sich rechtfertigen und seine

Fehler entschuldigen und beschuldigte seine Freunde und Gott, an seinem Unglück schuld zu sein; aber alle diese Beschuldigungen, all dies Toben und Wüten veränderte nichts an der Sachlage. Die Zustände wurden nicht besser, bis er eines Tages erkannte, daß er durch seinen eigenen Fehlgebrauch der unendlichen schöpferischen Kraft diese unseligen Ereignisse auf sich gezogen hatte, und er äußerte jene berühmten, unvergeßlichen Worte: „Das, was ich über alles fürchtete, ist über mich gekommen."

Er sah plötzlich, daß dieselbe Kraft, die ihm Unglück gebracht hatte, ihm Erfolg bringen konnte, wenn sie konstruktiv gebraucht wurde; und da er ein intelligenter Mann war, fing er an, andere Bilder in seiner Vorstellung zu entwerfen. Er änderte seine Einstellung gegenüber sich selbst, seinen Freunden und dem Leben gegenüber. Er betete sogar für das Wohlergehen seiner falschen Freunde. Als er seinen Glauben vom Negativen zum Positiven wandte, war sein Glück bald wiederhergestellt. Die Geschichte endet damit, daß er eine gute Familie hat, zweimal soviel Rinder, Schafe und Kamele wie vorher und mindestens ebenso viele neue Freunde. Er erkannte die Schöpferkraft des Geistes, als er sagte: „Ich erkenne, daß du alles vermagst, und nichts, das du dir vorgenommen, ist dir zu schwer." Eine neue Übersetzung ist: „Wo du dir etwas vornimmst, da wird es für dich erschaffen."

Ihre Pläne werden von Ihren Gefühlen beeinflußt

Die Bilder oder Pläne in Ihrer Vorstellung werden unvermeidlich von Ihren Haltungen beeinflußt werden, von dem also, was Sie wirklich über Gott, sich selbst und andere, Gesetz oder Zufall und über die Unsterblichkeit glauben, wie wir schon in Kapitel 4 besprochen haben. Wenn Sie von Haß oder Furcht beherrscht werden, werden Ihre geistigen Entwürfe sicherlich von diesen Emotionen beeinflußt werden. Wenn Sie wissen, daß Angstdenken Ihrerseits Ihre geistigen Vorstellungen beeinflußt, können Sie sich auch angesichts Ihrer Furcht vornehmen, sich ein Bild oder einen Plan von dem zu machen, was Sie gerne sein oder tun würden. Indem Sie sich dazu zwingen, mögen Sie es tatsächlich fertigbringen, zeitweilig an diesem Bild festzuhalten; aber sowie Sie aufhören, sich zu zwingen, wird Ihre Furcht oder Ihr Mißtrauen automatisch dieses Bild verzerren, und es wird durch ein anderes ersetzt werden, durch ein Ihnen unerwünschtes. Der vorherrschende Zustand Ihres Unterbewußtseins oder die Weise, wie Sie in Ihrem Herzen denken, wird immer wieder die Pläne kontrollieren, die Sie sich in Ihrer Vorstellung machen.

Es gibt nun einen einfachen und effektiven Weg, um negative in positive Bilder zu verwandeln. Angenommen, Sie entschließen sich, ein gesundes, mitfühlendes Interesse an anderen Menschen und an sich selbst zu nehmen. Angenommen, Sie entschließen sich, sich selbst und andere natürlich zu lieben. Angenommen, Sie lernen glauben, daß tatsächlich göttliche Fähigkeiten und Eigenschaften in jedem Einzelnen verkörpert sind, ob er es weiß oder nicht, und Sie gelangen folglich zu einer hohen Wertschätzung Ihrer selbst und anderer. Sie werden das Gute in sich und in anderen sehen. Angenommen, Sie erkennen die Liebe und Empfänglichkeit des ganzen Lebens um Sie herum und Sie sehen, daß diese Liebe und Güte jedem menschlichen Wesen zur Verfügung steht. Angenommen, Sie sehen, daß Ihnen die Kraft gegeben ist, das schöpferische Bewußtsein zu gebrauchen, und Sie wünschen anderen ebenso Gutes wie sich selbst. Ist es nicht klar, daß Sie automatisch Bilder und Pläne erzeugen werden, die dieser neuen Glaubenshaltung entsprechen? Werden Sie dem schöpferischen Leben nicht, beherrscht von einem gesunden Interesse an Liebe und Wertschätzung, einen Plan für Gesundheit, Fülle und Frieden geben, und wird das Leben nicht auf diesen Plan reagieren? Natürlich, denn das Leben lehnt nichts ab. Es reagiert immer auf Ihren Glauben – auf Ihre Bewußtseinshaltung.

Wenn Sie ein Gefühl von Minderwertigkeit und Schuld haben und sich deshalb verachten, werden Sie geistige Bilder von sich zeichnen, die Ihrer wirklich nicht würdig sind, dieses wundervollen göttlichen Ich, das eine Verkörperung des guten Lebens ist. Der Autor des Predigers schrieb: „Oh! dies nur habe ich entdeckt, daß Gott den Menschen aufrecht geschaffen hat, aber sie haben sich viele Erfindungen ausgedacht." Wenn Sie bewußt Ihre Einstellung sich gegenüber ändern, wenn Sie Ihren Glauben ändern, so daß Sie sich lieben und schätzen, dann wird sich das Bild in Ihrem Bewußtsein ändern und mit ihm Ihre Erfahrungen. Erinnern Sie sich trotzdem daran, daß Sie diese neuen Vorstellungen nicht lange aufrechterhalten können, wenn Sie sie sich aufzwingen im Gegensatz zu dem, was Sie in Ihrem Herzen denken.

Die meisten wursteln nur so vor sich hin

Liebe ist ein emotionelles Interesse. Ganz automatisch schenken wir dem, was wir lieben, unsere Aufmerksamkeit. Wir wünschen denen, die wir lieben, alles erdenkliche Gute, daher müssen wir zuerst lernen, das Selbst richtig zu lieben und dadurch Selbstvertrauen zu haben; dann lernen wir, andere und das gesamte Leben zu lieben, so daß wir zu anderen und zum Leben Vertrauen haben.

Sie und ich, wir müssen unseren negativen Bewußtseinszustand loslassen, wenn wir mit uns und mit anderen in Gesundheit und Glück leben wollen. Wir müssen uns über das Mittelmaß erheben. Die meisten Menschen wursteln durch das Leben, von Schwierigkeiten verfolgt in bezug auf ihren Körper, ihre Angelegenheiten und ihre menschlichen Beziehungen, weil sie ihre alten negativen Denkweisen nicht lassen wollen. Es ist möglich, Furcht durch einen positiven Glauben zu ersetzen. Es ist möglich, sich von den alten Wunden, den alten Enttäuschungen und Fehlern zu lösen und ein tiefes, gesundes Interesse an uns und an anderen zu fassen. Es ist möglich, Liebe für Haß zu setzen; und da Liebe unseren Glauben beeinflußt und unser Glaube unsere Vorstellungskraft steuert, ist es leicht zu sehen, was Paulus meinte, als er sagte: „Liebe ist die Erfüllung des Gesetzes" – des Gesetzes des Glaubens, das unsere Vorstellungskraft und unsere Angelegenheiten beherrscht. Wir können unseren Glauben verändern, indem wir unsere Interessen ändern, unsere Einstellungen; indem wir ein generelles Interesse an anderen entwickeln; indem wir für uns, andere und das Leben Gutes begehren; indem wir Interesse an der

Freude, der Entfaltung und dem Ausdruck des Lebens selbst haben. Wenn sich diese Idee sicher in unserem Bewußtsein verfestigt, können wir uns selbst kontrollieren, und mit der Kontrolle über uns selbst haben wir die Kontrolle über unsere Welt der Erfahrungen.

Im nächsten Kapitel werden wir über Vergebung sprechen bzw. über das Sich-Lösen von den alten, negativen Bewußtseinszuständen, so daß neue Pläne entwickelt und leicht durchgeführt werden können. „Bewußtsein ist die Kraft, die formt und schafft." Um erfolgreich zu sein bei Ihrem Gebrauch von Bewußtsein, müssen Sie die alten Zustände von Furcht, Haß, Kritik, Ablehnung oder Widerstand beseitigen; jeden negativen Gedanken, jede Überzeugung, jede Idee und jedes Gefühl, die Ihren Gebrauch von Bewußtsein auf die falsche Weise beeinflussen. Liebe und Glaube lenken die schöpferischen Kräfte unablässig auf die richtige Weise.

Wahrhaftig, „wie ein Mensch denket in seinem Herzen, so ist er".

10. Kapitel

Die Zauberkraft von Gebet und Vergebung

Sie haben ein Recht auf alles, was Sie sich wünschen und was Sie brauchen, wenn Sie rechtmäßig vorgehen. Es sollte Ihnen die größte Befriedigung geben zu wissen, daß eine unendliche, intelligente Kraft existiert und daß sie auf Ihre positive Annäherung reagieren und Ihre Bedürfnisse berücksichtigen wird. Das wertvollste Wissen, das Sie besitzen können, ist zu wissen, wie man kreatives Bewußtsein bzw. das Gesetz des Lebens anwendet, so daß es einem aushändigt, was man braucht und was man sich wünscht.

Einige Gebete werden erhört – andere nicht. Warum?

Kontakt, Verkehr und Zusammenarbeit mit der unendlichen, intelligenten und schöpferischen Kraft wird für gewöhnlich Gebet genannt. Sie können es auch spirituelle oder geistige Behandlung nennen. Es spielt keine Rolle, wie Sie es nennen. Für den Augenblick wollen wir es Gebet nennen. Der Mensch weiß intuitiv, daß er dazu gemacht ist, über seine Welt zu herrschen. Er hat einen inneren Drang, diese Herrschaft auszuüben. In der ganzen Geschichte und in jedem Volk haben einige Menschen die Herrschaft über ihre Welt erreicht und Gesundheit, Glück und Befriedigung erlebt; andere nicht. Wir können nicht glauben, daß das Leben bestimmte Personen aussondert, um ihnen seine Vorteile bevorzugt zukommen zu lassen. Es muß so sein, daß bestimmte Menschen die Gesetze erfolgreichen Lebens entdeckt und angewandt haben. Jakobus schreibt in der Bibel: „Ihr bittet und bekommt nicht, weil ihr falsch bittet."

Menschen aller Zeitalter, aller Länder und aller Religionen haben Frieden, Befriedigung und Erfolg erlebt. Gott handelt ohne Ansehen der Person. Diejenigen, die überdurchschnittlich erfolgreich waren, haben bewußt oder unbewußt die Existenz einer intelligenten, empfänglichen Kraft erfaßt und herausgefunden, wie diese Kraft zu nutzen ist.

Jesus lehrte uns, wie wir vom Leben die Dinge bekommen können, die wir gerne hätten, als er sagte: „Also sage ich euch, was auch immer ihr euch erbittet, glaubet, daß ihr's erhalten habt, und ihr werdet es bekommen." Das ist äußerst simpel, aber es ist nicht gerade einfach. Es erfordert Glauben an das Gute, Glauben an das Leben und außerdem den Gebrauch der Vorstellungskraft. Der Grund dafür, warum den meisten Leuten der Glaube daran fehlt, daß ihr Gutes bereits in Reichweite ist und daß sie ein Recht haben, dieses Gute zu haben, wird in dem Paragraphen angesprochen, der Jesu Vorschlag folgt, zu glauben, daß man es hat, um es dann zu besitzen. Er sagte: „Auch, wann immer ihr euch erhebt, um zu beten, wenn ihr irgend etwas gegen irgend jemand habt, vergebt ihm, so daß euer Vater im Himmel euch eure Übertretungen vergeben möge."

Zwei Schritte bei wirkungsvollem Gebet

An erster Stelle ist da Vergebung, das heißt ein Reinigen des Bewußtseins, indem man sich von allen vergangenen Wunden und Fehlern, von jedem Gefühl der Schuld oder des Verlustes löst. Nachdem Sie vergeben haben, *glauben Sie, daß das Leben bereits bereithält, was Sie brauchen, und daß es jetzt Ihnen gehört.* Diese beiden geistigen Operationen werden das schöpferische Gesetz in Bewegung setzen, damit es Ihnen bringt, was immer Sie sich wünschen; denn wenn Sie vergeben, lassen Sie alles Widerstreben fahren, das Sie davon abgehalten hat zu glauben, daß Sie ein Recht haben zu haben. Sie müssen glauben, daß Sie das Recht haben, Ihr Gutes zu haben; sonst können Sie nicht glauben, daß ein ehrliches Leben es Ihnen übergeben wird. Wenn Sie glauben können, daß Sie das Recht haben zu haben, dann werden Sie mit Sicherheit auch glauben, daß die Gesetze des Lebens Ihnen dieses Gute bringen werden. Wenn Sie alle vergangenen Verletzungen, jedes Gefühl von Schuld und Geschocktsein losgelassen haben, leugnen Sie Ihr Recht zu haben nicht. Vergebung entfernt dann, was immer das schöpferische Bewußtsein daran gehindert hat, positiv für Sie und zu Ihrem Wohl zu wirken.

Niemand kann Fortschritte machen, wenn er an die Vergangenheit gebunden ist. Niemand kann geradlinig und wirkungsvoll denken, wenn sein Bewußtsein von Haßgedanken oder Erinnerungen an Verletzungen und Fehler vollgestopft ist; daher die Notwendigkeit zu vergeben, damit wir uns, unseren Nächsten und Gott lieben können. Die meisten von uns tragen irgendein Gefühl des Verletztseins, des Versagens oder Verlustes mit sich herum. Solange wir diese negativen Bewußtseinszustände weiter aufrechterhalten, durchleben wir immer wieder die alten Erfahrungen.

Psychologen sagen uns, daß von zehn Leuten mindestens sieben ein Schuldgefühl durchs Leben tragen, eine Empfindung, gesündigt zu haben oder einen Fehler gemacht zu haben, von dem sie sich nie losgesprochen oder für den sie nie Vergebung gefühlt haben. Jemand, der ein Schuldgefühl hat, der glaubt, er sei ein Sünder, kann nicht das Gefühl haben, daß er ein Recht darauf hat, daß Gutes zu ihm kommt. Da er nicht sein Recht empfindet, es zu haben, erwartet er es natürlich nicht; daher hält er sich sein Gutes fern, wie sehr er auch beten, bitten oder betteln mag.

Viele Leute haben ein tiefes Gefühl des Verlustes oder des Kummers, weil ihnen irgendein Familienmitglied oder ein Freund, von dem sie in hohem Maße abgehangen haben, genommen worden ist. Dieses Gefühl, auch wenn es nur eine Erinnerung ist, fährt fort, ihr Leben zu beherrschen. Sie fühlen sich zurückgestoßen. Sie glauben, das Leben sei gegen sie. Sie fühlen sich schlecht behandelt von der Welt oder von anderen Menschen. Das hält sie davon ab zu glauben, daß sie bereits *haben* oder doch *bekommen* werden, was sie ersehnen, denn uns geschieht, wie wir glauben. Diese Erinnerungen an Schocks und Ängste verursachen Ablehnung und Eifersucht. Das ist ein wenig angenehmer Zustand.

Gott straft uns nicht. Wir strafen uns selbst dadurch, daß wir in unserer Seele das Empfinden vergangener Fehler, Schocks und Verluste mit uns herumtragen. Es ist *äußerst wichtig*, daß wir verstehen, wie sehr unser Gefühl, gesündigt oder Fehler gemacht zu haben, unserem Empfinden, daß das Leben uns liebevoll und großzügig bedenken wird, im Wege steht.

Solange wir das Gefühl haben, daß das Leben mit uns ungerecht umgesprungen ist, sind wir mit dem Leben nicht in Harmonie. Wir fühlen uns mit ihm nicht im Einklang. Solange wir ein Gefühl haben, gesündigt oder Fehler gemacht zu haben und es nicht wiedergutgemacht zu haben, werden wir uns nicht der Liebe, des Wohlwollens und der Anerkennung erfreuen, die wir für uns selbst empfinden sollten. Wenn wir jemand anders verletzt und uns dafür nicht vergeben haben, fühlen wir eine Schranke zwischen uns und dem Menschen, den wir verletzt haben. Solange wir empfinden, daß uns jemand verletzt hat, und wir auf diesen Menschen nicht in Liebe und Wohlwollen reagiert haben, nicht das Motiv für seine Handlungen verstanden, ihn von uns und uns von ihm ferngehalten haben, sind wir geistig nicht mit ihm in Harmonie, so daß wir ein Gefühl des Getrenntseins haben. Es ist sehr leicht zu sehen, warum Vergebung notwendig ist.

Ein Gefühl der Harmonie mit anderen Menschen und der Liebe für sie ist sehr wichtig, und ebenso müssen wir wissen, daß dem ein Gefühl der Liebe und des Wohlwollens uns gegenüber entspricht. Wir müssen Gott oder das Leben lieben und empfinden, daß Gott-Leben uns liebt und uns antwortet. Es muß ein ununterbrochener Fluß guten Willens zwischen uns und anderen Menschen und zwischen uns und Gott bestehen. Das hat natürlich nichts mit orthodoxer Religion zu tun. Es hat nichts mit Theologie zu tun. Es hat nur mit effektivem Leben zu tun – mit gesunder Leistung und Glück. Denken Sie daran, Liebe oder Ihr emotionelles Gefühl gegenüber sich selbst, anderen oder Gott beeinflußt Ihren Glauben; und Glaube bestimmt, da er Ihre Vorstellungskraft leitet, Ihre Erfahrungen. Vergeben Sie daher „siebzigmal siebenmal", wenn es nötig ist.

Vergebung ist ein Naturprinzip

Die Natur vergibt immer. Natur ist der große Geber und der große Vergeber. Falls Sie sich mit einem scharfen Messer schneiden sollten, werden sich die Kräfte der Natur sofort daranmachen, den Schaden wiedergutzumachen. Es war ein Fehler, daß Sie sich in die Hand geschnitten haben, aber die Natur hält nicht mit der Heilung der Wunde zurück. Die Natur vergibt sofort und beginnt auf der Stelle, ihre Reparaturen zu machen. Wenn Sie etwas essen, das Ihnen nicht bekommt, und danach Verdauungsstörungen haben, beginnt die Natur sofort, den Schaden zu reparieren. Obwohl es ein Fehler war, die falsche Nahrung zu essen, brauchen Sie nicht für den Rest Ihres Lebens unter Verstopfung zu leiden. Die Natur repariert sogar die Verwüstungen des Schlachtfelds, indem sie es mit Gras und Blumen bedeckt.

Wir finden das Prinzip der Vergebung in unserem Gesellschaftssystem vor. Wenn es keine Alternative zu geben scheint, stellen die Konkursgesetze eine Möglichkeit dar, durch die ein Geschäftsmann, wenn er sich finanziell übernommen hat, wenn er einen Fehler gemacht hat und feststellt, daß er seine Schulden nicht bezahlen kann, vor einen Richter treten, seine Fehler eingestehen und Vergebung erhalten kann. Seine Schulden können storniert werden. Er kann das Leben von neuem, als ein achtbarer Bürger, frei beginnen. Die Last der Verschuldung ist ihm von den Schultern genommen.

Überall in der Natur finden wir dieses Prinzip der Vergebung. Es hat den Zustand der Gesundheit zum Ziel. Wenn wir durch einen Unfall oder durch falsches Denken krank werden, vergibt die Natur. Natur bringt uns zurück zu Harmonie, zurück zu Gesundheit, zurück zu Glück und Frieden, wenn wir das unsere tun; daher ist es natürlich zu vergeben. Wenn wir gesund und glücklich sein wollen, müssen wir unserer Natur treu bleiben. Wenn wir uns wünschen, in Frieden, frei und erfolgreich zu leben und unserer schöpferischen Natur vollen Ausdruck zu verleihen, können wir einfach keine negativen, verletzenden Erinnerungen mit uns herumtragen, die den freien Fluß des Lebens hemmen. Negatives Denken muß durch Liebe und Vertrauen ersetzt werden. Der Vorschlag von Jesus, daß wir vergeben sollten, wenn wir irgend etwas gegen irgend jemanden oder irgendeine Sache haben, ist sehr praktisch; und natürlich schließt „irgendeiner" uns selbst, alle Menschen und alle vergangenen Erfahrungen ein. Es schließt sogar Gott ein.

Wir wollen die nächsten vier kurzen Kapitel einer weiteren Untersuchung dieser äußerst wichtigen Sache der Vergebung widmen.

11. Kapitel

Vergib dir selbst

Vor etlichen Jahren hielt ich am Y.M.C.A.-Auditorium in Pomona, Kalifornien, eine Reihe von Sonntagabend-Vorlesungen. Ein Mann, der Hausschuhe trug und dessen Füße über den Boden schlurften, besuchte sie regelmäßig. Eines Abends nach der Versammlung kam er auf mich zu und fragte: „Was kann für mich getan werden? Neun Jahre lang leide ich schon unter dem, was die Ärzte mir gegenüber als Arthritis bezeichnet haben. Ich habe viele Kuren ausprobiert, aber ich bekomme keine Erleichterung." Ich erklärte, es könnte notwendig sein, daß er sein Denken oder seine vorherrschende Glaubenshaltung ändere. Er fragte: „Wird es nötig sein, daß ich meine Meinung über Gott ändere? Ich gehöre einer orthodoxen christlichen Sekte an." Ich versicherte ihm, es werde lediglich notwendig sein, diejenigen Ansichten zu ändern, die für ihn schädlich seien. Ich erinnerte ihn daran, daß allen von uns geschieht, wie wir glauben, und daß, falls irgendwelche falschen Überzeugungen Ungemach in seinem Körper verursacht hätten, diese Überzeugungen eben geändert werden sollten, wenn er gesund werden wolle.

Viele Menschen ändern nicht gern ihre Einstellung. Sie sind wie der reiche junge Mann zu Jesu Zeit, der durch seinen Besitz gebunden war. Er war nicht bereit, sich zu befreien, obwohl Jesus ihm klarmachte, er könnte, wenn er es täte, den Himmel erfahren. Der junge Mann ging traurig fort, wenn Sie sich erinnern; aber er hielt weiter an seinem Besitz fest. In ähnlicher Weise bestehen viele Leute darauf, an irgendeiner alten, unzeitgemäßen Überzeugung festzuhalten, die ihrem Erleben von Gesundheit, Erfolg oder Glück im Wege steht. Sie würden lieber ihre alten Überzeugungen wahren als in die Freiheit hinauszutreten. Wir könnten dies eine Art geistigen Stolzes nennen. Viele Menschen haben tatsächlich Angst, etwas Neues zu lernen, Angst, daß ihre alte, bequeme, vertraute Welt durcheinandergeraten könnte. Wir müssen erkennen, daß wir niemals gebunden sind, außer wenn wir uns selbst binden; und niemand außer uns selbst kann uns befreien.

Ein tiefes Schuldgefühl kann Sie krank machen

Mein arthritischer Freund suchte mich auf. Er erzählte mir, daß sein Kummer während der wirtschaftlichen Depression vor einigen Jahren begann. Mediziner hatten ihn belehrt, daß seine Krankheit auf Furcht zurückzuführen sei und daß er seine Schwierigkeiten niemals loswürde, solange er nicht aufhören würde, Angst zu haben. Dann sagte er: „Aber ich bin über all das hinweg. Ich habe mein Vermögen verloren, sicher, aber das beschäftigt mich jetzt nicht mehr. Ich habe ein gemütliches Zuhause, eine kleine Ranch, eine großartige Frau, und ich komme gut zurecht; aber ich habe immer noch diesen körperlichen Verdruß." Ich fragte ihn, warum er das Gefühl habe, er müsse weiterhin Arthritis haben. Zuerst sagte er, es sei kein Grund dafür vorhanden. Nichtsdestotrotz war ich mir ziemlich sicher, daß er nicht die ganze Geschichte erzählt hatte, daher drängte ich, er solle klaren Tisch machen und sich einfach alles von der Seele reden, was ihm Kummer mache und ihn glauben lasse, daß er weiterhin leiden werde.

Nach einigem Zögern entspannte er sich. „Ich werde Ihnen etwas erzählen, was ich noch keiner Menschenseele erzählt habe – noch nicht einmal meiner Frau." Dann kam die Geschichte: inmitten der Depression hatte er einen schweren Fehler gemacht. Er hatte Geld genommen, das ihm nicht gehörte. Er hatte es sofort danach wiedergutgemacht; niemand wurde geschädigt; in der Tat wußte niemand davon, aber er war irgendwie nie fähig gewesen, die „Sünde", wie er es nannte, aus dem Kopf zu bekommen. Er sagte, daß ihm sein körperliches Leid zweifellos zukomme, daß er es verdiene und daß er gestraft werde. Dieser Mann hatte verzweifelt um Vergebung gebeten, aber er konnte nie das Gefühl aufbringen, daß Gott ihm vergeben habe, daher fühlte er sich nie freigesprochen.

Ich fragte ihn daraufhin, warum er sich nicht vergebe, und erklärte, wenn er sich nur selbst vergeben wolle, so würde ihm vergeben werden. Das konnte er nicht verstehen. Da er ein Mensch war, der der Kirche ergeben war, las ich ihm die ersten acht Verse des neunten Kapitels von Matthäus vor, die davon berichten, wie Jesus einen Mann heilte, der unter Gicht litt. Wie Sie sich erinnern, wurde dieser Mann dadurch geheilt, daß er empfand, daß ihm seine Sünden vergeben waren. Jesus sagte einfach: „Sei getrost, mein Sohn; deine Sünden sind dir vergeben." Einige der Schriftgelehrten, die hörten, wie Jesus dem Mann sagte, daß ihm vergeben sei, sagten, er, Jesus, lästere Gott, indem er Sünden vergebe. Offensichtlich dachten diese alten Schriftgelehrten auch, daß ein außenstehender Gott die Vergebung zu geben habe, aber ich lenkte die Aufmerksamkeit meines Freundes auf den achten Vers, der oft übersehen wird. Er lautet: „Da das Volk das sah, verwunderte es sich und pries Gott, der solche Macht den Menschen gegeben hat."

Unser arthritischer Freund sah sofort, daß Vergebung in seiner eigenen Macht stand; daß er nur die alte Erinnerung loslassen und auf der Stelle beginnen müsse, das Richtige zu denken und zu tun. Dieser Mann hatte diesen Vers niemals zuvor in der Bibel gesehen, und auch nicht den sechsten Vers: „Auf daß ihr aber wisset, daß des Menschen Sohn Macht habe, auf Erden die Sünden zu vergeben." Seine Erleichterung muß gewiß groß gewesen sein, weil er am folgenden Sonntagabend an der Tür des Auditoriums auf mich wartete und mir mitteilte, daß seine Arthritis verschwunden sei.

Am nächsten Sonntagabend erzählte er mir mit großer Begeisterung: „Seit neun Jahren hatte ich an keinem Tag ganztägig gearbeitet; aber letzte Woche habe ich jeden Tag den ganzen Tag lang ohne Schmerzen gearbeitet." Offensichtlich war alles, was diesem Mann fehlte, der Glaube daran, daß er ein Recht darauf habe, gesund zu sein. Das Leben hatte ihm gegeben, was er erwartete – was er glaubte. Solange er glaubte, daß er gestraft werden solle, hielt er an seinem Leiden fest. Als er sich überzeugte, daß er ein Recht auf Gesundheit hatte, antwortete ihm das Leben mit Gesundheit.

Man sagt uns, daß ein Schuldgefühl die häufigste Ursache für geistige und nervöse Störungen ist. Es drückt sich durch das Fehlfunktionieren verschiedener Organe des Körpers aus. Ein Schuldgefühl wird manchmal ein „schlechtes Gewissen" genannt. Es ist mit Sicherheit ein schlechtes Bewußtsein; und solange wir an einem Gefühl kranken, unrecht gehandelt zu haben, oder solange wir die Erinnerung an ein Unrecht nähren, das uns zugefügt wurde, werden wir Spannung und Angestrengtheit des Bewußtseins erfahren, die unausweichlich körperliches Leid und Elend verursachen. Daher die Notwendigkeit für Vergebung.

Wenn Sie sich vergeben, ist Ihnen vergeben. Es ist wichtig zu verstehen, daß Vergebung in Ihrem eigenen Bewußtsein stattfindet. Die angespannte Lage besteht in Ihrem eigenen Geist; und Loslassen, Sich-Befreien liegt in Ihrer eigenen Macht.

Viele Male haben Leute mir erzählt, sie könnten nicht weitermachen mit der Erinnerung an jene frühere Sünde, die wie ein Schatten über ihnen hänge. Vor einigen Jahren besuchte mich eine vortreffliche Frau aus unserer Bekanntschaft, und ihre ersten Worte zu mir waren: „Ich kann es nicht mehr aushalten. Ich verliere den Verstand." Diese Dame hatte ein schönes Zuhause und Geld. Sie war mit einem vortrefflichen Mann verheiratet, und sie hatte zwei vortreffliche Söhne. Ihre Geschichte deutete auf ein überwältigendes Schuldgefühl hin. Vor ihrer Heirat war sie kein so gutes Mädchen gewesen, wie sie hätte sein können. Ihre Mutter war gestorben, als sie noch sehr jung war, und sie war eine Zeitlang ohne Beschäftigung gewesen. Unbesonnenerweise hatte sie den „Rosenweg" versucht.

Jetzt, Jahre später, verheiratet mit einem Mann, der sie liebte und den sie liebte, war ihr Reuegefühl so überwältigend, daß sie das Gefühl hatte, kein Recht zu haben, die Frau eines so guten Mannes und die Mutter so netter Söhne zu sein. Sie empfand, sie habe keinen Anspruch auf die Bequemlichkeiten und den Luxus, den das Leben ihr gegeben hatte. Sie erzählte mir, daß sie bei vielen Ärzten und Praktikern gewesen sei, alles umsonst. Sie war vollkommen elend, geistig und körperlich. Ich fragte sie: „Bist du jetzt eine gute Frau?" Sie antwortete: „Nun, selbstverständlich, ja! Ich bin, seit ich geheiratet habe, stets eine gute Frau und Mutter gewesen." Dann ließ ich eine Bombe platzen! „Wenn du heute eine gute Frau bist, bist du genauso gut, als ob du niemals schlecht gewesen wärest, nicht wahr?" Das verwirrte sie. „Bitte sag das nochmal." Ich wiederholte: „Wenn du jetzt gut bist, dann *bist du gut*, und das ist alles! Wenn du eine gute Frau und Mutter bist, dann bist du jetzt gut! Das ist jetzt die Wahrheit über dich, also hast du das Recht darauf, *jetzt* Gutes zu erleben! Die Vergangenheit ist bedeutungslos. Sie hat keine Macht über dich, es sei denn, du hältst an ihr in deinen Gedanken fest und glaubst, du müssest leiden."

Nun, diese Frau atmete tief durch. Ihr ganzer Körper entspannte sich. Sie sagte: „Ich fühle mich, als sei mir eine Ladung Ziegelsteine von den Schultern genommen worden. Jahrelang habe ich geglaubt, ich müsse für meine früheren Fehler büßen, bis das Leben unerträglich wurde. Jetzt sehe ich, daß ich gut bin, wenn ich gut bin; und die Vergangenheit hat keine Macht über mich." Diese Idee war scheinbar alles, was sie brauchte, um sich zu befreien. Heute verbringt eine charmante, glückliche, brilliante Frau – eine tolle Frau, weil sie frei ist – viel von ihrer Zeit damit, zusätzlich dazu, daß sie eine gute Frau und Mutter ist, einsamen jungen Mädchen zu helfen. Jeder kann die gleiche Freiheit haben! Wie die Vergangenheit auch war, jetzt ist sie bedeutungslos.

„Heute ist die Welt neu erschaffen worden"

Die einzige Vergangenheit, über die wir uns Gedanken machen müssen, ist die Vergangenheit, die wir heute erschaffen, denn das Heute wird die Vergangenheit von morgen sein. David ermahnte uns, Gutes zu tun und auf das Gesetz zu vertrauen. Wenn jemand gut ist, ist er gut. Gott hegt keinen Groll gegen uns. Gott ist nicht eifersüchtig, noch mißt er irgend jemandem Bestrafung zu. Wir bestrafen uns selbst, indem wir ein allumfassendes Gesetz brechen – das Gesetz von Ursache und Wirkung. Das Leben ist gut zu uns. Es vergibt uns immer, wenn wir uns vergeben. Wenn wir aufhören, den Fehler zu machen, und tun, was richtig ist, wissend, daß aus Gutem nur Gutes entstehen kann, bringt das natürliche Gesetz von Ursache und Wirkung Gutes in unser Leben. Um Vergebung für frühere Fehler zu erhalten, brauchen wir uns nur von dem Fehler abzuwenden, richtig zu denken und gut zu handeln. Wir können Abneigung gegen uns nur in unserem eigenen Bewußtsein hegen. Darin ist der einzige Ort, wo wir Vergebung und Freispruch finden können. Vergebung, Freisprechung kommt dann, wenn wir erkennen, daß die vergangene Erfahrung, derentwegen wir uns schuldig gefühlt haben, nur ein Fehler war, der auf Unwissenheit zurückgeführt werden muß; und mit der Vergebung bewegen wir uns in ein erfüllteres, glücklicheres, gesünderes Leben hinein.

Wenn wir uns entschlossen von unseren früheren Fehlern abwenden, nachdem wir nach bestem Vermögen wiedergutgemacht haben, wenn wir uns fest vornehmen, das Prinzip der Gerechtigkeit nicht aufs Spiel zu setzen, dann werden wir entdecken, daß wir die alten Fehler überwunden haben. Sie werden nicht länger Macht über uns haben, weil wir sie nicht länger bewußt oder unbewußt erinnern werden. Wir vergeben unserem Selbst, wenn wir seine guten Absichten anerkennen, wenn wir uns in gesundem Maße selbst lieben.

Die Wahrheit ist, daß wir alle Götter sind, wenn auch nur, wie Robert Browning sagte, „im Keim". *Vergib dir selbst. Sieh das Gute in dir. Bringe das Gute zum Ausdruck und erwarte, daß Gutes zu dir zurückkehrt.*

12. Kapitel

Vergib anderen

Haben Sie jemals jemanden sagen hören, „Ich kann vergeben, aber ich kann nicht vergessen"? Aber es ist eine Tatsache, daß man nicht wirklich vergeben kann, ohne zu vergessen.

Was ist Vergebung?

Vergebung ist ein Reinigen des Bewußtseins. Vergeben heißt nicht bloß, eine alte Angelegenheit beiseite zu legen, um später darauf zurückzukommen. Wahre Vergebung heißt, den Vorfall vollständig auszulöschen, zu tilgen, und mit reinem Tisch ganz von vorne zu beginnen. Es heißt, einen neuen Anfang zu machen. Es ist, als hätte es die alte Kränkung nie gegeben. Es ist keine persönliche Gunstbezeigung, wenn wir Vergebung erhalten, und wir tun auch nichts, dessen wir uns rühmen können, wenn wir vergeben. Vergebung ist ein praktisches, alltägliches Prinzip des Heils und des Fortschritts. Sie ist ein Entschranken des Lebensstromes, das es mir ermöglicht, ihn auf heilsame Weise zum Ausdruck zu bringen; und bevor wir nicht die Kunst des Vergebens erlernen, werden wir in der Sache des glücklichen, heilen Lebens nicht weit kommen. Wenn wir andere lösen, lösen wir uns selbst.

Derjenige, der sagt, er könne vergeben, aber nicht vergessen, will das Verdienst davon haben, daß er dem anderen vergibt, aber gleichzeitig will er seine Wunde frisch erhalten. Auch wenn wir empfinden, daß jemand uns verletzt hat, wird doch nichts dadurch gewonnen, daß wir ihm gegenüber ein Gefühl des Übelwollens bewahren. Wir mögen vielleicht nicht wieder mit diesem Menschen zusammenkommen wollen, und es ist vielleicht auch nicht notwendig, es zu tun; aber wenn wir uns weigern, ihm zu vergeben, binden wir uns an diese unglückselige Erfahrung und an diese Person. Wir durchleben die Verletzung immer wieder von neuem. Jedesmal, wenn wir an ihn denken, werden wir erneut verletzt sein. Wir werden tausend Tode sterben. Wir werden uns tausendmal betrogen fühlen; aber wenn wir ihn lossprechen, sind wir frei.

Wenn wir jemandem Schaden zufügen und er uns vergibt, ist er befreit. Er ist losgelöst davon. Diese Vergebung ist ein geistiger Akt von seiner Seite; aber wenn wir fortfahren, ein Schuldgefühl mit uns zu tragen, sind wir nicht davon los, selbst wenn er es vielleicht ist. Solange wir uns nicht selbst freisprechen, leiden wir weiter. Wir sind nicht frei. Lassen Sie mich Ihnen von einem persönlichen Erlebnis erzählen. Einmal dachte ich, ich hätte einen Freund von mir verletzt, und ich war sehr unglücklich darüber. Mit meinem Schuldgefühl ging ich ihm natürlich aus dem Weg. Dann, eines Tages, ging ich zu ihm und entschuldigte mich. Ich sagte ihm, das, was ich ihm angetan habe, täte mir sehr leid. Er sagte: „So? Ich weiß von nichts, das du mir angetan hättest. Eine Zeitlang habe ich geglaubt, du gingest mir aus dem Weg, aber ich wußte nicht warum." Sie sehen, es lag kein Gefühl von Disharmonie auf seiner Seite vor. Es existierte allein in meinem Bewußtsein. In mir war das Gefühl, wegen einer falschen Handlung meinerseits von einer Freundschaft abgeschnitten zu sein, daher *wurde* ich davon abgeschnitten, weil ich mich selbst abgeschnitten hatte.

Sind wir berechtigt, jemandem zu grollen, der, obwohl er einen Fehler gemacht hat, aufrichtig das Gefühl hatte, er täte sein Bestes? Sollten wir nicht Mitgefühl mit ihm haben und ihm verzeihen?

Wenn Sie denken, jemand habe Sie schlecht behandelt, und Sie ihn verurteilen, ihm nicht vergeben können, ihn nicht verstehen und nicht freisprechen können, fühlen Sie sich niemals wirklich im Frieden mit sich selbst. Sie fühlen sich niemals richtig wohl. Aber wenn Sie die Erfahrung loslassen, den anderen loslassen und ihn genauso sehen, wie Sie sich wünschen würden, daß er Sie unter den gleichen Umständen sähe, dann praktizieren Sie die Goldene Regel. Würden Sie wollen, daß

Ihnen jemand grollt oder Abneigung gegen Sie empfindet, wenn Sie aufrichtig das Beste täten, was Sie können? Er verletzte Sie. Es war ein Fehler; aber als er den Fehler machte, glaubte er zweifellos, er täte sein Bestes, gerade wie Sie es taten, als Sie einen Fehler machten. Er mag schwach gewesen sein, und es war leicht möglich, daß er einen Fehler machte. Vielleicht stand er unter irgendeinem Druck, von dem Sie nicht wußten. Was auch sein Grund gewesen sein mag, ihm sollte die gleiche Behandlung zugestanden werden, die Sie sich unter gleichen Umständen für sich wünschen würden. Sehen Sie ihn als jemanden, der in gutem Glauben irrte. Er mag immer noch wünschen, Sie zu verfolgen, aber wie viele Male sollte man seinem Bruder vergeben? Siebenmal? Jesus sagte siebzigmal siebenmal.

Wir bedenken jetzt nur Ihr eigenes Wohl, Ihren Seelenfrieden. Liebe deinen Nächsten wie dich selbst und widme ihm die gleiche Überlegung, die du dir für dich wünschst, so daß *du* frei sein kannst. Sie möchten sagen, daß seine Sünde bestraft werden muß, aber warum muß sie? Was soll Bestrafung erreichen? Will man es ihm unter die Nase reiben, damit der Beleidiger nicht noch einmal denselben Fehler macht, aus Furcht vor den Konsequenzen? Angenommen, der andere erkennt bereits, daß er im Unrecht war? Angenommen, es tut ihm bereits leid? Kann irgend etwas dadurch gewonnen werden, daß er weiter gestraft oder gemieden wird? Wenn er seine Haltung und seinen Standpunkt geändert hat, gewinnt keiner von beiden durch eine Weiterführung der Bestrafung. Mahatma Gandhi lehrte: „Haß verletzt den Hassenden, nie den Gehaßten." Wir brauchen Einsicht und Verständnis!

Abneigung wird durch Vergebung geheilt

Eine hochintelligente Frau mittleren Alters, die Leiterin einer Hochschule, kam zu mir, um sich beraten zu lassen. Sie sagte mir, sie habe das Leben vollständig satt, es enthalte keine Befriedigung, keine Freude für sie. Vor einigen Jahren hatte ihr Mann sie verlassen und eine andere Frau geheiratet. Sie hatte sich nie wieder verheiratet. Sie sagte, sie sei einsam und sie arbeite sehr hart, um bei einem ziemlich mageren Gehalt ihr Auskommen zu finden. Andere Frauen seien glücklich mit ihrem guten Zuhause und ihren liebevollen Ehemännern, aber sie scheine das Leben zu übergehen. Wie sich Mrs. Bakers Geschichte entwickelte, schien es, daß ihr Mann sie sehr roh behandelt hatte. Etwas, was sie besonders verabscheute, war, daß sie in der Zeit, wo sie verheiratet war, einen Scheck über fünfzehnhundert Dollar überwiesen hatte, den er nicht einzahlte und den sie Stück für Stück von ihrem Gehalt abzahlen mußte, nachdem sie sich getrennt hatten. Auch jetzt, wo ihr Mann sich ganz gut stand und in der Lage war zu zahlen, hatte er ihr das Geld nicht zurückerstattet. Tatsächlich beachtete er sie nicht und da der Scheck schon längst nicht mehr gültig war, konnte sie nicht vor Gericht gehen. Ihr Geist war voll Bitterkeit. Abneigung tropfte förmlich von jedem Wort. Sie sagte: „Ich scheine einfach nicht fähig zu sein aufzuhören, über diese unfaire Behandlung von mir nachzudenken, und nun, wo ich älter werde, scheine ich keine Gelegenheit zu einem glücklichen häuslichen Leben zu haben."

Ich sagte ihr, sie müsse sich von ihrem Exmann scheiden lassen, worauf sie mit Erstaunen antwortete: „Ich bin seit zehn Jahren geschieden!" – „Ja, legal vielleicht, aber Sie sind immer noch mit Banden des Hasses und der Ablehnung an ihn gebunden. Sie sind nicht bereit für eine andere Heirat. Sie müssen ihn lossprechen, ihm vergeben und sich von der alten Erfahrung befreien. Versuchen Sie, ihn zu segnen, für seinen Erfolg, seine Gesundheit und sein Glück zu beten." Das war eine bittere Pille, aber sie schluckte sie.

Verschiedene interessante Dinge passierten. Eines Tages rief sie mich an und teilte mir mit, sie müsse mich sofort sehen; ein Wunder sei geschehen. Sie hüpfte beinahe in mein Büro herein und breitete fünfzehn Einhundertdollarscheine über meinen Tisch aus. „Wo, denken Sie, kommen die her?" fragte sie. Dann fuhr sie fort: „Ich habe aufrichtig für das Wohl meines früheren Mannes gebetet. Wie Sie wissen, habe ich ihn seit mehreren Jahren weder gesehen noch von ihm gehört. Heute rief er mich an und sagte mir, er wolle mich sehen. Er kam. Er sagte mir, es läge ihm etwas auf der Seele, was ihn schon einige Tage lang beunruhigt habe, und damit legte er mir fünfzehn Hundertdollarnoten in den Schoß. Dann sagte er zu mir, er erkenne, daß er mich ungerecht behandelt habe; aber wenn er mir irgendwann in irgendeiner Weise helfen könne, sollte ich ihm Bescheid sagen. Es scheint unglaublich, nicht wahr? Ich habe das Gefühl, ich habe geträumt." – „Ein Wunder", mögen Sie sagen. Nein, sie hatte ihre Abneigung fahrenlassen. Sie hatte ihm vergeben. Sie hatte tatsächlich Liebe für die Person aufgebracht und für sie gebetet, die sie zuvor für ihren Feind gehalten hatte. Sie hatte ihm vergeben, und er hatte auf ihre Vergebung reagiert.

Nun wechselt die Szene.

Zur gleichen Zeit, als ich versuchte, Mrs. Baker zu helfen, beriet ich auch einen Geschäftsmann, dessen Frau ihn wegen ihres Musiklehrers verlassen hatte. Er lebte allein und war sehr aufgebracht. Sein Unmut färbte auf seine Arbeit ab. Ich machte ihm den gleichen Vorschlag, den ich der Schullehrerin gemacht hatte – er müsse sich von seiner Frau scheiden lassen. In blumiger Sprache teilte er mir mit, er sei seit vier Jahren geschieden; aber ich wies ihn darauf hin, daß er seine Exehefrau nicht aus seinem Bewußtsein entlassen habe, daß er ihr vergeben müsse und *ihr* alles Glück wünschen müsse, daß er selbst ersehne.

Eines Abends sagte er: „Ich habe Sie seit einem Jahr regelmäßig besucht. In dieser Zeit habe ich mich sicherlich verändert. Mein Geschäft und meine persönlichen Angelegenheiten stehen viel besser. Ich bin entspannt. Ich fühle mich frei. Ich habe meiner Frau vergeben. Ich bin sicher, daß sie mit einem Mann verheiratet ist, der wesentlich besser zu ihrem Temperament paßt als ich. Ich habe meine Lektion gelernt; jetzt wünsche ich ihr nur noch alles Gute. Ich hoffe, daß sie und ihr Mann glücklich sind. Heute bedeutet die alte Erfahrung für mich nicht mehr als eine Zeitungsnotiz."

Er war auf dem Weg aus meinem Büro, als Mrs. Baker hereinkam. Ich stellte sie in der Tür einander vor. Natürlich kennen Sie das Ergebnis. Wenige Wochen später verheiratete ich sie; und wie alle Geschichten sagen, sie leben glücklich miteinander.

Ein sehr weiser Mann sagte vor zweitausend Jahren, als er den Leuten beibrachte, glücklich, gesund und erfolgreich zu sein: „Aber ich sage euch, liebet eure Feinde, segnet, die euch fluchen, und betet für die, die euch beleidigen und verfolgen." Warum? Damit *du* den Himmel erleben mögest.

Ich bin sicher, der Grund, warum die meisten Leute keine Antwort auf ihre glühenden Gebete bekommen, ist der, daß sie, statt voll positiven Glaubens zu beten, mit Haß, Abneigung, einem Gefühl des Abgelehntwerdens oder der Minderwertigkeit beten. Ihre geistigen Prozesse werden von Schutt verstopft, der aufgelöst, vergeben werden sollte. Wie können wir erwarten, mit geistigen Mitteln gute Ergebnisse zu erzielen, wenn wir diese Behinderungen der Persönlichkeit nicht abschaffen – wenn wir darauf bestehen, daß der Strom blockiert bleibt?

Wenn jemand uns verletzt und wir die Erinnerung an diese Verletzung durch die Jahre mit uns tragen, entsteht in uns das Gefühl, vom ganzen Leben zurückgewiesen zu werden. Mr. Allison, ein sechzigjähriger Mann, erzählte mir, er sei nie erfolgreich gewesen, weil sich vor achtundzwanzig Jahren sein Geschäftspartner mit dem Geld ihres gemeinsamen Unternehmens davongemacht hatte. Er lastete sein Versagen im Leben dem Treubruch dieses früheren Partners an. Ich schlug vor, er solle seinem ehemaligen Partner vergeben und dadurch jede Entschuldigung für ein Versagen aufheben.

Etwa zwei oder drei Jahre später nahm derselbe Mann an einem Seminar über zwischenmenschliche Beziehungen teil, das ich abhielt. Eines Abends bat er darum, zu den Seminarteilnehmern sprechen zu dürfen. Er erzählte seine Geschichte: achtundzwanzig Jahre lang hatte er seinen Mißerfolg im Leben einem Partner angelastet, der sich mit seinem Geld davongemacht hatte. Er legte dar, daß ich ihm geraten habe, diese alte Erfahrung zu verzeihen und für das Wohl seines Partners, den er seit vielen Jahren nicht gesehen hatte, zu beten. „Ich wußte nicht, wie ich für ihn beten sollte, aber ich entschloß mich, ihm all das Gute zu wünschen, das ich mir selber wünschte, also tat ich es auf meine eigene, einfache Weise. Ich wollte schon immer ein gutes Automobil haben, und ich rauche gern gute Zigarren. Also sah ich in meiner Vorstellung jenen alten Partner in einem tollen Cadillac die Straße heraufkommen, wobei er eine große Zigarre rauchte. In meiner Vorstellung rief ich ihn an. Er hielt an. Er schien ein bißchen verlegen zu sein; aber ich sagte: ‚Bill, es ist in Ordnung. Ich verstehe. Ich vergebe dir. Ich habe nichts gegen dich. Ich bin froh, daß du erfolgreich bist. Ich bin froh, daß du genau die Dinge hast, die ich selber mag. Die alte Erfahrung ist vergeben und vergessen. Du bist frei, und ich bin froh, daß du es bist, denn ich habe mich selbst befreit.'"

Mr. Allison fuhr fort und sagte, daß seine Angelegenheiten sofort eine Wendung zum Besseren nahmen und er jetzt finanziell ganz erfolgreich und sehr glücklich sei.

Nehmen Sie, um den anderen freizugeben, den Vorfall in ihr Bewußtsein auf und verarbeiten Sie ihn; analysieren Sie ihn, bis Sie ihn verstehen. In der Tat ist Verstehen Vergebung. Wenn Sie vollkommen verstehen, gibt es nichts zu vergeben; daher ist es mit Verständnis nicht schwer, dem Menschen, der einen verletzt hat, all das Gute zu wünschen, das man selbst gerne hätte. Diese Haltung zieht Ihrer Abneigung vollkommen den Boden unter den Füßen weg, und Sie haben diesen Menschen im Geiste zu einem Freund gemacht. Das ist die Art, sich Freunde zu machen. Wünschen Sie ihm genauso Gesundheit, Erfolg und Glück, wie Sie sie sich selber wünschen. Wenn Sie Ihre geistige Einstellung ihm gegenüber ändern, befinden Sie sich in einer Position, in der er für Sie ein Kanal werden kann, durch den Ihnen Gutes zukommen kann. Erledigen Sie die Sache ganz! Spülen Sie sie aus Ihrem Bewußtsein, und sie ist erledigt! Wenn derjenige, der Sie verletzte, Ihnen in den Sinn kommt, nachdem Sie ihn freigegeben haben, sagen Sie einfach: „Gott segne ihn", und meinen Sie es. Dann vergessen Sie es. Es ist erledigt. In Kürze werden Sie nie mehr an die Kränkung denken, weil Sie völlig davon losgelöst sind.

Leute haben zu mir gesagt: „Aber all das ist sehr schwer auszuführen. Ich versuche es, aber ich gebe dabei einfach auf." Nun, wollen Sie ohne Kummer durchs Leben gehen, oder würden Sie lieber an Ihrem Haß und Ihrer Abneigung festhalten? Sie können beides haben. Die Entscheidung liegt bei Ihnen. Ein Mann sagte: „Ich habe wirklich versucht, dem Mann zu vergeben, der mich verletzt hat, aber ich kann es nicht." Ich fragte ihn: „Haben Sie es ehrlich versucht?" Er sagte: „Ja, das habe ich." – „Sind Sie jemals auf den Mann zugegangen und haben gesagt: ‚Ich vergebe dir, George'?" fragte ich ihn. Nun, nein, das hatte er nicht getan. Ich insistierte: „Haben Sie jemals gesagt: ‚Gott segne dich, George. Gesetzt, wir lassen Vergangenes Vergangenes sein. Ich trage dir nichts nach'?" Er sagte: „Nein, das habe ich nicht." „Haben Sie jemals irgend etwas getan? Einen aufmunternden Brief geschrieben oder ihm eine Geburtstagskarte geschickt?" Die Antwort war „Nein". Er hatte niemals versucht zu vergeben. Er hatte sich einfach gehenlassen und zugelassen, daß sein Haß und seine Bitterkeit ihn verzehrten, wobei er sich gleichzeitig dafür haßte, daß er nicht tat, was er, wie er wußte, tun sollte.

Vergebung muß sich in Handeln umsetzen

Glaube ohne Werke ist tot. Angenommen, jemand nimmt Ihnen etwas weg, wovon Sie das Gefühl haben, es gehört Ihnen. Was es auch ist, es gibt noch viel mehr, oder nicht? Uns allen sind schon Dinge weggenommen worden. Ihre Erfahrungen sind nicht anders als andere. Es gibt mehr Gutes um Sie herum, als Sie jemals werden gebrauchen können. Die Dinge gehören uns sowieso nicht. Sie stehen uns nur zum Gebrauch zur Verfügung, während wir hier sind. Es gibt eine Menge Geld, und es gibt eine Menge Gelegenheiten zu Freundschaften. Gib den anderen frei, und du gibst dich selbst frei; aber solange du an der Abneigung festhältst, bindet dich ein kosmisches Band – eine geistige Kette – an den Menschen, der dich verletzt hat, und verbindet diese Verletzung mit dir.

Wir mögen eine bewußte oder unbewußte Abneigung gegen jemanden empfinden, der uns nach unserem Empfinden in unserer Kindheit verletzt hat, einen Menschen, der unsere ehrgeizigen Ziele für uns zerstörte, indem er uns frustrierte, und der unseres Empfindens für unser gegenwärtiges Minderwertigkeitsgefühl und unseren heutigen Mangel an Erfolg verantwortlich ist. Dieses Haßgefühl, diese unbewußte ängstliche Unruhe wird uns in großem Maße daran hindern, heute ein glückliches und erfolgreiches Leben zu führen. Als Kind mögen wir das Gefühl gehabt haben, daß unsere Eltern uns nicht genug liebten, daß sie uns ungerecht behandelten. Wir werden niemals ganz darüber hinwegkommen, solange wir nicht verstehen, warum sie so handelten, wie sie es taten. Wenn wir verstehen, werden wir vergeben. Unsere Erfahrungen werden sich vom Dunkel zum Licht, vom Haß zur Liebe hin verändern. Vierzig Jahre lang mögen wir den gehaßt haben, der uns bestraft oder unser Leben verdorben hat und es uns zur Hölle gemacht hat; aber in einem Augenblick des Verstehens mögen wir deutlich erkennen, daß der Elternteil, der uns verprügelte oder verdarb, selber in seiner Kindheit von jemandem verprügelt oder verdorben wurde. Er kompensierte nur sein eigenes Gefühl des Verletztseins und der Frustration, als er uns auf die gleiche Weise behandelte.

Das Weise, das Vernünftige zu tun ist zu lieben, zu verstehen, zu vergeben. Liebe ist die größte Heilkraft der Welt. Wenn wir lieben, verstehen wir und haben Mitgefühl. Wenn wir lieben, verstehen und vergeben, wird die Kraft, die wir in die Bahnen von Haß, Rachsucht, Abneigung und Bitterkeit gelenkt haben, als Liebe, Wohlwollen und Mitgefühl durch uns fließen und uns viele reiche und unerwartete Segnungen bringen.

13. Kapitel

Vergib der Vergangenheit

Mrs. Hensel, die einzige Tochter einer verwitweten Mutter, war mit einem erfolgreichen Geschäftsmann verheiratet, und ihre Mutter hatte ein Apartment in ihrem Hause. Mr. Hensel unternahm häufige Geschäftsreisen, und er hatte es immer gern, wenn seine Frau ihn begleitete. Das führte die Notwendigkeit herbei, die Mutter bei Freunden zu lassen oder eine Freundin dazu zu bringen, daß sie die Mutter betreute, während Mrs. Hensel fort war. Bei einem der Male, als die Tochter mit ihrem Mann fort war, starb die Mutter an einem Herzanfall. Ein Ergebnis davon war, daß Mrs. Hensel ein tiefes Schuldgefühl entwickelte. Jahrelang warf sie sich vor, sie habe ihrer Mutter nicht die Pflege und Sorgfalt gewidmet, die ihr zukamen.

Schuld verursacht geistige und körperliche Krankheit

Zerrissen zwischen dem, was sie für Vernachlässigung ihrer Mutter hielt, und Loyalität zu ihrem Mann, entwickelte sie nervöse Verdauungsstörungen, zeitweilige Reueanfälle und eine generelle Unzufriedenheit. Zu der Zeit, als sie zu mir in mein Büro kam, stand sie am Rande eines Nervenzusammenbruchs. Da sie sich selbst elend fühlte, brachte sie sicherlich auch alle in ihrer Umgebung dazu, sich elend zu fühlen.

Mrs. Hensel hatte eine schöne Tochter, einen Teenager. Ich bat sie, sich sich an der Stelle ihrer Mutter vorzustellen, und ihre Mutter, sich in die Position ihrer Mutter zu versetzen. Was sollte ihre Tochter ihrer Meinung nach getan haben, wenn sie in eine ähnliche Situation geriete? Sofort antwortete sie: „Nun, ich würde mir wünschen, daß sie ihren

Mann begleitete – natürlich. Gewiß nicht würde ich wollen, daß sie zu Hause bliebe, um sich um mich zu kümmern." Dann erkannte sie plötzlich, daß sie angenommen hatte, ihre eigene Mutter sei weniger gütig, weniger liebevoll und freundlich als sie selbst; und natürlich verschwand mit dieser Einsicht ihr Gefühl der Selbstablehnung. Frei von Reue stellte sie sich auf das Leben ein und ist jetzt eine gesunde, glückliche Frau.

Wenn wir uns die Folgen von dem, was eine falsche Handlung gewesen zu sein scheint, betrachten, neigen wir dazu zu sagen: „Ich sollte es besser gewußt haben. Tatsächlich wußte ich es besser. Warum habe ich es getan?" Wir taten es, weil wir zu dem Zeitpunkt, trotz unseres besseren Urteils, das uns das Gegenteil empfahl, dachten, wir täten das Beste, was wir tun könnten. Wenn jemand glaubt, daß er sein Bestes tut, auch wenn es sich später als ein Fehler herausstellt, kann man sich nicht weigern, ihm zu verzeihen, oder? Gestehen Sie sich selbst die gleiche Überlegung zu.

Verständnis ist das Heilmittel

Wenn wir die Wahrheit kennen, wenn wir verstehen, dann gibt es wirklich nichts zu vergeben. Wenn wir uns in unserer Vorstellung an die Stelle des anderen versetzen und seinen Hintergrund verstehen können, verstehen können, warum er getan hat, was er tat, können wir für gewöhnlich mit ihm fühlen und werden automatisch verzeihen. Salomon sagte: „Mit all deinem Empfangen empfange Verständnis." Sich zu weigern zu vergeben ist sehr kurzsichtig. Wenn wir nicht vergeben, verletzen wir nur uns selbst. Wenn etwas getan ist, kann es nicht ungeschehen gemacht werden. Das einzig Vernünftige, was man tun kann, ist, es zu verstehen, zu verzeihen und dann aus seinem Bewußtsein zu entlassen. Solange wir fortfahren zu verurteilen, solange wir es versäumen zu vergeben – die Person freizugeben, die uns verletzte –, werden wir niemals Frieden haben, während derjenige, der uns verletzte, vermutlich seinen Weg weitergeht und sich überhaupt nicht bewußt ist, wie wir uns fühlen. Irgendwie, durch eine Veränderung in unserem eigenen Denken, müssen wir diesem Menschen die gleiche Behandlung zukommen lassen, die wir selbst gerne erfahren würden. Wenn wir trotz unseres Bemühens, in Begriffen der Liebe und des guten Willens zu denken, unfähig sind zu vergeben, versuchen wir sehr wahrschenlich loszulassen, ohne zu verstehen, ohne uns an die Stelle des anderen zu versetzen.

Jesus schlug vor, daß man für die beten solle, die einen beleidigen und verfolgen. Mrs. George, Mutter von drei Kindern, hatte seit ungefähr zwanzig Jahren regelmäßige Anfälle gehabt, die als Epilepsie diagnostiziert wurden. Sie erzählte mir, als sie ein junges Mädchen gewesen sei, habe ihr Vater sie vergewaltigt; aber sie war sicher, daß dieses entsetzliche Erlebnis nicht die Ursache ihrer Schwierigkeiten war, denn sie hatte ihm vergeben. Etwa zwölf Jahre vor ihrem Besuch bei mir wurde ihr Vater sehr krank, und da er sich auf dem Totenbett glaubte, legte er eine vollständige Beichte über seinen ganzen furchtbaren Fehler ab. Mrs. George und ihre Mutter vergaben ihm beide; aber er starb nicht, und jahrelang waren sie und ihr Vater dann Freunde gewesen. In der Tat, so erzählte sie, hatten die Familien mindestens einmal in der Woche zusammen gespeist.

Ich hatte das sichere Gefühl, daß ihre Vergebung nicht vollständig war; daher sagte ich ihr, ich glaubte, sie würde gesund werden, wenn sie sorgfältig meinen Anweisungen folgte: zweimal am Tag in einen dunklen Raum zu gehen, sich auf ihre Knie niederzulassen und laut für ihren Vater zu beten; in aller Aufrichtigkeit zu beten, daß ihr Vater alles haben möge, was sie sich an Gutem für sich selbst wünschte – Gesundheit, Frieden, Glück usw. Das tat sie, und nach diesem Besuch hatte sie nie mehr einen neuen Anfall. Anscheinend war die *Tat* des Sich-Hinkniens und In-sich-Hineinhörens erforderlich, um den Prozeß der Vergebung vollkommen zu machen.

Mrs. Arnold, eine Frau in den Sechzigern, die die geistige Wissenschaft praktizierte, erzählte mir, daß sie geistig in Unruhe versetzt und verwirrt sei. Sie hatte ein hübsches Zuhause im Tal, aber sie wollte es gern verkaufen und in die Stadt ziehen. Ursprünglich hatte sie in der Stadt gelebt, aber nach dem Tod ihres Mannes hatte sie ihre Wohnung in der Stadt verkauft und war aufs Land gezogen. Unglücklich auf dem

Lande, zog sie wieder zurück in die Stadt. Sie hatte diesen Umzug mehrere Male wiederholt und nie den Frieden gefunden, den sie suchte. Wenn sie von ihrem Mann sprach, war ihr große emotionelle Erregung anzumerken, und ich deutete an, es sei möglich, daß sie nicht fest an seine Unsterblichkeit glaube. Sie war entrüstet. „Das ist eine lächerliche Unterstellung! Immerhin bin ich jemand, der die geistige Wissenschaft praktiziert!" – „Ja", sagte ich, „aber ernsthaft, glauben Sie, daß Ihr Mann noch lebt? Stimmt es nicht, daß da ein Zweifel ist, der die Ursache Ihres erschütterten Bewußtseinszustandes ist?" Nach einigem Nachdenken stimmte sie zu, daß das die Schwierigkeit sein könnte. Einige wenige Unterhaltungen folgten, in denen ich ihr Beweise für die Unsterblichkeit brachte und sie meiner eigenen persönlichen Überzeugung von der Unsterblichkeit versicherte. Ihre Verwirrung verschwand. Sie verkaufte ihr Landhaus nicht, und das letzte Mal, daß ich sie sah, war sie eifrig beschäftigt, glücklich und voller Frieden. Es ist eine Tatsache, daß geistige Verwirrung Verwirrung in unseren Angelegenheiten verursacht.

Ein Ehemann in den Sechzigern brachte seine Frau dazu, mich aufzusuchen. Er sagte mir, wenn sie ihren Seelenfrieden nicht finden könne, werde es notwendig sein, sie in eine Nervenheilanstalt zu bringen. Auf meine Aufforderung, mir ihren Kummer zu erzählen, sagte sie offen: „Ich habe Angst vor der Zukunft. Ich habe Angst, daß mein Mann sterben wird und ich allein zurückbleibe." Ich versicherte ihr, daß ich ihren Mann erst kürzlich gesehen habe und daß er vollkommen gesund aussähe. „Ja, ich weiß, aber ich habe Angst, daß er stirbt, und ich habe weiter keine Familie." Wenn sie redete, zeigte sie großen gefühlsmäßigen Druck. Ich entdeckte, daß in ihrem früheren Leben ihr Mann viel gereist war und sie ihn begleitet hatte. Unter diesen Umständen hatten sie das Gefühl, daß sie keine Kinder haben sollten.

Ich half ihr zu erkennen, daß ihr gegenwärtiger geistiger Konflikt wahrscheinlich das Ergebnis eines Schuldgefühls deswegen war, weil sie sich selbst nicht erlaubt hatte, Kinder zu haben. Sie hatte über die Situation nachgegrübelt, berichtete sie mir, bis sie das Gefühl hatte, eine Mörderin zu sein; und nun glaubte sie, sie werde für ihre Sünde bestraft werden. Sobald sie in der Lage war zu sehen, daß sie getan hatte, was sie damals unter den gegebenen Umständen für das Beste hielt, was sie tun konnte, vergab sie sich selbst. Sie fühlte sich friedvoll, und jetzt ist sie ruhig und glücklich.

Es wäre gut für einen jeden von uns, sich jeden Tag ruhig hinzusetzen und zu sich zu sagen und es auch zu meinen:

„Heute lasse ich jede unglückselige Erfahrung der Vergangenheit los und jeden, der mit diesen Erfahrungen in Verbindung steht. Ich segne sie mit meiner Liebe, und in meiner Vorstellung sehe ich sie im Besitz all des Guten, das ich mir selber wünsche. Ich erkenne, daß alle Menschen überall aus derselben Substanz gemacht sind, aus der ich gemacht bin. Jeder von uns ist ein Teil des großen, unendlichen Lebens, das alles Leben ist, das es gibt. In diesem Leben leben wir *alle* und bewegen uns und existieren. Weil dies wahr ist, vergebe ich mir für jeden Fehler, den ich jemals gemacht habe; und ich vergebe jedem, der mich auf irgendeine Weise verletzt hat, weil ich weiß, daß aus jeder Erfahrung, wenn ich sie verstehe, Gutes zu mir kommen wird. Jeder Fehler, den ich gemacht habe, ist ein Meilenstein auf dem Wege zu größerem Verständnis und zu großartigeren Gelegenheiten. Ich segne jede Erfahrung der Vergangenheit. Keine vergangene Erfahrung kann mich heute oder in Zukunft verletzen. Ich vergebe vollständig, wie ich mir wünsche, daß mir vergeben würde."

14. Kapitel

Vergib Gott

Wir haben darüber gesprochen, uns selbst, anderen und der Vergangenheit zu vergeben. Jetzt müssen wir Gott für jene Erfahrungen vergeben, die wir bewußt oder unbewußt dem Schöpfer angelastet haben.

Gott ist nicht verantwortlich für Kummer, Krieg und Krankheit

Das ist für einige Leute schwer zu verstehen. Sie denken, Gott sei für eine leidende Welt verantwortlich. Sie haben vielleicht sogar das Gefühl, sie selbst könnten es besser machen, wenn sie das Universum lenken würden. Viele Menschen scheinen, wenn sie sich heute die chaotischen Zustände der Welt betrachten, das Gefühl zu haben, daß Gott bei seiner Sache versagt hat. Sie verstehen nicht, daß Gott auch nicht im geringsten mit den unseligen Zuständen in der Welt zu tun hat. Dieses Unkraut, diese Zustände entsprießen dem negativen Denken – dem negativen Glauben des Menschen selbst, und trotzdem haben einige Leute stets Gott für ihre Sorgen und Nöte verantwortlich gemacht.

Gott sind Vorwürfe von denen gemacht worden, die den Verlust eines Freundes oder eines geliebten Menschen empfunden haben. Gott ist von denen, die ihn gern für alle Sünde und alles Leiden der Menschheit verantwortlich machen, geschmäht und gelästert worden. Einige Menschen haben sogar angenommen, daß Gott, als er eine bestimmte schmutzige Arbeit nicht selbst tun wollte, ein Geschäft mit einem gefallenen Engel machte, den Menschen zu behexen. Eines

Tages sagte eine Frau zu mir: „Ich hasse Gott für all die Sorge und den Kummer, die er mir gebracht hat." Ich bin sicher, daß das den Schöpfer nicht berührte, aber gewiß verstärkte es die Sorgen und Schwierigkeiten für diese Frau. Es gibt viele Menschen, die Gott vergeben sollten, wenn sie glücklich sein wollen, wenn sie ein Leben in Wohlergehen, Gesundheit und Zufriedenheit führen wollen.

Viele Menschen haben das Gefühl, daß irgendeine äußere Macht, über die sie keine Kontrolle haben, ihnen Ungerechtigkeit und Unfreundlichkeit erwiesen hat. Sie empfinden, daß sie in ihrer Jugend aus Unwissenheit und Unerfahrenheit Fehler gemacht haben, die ihnen Gram verursachten. Sie glauben, daß sie den Verlust ihres Vermögens durchmachen oder den Verlust geliebter Menschen – Schocks, die Ängste und Befürchtungen zur Folge hatten –, was alles nichts mit vorsätzlicher Schöpfung zu tun hatte. Sie glauben, Gott habe ihnen Hindernisse in den Weg gelegt. Nicht durch ihre eigene Wahl wurden sie in Familien und Umgebungen hineingeboren, die nicht in Ordnung waren; sie machen Gott verantwortlich. Bevor sie nicht Befreiung finden, die Wahrheit erkennen, alles Verurteilen sein lassen und jegliche Abneigung gegenüber jedem Menschen, jedem Ding, jeder Kraft außerhalb ihrer selbst aufgeben, – bevor sie nicht aufhören, sich selbst zu verfluchen, werden sie nicht fähig sein, in positive, schöpferische, harmonische und heilsame Tätigkeit Einstieg zu finden.

Jede Situation entweder ein Stolperstein oder eine Stufenleiter

Problemen zu begegnen, sie zu begreifen und sie zu überwinden, gibt uns größere Kraft und Weisheit, größere Fähigkeit, anderen und größeren Problemen in der Zukunft zu begegnen. Es ist eine Tatsache, daß es nichts Gutes oder Schlechtes gibt, sondern daß das Denken es dazu macht. Ein Problem wird nicht zur Folge haben, daß wir schwächer und weniger fähig sind, dem Leben zu begegnen, wenn wir es als eine Herausforderung sehen – eine Gelegenheit. Jede Situation kann „ein Stolperstein oder eine Stufenleiter" sein. Aller Fortschritt ist das Resultat der Überwindung irgendeines Problems gewesen, der

Begegnung mit irgendeiner Herausforderung. Das Leben fordert uns fortwährend heraus. Wenn wir unsere eigene innere Kraft entdecken voranzukommen, wachsen wir. Das Leben zwingt uns, unsere innere Kraft in Anspruch zu nehmen. Unser Erfolg hängt von unserem Wachstum und unserer Entwicklung hinsichtlich unseres Vermögens ab, Herausforderungen zu begegnen. Wenn es keine Herausforderungen gäbe, würden wir nicht wachsen. Der Same keimt, und die Pflanze zwängt sich durch die harte Kruste des Bodens gegen die Macht der Schwerkraft. Wenn wir erkennen, daß dies der Plan der Natur ist, um Wachstum und Entwicklung zu erzwingen, werden wir dankbar für die Probleme und Herausforderungen sein, die das Leben vor uns gelegt hat.

Viele Menschen glauben, daß ein Mangel an Bildung für sie die Ursache war, daß sie im Leben viele Dinge verpaßt haben, die sie sonst gehabt haben könnten. Natürlich wissen wir, daß ein Fehlen von formeller Bildung nicht unbedingt die eigenen Ausdrucksmöglichkeiten des Lebens oder die Gelegenheiten zum Glücklichsein begrenzt. Viele unserer größten Philanthropen waren arme Jungen, die keine formelle Bildung besaßen.

Ich habe Leute gekannt, die ihr ganzes Leben hindurch ein Gefühl des Verwundetseins mit sich herumgetragen haben, weil es ihnen in ihrer frühen Kindheit an Liebe und Anerkennung gefehlt hatte. Ich habe andere kennengelernt, die auf ihre frühen Wunden mit einer größeren Wertschätzung gemeinsamer Anstrengung und größerer Wertschätzung von Liebe und enger Harmonie in der Familie reagierten, und sie haben darauf geachtet, daß es in ihren eigenen Familien nicht an Liebe und Anerkennung fehlte. Sie lernten durch jene frühere Erfahrung eine wertvolle Lektion; sie behandelten folglich ihre eigenen Kinder auf eine viel bessere Weise, als sie es sonst vielleicht getan haben würden. Sie verwandelten die frühe Erfahrung, die man eine schlechte nennen könnte, in etwas Gutes. Wir können, wenn wir wollen, Gutes in jeder Erfahrung sehen. „Jedes Unglück hat sein Saatkorn der Gelegenheit."

Eine der besten Arten, den eigenen früheren Wunden, Schocks und Verlusten zu verzeihen, ist, eine Liste von den guten Dingen aufzustellen, die man als Folge dieser Erfahrungen erlebt hat. Wenn Sie vollkommen aufrichtig sich selbst gegenüber sind, werden Sie eine beachtliche Liste von Segnungen erstellen, in deren Genuß Sie nicht gekommen wären, wenn Sie nicht jene Mißgeschicke erlebt hätten.

Mrs. Palmer, von Kindheit an fast blind, empfand jahrelang Bitterkeit und Groll. Eine Anzahl von weiteren körperlichen Behinderungen nebst einem Gefühl sozialer Minderwertigkeit war die Folge. Während sie in der Lage war, teilweise zu sehen, war es doch recht schwierig für sie, andere Leute zu erkennen. Wenn sie in eine Gruppe hineinkam, die in einem Raum saß, lauschte sie sehr sorgfältig, damit sie Stimmen erkennen könnte. Nur wenige Leute wußten, daß sie nicht perfekt sehen konnte. Oft wurde sie in Verlegenheit versetzt durch Freunde, die sagten: „Ich traf dich gestern auf der Straße, aber du hast mich geschnitten. Du sahst mich an und sagtest kein einziges Wort." Dann entschuldigte sie sich mit irgend etwas, anstatt die Wahrheit zu erzählen, und natürlich verstärkte sich ihre Bitterkeit wegen ihres Zustands. Ich schlug ihr vor, sie solle eine Liste von allem Guten machen, das in ihrem Leben als Ergebnis ihrer körperlichen Behinderung geschehen war. Sie tat das. Unter anderem war sie ihrem vortrefflichen Mann begegnet, den sie zutiefst liebte; und als sie fortfuhr, darüber nachzudenken, stieß sie auf viele andere Segnungen, die ihr infolge ihrer unvollkommenen Sicht zugekommen waren. Als sie ihre Gedanken dem Guten zuwandte, das sie erfahren hatte, wurde die Basis, das Fundament ihres Grolls beseitigt. Sie fing an, ihre Augen zu segnen. Sie entspannte sich. Ihre Augen entspannten sich. Sie unterging eine große Persönlichkeitsveränderung, und eine sehr wichtige Veränderung war sicherlich, daß das Sichtvermögen ihrer Augen sich besserte. Tatsächlich erreichte sie es, fast normal zu sehen. Sie überwand das Problem. Sie verwandelte das, was sie zuvor schlecht genannt hatte, zu einem großen Guten, und nun führt sie ein äußerst harmonisches, glückliches, erfolgreiches und gesundes Leben.

Unser Glück und unser Erfolg hängen davon ab, wie wir auf Erfahrungen reagieren. Denken Sie daran, daß das Wild Schnellfüßigkeit entwickelte, weil es seine innere Kraft einsetzte, um seinem Feind zu entfliehen. Der Mensch hat Vernunft und Intelligenz entwickelt indem er von seinem inneren Selbst forderte, die Herausforderungen der Natur zu überwinden. Es ist unser Privileg, eines von zwei Dingen zu tun – entweder das Gute zu sehen und anzunehmen, zu vergeben, loszulassen und vorwärtszugehen; oder zu grollen, uns selbst zu bemitleiden, nur an uns zu denken und uns äußerst elend zu fühlen. Es steht außer Frage, was das Heilsamere ist.

Die ganze Geschichte hindurch hätten viele Männer und Frauen, die die größten Wohltäter der menschlichen Rasse gewesen sind, Grund gehabt, sich schlecht ausgestattet zu fühlen. Carver, der große Wissenschaftler, könnte Mißmut darüber empfunden haben, daß er als Neger auf die Welt gekommen war, aber er tat es nicht. Er war intelligent, er erkannte die Würde aller Menschen – sah, daß alle Menschen gleich geschaffen waren. Statt selbstbezogen zu sein und seinen Haß zu nähren, wandte er seine Aufmerksamkeit der Aufgabe zu, der Welt der Menschen zu dienen, und er wurde ein großer und beliebter Mensch. Er wußte, daß er einer aus der Familie Gottes war, der menschlichen Familie. Er erkannte sein göttliches Erbteil. Lincoln könnte seine frühe Umgebung und seinen Mangel an Vorteilen abgelehnt haben. Wenn er es getan hätte, würde er nicht als unser beliebtester Amerikaner bekannt sein.

Viele Menschen haben mir erzählt, ihr Leben sei ruiniert, weil sie reich geboren worden seien und man nicht von ihnen verlangt habe zu arbeiten oder sich Mühe zu geben, mit anderen Menschen auszukommen. Andere haben mir berichtet, ihr Problem sei frühe Armut. Jeder Zustand, jede Situation ist eine Herausforderung an unser Verständnis. Wir haben die Fähigkeit und die Verantwortlichkeit und wir haben das Know-how, uns selbst in eine harmonische Beziehung mit dem Leben zu bringen, damit wir herrlich leben können.

Harmonische Angeglichenheit ist Gesundheit

Vollkommene körperliche Gesundheit ist das Ergebnis perfekter Angleichung auf der physischen Ebene – Angleichung an Nahrung, an das Wetter, harmonischen Auskommens mit der physischen Welt.

Geistige Gesundheit resultiert aus harmonischem Denken – richtiger Gedanken und geistiger Harmonie. Spirituelle Gesundheit bedeutet Angeglichenheit an die Über-Seele, die unsere direkte Umgebung bildet, denn in ihr leben wir, bewegen wir uns und existieren wir.

Es ist nicht nötig, wegen vergangener Fehler, Verluste und Schocks zu leiden. Wir müssen nur einfach aus jeder Erfahrung die Lehre ziehen, uns dann von der Erfahrung lösen und gesünder weiterleben. Gott straft uns nicht. Wir strafen uns selbst durch das natürliche Gesetz von Ursache und Wirkung. Die Bestrafung hört auf, wenn wir aufhören, falsch zu handeln. Wir lassen die Vergangenheit los und beginnen, richtig zu handeln, und das Leben zeigt sich uns in einer neuen Farbe. Jede Herausforderung ist eine Gelegenheit. Wir können nicht statisch bleiben. Wir können uns nicht an die Vergangenheit oder an die Gegenwart klammern, wie sie auch sein mögen, wenn wir ohne Kampf in die Zukunft gelangen wollen. Wenn wir an vergangenen Fehlern und vergangenen Wunden festhalten, durchleben wir wieder und wieder jene Erinnerungen, die uns geistiges Leid bringen. Wir verletzen uns selbst und verschließen die Kanäle, durch die unser Gutes zu uns kommen kann. Es ist unsere Pflicht, das Leben reichhaltig, voll zum Ausdruck zu bringen.

Es ist nur vernünftig, der Vergangenheit, uns, anderen und Gott zu vergeben. Nur dann können wir frei sein von Angst, Furcht, Angespanntheit, Gefühlen des Abgelehntwerdens, der Minderwertigkeit und des Grolls und von Selbstmitleid. Nur dann können wir glauben, daß wir ein Recht darauf haben, daß das Gute zu uns kommt. Wenn wir glauben können, daß wir ein Recht auf Gutes haben, wenn wir glauben, daß das für uns natürlich ist, dann müssen wir im Vertrauen auf die Naturgesetze erwarten, daß wir es bekommen werden. Nur durch Vergebung können wir die Vergangenheit loslassen, was von absoluter Notwendigkeit ist, wenn wir uns auf ein befriedigendes Ziel zubewegen wollen. Meine gute Freundin Irene Stanley schrieb:

> Wir müssen die untere Sprosse loslassen, wenn wir uns
>   nach der nächsten strecken.
> Es gibt keinen anderen Weg, um zu klettern, weißt du.
> Du mußt die untere Sprosse loslassen.

Jeder Schritt aufwärts bringt mehr von dem Leuchten und mehr von der Sonne der Liebe.
Aber wir müssen die untere Sprosse loslassen, wenn wir uns nach der nächsten strecken.

15. Kapitel

Selbstanalyse und Neuerziehung

In diesem Kapitel würde ich Ihnen gerne bei etwas Selbstanalyse helfen. Wir werden über Sie, Ihre Probleme und einige Techniken zu ihrer Behebung aus der Sicht der angewandten Psychologie sprechen. Wir schieben dieses Kapitel an dieser Stelle ein, damit Sie eine vollere, klarere Sicht Ihrer selbst als einer nützlichen, bedeutenden und wichtigen Person erhalten. Ich möchte aus jeder Richtung alles nur mögliche Licht auf *Sie* werfen, damit Sie sich selbst verstehen, die Art sehen, wie sich Probleme entwickeln, und sich auf den zweiten Teil dieses Buches vorbereiten können, in dem wir Wege besprechen wollen, wie Sie Ihr großartiges Werkzeug *Bewußtsein* einsetzen können, um Sorgen loszuwerden, anstatt sie zu bekommen, und um die Erfüllung Ihrer liebsten Wünsche zu erreichen.

Ein negatives Bewußtsein verursacht viel Krankheit

Dr. Freud, Begründer der Psychoanalyse, entdeckte, daß, wenn die dynamischen Triebe des Lebens im Menschen unterdrückt werden, daraus Krankheit des Körpers oder irgendein Zusammenbruch der Persönlichkeit folgt. Wenn diese dynamischen Triebe nicht bewußt gelenkt werden, fließen sie oft in falsche Kanäle ab und verursachen eine Krankheit des Geistes oder des Körpers. Eine falsche Richtung erhalten sie gewöhnlich durch negative Bewußtseinshaltungen oder durch Komplexe, die auf der unterbewußten Ebene des Bewußtseins gespeichert sind.

Nun lassen Sie uns überlegen, wie sich beherrschende Bewußtseinszustände entwickeln und was geschieht, wenn wir zulassen, daß sie im Unterbewußtsein bleiben.

Zum Beispiel: Ich bin sicher, daß Sie schon einmal einen altertümlichen Brunnen gesehen haben, sechs oder acht Fuß im Durchmesser, aus vermauerten Steinen und voll Wasser. Stellen Sie sich vor, Sie seien dieser Brunnen. Nun denken Sie sich, dieser Brunnen voller Wasser gründe in dem großen Ozean allen Wassers, den wir *unendliches Leben* nennen. Wasser aus den unterirdischen Tiefen des großen Lebensozeans bewegt sich durch diesen Brunnen hinauf in das Erleben an seiner Oberfläche. Die einzige Stelle, an der Sie das Wasser sehen, die einzige Stelle, an der Sie das Wasser erleben können, ist eben die Oberfläche des Wassers, des Brunnens. Stimmt es nicht?

Lassen wir uns Sie mit dem Brunnen vergleichen und die Oberfläche als Ihr Oberflächenbewußtsein ansehen. Direkt unter der bewußten Ebene oder Oberfläche des Bewußtseins liegt die Zone, die als das Unterbewußtsein bezeichnet wird. In der unterbewußten Zone des Bewußtseins bewahren Sie all jene geistigen Bilder auf, die Sie alltäglich gebrauchen – das Einmaleins, Ihren Namen, Namen von Freunden, Adressen und Telefonnummern – und an die Sie nicht ständig bewußt denken. Wenn Sie sie jedoch brauchen, bringen Sie sie gewöhnlich mit Leichtigkeit an die Oberfläche Ihres Bewußtseins.

Unter diesen bewußten und unbewußten Ebenen erstreckt sich die große Fläche des Wassers, das der größere Teil Ihrer selbst ist – der unbewußte Teil von Ihnen – und der direkt mit dem *ganzen* Leben verbunden ist und sich mit ihm vermischt.

Wie sich Komplexe entwickeln

Auf der Oberfläche Ihrer Bewußtheit, auf der Ebene Ihres Bewußtseins haben Sie bewußte Erlebnisse. Zur Verdeutlichung lassen Sie uns sagen, Sie mögen ein Erlebnis gehabt haben, das Sie tief geschmerzt hat. Sie mögen ein Familienmitglied verloren haben, dem Sie sich verbunden fühlten, Vermögen oder einen vielgeliebten Freund; und Sie fühlen sich ausgestoßen. Sie verstehen es nicht; Sie sind verwundet und kommen nicht darüber hinweg. Sie lassen die Erinnerung in den unter- oder unbewußten Teil von sich absinken. Später erleben Sie einen weiteren Schmerz, und Sie lassen auch diese Erinnerung in Ihr inneres Selbst fallen, wo sie sich mit der ursprünglichen Verletzung verbindet. Eine Verletzung folgt nach der anderen, bis all diese unseligen Erinnerungen von Schmerz sich verbinden und zu einem *Komplex des Abgelehntseins* werden. Sie sind dahin gelangt, daß Sie denken, das Leben sei schlecht zu Ihnen und alles und jeder sei gegen Sie.

Sie machen vielleicht einen Fehler. Sie wünschen sich, die Erinnerung daran loszuwerden, und da Sie nicht begreifen, wie das Bewußtsein arbeitet, sagen Sie: „Das ist vorbei. Ich kann nichts daran ändern. Ich werde es mir aus dem Kopf schlagen und nie mehr daran denken." Sie sagen sich vor, Sie hätten es vergessen, aber Sie haben die Erinnerung an diese Sache bloß in Ihr Unterbewußtsein versenkt, wo sie sich mit der verbindet, die dort bereits ist und die Sie in Wirklichkeit nicht vergessen haben. Andere Fehler folgen. All diese Erinnerungen verbinden sich miteinander, und ein *Schuldkomplex* bildet sich. Sie glauben, Sie seien ein Sünder. Diese Erinnerungen, im Unterbewußtsein unterdrückt, sind nicht vergessen. Sie fahren fort, aktiv zu wirken.

Sie mögen unfähig scheinen, dem Leben effektiv und vertrauensvoll zu begegnen, und Sie folgern daraus, daß Sie schwach sind. Sie versenken die Erinnerungen an eine Reihe von Mißerfolgen in das Unterbewußte, und Sie haben einen *Minderwertigkeitskomplex*.

Diese Komplexe, die nicht gelöst worden sind, blockieren Ihren Erfolg im Leben, Ihr Glück, Ihren Glauben an sich selbst.

In jedem Fall war die ursprüngliche Verletzung mit Emotionen belastet. Andere Erinnerungen an ähnliche Erfahrungen fielen mit der ursprünlichen Verletzung zusammen und entwickelten einen beherrschenden negativen Bewußtseinszustand im Unterbewußtsein, und ein Komplex war geschaffen.

Ein Komplex ist ein tiefsitzendes, unterbewußtes Gefühl, das gewöhnlich von einer Abfolge unangenehmer oder falsch verstandener Erfahrungen verursacht wird, die in das Unterbewußtsein gestoßen und dort begraben worden sind. Wir sagen: „Ich habe dieses Erlebnis vergessen und will nichts mehr damit zu tun haben"; aber die daraus resultierenden Gefühle werden an die Oberfläche des Bewußtseins gesendet, lange nachdem die ursprüngliche Erfahrung, die sie verursachte, vergessen ist.

Um auf die Vorstellung des altertümlichen Brunnens zurückzukommen: Sie können sehen, wie das reine Wasser, das vom Grund zur Oberfläche (zum Oberflächenbewußtsein) aufsteigt, in seinem Erscheinungsbild durch negative Komplexe der Minderwertigkeit, Furcht, Besorgnis oder Schuld verfärbt wird. Diese Verfärbung manifestiert sich an der Oberfläche (im Oberflächenbewußtsein) in Form von Krankheit, Unglücklichsein, Enttäuschung und Kummer. Da wir diese Erfahrungen nicht mögen, müssen wir etwas tun, um sie loszuwerden. Auf irgendeine Weise müssen wir diese dominierenden negativen Denkhaltungen durch beherrschende Haltungen des Glaubens, der Liebe, des guten Willens und des Glücks ersetzen, damit der reine Strom des Lebens, der vom Grunde des Brunnens (Ihrem Selbst) aufsteigt, klar und rein ist, wenn er die Oberfläche erreicht. Nur wenn das Leben durch einen klaren und reinen Zustand des Unterbewußten hindurch nach oben fließt, kann es zu einer Quelle der Gesundheit und der Schönheit werden.

Der unterbewußte Teil des Bewußtseins kann auf viele verschiedene Arten von diesen Komplexen des Verletztseins, des Verlustes, der Furcht oder des Zorns gereinigt oder geläutert werden, aber ohne Ansehen der angewandten Methode muß es sich bei dieser Reinigung um eine Form der Vergebung handeln. Die negativen Komplexe, die im Unterbewußten liegen, bringen an der Oberfläche unseres Lebens einen Schaum hervor, der jede objektive Erfahrung vergiftet. Die Ursache dieses Schaums muß entfernt werden, wenn wir in Frieden, Gesundheit und Glück leben wollen. Wie kann das erreicht werden? *Indem wir bewußt unsere Glaubenshaltung ändern.* Aber solange wir keinen Glauben an die Kraft des Guten haben, die sich beständig in uns, durch uns und für uns manifestiert, solange wir nicht von den tieferen Ebenen unseres unterbewußten Wesens jene Komplexe der Furcht, Minderwertigkeit und Depression entfernen, werden sich unsere Enttäuschungen und Mißerfolge, unsere unglücklichen Erlebnisse mit unserem Körper und in unseren Angelegenheiten fortsetzen. Ihnen muß begegnet, sie müssen begriffen und verziehen werden.

Wir sind von anderen Brunnen – Menschen – umgeben, von denen einige negative Komplexe enthalten. Manchmal wird das Wasser in diesen Brunnen stark verschmutzt, und es kann vorkommen, daß es in unseres hinüberleckt, wenn wir unsere Mauern nicht richtig geschützt haben. Mit anderen Worten, es kann passieren, daß wir den allgemeinen Glauben der Menschheit – die Überzeugung anderer Leute – übernehmen, wenn wir uns nicht sorgfältig dagegen isolieren, – wenn wir unser Leben nicht als klar unterschiedene Individuen leben, die ihre eigenen Entscheidungen aufgrund ihrer inneren Führung treffen. Es ist erforderlich, daß wir uns unser Bewußtsein und unsere Individualität unverletzt bewahren.

Wie man negative Komplexe loswird

Schädliche Komplexe können durch psychologische Analyse, die sie von oben her angeht, sie erfaßt, sie ans Tageslicht bringt und sie versteht, an die Oberfläche des Bewußtseins gebracht werden. Mit Erlangung des Verständnisses wird der emotionelle Inhalt zerstreut. Das ist ein guter Weg, die Sache zu erledigen, wenn derjenige, der analysiert, ein guter Fischer ist.

Ein anderer Weg ist, unsere Liebe, unseren guten Willen, unseren Glauben und unser Glücklichsein von oben in den Brunnen zu gießen. Das wird alle Komplexe, unter denen wir leiden, vollständig vernichten.

Zur Verdeutlichung: Angenommen, Sie haben eine Flasche mit lehmigem Wasser. Es gibt zwei Wege, das lehmige Wasser durch klares zu ersetzen. Sie können all das trübe Wasser ausschütten und das klare Wasser einfüllen, oder Sie können über einen längeren Zeitraum hinweg beständig klares Wasser von oben eingießen, bis das ganze Wasser vollkommen klar wird.

Zwei Arten, Furcht und Haß loszuwerden

Erfüllen Sie sich mit Liebe, Glauben und gutem Willen gegenüber sich und allen Menschen. Betrachten Sie jede Erfahrung als gut oder analysieren Sie die Furcht oder den Haß, indem Sie sich bemühen, ihre Ursache zu verstehen.

Wenn Sie über jemanden anders oder über sich selbst verstimmt sind, wenn jemand Sie verletzt hat oder Sie sich selbst verletzt haben, werden Sie im Traum oder im Schlaf die Barrieren herunterlassen, und die Verletzung wird versuchen, herauszukommen. Wenn Sie stillsitzen und Ihren Geist entspannen, fangen Sie vielleicht an, an die Person zu denken, die Sie verletzt hat. Das ist die Art und Weise der Natur, Ihnen mitzuteilen, daß sie sich von der unwürdigen und unheilvollen Erinnerung befreien sollen.

Komplexe finden oft in den eigenen Träumen ihren Ausdruck. Der geübte Analytiker weiß, daß alles, was auf der Oberfläche des eigenen Bewußtseins vor sich geht, eine Verbindung mit etwas Darunterliegendem hat. Was auch an der Oberfläche erscheint, ist gefärbt oder beeinflußt von dem, was sich darunter befindet. Wenn Sie dem Analytiker Ihre Träume oder das, worüber Sie gewohnheitsmäßig nachdenken, mitteilen, ihm mitteilen, was Ihre Sorgen sind, dann langt er durch das Gesetz der Ideenassoziation in Ihr Unterbewußtsein hinab und findet Ihren Komplex.

Normale Instinkte müssen ihren gesunden Ausdruck finden

Der Wunsch des Lebens nach Ausdruck ist für das *ganze* Leben ein grundlegender. Der Wunsch nach Erhaltung der Art – das Verlangen nach Erotik –, der Wunsch zur Selbsterhaltung und der Wunsch, etwas zu leisten: sie alle sind normal. Um gesund zu sein, müssen wir unseren normalen Instinkten auf gesunde Weise Ausdruck verleihen.

Nichts Normales oder Instinktives ist schlecht; das, was wir für schlecht halten, ist der falsche oder pervertierte Gebrauch dessen, was im Grunde gut ist. Jedes Laster ist eine pervertierte Tugend. Wenn es verstanden und in die richtigen Bahnen gelenkt wird, führt das Verlangen nach Erotik zu wunderbarem Familienleben. Wenn es fehlgeleitet oder ohne die rechte Richtung geäußert wird, ist das Ergebnis Kummer.

Während normale Instinkte nicht ohne Gefahr für unsere Gesundheit und unser Wohlergehen unterdrückt werden können, muß doch deutlich gesehen werden, daß alle inneren Triebe auf die höchste mögliche Ebene gelenkt werden sollten, wenn wir gesund und glücklich sein wollen. Unsere natürlichen Triebe können keine gesunde, heilsame Richtung erhalten, wenn unser Unterbewußtsein von einem Schuldgefühl, einem Glauben an das Böse oder von Furcht beherrscht wird.

Vier Fronten, an denen das Leben zum Ausdruck kommt

Das Leben hat vier Hauptwege, durch die *es* sich selbst durch Sie zum Ausdruck bringen möchte. Es gibt einen Weg der Kreativität – Ihre Arbeit; den Weg der Unterhaltung – Ihr Spiel; die Äußerung von Liebe durch Sie; und Leben möchte stets geistig und intellektuell wachsen.

Denken Sie sich ein griechisches Kreuz, bei dem alle vier Spitzen gleich sind. Lassen Sie dieses Kreuz stellvertretend für Ihre Persönlichkeit stehen. Überschreiben Sie die erste Spitze „Arbeit", die zweite „Spiel", die dritte „Liebe", die vierte „Gottesdienst". Eine ausgeglichene Persönlichkeit äußert sich in gleicher und vollständiger Weise auf der Seite der Arbeit, auf der Seite des Spiels, auf der Seite der Liebe und auf der Seite des Gottesdienstes. Sie müssen sich nicht nur an diesen vier Fronten äußern, sondern Sie müssen sich *auf gesunde Weise* äußern, wenn Sie eine wohlausgeglichene, gesunde Persönlichkeit haben wollen. Eine Projektion ist gerade so wichtig wie die andere.

Arbeit ist schöpferisches Tätigsein. Sie sind nicht zufrieden mit sich, wenn Sie nicht schöpferisch wirken; bevor Sie nicht am Ende des Tages, am Ende der Woche, am Ende des Jahres sagen können: „Ich habe etwas geschaffen. Es macht etwas her. Ich habe etwas Lohnendes getan." Sie müssen Arbeit, Beschäftigung oder schöpferische Tätigkeit haben, die Sie befriedigt.

Es ist wichtig, daß Sie spielen – *Freizeit* haben. Spiel ist das freie Fließen des Lebens. Spiel ist die Äußerung der einfachen Freude am Leben – die ungezwungene Äußerung des Lebens selbst. Spiel ist der Tanz des Sonnenlichts, das Sich-Kräuseln des Wassers im Strom; Spiel ist das Rascheln der Blätter, das Lied des Vogels, das Lachen eines Kindes. Es ist die reine Freude am Selbstausdruck. Es hat kein Ziel in sich außer der freudigen Äußerung dynamischen Lebens – der Freude daran, zu leben und sich auszudrücken. Unterhaltung ist so wichtig wie die Schöpfung.

Genauso wichtig wie Arbeit und Spiel in Ihrem Leben ist es, daß Sie sich dem Leben emotionell hingeben – das emotionale Verströmen des Selbst auf etwas oder jemanden ohne Rückhalt – das Loslassen des Selbst – die emotionelle Hingabe des Selbst an etwas.

Gottesdienst lädt Sie wieder auf

Sie müssen irgendein Ideal haben, auf daß Sie sich zubewegen, wenn Sie sich gut fühlen wollen. Wahrer Gottesdienst bedeutet ein Wiederaufladen Ihrer geistigen Batterien. Er verleiht Ihrem innersten Wesen Ausdruck. Er ist der Verkehr Ihrer Seele mit dem großen, Sie umgebenden Leben – der großen Über-Seele. Er ist Einswerdung mit dem Leben. Er ist Wachstum der eigenen Intelligenz und Vernunft – die Entfaltung des eigenen Geistes. Er ist das Gelangen zur Erkenntnis Ihrer selbst als eines geistigen Seins, zu einem Gefühl der Einheit mit dem größeren Leben. Er ist Entdecken der eigenen tieferen Schichten. Das ist sehr wichtig. Sie müssen irgendwie, auf irgendeine Weise, durch Gottesdienst Ihr wahres Wesen zum Ausdruck bringen, oder es wird unterdrückt werden.

Viele Menschen sagen, sie könnten sich nicht vorstellen, was mit ihnen los sei. Sie haben Geld in Mengen, und dennoch fühlen sie sich immer noch nicht richtig wohl. „Ich bin nicht zufrieden mit mir. Ich bin nicht zufrieden mit dem Leben", hört man sie sagen. Das ist so, weil sie irgendwo in ihrer Äußerung an den vier Fronten des Lebens unausgeglichen sind.

Das ist *äußerst* wichtig! Sie arbeiten immer an etwas, aber Sie müssen diese Aktivität auf der höchsten möglichen Ebene zum Ausdruck bringen, die Sie kennen. Sie müssen Ihrem Wirken auf eine Weise Ausdruck verleihen, die Ihnen die höchste Befriedigung gibt, oder in Ihnen wird es einen Gewissenskonflikt geben. Sie werden sich selbst nicht mögen, und wenn Sie sich selbst nicht mögen, ist Ihnen Krankheit so gut wie sicher. Wenn Sie zum Beispiel keine interessante, schöpferische Tätigkeit haben, fangen Sie vielleicht an zu faulenzen, was eine pervertierte Form von Arbeit wäre. Aber kein Faulenzer ist glücklich. Wer auch immer Faulenzen zu einer Beschäftigung macht, ist nicht glücklich, weil er tief im Innern fühlt und weiß, daß er sich unsozial verhält.

Das gleiche trifft auf das Spiel zu. Wir müssen auf gesunde Weise spielen. Jeder weiß, daß es viele ungesunde Arten zu spielen gibt.

Es ist auch natürlich, daß Sie etwas lieben. Die Lebenskraft in Ihnen hat das Bedürfnis, sich an etwas oder an jemanden anzuschließen, selbst wenn sie dazu in Eigenliebe auf ihr Selbst zurückfallen muß, denn Sie müssen von Natur aus lieben. Es kann passieren, daß Sie den falschen Menschen oder die falsche Sache lieben und dann viel Kummer haben. Auch wenn es eine pervertierte Form von Liebe sein mag, Sie werden dennoch immer noch lieben. Sie *können* Ihrer Liebe jedoch in gesunder Weise Ausdruck verleihen, und Sie werden glücklich sein.

Viele Arten von pervertierter Gottesfurcht und viele Arten von Aberglauben existieren. Diese verursachen Angst, Versagen, Schwäche und häufig auch Krankheit.

Arbeit, Spiel, Liebe und Gottesdienst mögen sich, wenn man es zuläßt, auf die falsche Weise äußern; aber wenn das Leben *vollständig* und *gesund* auf allen vier Seiten zum Ausdruck gebracht wird, sind Sie glücklich und haben ein Gefühl des Vertrauens und das Empfinden, ein sinnvolles Dasein zu führen.

Machen Sie ein Diagramm von sich

Jede von den vier Spitzen des griechischen Kreuzes ist wichtig. Analysieren Sie sich, um zu entdecken, wo Sie zu kurz und wo Sie zu lang sind. Finden Sie heraus, ob Sie im Übermaß arbeiten, spielen, lieben oder anbeten oder ob Sie sich zu wenig verwirklichen. Entdecken Sie, wo Sie bei Ihrer Äußerung des Lebens unausgewogen sind.

Nachdem Sie das Diagramm abgeschlossen und auf sich selbst einen kritischen Blick geworfen haben, machen Sie sich ein Idealbild von sich und akzeptieren Sie es als Ihr Ich. Machen Sie sich ein Bild davon, wie Sie Ihrer Meinung nach leben und sich selbst verwirklichen sollten. Analysieren Sie sich neben diesem Ideal und stellen Sie fest, was Sie hinzufügen müssen, um Ihre Persönlichkeit zu einer ausgewogenen zu machen. Ich habe einen Freund, der Arzt ist, der sagt, er habe nun gelernt, seinen Patienten die Diagnose zu stellen, indem er *nicht* auf ihre Krankheit sieht, sondern aufdeckt, was seitens seines Patienten zu einem vollkomenen Wohlbefinden gebraucht wird. Das ist modern und ohne Zweifel ein guter Weg, eine Diagnose zu stellen.

Wenn Sie für sich die perfekte Persönlichkeit geplant haben, entscheiden Sie, was verändert werden muß. Wenn Sie dieses Ideal als *Ihr Ich* akzeptieren wollen, werden Sie entdecken, daß Sie automatisch so handeln. Sie geben den Kräften des Lebens eine neue Richtung, wenn Sie für sich selbst einen neuen Plan akzeptieren.

Ihre Ego-Vorstellung

Wir alle tragen in uns ein Bild von dem, wovon wir *denken*, daß wir es sind. Es ist ein geistiges Bild davon, wie wir unserer Meinung nach das Leben anpacken, wie wir uns davon zurückziehen, wie wir aussehen und wie wir handeln. Dieses Bild nennt man die „Ego-Vorstellung". Wir pflegten zu denken, unsere Erfahrungen von Unglücklichsein und Mißerfolg wie auch unsere Erfolge, unsere Krankheiten und unsere Gesundheit hätten dazu geführt, daß wir dieses Bild von uns haben. Nun wissen wir, daß wir das Pferd beim Schwanz aufgezäumt haben, denn das Bild, das wir von uns selbst haben, ist das, was dem Leben das Schema an die Hand gibt, nach dem es niemals zu handeln versäumt. Das Bild, das wir im Geiste von uns haben, ist die Ursache unserer Erfahrungen, und es sind nicht umgekehrt unsere Erfahrungen die Ursache des Bildes.

Ihr geistiges Selbstbildnis ist nicht das Ergebnis – es ist die *Ursache*. Ihre Ego-Vorstellung ist die Form, der Ihre Erfahrungen entsteigen.

Das Ego-Ideal

Angenommen, Sie schaffen sich ein Ego-Ideal. Sie sind ein willensbegabtes, wählendes, bewußtes *Sein*. Stellen Sie sich vor, Sie wählen sich ein Ideal für das, was Sie gerne tun und sein würden. Stellen Sie sich weiter vor, Sie nehmen dieses Idealbild für sich als Ihre neue Ego-Vorstellung an. Projizieren Sie sich im Geiste in das hinein, was Sie gern sein wollen – was Sie Ihrer Meinung nach sein sollten. Der Teil von Ihnen, der das Ideal projiziert, wird als das *Über-Ich* bezeichnet. Das Über-Ich mag einen Plan oder ein Bild des Ideals entwerfen. Das *Über-Ich* richtet sich auf das Feld der *Ideale*. Machen Sie das neue Bild – dieses neue Porträt Ihrer selbst – auf der Grundlage des idealen Selbst, und ersetzen Sie Ihre alte Ego-Vorstellung durch dieses neue *Ego-Ideal*. Das ist die neue Technik des Persönlichkeitsaufbaus. *Ersetzen Sie die Ego-Vorstellung, die Sie haben, durch das Ego-Ideal.* Betrachten Sie sich vom Standpunkt des Ideals her statt aus der Sicht der Vorstellung, die Sie sich bisher von sich gemacht haben. Glauben Sie, daß Sie dieses Ideal sind! Glauben Sie, daß Sie gesund und glücklich sind, daß Sie sich in Ihrer Tätigkeit auf gesunde Weise äußern können und ebenso in Ihrem Spiel, Ihrem Liebesleben und Ihrer Gottesverehrung, in Ihrem intellektuellen und in Ihrem spirituellen Leben des Wachstums. Jetzt gebrauchen Sie Ihre Vorstellungskraft konstruktiv. Neue Ideen, was Sie tun sollten, werden Ihnen kommen. Dann handeln Sie! Das wird zu den erwünschten Ergebnissen führen, wenn Sie beharrlich bleiben und mit Begeisterung daran arbeiten.

Legen Sie sich ein kleines Notizbuch an. Listen Sie alles, was Sie verwirklichen wollen, unter den verschiedenen Überschriften *Arbeit, Spiel, Liebe* und *Gottesdienst* auf. Gehen Sie diese Listen sorgfältig durch und entscheiden Sie, ob Sie daran glauben, daß die Dinge auf Ihrer Liste existieren; ob sie für Sie existieren; ob Sie sie haben können und ob Sie glauben, daß Sie ein Recht darauf haben, sie zu haben. Lesen Sie die Listen drei- oder viermal täglich durch; und wenn Sie das tun, werden Sie zu dem Glauben gelangen, daß Sie haben und sein können, was Sie aufgelistet haben. Akzeptieren Sie das neue Selbstbild. Meditieren Sie darüber. Sie werden sich unbewußt in diese Richtung bewegen. *Sie* haben den idealen Plan für Ihr Leben geschaffen.

Wenden Sie sich von dem Bild ab, wie es erscheint, und der Vorstellung von der Art zu, wie es sein sollte – von der Ego-Vorstellung zum Ego-Ideal. Wenn Sie feststellen, daß Sie das nicht tun wollen, beschützen Sie ohne Zweifel einige der ungesunden Komplexe, die im Unterbewußtsein liegen. Sie mögen den unbewußten Wunsch haben, Ihre Furcht zu verdecken. Sie mögen den Wunsch haben, Ihren Minderwertigkeitskomplex oder Ihr Schuldgefühl abzuschirmen. Sie mögen sogar tatsächlich den Wunsch hegen, sich für einen Sünder zu halten. All dies mag Ihnen sogar eine morbide Befriedigung verschaffen. Wenn Sie nun eine Betrachtung Ihres Ego-Ideals anstellen, wo Sie wissen, was Sie tun wollen, werden Sie dem Menschen gleichen, der Medizin vom Arzt erhält, aber sie nicht nimmt, oder dem, der zum Psychologen geht und sagt: „Das liegt an ihm. Es ist nicht mein Problem." Sie schirmen Ihre Schwachheit ab, statt Ihre Stärke zu finden und von ihr Gebrauch zu machen.

Paulus sagte, man müsse den alten Menschen *ablegen* und den neuen *anziehen*. Versagen Sie sich das Vergnügen, an jenen negativen Bewußtseinshaltungen festzuhalten. Achten Sie auf den Gedanken, der Ihnen den Grund dafür angibt, warum Sie das, was Sie tun wollen oder wovon Sie empfinden, daß Sie es tun sollten, nicht tun können, und fragen Sie sich selbst: „Warum glaube ich, daß ich mich nicht so, wie ich sollte, in meiner Arbeit, meinem Spiel, meiner Liebe und meiner Gottesverehrung oder in meinem Wachstum verwirklichen kann? Gibt es einen wirklich legitimen Grund dafür, daß ich es nicht kann?" Sie finden immer eine Menge Entschuldigungen, aber keinen legitimen Grund. *Welchen Grund auch immer* Sie sich dafür geben, daß Sie versagen, er ist erlogen! Es ist nicht so! Sie suchen nach einem Alibi, Sie argumentieren, Sie schirmen Ihre Schwäche ab, beschützen Ihre Neurose.

Bewegen Sie sich auf Ihr Ideal zu

Im Laufe der Evolution wurde das Tier, während es zum Menschsein heranwuchs, selbst-bewußt, was bedeutet, daß es begann, sich zu erkennen – zu erkennen, daß es existierte und daß es Begierden hatte. Der Mensch ist zu der Erkenntnis gelangt, daß er bestimmen kann, wie er die Erfüllung seiner Wünsche bewerkstelligen will.

Der Wunsch, dem Schmerz zu entgehen und das Angenehme zu erreichen, ist unserer Natur als ein Mittel einverleibt, Evolution oder Wachstum herbeizuzwingen. Der Wunsch, vom Schmerz wegzukommen und das größtmögliche Vergnügen zu erreichen, ist ein grundlegender Trieb in uns allen. Wir finden heraus, daß wir, wenn wir es wollen, für uns selbst das größte Gute und das größte Vergnügen wählen können. Die Wahl des größten Guten wird uns zu gegebener Zeit in den Genuß der herrlichsten Erfahrungen des Lebens bringen.

Befangenheit, Selbstbeobachtung trägt in sich das Vermögen, bewußt zu wählen. Wir haben *Vernunft* entwickelt, die unseren Emotionen überlegen ist, so daß wir das größere Gute wählen können. Wir können wählen, unsere Emotionen zu lenken, so daß wir heute nichts tun, was uns morgen leid tun müßte. Wir haben Vernunft entwickelt, damit wir unsere inneren emotionellen Kräfte auf die beste Weise nach außen lenken – zum größten Guten oder zum größten Vergnügen. Wir haben gelernt, für uns und für andere das größte Gute zu wählen, weil wir wissen, daß wir alle in einem kooperativen Unternehmen zusammengebunden sind.

Liebe ist die Antwort

Unser Ideal ist das, was uns das größte Gute bringt. Wir können leicht einsehen, warum wir es lernen sollten, unseren Nächsten wie uns selbst zu lieben, denn wir und unser Nächster sind Partner. Durch Kooperation erreichen wir, daß wir weniger Schmerzvolles und mehr Angenehmes erleben. Wir lernen, Gott zu lieben, denn wenn wir Gott lieben, lieben wir alles – wir hassen nichts und lehnen nichts ab.

Das ist Moral, was für Sie gut ist – das, was zu Ihrem größten Guten beiträgt. Es gibt kein moralisches Gesetz außer dem Gesetz der gesunden Selbstverwirklichung; aber Ihr größtes Gutes kann nicht von dem größten Guten Ihres Nächsten getrennt werden. Wenn Sie nicht dem gemäß leben, was Sie für Ihr größtes Gutes halten, gibt es da einen inneren Mechanismus des Bewußtseins, der die Ursache davon ist, daß Sie unglücklich sind – der Ihnen Schmerz bereitet. Dieser innere, instinktive Mechanismus wird *Gewissen* genannt. Ihr Gewissen tut Ihnen weh.

Das Leben ist intelligent; und wenn Sie von schmerzvollen Erfahrungen weg- und zum größtmöglichen Angenehmen hingelangen wollen, müssen Sie sich auf Ihr Ideal zubewegen. Als Tier, nur durch den Instinkt geleitet, würden Sie nicht zögern, jemanden zu töten, der Ihnen in den Weg geriete. Sie würden kein Ideal und daher auch kein Gewissen haben.

Wenn Sie das einfache Selbst-Bewußtsein, die noch befangenunsichere Selbstbeobachtung entwickelt haben, sagen Sie vielleicht, „Ich möchte ihn immer noch umbringen, aber mein Verstand sagt mir, wenn ich es tue, bringen seine Freunde vielleicht mich um." Sie erkennen, daß Sie Ihre größte Bequemlichkeit nicht durch Töten erreichen werden. Sie sind in Ihrem Wachstum einen Schritt vorangekommen, und Sie tun nichts, was Ihnen Schmerz bereiten würde. Wenn Sie dem Wunsch jedoch gestatten, in Ihrem Bewußtsein festen Fuß zu fassen, selbst wenn Sie es besser wissen, werden Sie ihn wahrscheinlich später töten. Solange Sie zwei Vorstellungen in sich tragen – was Sie tun möchten und was Sie tun sollten – wird es in Ihnen einen Konflikt geben. Es ist immer weise, das zu wollen, was man tun sollte. Lernen Sie, Ihre Emotionen im Lichte der Vernunft und des gesunden Menschenverstandes zu besehen und dementsprechend unter Kontrolle zu halten.

Wenn Sie den nächsten Schritt in Ihrem Wachstum tun, möchten Sie nicht einmal mehr töten; Sie erkennen, daß ein größeres Gutes erfolgen wird, wenn Sie diesen Menschen lieben, wenn Sie mit ihm zusammenarbeiten und, indem Sie das tun, seine Kooperation und die seiner Freunde gewinnen. Sie werden diese Schritte jedoch nie unternehmen, bevor Sie Ihre Emotionen nicht bewußt erfassen – diese instinktiven Triebe in Ihnen – und sie durch die Vernunft im Lichte Ihrer Ideale neu richten. „Zu deinem eigenen Selbst sei aufrichtig, und es muß folgen wie die Nacht dem Tage, daß du keinem Menschen gegenüber unaufrichtig sein kannst."

Sie werden nicht aufrichtig zu sich selbst, zu Ihrem Nächsten oder zu Gott sein, solange Sie innerlich an Schuld-, Angst-, Haß- und Abneigungskomplexen festhalten. Diese beherrschenden Bewußtseinszustände werden Sie dazu treiben, die Dinge zu tun, die Sie nicht tun sollten. Ehe Sie sich nicht von diesen negativen Einstellungen lösen, wird es in Ihnen Konflikte geben – Konflikte, die in Krankheit, Unglücklichsein, Verwirrung und Mißerfolg ihren Ausdruck finden werden.

Wenn unsere instinktiven Triebe uns in Schwierigkeiten bringen, in unglückliche Situationen von der oder jener Art, dann müssen sie umerzogen werden. Wenn es einen Konflikt zwischen den Gefühlen und der Vernunft gibt, gewinnen unter Umständen die Gefühle. Da Gefühle – Instinkte – älter und grundlegender sind als Vernunft, müssen sie neu erzogen, neu ausgerichtet werden, wenn wir in einer modernen, zivilisierten Gesellschaft ohne Gewissenskonflikte leben wollen.

Furcht und Abneigung stehen oft einer vollständigen und gesunden Lebensäußerung unsererseits im Wege. Sie müssen durch Glauben und Liebe ersetzt werden. Unsere große Aufgabe ist, diese inneren Komplexe und Konflikte, die Gefühle der Minderwertigkeit, der Unzulänglichkeit, Furcht und Abneigung loszuwerden, wenn wir mit Begeisterung für das Leben weitermachen wollen. Sonst wursteln wir nur so durchs Leben.

Wir müssen zu einer Erkenntnis der Wahrheit über uns selbst gelangen und bewußte Kontrolle über uns übernehmen. Wir müssen an den Ort gelangen, wo wir tun, wozu wir geschaffen wurden. Wir müssen in unserem Arbeitsleben, unserem Spiel-Leben, unserem „Liebesleben" und unserem gottesdienstlichen Leben wachsen. Wir müssen uns von dem freimachen, was uns daran hindert, diese Dinge auf gesunde Weise zu tun; vielleicht aber nehmen wir Zuflucht zu den vielen verschiedenen Ausfluchtsmöglichkeiten. Wir mögen nach einer Ausrede suchen, argumentieren oder uns entschuldigen; das gießt nur Öl auf die Wunde, es heilt sie nicht.

Ein Mensch mag Probleme in seinen zwischenmenschlichen Beziehungen haben. Jeder scheint gegen ihn zu sein, deshalb klagt er gegen seinen Freund, seinen Geschäftspartner, vielleicht sogar gegen seine Frau. Er mag eine Scheidung erreichen oder eine Geschäftsverbindung auflösen, aber er hat immer noch Schwierigkeiten, weil er sich selbst mitnimmt, wohin er auch geht. Die innere Ursache dieser Schwierigkeiten muß gefunden und eliminiert werden. Bevor das nicht getan ist, wird der Mann nach Entschuldigungen suchen, indem er sagt: „Es ist die Schuld des anderen – nicht mein Fehler." Er gibt sich selbst viele Entschuldigungsgründe, damit er eine bessere Meinung von sich hat. Er entschuldigt sich vielleicht dadurch, daß er sagt: „Gott hat mich so gemacht, und ich schätze, ich muß so bleiben, wie ich bin, für Schwierigkeiten geboren. Ich kann nichts daran ändern." Oft versucht er dann, sein Gewissen durch Selbstmitleid zu beschwichtigen, aber das heilt natürlich nicht.

Oberflächensymptome

Hektik, Kampf, falsche Handlungen, Unglücklichsein, Konflikte in unserer Umgebung und mit anderen Menschen, Alkoholismus, Frustrationen – das alles sind *Symptome* an der Oberfläche, Erfahrungen, die die Ausbildung von etwas sind, was im Innern nicht stimmt. Arroganz, Übersensibilität, Selbstsucht, ein Gefühl des Ausgeschlossenseins, Selbstmitleid und Ängstlichkeit sind eben die Ergebnisse dessen, was im Unterbewußten zurückgehalten wird. Es nützt wenig, diese Symptome zu behandeln. Die ihnen zugrundeliegende Ursache muß herausgefunden und beseitigt werden. Erfahrungen von geistiger und körperlicher Krankheit erscheinen an der Oberfläche unseres Lebens. Sie sind die Ergebnisse eines inneren Mißverhältnisses. Wir müssen unsere unerfreulichen Erfahrungen erkennen und ihnen vergeben. Wir müssen sie loslassen.

Wie wir in den letzten Kapiteln erörtert haben, werden Sie von der Wunde geheilt, wenn Sie vergeben und verstehen. Gelöst von der Vergangenheit, können Sie ein befriedigendes Ziel vor Augen haben, ihm folgen und es erreichen.

Wie denkt man unbewußt aus falscher Sicht über sich? Nehmen wir an, nachdem Sie irgendeine Verletzung erfahren oder einen Fehler gemacht haben, entwickeln Sie ein Minderwertigkeitsgefühl. Sie ziehen die Schlußfolgerung, daß Sie dem Leben gegenüber minderwertig sind. Sie *sagen*, Sie seien minderwertig. Wie wir gelernt haben, sind Sie nicht tatsächlich minderwertig, Sie haben alle Stärke, die es gibt. Sie haben die Weisheit unendlichen Wissens, aber Sie *glauben*, Sie seien minderwertig. In Wirklichkeit sind Sie ein guter Mensch, weil Sie Leben sind, und Leben ist gut. Da Sie jedoch nicht die Wahrheit über sich wissen, kommen Sie vielleicht zu der Meinung, daß Sie ein Sünder, daß Sie schlecht sind. Sie fühlen sich zurückgestoßen; Sie *glauben* es. Wenn Sie glauben, Sie seien minderwertig oder ein Sünder, wird alles, was Sie tun, von dieser Vorstellung gefärbt sein, von dem, was Sie von sich glauben; und Sie werden dementsprechend handeln. Sie können nicht anders als so handeln, wie Sie von sich denken, denn „dir geschehe nach deinem Glauben".

Die Wahrheit ist, Sie sind Leben, und Leben ist gut. Das ist die Wahrheit über Sie, und unter diesem Gesichtspunkt sollten Sie sich sehen. Wenn Sie glauben, Sie seien minderwertig, denken Sie von einem falschen Zentrum aus – von einem falschen Standpunkt. In Ihrem Denken haben Sie sich von der realen Wahrheit abgespalten. Das Ergebnis ist eine gespaltene Persönlichkeit.

Gespaltene Persönlichkeiten

Alle neurotischen Menschen sind gespaltene Persönlichkeiten, weil sie eine Unwahrheit über sich glauben und diese Unwahrheit leben. Genau bei dieser Spaltung beginnen und wachsen ihre Schwierigkeiten. Das ist klar, nicht wahr? Der Glaube sollte untersucht werden. Die Wahrheit sollte erkannt werden. Die Unwahrheit muß aufgegeben werden; Wahrheit muß akzeptiert werden. Jesus sagte: „... und ihr werdet die Wahrheit erkennen, und die Wahrheit wird euch frei machen" (Johannes 8:32). Wenn Sie die Wahrheit über sich wissen, wenn Sie sich unter dem richtigen Blickwinkel sehen, werden Sie auf die richtige Weise handeln, ohne inneren Konflikt.

Wenn Sie sich selbst, jedem, allem vergeben, wenn Sie sich neu in die zentrale Idee des vollkommenen Lebens, das Sie sind, einordnen, werden all die Energien Ihres Seins freigesetzt, um sich wirksam in die richtige Richtung zu bewegen. Beherrscht von Vernunft und Verstand statt von Furcht, werden Sie frei sein, geradewegs vorwärts zu gehen, anstatt sich in viele Richtungen gleichzeitig zu bewegen, wie Sie es vielleicht vorher getan haben.

Sie können sich nicht voller Angst voranbewegen und dabei gesund sein. Die Angst wird Sie in die entgegengesetzte Richtung gegenüber der treiben, die Sie Ihres Wissens nach einschlagen *sollten*. Sie werden sich auseinanderreißen. In Ihrem Wunsch, etwas zu erreichen, wird Ihre Vernunft Sie in die eine und Ihre instinktiv handelnde Furcht in die andere Richtung ziehen.

Jesus sagte, wenn man beten wolle und irgend etwas gegen seinen Bruder habe, solle man geradewegs umkehren und mit ihm Frieden schließen. Vergeben Sie jedem Menschen und jedem Ding, bevor Sie anfangen zu beten; sonst werden Sie sich das erbitten, was Sie nicht haben wollen. Sie werden ein Gebet des Hasses und der Furcht sprechen. Befreien Sie sich von der Abneigung. Wenn Sie jemanden oder etwas fürchten oder nicht leiden können, beten Sie zuerst, um Ihren Geist und Ihr Herz davon zu reinigen.

Finden Sie den Kern der Kraft in sich selbst. Erkennen und akzeptieren Sie ihn. Dann werden Ihre geistigen, emotionellen und körperlichen Kräfte alle in eine Richtung ziehen. Errichten Sie sich Ihr Ziel, Ihr Ideal, und Sie werden sich darauf zubewegen. Sie können bekommen, was immer Sie wollen, weil sowohl Wunsch wie auch Erfüllung im Bewußtsein in Ihnen sind. Sie hätten den Wunsch nicht, wenn die Antwort darauf nicht existierte. Ihr Wunsch ist das Bild, das das Leben selbst Ihnen von dem gibt, was Sie sein können. Sie werden sich jedoch nicht der Erfüllung dieses Wunsches entgegenbewegen, wenn Sie Komplexe der Schwäche, Minderwertigkeit, Abneigung, des Hasses oder der Furcht in sich Raum finden lassen. Verwirrung hemmt dann Ihre Gebete.

Geistiger Friede kommt, wenn Sie sich von allen inneren Konflikten befreit haben – wenn Sie Glauben, Liebe und Vergebung verwirklicht haben. Er kommt mit einer bewußten Vereinigung des Selbst mit dem unendlichen göttlichen, unsterblichen Prinzip, das das Prinzip allen Lebens ist. Er kommt, wenn Sie alle negativen Gedanken, Überzeugungen, Haltungen losgelassen haben und dafür all das zurückbehalten haben, was positiv und gut ist.

Nachts – Vergib

Bevor Sie sich nachts zur Ruhe begeben, blicken Sie auf Ihren Tag zurück und klären Sie ihn. Vergeben Sie sich. Vergeben Sie allem, was Sie verletzt hat. Dann werden Sie sich entspannen. Vergeben Sie jeder Verletzung, bevor sie die Möglichkeit hat, in die Tiefen Ihres Bewußtseins abzusinken und ein Teil Ihrer unterbewußten Einstellung zu werden. Kümmern Sie sich darum, solange sie noch objektiv, noch frisch in Ihrem Bewußtsein ist. Wenn Sie es nicht tun, wird sie sich bald in Ihnen festsetzen und zu einem chronischen Schmerz werden. Jetzt, im Augenblick, ist sie nicht chronisch. Wenn es etwas gibt, was Sie daran ändern können, bestimmen Sie, was es ist, und entschließen Sie sich dann, es zu tun.

Sie sind geistig die ganzen Erlebnisse des Tages vom frühen Morgen an durchgegangen. Sie haben den Tag geklärt. Keine von jenen Verletzungen wird während der Nacht in Ihrem Unterbewußtsein bei

Ihnen bleiben, um Ihren Schlaf zu stören oder geistige Anspannung zu verursachen und Ihren Schlummer zu beunruhigen. Ein Großteil Ihrer Schlaflosigkeit, falls diese ein Problem für Sie ist, resultiert daraus, daß Sie die Verletzungen des Heute und die Sorgen des Morgen mit sich ins Bett nehmen.

Nachdem Sie dem Tag vergeben haben, sagen Sie, und meinen Sie es dabei: „Ich bin fertig mit heute. Nun werde ich mich auf morgen vorbereiten." Stellen Sie sich bildlich vor, wie Sie am nächsten Morgen aufstehen, froh, wohlauf und erfrischt und voller Begeisterung für den Tag, der vor Ihnen liegt. Machen Sie sich in Ihrer Vorstellung einen idealen Plan, nach dem Sie vorgehen möchten. Sehen Sie sich selbst alles tun, was Sie den Tag über tun sollten – leicht, zuversichtlich, erfolgreich. Dann wenden Sie diesen Gedanken an: „Ich habe heute abgeschlossen. Ich habe Pläne für morgen gemacht. Nun gehe ich schlafen. Ich werde friedlich ruhen und freudig aufwachen. Ich lebe stets im Bewußtsein von Fülle, Gesundheit und Freiheit."

16. Kapitel

Das schöpferische Prinzip in dir

Derjenige, der entdeckt, daß die Autorität in ihm selbst liegt und der sein Denken, Fühlen und Handeln bewußt von diesem hohen Stand der Bewußtheit her lenkt, wird sozusagen ein Gott. Er nimmt seinen Platz als Beherrscher seiner eigenen Welt ein, als Schiedsrichter über sein eigenes Schicksal und Kapitän über sein eigenes Lebensschiff.

Die Schöpfungsgeschichte

Ich bin sicher, daß wir alle darin übereinstimmen, daß es auf der Welt alles gibt, was irgendeiner von uns möglicherweise brauchen könnte. Es existiert vielleicht als etwas nicht Faßbares, das nur darauf wartet, daß man ihm Form und Gestalt gibt. Vielleicht existiert es auch in Teilen, die nur auf neuartige Weise zu einem Mechanismus zusammengefügt werden müssen, um der Menschheit Gutes zu bringen. Die Schöpfungsgeschichte wird im ersten Kapitel der Genesis in der Bibel erzählt. Sie ist ohne Zweifel von einem Erleuchteten geschrieben worden, der tiefen Einblick in die Wahrheit der schöpferischen Kraft des Menschen hatte. Er sagte, die Erde war ohne Form und leer bis auf den Geist Gottes, der auf den Wassern schwebte. Diese Feststellung erklärt die schöpferische Macht des Geistes.

An dem zentralen Punkt des bewußten Seins, den man „Ich" nennt, ist man Geist; daher ist man schöpferisch veranlagt, da man das schöpferische Leben selbst ist. Als ein bewußter Erscheinungsort des Lebens lenken Sie das Gesetz des Lebens – Geist. An diesem Punkt sind Sie der Gott Ihrer Welt. *Du*, der Geist des Lebens, bewegst dich über den Wassern und erschaffst. Du kannst entdecken, was Moses entdeckte, daß dein „Ich bin" das „Ich bin" des Lebens oder Gottes ist. Die Welt ist gestaltlos und leer, bis etwas daraus gemacht wird.

In Ihnen und um Sie sind all die Gott-Eigenschaften: Intelligenz, Vitalität, Schönheit, Freude, Friede und Kraft; und all dies ist gestaltlos, bis Sie diesen Eigenschaften durch Wahl, Entscheidung und Vorstellungskraft Form verleihen. Schönheit ist zum Beispiel eine Idee ohne Form und leer, bis Sie ihr eine Form schaffen. Sie können Schönheit vergegenständlichen, indem Sie ein Bild malen oder ein Lied singen. Durch deine Wahl, dein geistiges Abbilden und deine Handlungen machst du das objektiv erfahrbar, was bisher ohne Form war. Schönheit existiert für jeden als eine Wirklichkeit. Geben Sie ihr Ihre Aufmerksamkeit, geben Sie ihr Form durch Ihre Phantasie, betrachten Sie sie mit Glauben und Liebe, und Sie werden schöne Erfahrungen ins Gegenständliche bringen – ein schönes Heim, eine schöne Umgebung, ein schönes Leben.

Lassen Sie mich dieses Bild gebrauchen. Nehmen Sie einen Stift und malen Sie einen Kreis auf ein Stück Papier. Natürlich ist das Resultat des ersten Versuchs alles andere als perfekt. Versuchen Sie es noch einmal. Das Ergebnis ist besser. Versuchen Sie es immer wieder. Schon bald werden Sie einen beinahe vollkommenen Kreis zeichnen. Je mehr sie *Kreis* denken und üben, desto vollkommener wird Ihre Erfahrung sein. Durch Glauben und fortwährende Praxis werden Sie sich der Vollkommenheit nähern. Existiert irgendwo ein vollkommener Kreis? Ja, gewiß existiert er in Ihrem Bewußtsein. Das Bild in Ihrem Bewußtsein ist ein vollkommener Kreis, aber um es zu erleben, müssen Sie es sehen, daran glauben und zu handeln beginnen. Wenn Sie sich der Idee mit beständiger praktischer Übung widmen, werden Sie sich der Vollkommenheit nähern, aber es ist notwendig, daß Sie den vollkommenen *Kreis* denken, um so etwas wie einen vollkommenen Kreis zu erleben.

Angenommen, Sie denken über ein Dreieck nach, während Sie versuchen, einen Kreis zu zeichnen. Sie werden keinen Erfolg dabei haben, einen Kreis zu zeichnen, nicht wahr? Nein, Sie müssen Kreis denken. Sie können nicht an Rechtecke oder Dreiecke denken, wenn es ein Kreis ist, was Sie haben wollen. Sie geben Ihrem Wunsch Gestalt, indem Sie den vollkommenen Kreis denken und diesen Gedanken durch Ihren Körper hindurchgehen lassen. Sie müssen daran interessiert sein, es zu erfahren. Sie lieben die Vorstellung. Sie widmen ihr enthusiastische Aufmerksamkeit. Sie lassen dieses Gefühl sich durch Ihren Arm und Ihre Hände bewegen.

Sie betrachten geistig das Ideal. Das Ideal ist die Wirklichkeit. Was Sie auf das Papier zeichnen, ist Ihre Erfahrung mit dem Ideal oder der Wirklichkeit. Ihr Denken gibt ihr Form, und durch das automatische Handeln des Lebens machen Sie eine Erfahrung mit der Realität. Durch Wahl, Entscheidung, Betrachtung, Meditation, Glauben, Liebe und Beharrlichkeit werden Sie zu der Erfahrung hingezogen. Es gibt die Möglichkeit und hat sie immer gegeben, einen Kreis zu erleben. Sie können es zu jeder Zeit für sich bejahen. Es spielt keine Rolle, was für Gedanken und Vorstellungen Sie in der Vergangenheit gehabt haben mögen; jene Gedanken können nun verändert werden, und Sie können eine neue Erfahrung machen. Sie haben immer Dreieck oder Rechteck gedacht, daher haben Sie nie einen vollkommenen Kreis verwirklichen können; aber jetzt, wo Sie anfangen, *Kreis* zu denken, handeln Sie in Übereinstimmung mit Ihrem Gedanken, und sofort beginnen Sie, etwas von dem gewünschten Ergebnis zu verspüren.

Gerade wie man einen idealen Kreis in der Wirklichkeit erfahren kann, gibt es eine ideale Tätigkeit. Wenn Sie jedoch die Gedanken „armselige Tätigkeit, schlechtes Geschäft, unlauterer Wettbewerb" formen, dann kann und wird das schöpferische Bewußtsein, gelenkt von Ihnen, Ihnen natürlich keine Erfahrung von vollkommener Tätigkeit bringen. Sie müssen mit Glauben über eine vollkommene Tätigkeit meditieren oder nachdenken. Die Möglichkeit einer vollkommenen Tätigkeit existiert bereits im Geist. Es bedarf nur Ihres geistigen Handelns, um sie für Sie erfahrbar zu machen. Sie müssen dieses Ideal für sich annehmen. Sie müssen es lieben, es im Geiste betrachten, einen Entschluß fassen und so handeln, wie Ihre innere Führung Sie leitet. Sie können vollkommene Beziehungen mit anderen Menschen haben, aber gewiß werden Sie diese vollkommenen Beziehungen nicht erleben, wenn sich Ihr Bewußtsein mit Disharmonie,

Kampf, Verwirrung, Streit und Auseinandersetzungen beschäftigt. Nein, Sie müssen an Harmonie, vollkommene Beziehungen, Zusammenarbeit, erfolgreiche Erlebnisse denken.

Sie führen Ihr Leben Ihrer Wahl und Ihrem Glauben gemäß. Es ist das Wesen des Lebens, Sie in die Erfahrung dessen zu bringen, was Sie mit Liebe und Glauben bedenken. Der ideale, vollkommene Körper existiert, und er kann verwirklicht werden; aber wenn Sie an Krankheit, Unwohlsein, Mißverhältnis denken, dann wird sich der ideale und vollkommene Körper nicht in Ihrer Erfahrungswelt manifestieren. Also denken Sie an den vollkommenen Körper, die vollkommene Gesundheit. Denken Sie an jemanden, der vollkommen gesund zu sein scheint, erkennen Sie dann, daß das auch Ihre Gesundheit ist, und betrachten Sie diesen Gedanken mit Begeisterung.

Legen Sie die alten Ideen und Vorstellungen von dem, was Sie nicht wollen, ab und nehmen Sie das an, was Sie sich wünschen. Sie können in diesem Augenblick anfangen, an vollkommen richtiges Handeln zu glauben – vollkommen richtiges Handeln in Ihrem Beruf, Ihren Angelegenheiten, in Ihren Beziehungen, in bezug auf Ihren Körper. Sie können an Ihr Gutes glauben. Sie können sich ihm geben. Sie können über das Ideal meditieren und Ihren Gedanken erlauben, durch Ihre Gefühle und Ihren Körper zu handeln. Wenn Sie es tun, werden die Ergebnisse, die Sie sich wünschen, in Ihre Erfahrung treten. Das Ideal der Vollkommenheit existiert bereits, aber es muß passend gemacht und gestaltet werden. Das Leben zeugt durch den Geist handelnd, gemäß Ihren Entscheidungen und Überzeugungen.

Das unendliche Leben gibt Ihnen von sich

Unendliches Leben, das in Ihnen Gestalt geworden ist, hat Ihnen von seinen schöpferischen Kräften gegeben. Sie können sich Ihre Erfahrungswelt schaffen, aber Sie müssen Ihre Fähigkeit erkennen, es zu tun. Sie müssen erkennen, daß Sie die Werkzeuge, die Instrumente haben, und Sie müssen sie gebrauchen. Sie haben gewaltige Kräfte, von denen Sie viele bisher nicht zur Kenntnis genommen haben. Wenn Sie diese Werkzeuge unbewußt dazu benutzt haben, Ihnen zu bringen, was Sie nicht haben wollen, können Sie trotzdem zu jeder Zeit neue Ideen annehmen und diese gottgegebenen Werkzeuge für das gebrauchen, was Sie wollen. Sie können das Ideal akzeptieren. Sie können aufhören, Versagen zu denken, und jederzeit, wenn Sie sich dafür entscheiden, Erfolg denken, und in dem Augenblick, wo Sie es tun, werden Sie beginnen, neue und andere Erfahrungen zu machen. Wenn Sie in diesem Bewußtsein fortfahren, werden Ihre Erfahrungen besser und besser werden. Sie werden von „Herrlichkeit zu Herrlichkeit" schreiten.

Was ist das für eine Kraft, die Sie gebrauchen? Es ist die Kraft der Natur, die schöpferische Kraft Gottes. Gott ist das Allmächtige oder alle Kraft. Gott ist das Allwissende oder alle Intelligenz. Gott ist das Allgegenwärtige, überall zugegen. Sie gebrauchen die Allmacht, die Allwissenheit dort, wo Sie denken. Tatsächlich sind der göttliche Geist und die Gegenwart Gottes eben Ihr Geist und Ihre Gegenwart. Diese Kraft, die Ihnen einen vollkommenen Kreis erschafft, wenn Sie ihn denken, ist keine andere als die unendliche Kraft des Lebens. Meditieren Sie über diese Kraft. Lieben Sie sie. Glauben Sie an sie und vertrauen Sie ihr. Sie wird Sie niemals im Stich lassen. Das ist die Kraft, die, wenn sie richtig gebraucht wird, Ihrem Leben jede gewünschte Erfahrung bringen kann und wird.

Diese intelligente Kraft in Ihnen ist dieselbe Kraft, die einen Baum wachsen läßt, die das Haar auf dem eigenen Kopf und das Gras auf der Wiese wachsen läßt. Sie läßt Körper wachsen, heilt zerbrochene Knochen und gebrochene Herzen. Diese Kraft ist Natur – Leben – Gott!

17. Kapitel

Vorbereitung auf geistige Behandlung

Ihre Einstellung gegenüber sich selbst, Ihrem Mitmenschen, Gott, dem Gesetz und der Kontinuität des Lebens beeinflußt nicht nur alles, was Sie tun, sondern auch, was Ihnen getan wird, ob Sie es wissen oder nicht. Das ganze Muster Ihres Lebens – alles, was Sie sagen, fühlen und tun –, tatsächlich jede Erfahrung von körperlicher Gesundheit, finanziellen Geschäften und zwischenmenschlichen Beziehungen ist beherrscht von dem, was Sie von diesen fundamentalen Prinzipien denken. Menschen reagieren auf Sie in Entsprechung zu der Art und Weise, wie Sie ihnen gegenüber denken und handeln. Ihr Körper reagiert auf Ihre Bewußtseinshaltungen – Ihre Gedanken über das Leben und Ihre generelle Einstellung zu ihm. Tatsächlich reagieren alle lebenden Wesen, Tiere und sogar Pflanzen, auf Ihre Einstellung ihnen gegenüber. Ihre Familie, Ihre Freunde, Ihre Geschäftspartner, Ihre Kunden, selbst die Leute, die Sie gelegentlich treffen, spiegeln Ihre Einstellung wider, Ihre Gedanken, Ihre tief innerlichen und beherrschenden Überzeugungen. Das gehört zum Allgemeinwissen.

Eine Veränderung der Einstellung führt zu einer Veränderung der Erfahrung. Wenn Sie nicht mögen, was Sie erleben, und dabei wissen, daß dies wahr ist, ist es nur vernünftig, die eigene Glaubenshaltung, die eigene Aufmerksamkeit, die Einstellung zu ändern. Sie sollten das lieben, was Sie von Rechts wegen lieben müßten, und zwar auf die richtige Weise. Sie sollten Ihre Vorstellungskraft konstruktiv gebrauchen. *Bewußt* Ihre geistige Einstellung zu ändern, um ein anderes Resultat zu erzielen – das ist *geistige Behandlung*. Um jedoch eine effektive Behandlung leisten zu können, sei es nun körperlich oder geistig, ist einige Vorbereitung notwendig. In der geistigen Behandlung nennen wir diese Vorbereitung *Meditation*.

Was ist Meditation?

Meditation ist ein Einstellen des Bewußtseins. Sie sorgt für die Grundlage für eine geistige Behandlung. Durch Meditation kommen Sie zu einem Glauben, einer Überzeugung, daß Sie eine wirksame geistige Behandlung leisten können. Durch Meditation erreichen Sie einen positiven Glauben an sich selbst, an andere, an Gott, an die schöpferischen Kräfte des Geistes und an die Welt. Sie arbeiten an Ihren Gedanken und mit ihnen, bis Sie Abneigung, Widerstand, Furchtsamkeit, Sorge und Haß beseitigt haben; dann bauen Sie in sich Liebe, inneren Frieden, Vertrauen und einen festen Glauben an die empfängliche Zugänglichkeit des Lebens auf.

Meditation ist ein derartig vollständiges Säubern, Reinigen und Läutern Ihrer Gefühle, daß Sie durch eine gute Welt sehen und erkennen, daß die Menschen in ihr grundsätzlich gut sind. Durch Meditation gelangt man zu der Erkenntnis, daß jede Situation ihr Gutes hat und daß aus jeder Stunde des Tages Gutes gewonnen werden kann. In der Meditation lernen Sie erkennen oder verstehen, daß Sie selbst nichts anderes sind als das unendliche Leben Gottes, das gänzlich gut ist. Sie begreifen, daß Güte und Wahrheit nicht nur Ihre Wahrheit, sondern die Wahrheit allen Lebens ist, das Sie umgibt. Meditation und geistige Behandlung sind, im Gegensatz zu dem, was manche Leute denken, nicht *das gleiche*. Meditation schafft den Rahmen für eine geistige Behandlung; dagegen führt die Behandlung selbst die schöpferischen Kräfte in das spezifische Tätigwerden, um ein gewünschtes Ergebnis zu erzeugen.

Die Bedeutung der Meditation

Sie werden Schwierigkeiten haben, einen Bewußtseinszustand zu erreichen, in dem Sie Ihrer Meinung nach gute Erfahrungen haben werden, wenn Sie sich zur gleichen Zeit für einen Sünder halten und glauben, Sie seien in Wirklichkeit schlecht. Wenn Sie sich schuldig fühlen, werden Sie unausweichlich glauben, daß Ihnen Unglück begegnen muß. Sie glauben, daß Sie es verdienen, und dieser Glaube wird Ihnen nicht das ersehnte Gute bringen. Sie müssen daher zu einem neuen Glauben von sich selbst gelangen. Sie erreichen diesen Glauben durch stille Meditation, in der Sie Ihre Motive und sich selbst analysieren. Sie sehen schließlich, was Sie wirklich sind – ein menschliches Gott-Wesen. Sie durchtränken Ihr Bewußtsein mit dieser grundlegenden Wahrheit über sich selbst.

Wir haben viele Seiten der Vergebung gewidmet, einem Verstehen dessen, daß unsere vergangenen Erfahrungen nicht wirklich schlecht oder böse sind. Diese Erfahrungen sind Lektionen gewesen, aus denen wir viel Gutes entnehmen können. Sie haben uns etwas über das Leben, über seine antwortende Empfänglichkeit und über unsere eigenen Kräfte gelehrt.

Wenn Sie glauben, Sie seien nicht soviel wert wie andere Leute, wenn Sie das Gefühl haben, Sie würden abgelehnt, andere Leute seien gegen Sie, wenn Sie glauben, die Welt sei von Grund auf gegen Sie eingenommen, dann ist es natürlich notwendig, daß Sie Ihr Bewußtsein von diesen negativen Überzeugungen säubern, bevor Sie erwarten können, daß sich Ihr Gutes manifestiert.

Erst nachdem Sie Ihr Bewußtsein gereinigt – sozusagen saniert – haben, können Sie mit der geistigen Behandlung anfangen, dem wissenschaftlichen Gebet, und erwarten, daß sie wirksam ist. Wenn Sie Ihr Bewußtsein nicht von negativen Gedanken, Überzeugungen, Haltungen und Motiven freigemacht haben, werden Sie sehr wahrscheinlich, wenn auch unbewußt, um das bitten, was Sie nicht wollen, weil Ihre Furcht automatisch diese Art von geistigem Bild schaffen wird. Sie können nicht glauben, daß das Leben Ihnen gute Ergebnisse zuführt, solange Sie nicht glauben, daß Sie ein Recht darauf haben, diese guten Erlebnisse zu haben. Es ist unwahrscheinlich, daß Sie Ihr Bewußtsein dazu benutzen können, sich Wohlbefinden zu verschaffen, wenn Sie zur gleichen Zeit annehmen, daß Sie mit Krankheit gestraft werden werden.

In ihrem Nichtverstehen glauben und sagen manche Leute, daß Gott ihre Gebete nicht beantworten wolle oder daß Gott nicht wolle, daß sie glücklich seien; aber das ist geradewegs auf die beherrschende Einstellung des einzelnen selbst zurückzuführen – auf seine Ängste, sein Gefühl der Schuld und der Minderwertigkeit.

Meditation besteht aus Entspannung, Verstehen und Vergeben. Meditation selbst ist nicht kreativ. Sie sorgt für die geistige Atmosphäre, in der Schöpfung stattfinden kann. In dem Maße, in dem Sie Ihre geistigen Haltungen beherrschen, können Sie eine geistige Behandlung durchführen. *Jeder, der seine Bewußtseinshaltung ändern und verändert erhalten kann, kann eine wirksame geistige Behandlung durchführen.* Lassen Sie diese Aussage tief in Ihr Bewußtsein einsinken. Es ist sehr schwierig, wenn nicht tatsächlich unmöglich, sein Bewußtsein zu verändern und es verändert zu erhalten, wenn es nicht rein, friedlich und frei von Spannung und Druck ist. Freiheit, Vertrauen und Seelenfrieden ist das Geheimnis.

In der Meditation beseitigt man Haß, Befürchtungen, Sorge und Abneigung und setzt an ihre Stelle Liebe. Furcht wird durch positiven Glauben vernichtet. In Meditation übt man das Recht der bewußten Wahl aus.

Diese Kraft, zu wählen und zu entscheiden, ist wahrscheinlich deine größte gottgegebene Kraft. Die Macht, das zu wählen, was du von dir und von anderen annimmst und glaubst, die Macht, auszusuchen, was du lieben willst, die Pläne zu wählen, die du in einer Vorstellung akzeptierst, ist deine Macht, dir deinen eigenen Himmel oder deine eigene Hölle zu schaffen.

18. Kapitel

Die Kraft, die heilt

Da wir uns alle mit der Heilung körperlicher Zustände und menschlicher Angelegenheiten befassen, ist es nur natürlich zu fragen: „Welches ist die Kraft, die die Heilung vollbringt? Wenn wir mit einer bestimmten Absicht denken, wenn wir unsere Glaubenshaltungen ändern und unsere Vorstellungskraft in neue Bahnen lenken, lenken wir irgendeine Kraft. Was ist das für eine Kraft?"

Nur eine Heilkraft

Kein Arzt, Psychologe, Psychiater oder Praktizierender der geistigen Wissenschaft hat jemals einen Patienten geheilt. Kein aufrechter, sich selbst respektierender Arzt würde jemals sagen: „Ich heilte einen Patienten." Der Arzt reinigt die Wunde, aber Gott heilt den Patienten. Kein ehrlicher Psychologe oder Psychiater würde je für sich beanspruchen, jemanden geheilt zu haben. Er hilft, das zu beseitigen, was dem im Wege steht, daß das Leben normal handelt, und er stimuliert das Leben, durch den Patienten in Form von Gesundheit hervorzukommen, aber er würde keinen Anspruch darauf erheben, die Heilung vollbracht zu haben. Es gibt nur *eine* Heilkraft. Diese Kraft ist die Natur, das Leben, Gott, die Vorsehung, das unendliche Wissen, die Liebe – wie immer Sie es nennen wollen.

Alles, was jemand tun kann, welche Methode er auch anwendet, ist, dem Strom des Lebens die Hindernisse aus dem Weg zu räumen, ihn freizusetzen, damit er fortfließen kann; er kann ihn lenken und dazu stimulieren, tätig zu werden. Viele verschiedene Methoden werden angewandt, um die Schranken, die dem perfekten Handeln des Lebens im Wege stehen, zu entfernen, und es gibt viele Wege, das Leben zum Handeln anzuregen, aber die Kraft des Lebens ist *nur* Heilkraft. Diese Kraft ist in Ihnen, wie sie in allem ist. Sie kann und wird, wenn sie richtig geführt wird, Ihren Körper und Ihre Angelegenheiten von allem Krankhaften heilen. Sie wird Ihnen dienen, ob Sie schwarz oder weiß, Katholik, Protestant oder Jude sind. Sie kann Sie heilen, und es spielt keine Rolle, welcher Kirche Sie angeschlossen sind. Die Natur heilt den Schnitt in Ihrem Finger auch dann, wenn Sie ein Atheist sind.

Die innere schöpferische Kraft des Lebens, die Paulus „Christus" und Jesus „Vater" nannte und die der Psychologe „Unterbewußtsein" nennt, heilt. Jesus schien sehr stark von der Vorstellung durchdrungen zu sein, daß ein unendliches, intelligentes, mächtiges und absichtsvolles Leben die Substanz von allem und jedem ist und daß es auf unseren bewußten Gebrauch von ihm antwortet. Er nannte dieses Leben „Vater", und er erklärte, daß der Vater in dir ist. Da es Ihr Vater ist, Ihre Quelle, ist es an Ihnen interessiert. Es brachte Sie mit einer bestimmten Absicht hierher, und es wird Sie unterstützen. Es wird auf Ihre Bedürfnisse antworten. Es gibt nichts, was es nicht für Sie tun könnte.

Um es speziell für Ihre Bedürfnisse einzusetzen, ist es nötig, daß Sie seine Existenz als unendliche Kraft und Weisheit erkennen und verstehen, daß es nach Ihrem Glauben, Ihrer Überzeugung und Ihrer Liebe auf Sie antworten wird. Jesus schlug vor, daß man in seine stille Kammer gehen oder still werden solle, allen äußeren Ablenkungen die Tür verschließen und diese unterbewußte, wissende Kraft erkennen, mit ihr arbeiten und sie so führen solle, daß sie den eigenen Bedürfnissen antworte. Er sagte, wenn man bete, solle man sich vorstellen, man habe das Ergebnis erzielt, das man sich wünscht. Dann sagte er, daß dieser unbegrenzte Vater des Lebens auf die eigene bewußte Wahl und auf die bewußte Forderung antworten wird. *Das zu wissen, ist äußerst wichtig*. Es entspricht genau dem, was der moderne Wissenschaftler, der sich mit dem Geist beschäftigt, tut, wenn er eine geistige Behandlung gibt.

Ein und dasselbe Leben wirkt durch sein Werkzeug oder seinen

Vermittler, den Geist, durch alles – den Baum, das Gras, den Wind, die Erde –, denn alles ist lebendig. Wir sehen das Handeln dieses intelligenten, machtvollen Lebens überall um uns herum, aber im Menschen ist es sich der Tatsache bewußt geworden, daß es als Individuum, als Person existiert. Das intelligente Leben wirkt durch das Tier, das Mineral und die Reiche der Pflanzen als Instinkt, Gesetz des zielhaften Hinstrebens, Gesetz des Wachstums. Im Menschen jedoch ist sich dies Natur-Leben seiner selbst bewußt; daher kann der Mensch, als ein bewußter Erscheinungsort des Lebens, wählen, entscheiden und das unendliche, machtvolle Prinzip des Lebens speziell zu seinem eigenen Guten und entsprechend seinen eigenen Bedürfnissen bestimmen. Dieser geistige Akt der Entscheidung und Bestimmung wird geistige Behandlung oder wissenschaftliches Gebet genannt.

Die Macht zu wählen wird in jedem Menschen geboren

Durch die Zeiten hindurch hat sich das Leben bis zu dem Punkt entwickelt und entfaltet, wo die individuelle Person mit persönlichem Bewußtsein auf der Bildfläche erschienen ist. Selbst-Bewußtheit bedeutet die Macht zur bewußten Selbstwahl, daher ist die Macht zu wählen jeder Person einverkörpert. Der Mensch, der den Geist bewußt gebraucht, kann nun bewußte Entscheidungen treffen und das Gesetz des Lebens für sich selbst lenken. Er kann die einzige Macht, die es gibt, gebrauchen, die Macht Gottes; und diese Macht ist grenzenlos. Die Kraft Gottes wird durch die Weisheit Gottes geleitet, die nicht nur die Weisheit des Universums ist, sondern auch die Weisheit in Ihnen. Es ist Ihre Weisheit. Sie lenken die Macht der Natur oder die Macht Gottes durch Ihre Bewußtseinszustände, durch Ihre Vorstellungskraft. Wenn Sie dies über sich wissen und es akzeptieren, haben Sie die Heilkraft entdeckt, die Kraft des Wachstums, die Kraft der Evolution; und Sie können bewußt von dieser Kraft Besitz ergreifen. Als ein menschliches Wesen können Sie, ein bewußter Teil des Lebens, entscheiden, was es für *Sie* tun wird.

Dem Menschen ist die Kraft zu glauben gegeben, und seinem

Glauben gemäß wird das Leben für ihn wirken. Ist es nicht wunderbar, daß der Mensch freien Willen hat, daß er seinen Glauben wählen kann? Unglücklicherweise begreifen die meisten Leute das nicht. Sie können nicht einsehen, wie es ihnen möglich sein könnte, ihren Glauben oder ihre Überzeugung zu wählen; folglich leben sie in sehr weitem Maße auf der Ebene des Tiers oder der Pflanze, ohne den Kräften des Lebens bewußte Richtung zu geben. Sie glauben an Versagen, Schwäche, Unglück, Enttäuschung; und wegen ihres Glaubens haben sie die durchschnittlichen Erfahrungen der Menschheit.

Es ist eine einfache Sache des *Wählens* des Bildes, das Sie sich in Ihrer Vorstellung machen – der Planungsabteilung des Bewußtseins – und des beharrlichen Festhaltens an diesem neuen Bild danach. Wenn Sie das tun, wird das Leben es für Sie objektiv erfahrbar machen. Solange Sie das Bewußtsein nicht bewußt lenken, wird es Erfahrungen in Entsprechung zu Ihrem unbewußten Denken erzeugen. Die meisten Menschen übernehmen unbewußt, was andere Leute denken und was sie glauben; daher glauben die meisten Menschen an Begrenzung, Kummer und Enttäuschung. Sie akzeptieren diese Zustände als normal, aber *Sie* können entscheiden, eher positiv statt negativ zu glauben. Sie können die Herrschaft über sich und über Ihre Angelegenheiten übernehmen, indem Sie sich des Ortes der Führung tief in Ihnen bewußt werden, des Ortes, von dem aus Sie wählen, was Sie denken und was Sie fühlen.

Was ist wissenschaftliches Gebet oder geistige Behandlung?

Geistige oder spirituelle Behandlung ist das spezifische Wählen von Ideen, Konzepten, Bildern und Plänen von dem, was sie gern erleben möchten. Die Vorstellung oder das Konzept ist die geistige Form – die Form im Bewußtsein –, und *Sie* haben unbegrenzte Fähigkeit dazu, Konzepte und geistige Bilder zu formen. Geistige Behandlung ist einfach ein Verändern von Vorstellungen, wobei diejenigen beseitigt werden, die Sie nicht wollen, und dafür die eingesetzt werden, die Sie wollen.

Gebet oder geistige Behandlung ist ein bewußtes Wählen eines bestimmten Bewußtseinszustandes, um ein bestimmtes Resultat zu erzielen, und dann die Beibehaltung dieses Bewußtseinszustandes. Eine geistige oder spirituelle Behandlung ist ein deutlich bestimmter geistiger Akt zu einem deutlich bestimmten Zweck. Sie ist ein spezifisches Lenken des Geistes, um ein spezifisches Ergebnis zu erzielen.

Geistige Behandlung erweitert Ihre Konzepte. Zum Beispiel mögen Sie Ihre Vorstellung von hundert Dollar auf hunderttausend Dollar erweitern. Die wahre Tatsache ist da. Sie existiert. Es gibt nicht nur tausend Dollar, sondern es gibt sogar eine Million Dollar. An wieviel können Sie glauben? Was können Sie akzeptieren? Was können Sie sich tatsächlich für *sich* selbst erdenken? Wir sollten uns für diese Angelegenheit der geistig-spirituellen Behandlung sehr interessieren, weil wir unsere Angelegenheiten unter Kontrolle haben möchten und die Durchschnittserfahrungen der Masse der Menschen überschreiten wollen. Es gibt keinen richtigen Grund, warum wir schwach sein oder versagen oder Sorgen haben sollten.

Einmal wurde ein Mann, den wir Jack Wright nennen wollen, von einem früheren Klassenkameraden zu mir gebracht, der hoffte, es könne etwas für Jack getan werden. Mr. Wright war nicht nur geistig und spirituell krank; er war auch körperlich vom Regen in die Traufe gekommen. Es hieß von ihm, er sei bewiesenermaßen ein Alkoholiker. Jack sagte mir, es sei überhaupt sinnlos, irgendwelche Zeit auf ihn zu verschwenden, denn der Alkohol habe ihn völlig im Griff. Er sei sein Sklave.

Ich stellte ein Buch auf den Tisch und sagte ihm, er solle sich vorstellen, das Buch sei eine Flasche Whisky, und zu ihm sprechen. Ich bat ihn, zu dieser Flasche zu sagen: „Ich bin stärker als du, denn ich kann denken und du nicht." Schließlich bekam ich ihn nach einiger Überredung dazu, daß er es sagte. Dann bat ich ihn zu sagen: „Ich bin nicht dein Sklave. Ich kann mit dir tun, was immer ich will. Ich kann dich in den Ausguß schütten oder ich kann dich austrinken, wenn ich mich dafür entscheide; aber ich werde mit dir machen, was immer *ich* mich zu tun *entscheide*. *Ich* habe das Sagen, *nicht* du." Ich arbeitete mit ihm eine Stunde lang oder länger, und er sah, daß er denken konnte, was zu denken er sich entschloß; er konnte fühlen, wie er sich entschloß zu fühlen, und handeln, wie er sich aussuchte zu handeln. Diese Erkenntnis der Macht zu wählen erhob Jack zu einem neuen Glauben an sich selbst. Durch diese Selbstachtung wurde er über seine Überzeugung hinweggehoben, daß Alkohol oder irgend etwas anderes ihn tatsächlich kontrollieren könnte. Er hatte sich nur zu entschließen, *selbst* die Kontrolle zu übernehmen.

Nur zwei Gespräche waren notwendig. Er ging und suchte sich einen Job. Von dem Augenblick an hatte der Alkohol keine Macht mehr über ihn. Innerhalb von zwei Wochen hatte er eine bessere Beschäftigung, und innerhalb von sechs Monaten war er leitender Direktor einer ganz schön großen Fabrik. Er schloß sich wieder an seine Familie an und wurde ein Mensch, der sich selbst achtete und von seinen Kollegen geachtet wurde.

Jenes Zentrum des Wählens und Entscheidens, dieser Punkt in Ihnen, der sagt: „Ich kann wählen, ich kann entscheiden", ist der Erscheinungsort des Geistes in Ihnen. Er ist der tief innere Mittelpunkt Ihrer selbst. Viele Leute erkennen nicht dieses tiefe geistige Zentrum, das sie in sich tragen, und entscheiden sich daher nicht dafür, ihrem Leben eine gesunde Richtung zu geben.

Vor nicht langer Zeit traf ich einen anderen Mann, der viele Jahre lang dem Alkohol machtlos ausgeliefert gewesen war. Etwa vier Jahre zuvor hatte ich ihm geholfen, dieses Zentrum der Wahl- und Entscheidungskraft in sich zu entdecken und zu aktivieren. Ich sagte: „John, du siehst sehr gut und sehr erfolgreich aus. Du scheinst gut zurechtzukommen." Er erwiderte: „Ja, ich bin prima mit allem fertiggeworden, seit ich erst einmal festgestellt hatte, *wer* der Boss ist."

Der Schlüssel zu Ihrer Freiheit liegt direkt in Ihnen, in Ihrer Macht, zu wählen und Entscheidungen zu treffen.

19. Kapitel

Schritte in Richtung auf einen positiven Glauben

Zur nachdrücklichen Betonung wiederholen wir die Anweisung Jesu, die auch die Anweisung ist, die sowohl der moderne Praktikant der geistigen Wissenschaft als auch der moderne Psychologe geben: „Was immer ihr euch wünscht, wenn ihr bittet, glaubet, daß ihr's erhalten habt; und ihr werdet es erhalten." Auch erinnern wir uns daran, daß Jesus vorschlug, wenn man bete, müsse man, wenn man eine positive Antwort auf sein Gebet erwarte, jenen negativen Bewußtseinshaltungen vergeben bzw. sich von ihnen lösen, die einen an das haben glauben lassen, was man nicht will.

Durch Meditation lassen Sie die Vergangenheit los. Sie lösen sich von den alten Verletzungen. Sie hören auf zu glauben, Sie seien lebensunfähig und überflüssig. Sie halten sich nicht länger für einen Sünder von Grund auf, der nichts Gutes in sich hat. Sie gewinnen die Überzeugung, daß Ihnen alles Gute zur Verfügung steht, was das Leben zu bieten hat.

Jemand könnte jedoch sagen: „Ich kann ja verstehen, daß das Leben mir antworten wird, wenn ich meine Vorstellungskraft konstruktiv gebrauche, glaube, daß ich habe, was ich gern hätte, und handle, als ob ich es hätte; aber wie kann ich glauben, daß ich etwas habe, was ich in Wirklichkeit nicht habe? Wie kann ich es *fühlen*?"

Sie erreichen diese Ebene positiven Glaubens nicht einfach oder schnell, wenn Sie ein negativ denkender Mensch gewesen sind. Sie können zu dieser Ebene positiven Glaubens aufsteigen, indem Sie bestimmte geistige Schritte unternehmen. Zuerst wünschen Sie sich etwas. Jeder normale Mensch wünscht sich Gesundheit, Glück und Wohlergehen, aber die meisten Leute sind sich einfach noch nicht klar darüber geworden, was Gesundheit, Glück und Wohlergehen denn nun für sie bedeuten. Diese sind an sich abstrakte Ideen. Man braucht vielleicht etwas zu essen, aber man geht nicht in einen Kolonialwarenladen und sagt zum Händler: „Ich brauche etwas zu essen. Ich bin hungrig." Man sagt dem Händler genau, was für eine Art von Nahrung man braucht und wieviel man davon haben will. Man gibt genaue Anweisungen bezüglich der Lebensmittel, die man braucht, um seine Wünsche zu befriedigen.

Das Verlangen ist der Grundstein, auf den Veranschaulichungen aufbauen, aber unser Verlangen muß sich auf etwas Bestimmtes erstrecken. Wenn sich unser Wunsch zu einer Forderung entfaltet, muß die Forderung genau bestimmt sein. Dann kann unsere Behandlung oder unser Gebet beantwortet werden. Viele Leute sind zu ängstlich, ihren Wunsch zu präzisieren. Sie befürchten, daß sie vielleicht nicht richtig wählen würden. Sie empfinden Widerstreben, die Verantwortung zu übernehmen; aber wenn wir erfolgreich sein wollen, müssen wir entschlossen und bereit dazu sein, die Verantwortung zu übernehmen. Mit Aufrichtigkeit, ehrenhafter Absicht, einem hohen Ziel und achtbaren Motiven werden wir dazu geführt werden, die richtigen Entscheidungen zu treffen. Ein Verlangen nach dem größten Guten wird stets verhindern, daß wir einen Fehler machen. Demnach müssen wir, was immer es auch ist, das wir uns wünschen, glauben, daß wir die Antwort darauf haben.

Hier sind vier geistige Schritte zu dem Glauben, daß Sie bereits haben:

1. Glauben Sie, daß die Antwort auf Ihr Verlangen existiert
2. Glauben Sie, daß sie für Sie existiert
3. Glauben Sie, daß Sie sie haben können
4. Glauben Sie, daß Sie ein Recht darauf haben, sie zu haben

Wenn Sie klar und deutlich niederschreiben wollen, was genau Sie veranschaulichen möchten, warum Sie glauben, daß es für sie existiert und warum Sie das Recht haben, es zu besitzen, dann seien Sie bereit, alles zu tun, was in Ihrer Macht steht, um es herbeizuführen; dann werden Sie das schöpferische Gesetz des Geistes positiv gebrauchen, und Ihre Veranschaulichung wird folgen. Lesen Sie diese Erklärung über das, was Sie sich wünschen, und Ihre Glaubenserklärung in der Antwort zwei- oder dreimal täglich, und Sie werden zu einer tiefen Überzeugung gelangen, daß Sie es bereits haben. Durch den Glauben muß die Veranschaulichung geschehen.

Ein Freund sagte einmal zu mir: „In dem Augenblick, als ich eine Liste meiner Wünsche aufstellte und durchlas, geschah etwas mit meinem Glauben. Ich sah diese Liste an und sagte mit absoluter Zuversichtlichkeit zu mir selbst: „Natürlich kann ich diese Dinge haben! Ich *kann* sie haben und ich *werde* sie haben." Eben der Akt des Schreibens selbst hat sein Denken geklärt und ihn von der Möglichkeit der Verwirklichung überzeugt. Er hatte seinen Glauben mit Taten begleitet.

Lassen Sie uns diese Schritte klar und deutlich betrachten

Der erste Schritt, um zu einer Überzeugung oder zu einem Glauben zu gelangen, die oder den wir bereits haben, ist, uns zu fragen: „Gibt es die Antwort darauf? Ist diese Verwirklichung möglich? Ist sie im Leben enthalten? Natürlich *erfahre* ich sie nicht jetzt, aber gibt es sie wirklich irgendwo? Gibt es irgendwo das, was ich mir in meinem Beruf wünsche, gibt es jenen besonderen Job oder jenes besondere Einkommen, jene Gesundheit, jene Freundschaft, jene Liebe?" Instinktiv wissen wir, daß Leben nichts wünschen könnte, wenn es nicht gleichzeitig die Möglichkeit einer Antwort darauf gäbe. Leben wird alles und kann alles werden. Die Antwort existiert. Jemand hat gut gesagt: „Verlangen ist die Sache selbst in Erwartung ihrer Beförderung." Die Frage: „Existiert es?" muß bejahend beantwortet werden.

Als nächstes fragen wir uns: „Gibt es das, was ich mir wünsche, für mich?" Ich könnte leicht sehen, daß ein schönes Zuhause eine Möglichkeit im universellen Plan der Dinge ist, aber glaube ich, daß es tatsächlich als Möglichkeit für *mich* existiert? „Glaube ich, daß ich Freundschaft und Kameradschaft haben kann? Können sie in *meiner*

Erfahrung von Leben enthalten sein?" Solange diese Frage nicht bejahend beantwortet ist, hat es keinen Sinn, den nächsten Schritt zu tun. Einige Leute glauben, sie seien weniger wert als andere – wegen ihrer Rasse, ihrer Familie oder ihrer frühen Erziehung. Während sie glauben mögen, daß das, was sie sich wünschen, tatsächlich vorhanden ist, mögen sie andererseits unfähig sein, es als eine existierende Möglichkeit für sich selbst zu betrachten. Wegen eines Minderwertigkeitsgefühls, wegen eines Gefühls, vom Leben abgewiesen zu werden, mögen sie denken, daß Gutes, während es für andere Menschen eine normale Erfahrung sei, für sie selbst keine normale Erfahrung darstelle.

Eine kleine logische Auseinandersetzung mit uns selbst wird jedoch beweisen, daß es wirklich keinen Menschen gibt, der mehr oder der weniger wert ist. „Jeder ist ein Gott, wenn auch nur im Keim." – „Ihr seid alle Götter und Söhne des Höchsten." Wir sind nicht begrenzt durch Familie, Rasse oder frühe Erziehung. Frühere Erfahrungen haben nichts mit unserem wahren Selbst zu tun. Alle Menschen sind frei und gleich – Götter in Menschengestalt – göttliche Wesen. Viele Leute, die Kopf und Schultern über die Masse ihrer Mitmenschen erhoben haben, wurden in dies Leben nicht mit goldenen Löffeln im Munde hineingeboren. Jesus war der Sohn eines Zimmermanns und wohnte in einem kleinen Dorf auf dem Lande. George Carver, der Wissenschaftler, war ein Neger, der Sohn von Sklaven. Alles gehört der Menschheit an. Jedem fließt ungeachtet seiner Hautfarbe, Rasse oder frühen Erfahrungen allumfassendes Gutes zu. Lincoln wurde in einer Blockhütte geboren, und David war ein Hütejunge. Als sie besondere Forderungen an das Leben stellten, antwortete es ihnen. Es wird dasselbe für uns tun. Wir arbeiten geistig mit uns selbst, bis wir auf die Frage „Existiert dies für mich?" bejahend antworten können.

Nun kommen wir zu der wichtigen Frage: „Glaube ich, daß ich das Recht habe, dies, was ich mir wünsche, zu haben?" Wir mögen zustimmen, daß das, was wir uns wünschen, vorhanden ist, daß es für uns vorhanden ist, und trotzdem immer noch nicht glauben, daß wir das Recht haben, es zu haben. Wenn wir glauben, wir hätten nicht das Recht dazu, können wir, die wir wissen, daß das Gesetz des Lebens geradlinig ist, nicht annehmen, daß wir es erhalten werden. Lassen Sie uns also diesen Wunsch untersuchen.

Sicherlich haben wir das Recht, für uns jedes nur mögliche Gute zu verwirklichen, solange es keinem anderen schadet. Gewiß haben wir das Recht, das zu haben, was gut für uns und für alle Betroffenen ist. „Ist das, was ich mir wünsche, ganz gut? Wird es irgend jemandem schaden?" Wir haben das Recht auf eine bestimmte Art von Job, auf ein bestimmtes Einkommen, aber wir würden nicht geistige Mittel anwenden, um jemand anderem seinen Job wegzunehmen. Es gibt für jeden von uns die richtige Stelle mit dem richtigen Lohn. Es gibt ein passendes Zuhause. Einige Leute glauben, sie hätten wegen ihrer Fehler in der Vergangenheit kein Recht auf irgendein Gutes im besonderen. Sie glauben, Gott strafe sie, indem er ihnen ihr Gutes vorenthalte. Aber die Vernunft sagt uns, daß unsere früheren Sünden oder Fehler keine Macht über uns haben können, wenn wir aufhören, diese Fehler zu machen, und Gutes tun. „Trennt euch von allem Bösen und tut Gutes." Wenn wir ein bestimmtes Geschäft abschließen oder einen bestimmten Besitz verkaufen wollen, möchten wir uns vielleicht fragen: „Ist es richtig, daß diese Transaktion abgeschlossen wird?" Wir müssen wissen, daß wir nicht erwarten können, daß das allumfassende Bewußtsein in unserem Interesse handelt, solange wir nicht glauben, daß das, was wir uns wünschen, für alle Betroffenen das Richtige ist. Wir wollen nur rechtes Handeln.

Zu glauben, daß wir das Recht haben zu haben, würde eine Überzeugung davon einschließen, daß wir alles tun, wovon wir wissen, daß es dieses Gute in unseren Erfahrungsbereich bringt. Wenn es richtig ist, daß wir handeln sollten, wissen wir, daß das Prinzip der Führung in uns uns sagen wird, was wir tun sollten, um den richtigen Kontakt mit dem Guten aufzunehmen, das wir uns wünschen. Wir sind willens, uns zu richtigem Handeln führen zu lassen. Wir können nicht stillsitzen und erwarten, daß das Leben Zwanzigdollarscheine hervorbringt und sie uns in den Schoß fallen läßt. Wir wissen, daß, wenn unser Denken klar ist, das Bewußtsein uns die richtigen Ideen geben wird, *was* zu tun ist, wenn es etwas gibt, was wir tun *sollten*. *Wenn wir glauben, daß wir das Recht auf ein besonderes Gutes haben* und *alles tun, was wir nach unserem Wissen tun können*, um das ersehnte Gute für uns erfahrbar zu machen, dann wird es sich manifestieren. Wir brauchen nicht genau das Gute, das jemand anders genießt. Wir haben es nicht nötig, einem anderen etwas fortzunehmen. Dieses Universum ist eines der Fülle, und darin ist genug für jeden.

Wir kommen in unserer Analyse unserer Wünsche an die Stelle, wo wir glauben, daß das spezielle Gute, das wir uns wünschen, existiert; daß es für uns existiert; daß wir es haben können und daß wir das Recht haben, es zu haben. Da wir glauben, daß wir das Recht haben, es zu haben, und da wir auf die Integrität des Lebens und des Gesetzes vertrauen, müssen wir glauben, daß es uns bereits gehört. Wir können nicht glauben, daß eine ehrliche, allumfassende Macht uns die Dinge, die zu haben wir ein Recht haben, nicht übergeben könnte oder würde. Wenn wir das Recht haben, sie zu haben, sind sie jetzt unser.

Ich habe die vier Schritte angedeutet, durch die Sie einen positiven Glauben erreichen können. Wenn ich hier eine persönliche Bemerkung einwerfen darf, so würde ich gerne sagen, daß es einer der größten Augenblicke in meinem Leben war, als ich erkannte, daß, wenn ich nur wußte, daß ich das Recht hatte, ein bestimmtes Gutes zu haben, es unausweichlich zu mir kommen würde oder ich zu ihm geführt würde.

Wenn wir nicht an die Integrität des Lebens glauben können, dann haben wir sicherlich nichts, worauf wir uns verlassen können. Indem wir die Dinge anschaulich machen, die wir ersehnen, versuchen wir nicht, Wunder zu bewirken. Es gibt dabei keinen Hauch von Magie. Die Gesetze des Geistes sind festgelegt wie physikalische Gesetze. Tatsächlich ist es über das Gesetz, daß das Leben tätig wird. Alles Gesetz ist überphysikalisch und immateriell, aber absolut verläßlich. Es ist etwas, was Sie nicht sehen können, wovon sie aber sehen *können*, was es bewirkt. Das Gesetz der Kreativität wird durch den Glauben gelenkt. Das Leben reagiert auf uns gemäß unserer Einstellung zu ihm und unserem Gebrauch davon.

20. Kapitel

Die Techniken der geistigen Behandlung

Da das Leben auf Ihre Einstellung und Ihren Glauben ihm gegenüber antwortet, sollte Gebet oder geistige Behandlung für Sie so selbstverständlich sein wie eine Bitte an Ihren Arzt, Zahnarzt, Rechtsanwalt, Ihre Frau oder Ihren Mann, etwas für Sie zu tun. Sie nehmen dabei Bewußtsein in Anspruch, Geist, das schöpferische Prinzip. Sie haben es mit dem Warenlager alles Guten zu tun. Sie stellen bewußt eine Forderung nach etwas.

Jede schöpferische Operation ist mit bestimmten Schritten verbunden. Die geistige Wissenschaft soll wissenschaftlich sein. Wenn Ihre Behandlung Erfolg haben soll, müssen Sie daran glauben, daß Sie Ihre geistige Haltung ändern und ein bestimmtes Ergebnis erzielen können. Da Sie schöpferisches Bewußtsein gebrauchen, den „einen und souveränen Vermittler", können Sie es nicht nur dazu gebrauchen, bestimmte Resultate in Ihrem Körper zu erzielen, sondern auch für solche in Ihren Angelegenheiten; und was noch wunderbarer ist, Sie können es gebrauchen, um jemand anderem zu helfen. Sie müssen Glauben an die Kraft haben, die Sie gebrauchen, und darauf vertrauen, daß Sie das Recht und die Fähigkeit haben, sie zu lenken. Wie die Schwerkraft ist auch das Bewußtsein da individuell gestaltet, wo Sie es gebrauchen; oder anders gesagt, wie das Prinzip der Mathematik, das universell ist, kann es von jedem, überall und zu jeder Zeit in Anwendung gebracht werden.

Form ist fließend, nie die gleiche von einem Augenblick zum anderen. Form, Zeit und Raum sind geistige Konstruktionen innerhalb des bewußten Denkens. Denken Sie auch daran, daß alle unsere Erfahrungen in diesem Bereich der Bewußtheit liegen – in uns selbst.

Wir haben keine Erfahrung *außerhalb davon*. Wir haben die Erfahrung *hier drinnen*. Sie *scheint* außerhalb zu sein. Wir interpretieren sie als „da draußen", aber es ist eine geistige Erfahrung. Wir vergegenständlichen sie geistig. Die Wissenschaft demonstriert das; die Philosophie bestätigt es; die Mystik hat es von alters her gewußt.

Da Geist das schöpferische Gesetz ist, ist Ihr Bewußtsein schöpferisch

Da Sie wissen, daß Sie persongewordenes, individualisiertes Leben sind, und da Sie individuell denken oder Bewußtsein gebrauchen – schöpferischen Geist –, sind Sie frei zu wählen, wie Sie es gebrauchen wollen. Das „Ich" ist ein Teil des Lebens, der sich seiner selbst bewußt ist und der kreativ ist, weil *er* wählt, wie *er* das Gesetz des Geistes gebrauchen will. Das „Ich" ist individualisierte Gottheit. Moses machte für sich diese große Entdeckung, und Jesus entdeckte es für sich selbst. Wenn wir es für uns entdecken, verspüren wir ein Gefühl der Macht.

Jesus sagte: „Wenn ihr in mir bleiben werdet, bleiben meine Worte in euch", anders gesagt, wenn man in dem Stadium der Bewußtheit bleibt, in dem man weiß, daß man eins ist mit der Kraft und der Weisheit des Universums, wo man weiß, daß man die Fähigkeit hat, den Geist zu gebrauchen, „dann mögt ihr bitten, was ihr wollt, und es wird euch geschehen." Das ist eine überwältigende Vorstellung, nicht wahr? Jesus demonstrierte sie, und ich bin sicher, daß Sie wie auch viele andere sie in Ihrer eigenen Erfahrung beobachtet haben. Jesus war nicht die *große Ausnahme*. Jesus war das *große Beispiel*. Er zeigte uns, wie wir denken und wie wir von dem schöpferischen Prinzip Gebrauch machen sollen.

Bewußtsein die Maschine, Sie der Maschinist

Dieses „Ich" gebraucht Bewußtsein, Geist. Wir könnten sagen, das *Bewußtsein* ist die Maschine und das „Ich" der Maschinist. Das „Ich" oder der Geist wählt – stellt eine Forderung –, und das schöpferische Bewußtsein antwortet.

Wenn Sie geistig behandeln, *lassen* Sie selbst überhaupt nichts geschehen. Es ist „der Vater im Innern, der die Werke tut". Das schöpferische Gesetz des Bewußtseins – das Unterbewußtsein – dient Ihnen und tut die Arbeit. Seine Antwort auf Sie ist automatisch. Sie legen die Überzeugung ab, daß Sie Willensanstrengung einzusetzen haben oder daß es irgendeine außerhalb befindliche Entität gebe, die die Dinge für Sie manipuliert. Sie machen einfach Gebrauch vom Gesetz der Kreativität. Es kann nicht anders, als Ihnen antworten. Das ist sein Wesen.

Alles Leben unterhalb der objektiven Ebene der Bewußtheit ist unterbewußt oder subjektiv. Es ist *Subjekt*, Gegenstand einer bewußten Entscheidung. Zum Beispiel lassen Sie Ihrem Garten eine Behandlung angedeihen, wenn Sie ausgraben, was Sie nicht haben wollen, und dafür einsetzen, was Sie wollen. Sie werden weiterhin Unkraut haben, bis Sie die Ursache ändern. Jene Gartenunkräuter könnte man mit dem Ergebnis des allgemeinen negativen Denkens vergleichen. Aber Sie können ausgraben, was Sie nicht in Ihrem Garten haben wollen, und zu *jeder* Zeit das pflanzen, was Sie sich aussuchen. Es ändert nichts am Prinzip der Schöpfung. Sie können Kartoffeln pflanzen, auch wenn Kartoffeln noch nie zuvor in Ihrem Garten gepflanzt worden sind. Der Garten sucht sich nichts aus. Das Gesetz des Wachstums wählt nicht. Es kann nur reagieren. *Sie* wählen!

Wie man seine Erfahrungen verändert

Wünschen Sie sich eine andere Erfahrung? Sie leugnen nicht die objektive Welt. Sie leugnen nicht die Erfahrung von Krankheit, Disharmonie oder Mangel, nicht mehr, als Sie etwa die Existenz von

„Unkraut" leugnen. Sie sagen einfach: „Es ist nicht nötig, daß dieser Zustand andauert." Sie entscheiden sich dafür, etwas daran zu tun. Sie entscheiden sich, das schöpferische Prinzip auf eine andere Weise zu gebrauchen. Die innerste Führungsstelle ist der Geist oder das „Ich". Das ist der Startpunkt, der Ort, an dem man sich seiner selbst bewußt ist.

Geist ist die Kraft, die sich selbst kennt, die Kraft, die wählt. Im Zentrum Ihres Seins sind Sie Geist. An dieser Stelle können Sie die Sache betrachten, wie sie sein *sollte*. Kontemplation ist schöpferisch. Sie bedeutet, dem Leben einen Plan, ein Muster übergeben. Das „Ich bin" kontempliert. Es verändert das Bild. Sie kontemplieren es, wie es sein *sollte*. *Sie* sind ein Schöpfer, da Sie das Gesetz der Schöpfung gebrauchen.

Als eine Individualisierung Gottes sind Sie in Ihrer Erfahrung so viel Gott, wie Sie *glauben*, daß Sie es sind, und Sie sind tatsächlich so viel Gott, als ob niemand sonst existierte. Sie sind von niemandem sonst abhängig, um Sie selbst sein zu können. Auch Sie sind „der einzige erzeugte Sohn des Vaters".

Wenn *Sie* wünschen, ist es das Leben, das wünscht, sich selbst zu äußern, denn Sie sind Leben. Wunsch ist ein kosmischer Drang, der durch Sie wirkt, und die Vernunft hat sich in Ihnen entwickelt, damit Sie die Wünsche des Lebens interpretieren und sie auf eine höhere Ebene bringen.

Wenn Sie eine geistige Behandlung geben, sind Sie sehr klar und bestimmt. Wenn Sie nicht klar in Ihrem Denken sind, ist sich das schöpferische Bewußtsein nicht klar darüber, was es tun soll. Sie tun Ihr Werk in Ihrem eigenen Bewußtsein. Wenn Sie eine Behandlung für Ihr Geschäft durchführen wollen, behandeln Sie es an dem Punkt, wo Sie denken. Wenn Sie die Behandlung für jemand anders machen, tun Sie es sicherlich dort, wo *Sie* denken. Sie tun es nicht irgendwo „da drüben" oder „ da draußen" oder da, wo jemand anders sich aufhält. Sie können es nirgendwo anders tun als da, wo *Sie* denken – in *Ihrem* Bewußtsein.

Geistige Behandlung

Eine geistige Behandlung ist *keine* Hypnose. Sie ist *kein* Aussenden von Gedanken. Sie ist *nicht* das Daran-Glauben, daß Sie es tun. Sie basiert auf einer Überzeugung, daß Sie das Gesetz des Lebens zum Handeln bringen, durch Ihre Gedanken, durch das Muster Ihres bewußten Denkens.

Es ist möglich, daß Ihre Gedanken ungefähr wie Radiowellen funktionieren. Ich *versuche* nicht, etwas hundert Meilen entfernt geschehen zu lassen, wenn ich ins Mikrofon spreche. Das Gesetz der Schöpfung handelt automatisch. Die Ingenieure am Radiosender *machen* nichts geschehen. Sie stellen nur die Bedingungen her, unter denen es geschehen kann.

Wenn Sie eine geistige Behandlung geben, suchen Sie nichts zu erzwingen. Sie legen nicht Hand an. Sie sagen nicht zu Gott: „Wenn du mir tausend Dollar gibst, gebe ich die Hälfte davon der Heilsarmee." Nein, Sie versuchen nicht, einen Handel abzuschließen, mit irgendeiner Wesenheit ein Geschäft zu machen. Sie erbitten und erflehen nichts. Sie befreien einfach Ihr Bewußtsein von Verwirrung und nehmen die Gegenwart Gottes – des schöpferischen Geistes – wahr, erkennen, daß sie gerade da ist, wo Sie wollen, daß etwas geschieht, geradeso wie sie auch da ist, wo Sie denken. Derselbe Geist ist an beiden Orten gegenwärtig. Da, wo Sie denken, lenken *Sie* ihn. Da, wo Sie wünschen, daß etwas geschieht, ist er und handelt gemäß der Anweisung, die Sie ihm geben. Durch bewußtes Denken lenken Sie das Handeln an den Punkt, wo *Sie* wollen, daß die Handlung stattfindet.

Nichts ist unverbesserlich

Das Leben wird alles! Alles ist Leben. Wenn wir das erkennen können, wissen wir, daß nichts unverbesserlich ist. Selbst wenn es einige Dinge gibt, von denen wir nicht wissen, wie wir sie handhaben sollen, gibt es doch sicherlich nichts, was das Leben nicht handhaben kann.

Wir müssen uns weigern, die allgemeine Ansicht zu akzeptieren, daß es Situationen gebe, für die es keine Abhilfe gibt. Wir müssen uns weigern, uns in unserer Überzeugung irgendeinem Arzt anzuschließen, der sagt: „Das ist etwas, was nicht geheilt werden kann." Wir müssen uns weigern, uns irgendeinem Rechtsanwalt anzuschließen, der sagt: „Sie sind in unlösbaren Schwierigkeiten! Noch nie hat sich jemand aus solchen Schwierigkeiten befreit." Wir müssen wissen, daß es immer eine Antwort auf jedes Dilemma gibt, ganz egal, wie groß es erscheinen mag. Wir müssen wissen, daß das schöpferische, intelligente Bewußtsein, das in uns und überall wirkt, weiß, wie jedes Problem zu lösen ist, und es wird es lösen, wenn es angewiesen wird, es zu tun. Für den unbegrenzten Geist gibt es nichts Großes oder Kleines.

Ich erinnere mich an eine Frau, die mich nach einer meiner Rundfunksendungen anrief und mich bat, zu ihrem Haus zu kommen. Sie sagte, es sei sehr wichtig. Als ich dorthin gelangte, saß sie aufrecht in ihrem Bett, ein ruhiges Lächeln auf dem Gesicht, als sie mir ihre Geschichte erzählte. Sie war seit fast einem Jahr bettlägerig. Sie hatte sich entschlossen, daß sie trotz dessen, was ihre Ärzte ihr sagten, gesund sein könne. Sie machte Pläne für das, was sie tun würde, wenn sie sich erholt hätte. Sie versicherte mir, daß es nicht lange dauern würde, bis sie an unseren sonntäglichen Versammlungen teilnehmen würde, und in nur einem Monat erfüllte sie ihr Versprechen. Das war vor vielen Jahren, und heute noch ist sie gesund und wohlauf.

Natürlich kennen wir alle die Geschichte von Jane Addams, der die Ärzte, kurze Zeit nachdem sie ihren College-Abschluß gemacht hatte, mitteilten, daß sie nur noch wenige Monate zu leben habe – sechs, glaube ich. Sie sagte ihnen, in dem Fall werde sie jeden Augenblick voll ausschöpfen, sie werde alles tun, was sie könne, um ihr Leben wirksam zu machen. Sie begann ihre Wohlfahrtsarbeit in Chicago. Die sechs Monate vergingen, und sie arbeitete weiter, zu beschäftigt, um zu sterben. Sie lebte viele Jahre lang und gründete das berühmte Hull House. Ja, es gibt für jedes Problem eine Lösung. Aus jeder Schwierigkeit gibt es einen Ausweg.

Fünf Schritte in geistiger Behandlung

Sie sollten entspannt sein, wenn Sie eine wirksame geistige Behandlung durchführen wollen. *Erkennen* Sie daher, wie Jesus vorschlug, ruhig, daß die heilende Gegenwart allmächtig, allwissend und allgegenwärtig ist. *Vereinigen* Sie sich geistig mit ihr. Der Vater und Sie sind eins. Sie und der Zustand, den Sie behandeln, und (wenn die Behandlung für jemand anders ist) die Person, die Sie behandeln, sind alle dasselbe Leben und in demselben Geist. Erkennen Sie, daß die Heilkraft direkt da ist, wo Sie denken. Sie ist auch da gegenwärtig, wo Sie wollen, daß etwas geschieht. Sie lenken sie durch Ihr Denken, durch Ihre Vorstellungskraft. Erkennen Sie dann, daß die Sache so getan wird, wie sie getan werden sollte. Lassen Sie sie los und danken Sie dafür! Wenn Sie das getan haben, haben Sie eine geistige Behandlung durchgeführt. Handeln Sie so, als ob es so wäre, und es wird so sein!

Hier sind noch einmal die Schritte:
1. Entspannen Sie sich!
2. Erkennen Sie, daß Sie es mit dem schöpferischen Prinzip zu tun haben. Erkennen Sie seine unbegrenzte Macht.
3. Werden Sie eins mit ihm! „Der Vater und ich sind eins!"
4. Erkennen Sie, daß Ihr Verlangen erfüllt ist! Stellen Sie es sich erfüllt vor! Wissen Sie, daß es erfüllt ist!
5. Lassen Sie los und danken Sie. Erwarten Sie voller Begeisterung Ergebnisse.

Vor einigen Jahren lernte ich Golf. Mir wurde gesagt, ich solle meinen linken Arm gerade und meine Augen auf den Ball gerichtet halten. Als ich versuchte, an alle diese Dinge gleichzeitig zu denken, konnte ich den Ball nicht treffen. Trotzdem hatte ich all diese Dinge zu tun, wenn ich den Ball richtig treffen und ihn in Richtung auf das kleine Loch in der Mitte der Grünfläche am Ende der gepflegten Bahn befördern wollte.

Am Anfang werden Sie diese Schritte natürlich bewußt wahrnehmen; arbeiten Sie daher solange mit ihnen und mit sich selbst, bis sie genauso automatisch werden wie Autofahren.

Entspanne dich! Die Chinesen haben ein Sprichwort, das sagt: „Alle Dinge sind dem möglich, der erfolgreich untätig sein kann." Wir sollten eine lösgelöste Haltung einnehmen. Wir müssen das Problem, das wir behandeln wollen, objektivieren. Bislang haben Sie vielleicht gesagt: „Ich bin krank." Das ist das Äquivalent zu dem Ausspruch: „Krankheit ist ein Teil von mir." Wir müssen erkennen, daß Krankheit (disease) nur eine *Erfahrung* von Un-Ruhe (dis-ease) ist, die ein *Nicht*-Wohlbefinden im Körper bedeutet. Sie ist *kein* Teil der *wahren* Person. Sie ist bloß eine Erfahrung. Um den Zustand geistig zu behandeln, sollten wir uns von uns selbst entbinden. Solange ich denke, ich sei krank, werde ich wahrscheinlich weiterhin diese Erfahrung haben. Zu glauben und zu sagen: „Ich *bin gesund*", ist so, als ob man dort Gemüse anpflanzt, wo Unkraut gewachsen ist.

„Ich bin arm." – „Ich habe Sorgen." Solche Feststellungen sind unwahr. Sie mögen bestimmte unangenehme oder erfolglose Erfahrungen gemacht haben; aber da sie kein Teil von *Ihnen* sind, müssen sie nicht Bestand haben.

Sie können das Problem nur dann objektivieren, wenn Sie sich entspannen. Stellen Sie es außerhalb von sich, so daß Sie es gut betrachten können. Sehen Sie es als das, was es ist – eine Erfahrung. Es ist *nicht* Teil von Ihnen.

Seien Sie eindeutig

Seien Sie sehr eindeutig in Ihrer Behandlung. Sie gehen daran, eine Behandlung für vollkommene Funktionstüchtigkeit Ihres Armes, Ihrer Beine oder Ihres Magens oder für die Gesundheit eines anderen oder Ihr Geschäft durchzuführen. Sie wünschen sich vielleicht ein neues Kleid, ein neues Auto oder ein neues Heim. Als Jesus den Mann mit dem gelähmten Arm behandelte, war er eindeutig. Er sagte: „Strecke deinen Arm aus!"

Nach dem Entspannen ist der nächste Schritt Erkennen. Sie erkennen, daß es *eine* Kraft in diesem Universum gibt, die die Kraft von allem ist, das eine Leben, Ihr Leben und das Leben des Menschen, für den Sie die Behandlung durchführen. Der gleiche Geist ist überall am Werk. Das gleiche Leben ist in Ihrem Körper, wie es auch in Ihren Angelegenheiten tätig ist. Es gibt kein Böses in diesem Leben. Etwas Böses wäre ein Nicht-Erkennen des Gott-Lebens Ihrerseits oder ein falscher Gebrauch von Ihm durch Sie. Da das Leben *nicht* böse ist, widersetzt sich nichts Ihrer Behandlung. Das Leben stimmt mit Ihnen überein. Es sagt immer „ja" und „amen".

Sie sind ein Erscheinungsort des Lebens, der das Recht hat zu wählen, und Sie haben das Recht, die Ergebnisse Ihrer Entscheidungen zu genießen. Ihr Wort gibt der Kraft des Lebens Richtung. *Denken Sie daran!* Das Bewußtsein ist Ihr Diener. Das ist Naturgesetz.

Sie haben sich entspannt. Sie haben erkannt, daß Sie mit der unendlichen Intelligenz und Kraft identisch sind. Die Person oder der Zustand, die Sie behandeln, sind auch mit ihr identisch. Diese Kraft ist da, damit Sie sie gebrauchen. Gebrauchen Sie sie jetzt.

Derjenige, der Schwierigkeiten hat oder krank ist, ist des Glaubens, daß er vom Guten des Lebens getrennt ist. Wie der verlorene Sohn ist er in die Fremde gegangen und in Schwierigkeiten geraten. Es ist nur ein falscher Glaube – ein Glaube an Trennung –, der zwischen ihm und seinem Guten steht.

Es ist natürlich, gesund und erfolgreich zu sein. Wir haben nicht allein das Recht, sondern auch die Pflicht, zurück zum Einklang mit Gottes Güte zu gelangen. Das Leben gibt dem Spatzen alles, was er zu essen braucht, und es kleidet die Lilien.

Keine Wirklichkeit von Zeit, Raum oder Form steht unserem Guten im Wege, weil Zeit, Raum und Form geistige Konstruktionen sind. Da das Bewußtsein eine bestimmte Form oder Erfahrung geschaffen hat, *wird diese Form oder Erfahrung weiterbestehen, bis der alte Gedanke oder die Vorstellung, die sie hervorgerufen hat, entfernt wird und durch einen neuen Gedanken ersetzt wird.*

Denken Sie daran, Ihre Schwierigkeit, Ihre Krankheit, Ihr Problem ist das Ergebnis Ihres eigenen Bewußtseinszustandes. Solange Sie das Unkraut nicht ausreißen und dafür Gemüse anpflanzen, werden Sie weiterhin Unkraut haben. Sagen Sie nie: „Ich werde alles Gott überlassen." Sagen Sie lieber: „Ich werde hier und jetzt tätig werden.

Ich will etwas daran ändern. Ich werde die Macht anwenden, die mir gegeben ist."

Machen Sie Ihr Gutes erfahrbar

Der Zustand wird dadurch verändert, daß Sie Ihr Bewußtsein ändern. Das Bewußtsein, das Sie gebrauchen, ist auch das Bewußtsein der Person oder des Zustands, den oder die Sie behandeln. Der gleiche Geist, das gleiche Gesetz wirkt überall. Es schafft und erschafft beständig von neuem. Sie müssen nicht „nach da drüben" hinüberlangen, um zu erreichen, daß etwas getan wird. Sie beeindrucken oder lenken das Gesetz des Geistes da, wo Sie denken. Sie sagen, *was* Sie getan haben wollen. Sie führen nicht näher aus, *wie* es getan werden wird. Es gibt nicht zwei Geiste, zwei Gesetze, zwei Kräfte. Es gibt nur *einen*, und weder Sie noch der Zustand, den Sie behandeln, können von diesem *einen* getrennt werden.

Dann erkennen Sie die abgeschlossene Arbeit oder stellen Sie sie sich vor. Sie haben das Bild, den Plan gemacht, und Sie sind zu der Erkenntnis gekommen, daß er ausgeführt worden ist. Nehmen Sie den Plan an, den Sie sich bildlich vorgestellt haben. Stellen Sie ihn sich vor! Empfinden Sie ihn! Wenn es in *Ihrem* Bewußtsein getan wird, wird es im schöpferischen Bewußtsein getan. Glauben Sie, daß Sie es erhalten haben, und Sie werden es erhalten. Sehen Sie es in Ihrer Vorstellung jetzt *ausgeführt*. Sehen Sie Ihr Herz schlagen, die Organe Ihres Körpers wirksam und harmonisch funktionieren. Glauben Sie! Sehen Sie den Zustand so, wie er sein sollte! Sehen Sie sich gesund und glücklich!

*Fassen Sie das ins Auge, was Sie haben wollen –
nicht, was Sie nicht wollen*

Versuchen Sie nicht, etwas loszuwerden. Ersetzen Sie einfach im Geiste das, was Sie *nicht* wollen, durch das, *was* Sie wollen. Verleugnen Sie nichts! Wenn Sie irgend etwas leugnen, geben Sie in Wirklichkeit zu, daß es immer noch existiert. Sie halten es bei sich, wenn Ihre Gedanken, indem Sie es leugnen, bei ihm verweilen.

Schauen Sie auf das Ideal! Akzeptieren Sie es als wirklich. Wenn Sie an den Punkt gelangen, wo Sie akzeptieren und wissen, daß die Veranschaulichung geschehen ist, haben Sie ein Gefühl des Friedens. Die Veranschaulichung wird *jetzt* im Bewußtsein getätigt, nicht irgendwann in der Zukunft. Es ist äußerst wichtig, daß Sie erkennen: *es geschieht jetzt*. Solange Sie es fern in der Zukunft sehen, wird es ewig in der Zukunft bleiben. Haben Sie nicht Leute sagen hören: „Eines Tages werde ich reich sein. Eines Tages wird es mir gutgehen"? Solange Sie fortfahren zu glauben, daß Sie „eines Tages" reich und gesund sein werden, werden Sie nie die Antwort einholen, die Sie sich wünschen. Sie wird immer in der Zukunft liegen, denn Sie halten die Antwort geistig in der Zukunft.

Geben Sie dem Leben Ihren Plan und erkennen Sie, daß er *jetzt* ausgeführt wird. Das ist das Muster, nach dem das Leben vorgehen muß. Halten Sie das geistige Äquivalent bereit. Setzen Sie das Gesetz des Geistes in Bewegung. Sie säen den Samen, und Sie vertrauen auf das Gesetz des Wachstums. Sie befürchten nichts. Sie zweifeln nicht. Sie graben den Samen nicht aus, um festzustellen, ob er wächst. Das hieße am Gesetz des Wachstums zweifeln. Das wäre eine andere Art des Glaubens – ein negativer Glaube. Sie würden einen anderen Samen über den pflanzen, den Sie zuerst eingepflanzt haben. Sie zweifeln nicht. Sie vertrauen. Das Bewußtsein weiß, wie es den Samen zu einer Pflanze heranwachsen lassen kann, wenn der Same einmal gesät ist. Das Bewußtsein weiß, wie geschaffen und neugeschaffen wird, und *es* weiß, wie es Ihnen Ihr Gutes zuführen kann.

Sie haben den Samen gesät. Sie haben einen Plan bereitgestellt und ihn an das Subjektive Bewußtsein oder den Vater weitergegeben. Sehen

Sie nun in Ihrer Vorstellung die Ernte vor sich, die Sie sich wünschen. Begeistern Sie sich darüber. Lassen Sie unter allen Umständen nicht das Element der *Begeisterung* außer acht, das äußerst wichtig ist! Nichts aktiviert und stimuliert das Leben in dem Maße wie Begeisterung.

Die Macht der Dankbarkeit

Dankbarsein hilft Ihnen zu glauben. Sie können nicht dankbar sein für etwas, wovon Sie nicht glauben, daß Sie es haben. Danken Sie also! Wenn Sie Ihren Dank zum Ausdruck gebracht haben, haben Sie die Sache abgeschlossen.

Nun, wo Sie Ihre Behandlung abgeschlossen haben, wenden Sie sich davon ab und gehen Sie an Ihre Arbeit. Sollten Sie sich zweifelnd umsehen, so würde ich vorschlagen, daß Sie Ihre Behandlung wiederholen. Wenn es nötig ist, behandeln Sie immer wieder, so lange, bis Ihr Glaube und Ihre Erwartung positiv sind, bis Sie überzeugt sind.

Unbekümmertheit ist alles

Fürchten und zweifeln heißt Unkrautsamen auf die Gemüsesamen pflanzen. Wenn Sie die Stirn runzeln und die Faust ballen, bezweifeln Sie wahrscheinlich, daß es geschehen wird. Unbekümmertheit ist alles! Pflanzen Sie Ihren Samen und vertrauen Sie darauf, daß das Gesetz des Lebens das übrige tut. Es versagt nie, wenn Sie glauben.

Die unendliche Kraft ist immer verfügbar und bereit. Sie wartet darauf, daß Sie sie gebrauchen. Drängen Sie nicht und mühen Sie sich nicht ab, betteln oder flehen Sie nicht. Ihr Glaube ist nicht positiv, wenn Sie drängen. Wenn Sie bemerken, daß Sie sich anstrengen, überprüfen Sie Ihren Wunsch. Es kann sein, daß Sie versuchen, gegen Ihre Gefühle zu handeln. Zum Beispiel mögen Sie eine Behandlung durchführen, um gesund zu werden, wenn Sie in Wirklichkeit krank bleiben wollen. Ich habe Leute gekannt, die genau das taten. Sie wollten gesund sein, aber noch mehr, als gesund zu sein, wollten sie Mittelpunkt der allgemeinen Aufmerksamkeit sein. Einer unser Praktiker behandelte eine Frau, die, als sie anfing, gesund zu werden, sagte: „Bitte hören Sie auf, mich zu behandeln. Ich möchte nicht *zu* gesund werden. Wenn ich zu gesund werde, läßt mein Mann nicht zu, daß ich mir ein Dienstmädchen halte." Sie wollte gesund genug sein, um zu Parties zu gehen, aber krank genug, um ein Mädchen zu halten.

Bei geistiger Behandlung, erinnern Sie sich, haben wir es mit dem schöpferischen Prinzip des Lebens zu tun. Wir sollten uns für die höchsten und größten Werte entscheiden, die wir uns vorstellen können. Bei der geistigen Behandlung machen wir keinen Gebrauch von der Willenskraft. Wir gebrauchen die Vorstellungskraft und den Glauben. Wir haben es nicht nötig, Dinge geschehen zu lassen, geradesowenig wie wir unser Automobil anschieben müssen, wenn wir auf dem Steuersitz sitzen. Sie haben schon Leute gesehen, die am Steuerrad zerren, oder? Aber das läßt den Wagen nicht schneller fahren. Die Kraft ist im Wagen, und alles, was Sie zu tun haben, ist stillzusitzen, sich zu entspannen und den Wagen dahin zu steuern, wo Sie wollen, daß er Sie hinfährt. Er wird überall dahin fahren, wohin Sie ihn schicken, selbst in eine Telefonzelle. „Dir geschehe, wie du geglaubt hast."

Behalten Sie eine Haltung der Erwartung bei

Behalten Sie eine Haltung positiven Glaubens bei – eine Haltung der Erwartung. Wenn die bewußten und unterbewußten Ebenen des Bewußtseins übereinstimmen, wird es geschehen. Wenn es keinen Widerruf gibt, bewußt oder unbewußt, haben Sie es nicht nötig, zu streiten oder zu drängen; nicht mehr als Sie die Schwerkraft zwingen müssen, Sie am Boden festzuhalten, oder das Wasser, bergabwärts zu fließen, oder eingepflanzte Samen zu wachsen. Alles, was Sie tun müssen, ist, die Anweisung zu geben. Sie haben es mit einem Naturgesetz zu tun. Sie können nicht *bewirken*, daß irgend etwas wächst. Willenskraft ist nur dort angebracht, wo sie Ihnen hilft, an Ihrem positiven Glauben festzuhalten.

Nachdem Sie Ihre Behandlung durchgeführt haben, ist es eine sehr gute Praxis, sich umzuwenden und sich zu fragen: „Was wird meiner Meinung nach nach dieser Behandlung geschehen?" Wenn Sie darauf nicht auf eine vollständig zufriedenstellende Weise antworten können, dann sollten Sie sich dahingehend behandeln, daß Sie erkennen, daß Sie eine effektive Behandlung durchführen können. Meditieren Sie über Ihr Recht und Ihre Fähigkeit, Ihre Gedanken zu verändern. Meditieren Sie über die Tatsache, daß Sie, da Sie bewußt Geist gebrauchen, bewußt die Macht des Lebens lenken. Fragen Sie sich dann: „Wann wird dies meiner Meinung nach geschehen?" Wenn Sie in Ihrer Vorstellung nicht aufrichtig sehen können, daß es *schon* geschehen *ist*, dann führ Sie die Behandlung noch einmal durch.

Das Gesetz kennt kein Morgen. Es kennt nur heute. Emerson sagte: „Dieser Augenblick ist so gut wie jeder Augenblick der ganzen Ewigkeit." Diese Idee hat mich immer erregt. Wenn ich gefühlsmäßig „down" bin – wenn ich etwas erlebt habe, was mir nicht gefällt, und scheinbar nicht in der Lage bin, erfolgreich damit fertigzuwerden – und mir dann ins Gedächtnis rufen kann, daß dieser Augenblick „so gut wie jeder Augenblick der ganzen Ewigkeit" ist, weiß ich, daß es an mir ist, mir eben jetzt das Gute *dieses* Augenblicks zu nehmen.

Wenn Sie unsicher sind, ob Sie das Recht haben, eine Behandlung durchzuführen, oder wenn Sie Ihr Entscheidungsrecht bezweifeln, oder wenn Sie daran zweifeln, daß Sie eine gute geistige Behandlung durchgeführt haben, – wenn *irgendein* Zweifel auftaucht, dann fangen Sie mit der Behandlung wieder von vorne an. Schon bald werden Sie an den Punkt gelangen, wo Sie keine Zweifel mehr haben, und die Behandlung wird spontan, unbekümmert und frei.

Behandeln Sie sich selbst, damit Sie erkennen, daß Ihr Glaube der Glaube Gottes ist. Bitte seien Sie nicht schockiert! *Ihr Glaube ist der Glaube Gottes!* Der Glaube Gottes ist alles, was es an Glauben gibt. Es gibt einen Geist, – den göttlichen Geist, den Geist, den Sie gebrauchen, und Glaube ist der Zustand des Geistes. Daher muß Ihr Glaube der Glaube Gottes sein. Dies gewußt, und Sie werden an *Ihren* Glauben glauben.

Bleiben Sie „im Dauergebet"

Zu der Überzeugung gelangt, daß Ihre Behandlung wirksam ist, behalten Sie diesen Bewußtseinszustand bei. Halten Sie Ihren Glauben an Ihr Recht und Ihre Fähigkeit, wirksam zu behandeln oder zu beten, aufrecht, dann werden Sie nicht jedesmal all diese Schritte durchlaufen müssen, wenn Sie eine Behandlung durchführen. Jesus sagte, wenn man in dem Bewußtseinszustand verharre, in dem er lebte, dann könne man erbitten, was man wolle, und es werde einem geschehen.

David sagte: „Wer an dem geheimen Ort des Höchsten weilt, soll unter dem Schatten des Allmächtigen bleiben." Dieser Mensch kann seine Forderung an das Leben stellen und mit einer Antwort rechnen. Ich mag das Wort „verweilt". Nicht der, der hereingerannt kommt, wenn das Wetter draußen schlecht ist, sondern der, der dort die *ganze* Zeit über bleibt. Sie können sich an diesem Ort des Verweilens niederlassen oder Sie können fortgehen und wieder zurückkehren, wie es der Verlorene Sohn tat, aber das ist eine Zeitverschwendung. Behalten Sie einen positiven Bewußtseinszustand bei, und Sie werden sich stetig und folgerichtig voranbewegen. Sie werden nicht drei Schritte vorwärts tun und drei zurückrutschen. Sie werden beständig vorangehen.

Vertrauen Sie dem Leben

Vertrauen Sie dem Leben, das Sie hierherbrachte. Vertrauen Sie dem Leben, das Sie erhält. Wissen Sie, daß die schöpferische, heilende Kraft in Ihnen ist und daß sie aus Ihnen heraustritt, um jeden zu heilen und mit neuem Leben zu erfüllen, mit dem Sie in Berührung kommen.

Vertrauen Sie der Kraft, die durch Sie wirkt, für Sie, als Sie.

Vertrauen Sie Ihrer Verdauung, Ihrem Herzen, Ihrer Lunge. Vertrauen Sie Ihren Bundesgenossen. Vertrauen Sie dem Leben. Vertrauen Sie der Heilkraft, wie Sie der Schwerkraft oder den mathematischen Leitsätzen vertrauen würden. Sie wissen nicht, *wie* es geschieht – wie das Gesetz es fertigbringt. Niemand kann sagen, *wie* es getan wird oder *warum* es getan wird. Niemand weiß, wie es kommt, daß 5 mal 5 25 macht. Aber es *wird* gemacht! Wir müssen es nicht tun. Das Leben operiert durch das *Gesetz*. Das Leben redet immer auf bejahende Weise, was heißt, wenn Sie sagen, es werde nicht geschehen, dann *wird es nicht geschehen*.

Sie können geistig Behandlungen für Gesundheit, richtiges Handeln, Fülle, Selbstausdruck und Intuition durchführen. Sie können für *alles* Behandlungen durchführen, weil das Leben zu allem und jedem wird, was Sie oder irgend jemand sonst braucht. Es gibt nichts Großes oder Kleines für das Leben – für den Geist.

Schreiben Sie Ihre Behandlung vollständig auf

Wenn Sie Schwierigkeiten haben, sich das erwünschte Ergebnis klar und deutlich vorzustellen, nehmen Sie Papier und einen Stift und schreiben Sie Ihre Behandlung vollständig auf. Ich tue das häufig. Manchmal, wenn ich nicht fähig bin, zu einer Erkenntnis dessen zu gelangen, daß die Ergebnisse sogar jetzt schon erzielt worden sind, schreibe ich sie mir auf und präge sie durch meine Augen meinem Unterbewußtsein ein. Oft lese ich laut, was ich geschrieben habe, damit ich die Worte höre. Ich präge es meinem Bewußtsein durch die Nerven meines Körpers ein, und vor allem, ich *handle*, als glaubte ich es. „Glaube ohne Werke ist tot."

Die Heilkraft in Ihnen ist ein Bewußtseinszustand, in dem Sie die Einheit allen Lebens akzeptieren. Alles Leben ist vereint – eines. Sie sind dieses Leben. Alles gehört dem Geist an. Nehmen Sie sich mit allem Recht Ihr Gutes – und akzeptieren Sie es dankbar.

Entspanne dich! Erkenne das schöpferische Prinzip des Lebens! Werde eins mit ihm! Erkenne, was es ist, das du haben oder getan haben willst! Entlasse es mit Begeisterung und danke! Mache diese fünf Schritte, und du hast eine effektive geistige Behandlung durchgeführt.

Gott ist alles Wissen, alle Liebe und Kraft. Gott ist alle Güte, alle Wahrheit, aller Friede, alle Schönheit. „Ich und mein Vater sind eins."

# Teil zwei

Saadi, der mittelalterliche Philosoph, sagte: „Wer die Regeln der Weisheit lernt, ohne sich ihnen in seinem Leben anzupassen, ist wie ein Mann, der in seinen Feldern arbeitete und nicht säte." Den Boden vorzubereiten und dann nicht auszusäen und die Ernte zu genießen, wäre sehr töricht. Jesus sagte: „Wenn ihr diese Dinge kennt, gesegnet seid ihr, wenn ihr sie tut." Paulus schlug vor, daß wir „alle Dinge beweisen" sollen.

Zwanzig Kapitel hindurch haben wir das Feld bearbeitet und die Regeln der Weisheit gelernt. Wir haben uns selbst von einem höheren Standpunkt aus betrachtet. Wir sind mit unseren erstaunlichen Kräften vertraut geworden. Wir haben herausgefunden: „Alles, was der Vater hat, ist mein." Wir haben die Gesetze entdeckt, durch die wir das Gute in Erfahrung bringen können, das das Leben bereits für uns hat.

Der zweite Teil dieses Buches wird sich mit der Anwendung der Prinzipien beschäftigen, die wir gelernt haben. Wir werden die Gesetze des Geistes auf Gesundheit, Glück, Wohlergehen und inneren Frieden anwenden. Wir werden darangehen, im besonderen das zu demonstrieren, was wir uns wünschen und was wir haben sollten.

21. Kapitel

Wie man sein Bewußtsein für körperliche Gesundheit einsetzt

Eines der ersten Dinge, zu denen wir unser neues Wissen von der geistigen Wissenschaft gebrauchen sollten, ist, körperlich gesund zu bleiben, Krankheit zu überwinden und Gesundheit wiederherzustellen, wenn wir krank werden. Pulsierende Gesundheit ist sicherlich eine der größten Gaben des Lebens an den Menschen. Gesund zu bleiben ist unser Privileg und unsere Verantwortung. Wir sollten uns voller körperlicher Gesundheit erfreuen. Sie ist unser, denn wir sind Leben, und das Leben ist Gesundheit, Vitalität und Energie. Wenn wir das Leben, das wir sind, voll zum Ausdruck bringen wollen, müssen wir vollkommene Gesundheit erleben.

Um gesund zu werden, würden Sie nicht versuchen, Krankheit loszuwerden. Nein! Sie würden sich vollkommen von der Vorstellung von Kranksein abwenden und begeistert an vollständige Gesundheit denken. Da das Leben *Sie* ist, müssen Sie erkennen, daß Gesundheit bereits in Ihnen ist. Wenn Sie glauben, daß die Gesundheit Ihnen gehört und nur darauf wartet, von Ihnen verwirklicht zu werden, immer bereit, durch Ihren Körper zum Ausdruck zu kommen, dann fangen Sie an, sie zu erleben, denn alles wächst, wenn man ihm Aufmerksamkeit widmet. Gesundheit an sich ziehen und sie zum Ausdruck bringen führt zu immer größerem Ausdruck.

Wenn Sie sich krank fühlen, wenden Sie Ihre Aufmerksamkeit sofort der Gesundheit zu, die Sie haben, statt sie Ihrem Mangel an Gesundheit zu schenken. „Un-" bedeutet „der Mangel oder die Abwesenheit von etwas"; „Unwohlsein", Krankheit bedeutet also „Mangel oder Abwesenheit von Wohlsein oder Gesundheit". Wenn Sie über Gesundheit, Vitalität und Energie nachdenken und anfangen, sie zu äußern, verschwindet die Erfahrung des Unwohlseins. Sie kennen sicherlich den Reim:

Denk an Krankheit, und Krankheit entsteht.
Denk an Gesundheit, und Krankheit geht.

Denk an Armut, und Armut entsteht,
Denk an Reichtum, und Armut geht.

Denk an Kummer, und Kummer entsteht,
Denk an Eintracht, und Kummer geht.

Dunkelheit verschwindet ganz von selbst, wenn Licht in den Raum gebracht wird.

Sie haben ein Recht auf Gesundheit. Sie gehört Ihnen jetzt. Fangen Sie an, in Ihrer Vorstellungskraft ein geistiges Bild der vollkommenen Gesundheit aufzubauen. Stellen Sie es sich klar und deutlich vor. Das Leben ist Gesundheit und Vitalität. Das ist es, was Sie sind, denn Sie sind Leben. Durch einen positiven Glauben an Gesundheit vernichten Sie den Glauben an Krankheit. Denken Sie daran, daß Ihr Bewußtseinszustand Ihr Glaube ist. Dir geschehe, wie du geglaubt hast. Das Bewußtsein handelt für Sie, indem es baut und neu baut, schafft und neu erschafft nach Ihrem Glauben. Lassen Sie Ihren Glauben lieber einen an Gesundheit, Energie und Kraft sein als einen an Mangel an Gesundheit und Abwesenheit von Energie und Kraft.

Erlauben Sie sich nie zu sagen, Sie seien irgend etwas, was Sie nicht auch sein wollen. Sagen und glauben Sie lieber: „Ich bin bereits das, was ich sein will." Körperliche und geistige Gesundheit gehören bereits Ihnen, da die Kraft des Lebens selbst in Ihnen ist. Ihr Nachdenken über Gesundheit und Gesundes stimuliert die Kraft und Energie des unendlichen Lebens dazu, durch Sie freigesetzt zu werden, und Energie wird Sie in Form von strahlender Gesundheit und dynamischer Kraft durchströmen. Betrachten Sie sich als krafterfülltes, energiegeladenes Wesen und machen Sie sich ein geistiges

Bild davon. Schaffen Sie dieses Idealbild klar und deutlich in Ihrem Bewußtsein und nehmen Sie es dann für sich an.

Denken Sie an jemanden, der vollkommene Gesundheit ausstrahlt; an jemanden, der jede Aufgabe mit Leichtigkeit löst und mit Begeisterung; an einen, der in der Lage ist, seine Nahrung vollkommen zu verdauen und friedlich zu schlafen. Dann stellen Sie sich ruhig und gelassen in den Mittelpunkt dieses Bildes. Stellen Sie sich vor, daß Sie dasselbe Leben in Gestalt dieser Person seien und diese Lebenseigenschaften zum Ausdruck brächten. Stellen Sie sich vor, daß Ihr Körper vor Vitalität prickelt. Wissen Sie, daß eine vollkommene Weisheit in Ihnen weiß, wie jeder Teil Ihres Körpers wiederherzustellen und ganz zu machen ist. Das Wissen, das anfangs wußte, wie es einen vollkommenen Körper erschaffen konnte, weiß es auch heute noch. Es weiß, wie es wiederherstellen und heilen kann, und das Gesetz des Lebens ist stets da, um die Reparaturen durchzuführen. Diese intelligente Kraft ist das Gott-Bewußtsein in Ihnen.

Schaffen Sie ein neues Konzept, ein neues geistiges Bild Ihrer selbst! Sehen Sie sich als vital, gesund, lebendig, aktiv und sagen Sie:

„Das bin ich! Es spielt nicht die geringste Rolle, was ich in der Vergangenheit erlebt habe. Die Gesundheit gehört mir jetzt. Mit jedem Einatmen fühle ich, wie sie in mir pulsiert. Jedes Organ, jede Sehne, jede Funktion meines Körpers ist aufgeladen mit strahlender Gesundheit, Vitalität und Kraft. Ich weiß, daß das Leben jetzt durch das schöpferische Bewußtsein in mir wirkt, jedes Band, das neu aufgebaut werden muß, erneuert, jedes Hindernis entfernt, sei es geistig oder körperlich, das meinem Erleben vollkommener Gesundheit im Wege steht. Jeder meiner Gedanken, der vollkommene Gesundheit bestreitet, wird in diesem Augenblick ausgelöscht."

„Das unendliche Bewußtsein in mir weiß, wie Nahrung von außerhalb meines Körpers aufgenommen und durch einen geheimnisvollen Vorgang der Verdauung und Assimilation in lebende Gewebe in meinem Körper umgewandelt wird. Das unendliche Geistbewußtsein in mir vollbringt in mir ständig Wunder. Intelligentes Leben in mir kombiniert Nahrung, Luft, Sonnenlicht und Wasser und baut für mich einen vollkommenen Körper. Die überlegene Intelligenz, die die intelligente Kraft jedes Atoms und jeder Zelle meines Körpers ist, erhält meine Lunge atmend, mein Herz schlagend, mein Blut zirkulierend und meine Verdauungsorgane in perfekter Funktionstüchtigkeit. Ich weiß es. Ich vertraue darauf. Ich glaube daran. Ich segne sie. Und ich danke ihr dafür, daß sie mir so klug und wirkungsvoll dient."

„Das Leben reinigt, läutert und vitalisiert gerade jetzt jeden Teil von mir. Ich bin stark. Ich bin gesund. Ich weiß, daß es nichts gibt, was dem Leben unmöglich wäre, und ich bin das Leben. Ich verlasse mich auf das Leben. Ich vertraue ihm. Die Heilkraft des Lebens heilt, stärkt und vervollkommnet meinen Körper gerade in diesem Augenblick. Das bejahe ich."

„Ich lasse jedes Gefühl von Furcht und Besorgnis fahren. Ich entspanne mich vollständig und lasse das Leben ungehindert, voll und frei in meinem Körper wirken. Ich bin vollkommen entspannt. Das Leben zirkuliert in jeder Faser meines Körpers normal und natürlich. Jede Zelle ist lebendig und prickelt vor vollkommener Gesundheit. Ich bin dankbar für meine Gesundheit."

„Das vollkommene Leben wirkt nun durch meine Augen. Ich sehe ohne Anstrengung überall die Schönheit des Lebens. Meine Sicht ist vollkommen. Ich sehe klar und deutlich. Meine Ohren hören nur das, was gut ist. Ich höre leicht und ohne irgendein Gefühl der Anstrengung. Mein Gehör ist scharf und klar."

„Jedes Organ meines Körpers funktioniert perfekt. Ich liebe meinen Körper. Ich habe Vertrauen zu ihm. Ich glaube an ihn – an jeden einzelnen Teil davon. Ich *denke* nur gute Gedanken über meinen Körper, über andere Menschen und über jede Situation. Ich *höre* nur, was gut ist. Ich *sehe* nur das, was gut ist, und ich versuche, nur das zu *tun*, was gut ist. Ich *spreche* mit Weisheit, Liebe und Verständnis."

„Vollkommen entspannt, ohne Spannung oder Druck, tue ich, was immer ich zu tun habe, was immer ich tun sollte, leicht und voller Vertrauen. Ich bin mir immer dessen bewußt, daß sich das unendliche Leben durch mich äußert. Ich verharre in stillem Vertrauen. Ich schlafe ruhig und friedlich, da ich weiß, daß das unendliche Leben mit seiner übervollen Güte beständig in meinen Gedanken, meinem Körper und in meinen Angelegenheiten wirkt."

„Ich bin stark, ich bin gesund. Ich bin zuversichtlich, entspannt und voller Frieden. Ich führe ein gesundes, übervolles Leben."

22. Kapitel

Wie man sein Bewußtsein für finanzielle Sicherheit einsetzt

Finanzielle Sicherheit ist wesentlich für das menschliche Glück. Sicherheit garantiert persönliche Freiheit. Wir könnten in aller Aufrichtigkeit sagen, daß Geld eine der größten Segnungen ist, die das Leben dem Menschen schenkt.

Geld kann das Mittel sein, um Gutes in Ihr Leben zu bringen, und wenn Sie den richtigen Gebrauch davon machen, können Sie das Mittel werden, um anderen Leben größeres Gutes zu bringen. Geld symbolisiert reiches, überfließendes Leben. Es repräsentiert Freiheit und Macht. Wie jede der Segnungen des Lebens sollte Geld dankbar empfangen, genossen und zu einem guten Zweck gebraucht werden.

Wie Luft und Sonnenlicht steht Ihnen Geld zur Verfügung. Es umgibt Sie und wird Ihres, wenn Sie das einfache Naturgesetz des Gebens und Nehmens befolgen. Prägen Sie Ihrem Bewußtsein die Vorstellung ein, daß Geld gut ist, daß es für Sie gut ist; dann stellen Sie sich in aller Ruhe das Gute vor, das Sie mit Ihrem Geld tun können und werden. Fragen Sie sich: „Warum will ich Geld? Was beabsichtige ich damit, daß ich mir Geld wünsche?" Wenn Ihr Motiv richtig und über allen Zweifel erhaben ist – wenn es aufrichtig und gut ist –, dann wissen Sie in Ihrem Herzen, daß Sie das Recht haben, Geld zu besitzen; und wenn Sie ein Recht darauf haben, können Sie mit Sicherheit erwarten, es auch zu bekommen.

Wenn man Geld oder irgend etwas Gutes auf die falsche Weise erwirbt oder es zu irgendeinem destruktiven Zweck verwendet, erlebt man unglückliche Ergebnisse, aber der Fehler liegt nicht beim Geld; der Fehler ist im Motiv und im falschen Gebrauch des Geldes.

Einige Leute glauben, in Armut und Mangel zu leben sei tugendhaft, aber wir sollten wissen, daß wir als Menschen das Recht auf alles Gute haben, was das Leben hervorbringt, vorausgesetzt, wir gebrauchen dieses Gute auf konstruktive Weise. Wir müßten uns über alle Erfahrungen des Mangels und der Begrenzung erheben. Jedem geschieht nach seinem Glauben. Lassen Sie Ihren Glauben einen Glauben an die Gutheit des Lebens sein, einen Glauben an sich selbst als eine gesunde Ausdrucksform des Lebens, an die sofortige und liebevolle Antwort des Lebens auf Sie und an die reichen Ideen, die Sie segnen und anderen dienen.

Kürzlich wurde die Geschichte eines Mannes veröffentlicht, der entmutigt und bekümmert über anwachsende Rechnungen, die er nicht bezahlen konnte, die wohlbekannte Äußerung Jesu las: „Denn wahrlich, ich sage euch, wenn ihr Glauben habt wie ein Senfkorn, werdet ihr zu diesem Berg sagen: ‚Bewege dich von hier an jenen Ort‘, und er wird sich bewegen; und nichts wird euch unmöglich sein." Er las diese Aussage wieder und wieder. Die Vorstellung faßte Fuß im Bewußtsein und Denken des Mannes. Aus dieser einen Idee heraus schuf und entwickelte er ein solides Geschäft, das kleine Plastikbälle mit einem Senfkorn in der Mitte herstellte. Zuerst machte er Exemplare für die Hosentasche, aber die Idee weitete sich aus, und Senfkörner wurden in Ringe, Armbänder, Ohrringe und Krawattennadeln eingearbeitet, wo sie Millionen von Menschen daran erinnerten, daß es ihr Glaube ist, der sie zu dem macht, was sie sind. Hier wurde eine gute Idee zum Guten der Welt in Anwendung gebracht. Halten Sie Ausschau nach diesen Ideen. Sie kommen zu jedem von uns. Wenn Ihnen eine gute Idee kommt, schieben Sie sie nicht beiseite – gebrauchen Sie sie! Nutzen Sie sie für sich und andere.

Stellen Sie sich folgende Frage: „Wie kann ich am besten den Bedürfnissen der Welt dienen? Welche Ideen, welche ungenutzten Begabungen habe ich?" Lassen Sie diese Fragen in Ihren Gedanken verweilen. Erwarten Sie eine Antwort, und Ihnen wird eine Idee kommen. Wenn die Idee kommt, dann achten Sie sie nicht gering, denn, was sie auch besagen mag, das intelligente Leben leitet und führt Sie.

In der Bibel, im vierten Kapitel der 2. Könige, ist eine orientalische

Geschichte, die die Bedeutung des Bekommens und Gebrauchens von Ideen illustriert. Eine moderne Übersetzung gibt sie folgendermaßen wieder: „Die Frau eines Angehörigen der Prophetenzunft richtete einst einen Appell an Elia. ‚Dein Knecht, mein Mann, ist tot‘, rief sie weinend, ‚und du weißt, daß dein Knecht den Ewigen verehrte. Nun ist ein Gläubiger gekommen, um meine beiden Kinder zu ergreifen und zu seinen Sklaven zu machen.‘ – ‚Was kann ich für dich tun?‘ fragte Elia. ‚Sage mir, was du im Haus hast.‘ Sie antwortete: ‚Deine ergebene Dienerin hat überhaupt nichts im Hause außer einer Flasche Olivenöl.‘ – ‚Dann borge hier und dort Gefäße‘, sagte er, ‚von allen deinen Nachbarn – leere Gefäße – viele davon; schließt euch im Hause ein, du und deine Söhne; schüttet das Öl in all diese Gefäße; und wenn eines voll ist, setzt es beiseite.‘

Sie ging fort und tat dies und schloß sich und ihre Söhne im Hause ein. Sie brachten die Gefäße, während sie das Öl ausgoß. Als die Gefäße gefüllt worden waren, sagte sie zu ihrem Sohn: ‚Bringe ein neues.‘ Er sagte zu ihr: ‚Es ist keines mehr übrig.‘ Worauf das Öl aufhörte zu fließen. Als sie hinging und es dem Mann Gottes erzählte, wies er sie an, einiges von dem Öl zu verkaufen, um ihre Schulden zu bezahlen, und dann mit ihren Söhnen von dem Rest zu leben."

Dies ist keine Geschichte von Zauber oder von irgendeinem Wunder. Es ist eine Lektion, die uns lehrt, wie wir unsere Schwierigkeiten überwinden und wohlhabend werden können. Die Witwe oder das Feminine schlechthin symbolisiert das Unterbewußtsein, das der schöpferische Teil des Bewußtseins im Unterschied zum objektiven oder bewußten, denkenden, wählenden Teil ist. Der Ehemann oder das Männliche repräsentiert das bewußte Denken oder das objektive Bewußtsein. Die Witwe – das fühlende, kreative, subjektive Bewußtsein – ist voller Furcht; und wenn wir uns fürchten, verlieren wir unsere Kraft, wirksam zu überlegen. Wenn wir in großen Schwierigkeiten sind, sind wir nicht in der Lage, folgerichtig zu denken, und verlieren so unsere Kraft, etwas zu erreichen. Da das Unterbewußtsein der Erbauer des Körpers ist, gibt es den Ideen Form, die ihm hereingereicht werden, welcher Art sie auch sein mögen. Wenn wir zeitweilig unsere Kraft, klar zu denken, verlieren oder die Kraft, unsere Gefühle zu kontrollieren, erzeugen wir in unserer Vorstellung ein Angstbild, und das, wovor wir große Angst haben, bricht über uns herein. Wenn wir von Angst verzehrt werden – Angst vor Armut, Sorge und Versagen –, überlegen wir nicht nur nicht klar, sondern wir sinken tiefer und tiefer in Schulden und Schwierigkeiten und verlieren schließlich alles Empfinden für Werte. Wir werden von unseren Emotionen kontrolliert.

In dieser Geschichte ging die Witwe, die in Not war, zum Propheten Elia. Das Maskuline vertritt die Urteilskraft des Geistes. Der Prophet steht nicht nur für Vernunft, sondern auch für die höhere Ebene der Intuition und Inspiration.

Diese Parabel lehrt uns, daß wir, wenn wir geistig aufgewühlt und von Befürchtungen geplagt sind, so daß wir nicht wissen, was wir tun sollen, ruhig werden sollten, gelassen die Ebene der Inspiration in uns suchen und jenes innere Wissen uns sagen lassen sollten, was zu tun ist. Das ist es, was jeder von uns tun sollte, wenn ihn Ängste, Sorgen und Befürchtungen bedrängen. Jeder von uns sollte, wie es die Witwe tat, sich an die höheren inspirativen Ebenen des Bewußtseins um die Antwort wenden.

Die Antwort für die Witwe war: »Du bist es, die selbst produktiv werden muß. Du wirst Gebrauch von dem machen müssen, was du bereits hast, um dich aus dieser Schwierigkeit zu bringen. Die Antwort liegt direkt in deinem eigenen Hause, du mußt nur Gebrauch von ihr machen.«

Wir alle haben die gleiche Verantwortung. Jemand anders mag uns zwar helfen, inspirieren oder führen, aber die Stelle, von der wir richtige Ideen beziehen können in bezug auf das, was zu tun ist, wie auch die Kraft, etwas zu vollbringen, liegen direkt in uns. Wie die Witwe werden wir auf unsere eigenen Kräfte und Resourcen zurückverwiesen. Was haben wir in unserem Hause? Was haben wir, wovon wir keinen Gebrauch machen? Vorstellungen von Dienst und Leistung sind das Wertvollste, was wir haben können, und sie können in Wohlstand verwandelt werden, wenn wir sie nur herausströmen lassen. *Ideen* sind es, die wir brauchen.

Der Uninformierte versucht, etwas von außen zu bekommen, wie es auch die Witwe tat, als sie um Hilfe bat. Viele Leute glauben an den „Anstoß". Sie meinen, jemand anders sollte Ideen für sie aufbringen, aber jeder Mensch trägt seinen Reichtum in sich, in seinem eigenen Haus, und muß ihn nur erkennen, ordnen und aktivieren. Die Witwe hatte eine kleine Idee, aber diese genügte. Die Inspiration sagte ihr, sie könne von Wert für die Welt sein. Sie wurde angeregt, viele Gefäße zu borgen, was darauf hinweist, daß sie ihr Ausgießen nicht einschränken sollte.

Es wird berichtet, daß Henry Ford, einer der reichsten Männer der Welt, sagte, als er gefragt wurde, was er tun würde, wenn er auf einmal all sein Geld und sein ganzes Geschäft verlöre: „Ich würde mir ein anderes grundlegendes Bedürfnis der Leute überlegen, und ich würde dieses Bedürfnis billiger und wirksamer erfüllen als irgend jemand sonst. In fünf Jahren wäre ich wieder ein Multimillionär."

Die Gelegenheiten zum Dienen umgeben uns. Sie liegen auf der Hand. Wenn wir diese Gelegenheiten beim Schopfe packen und wirksam gebrauchen, wird das Leben uns so entlohnen, daß wir unsere Schulden bezahlen und gut leben können.

Während die Witwe fortfuhr, ihr Öl auszugießen, gab es Gefäße, die gefüllt werden konnten, was heißt, solange Sie und ich fortfahren, unsere Ideen, Energien, Gelegenheiten zu nutzen, fließen uns mehr Ideen und mehr Energie zu, um genutzt zu werden. Wenn wir aufhören auszugießen, hört der Strom auf. Anfangs dachte die Witwe nicht sehr hoch von ihren Aktivposten. Sie hatte nur einen kleinen Einfall, von dem sie Gebrauch machen konnte, um der Menschheit zu dienen; aber als sie begann, diese Idee zu verwirklichen, fand sie heraus, daß es alles war, was sie brauchte.

Jeder hat eine Flasche Öl in sich, die der Welt wertvoll sein kann. Um den Wert seines Einfalls zu erkennen, muß er seine Verwirrung, seine Sorgen und seine Befürchtungen besiegen.

Wenn wir uns ruhig unserem tiefen inneren Selbst zuwenden, um von ihm Inspiration zu empfangen, die uns sagt, wie wir den besten Gebrauch von dem machen können, was wir haben, und wenn wir uns zum Aktivsein führen lassen, werden wir eine Möglichkeit finden, von dem auszugießen, was wir haben, den Bedürfnissen anderer zu

unserem eigenen Nutzen zu dienen. Wir erfüllen ein Bedürfnis de
Menschheit, das uns wiederum bereichert und versorgt. Ideen zur
Dienen liegen direkt in uns, Ideen für Gesundheit, Glück und Erfolg

Warum nicht eben hier unterbrechen und jene Fähigkeiten, die S
haben, auflisten, mit denen Sie Ihrem Mitmenschen helfen können un
wofür er Sie gerne entlohnen wird?

Einfach planen, Geld zu machen, ist weder schöpferisch noch klug
Wenn wir dem Leben ehrlich und vernünftig dienen, wird Gel
normal und natürlich und ohne große Anstrengung zu uns kommen
Es wird uns Glück und Zufriedenheit bringen. Frische, saubere Lu
umgibt uns. Wir nehmen Sie an. Wir atmen sie zu einem guten Zwec
ein. Wenn wir dieselbe Einstellung dem Geld gegenüber hätten
würden wir ohne Zweifel genauso reichlich versorgt. Es gibt keine
kosmischen Mangel, aber der Mensch versäumt durch seinen Mang
an Verständnis oft, sein Gutes zu sehen und anzunehmen. Er erkenn
weder sein Vermögen noch seine Fähigkeit, dem Leben zu dienen, un
daher dient es ihm auch nicht. Sicherheit und Glück sind die Ergebnis
se des richtigen, gesetzmäßigen Gebrauchs der Kraft und der Energie
des Lebens. Wir sollten auf eine solche Weise leben und nützlich sein
daß wir überzeugt sind, ein Recht auf Besitz zu haben. Das Leben wir
uns dienen, wenn wir glauben, daß uns der Erfolg gehört; wenn w
glauben können, daß wir ihn haben können und das Recht haben, ih
zu besitzen. Dann werden wir ihn *haben*.

Tun Sie jede Sache auf eine solche Weise, daß Sie mit sich zufriede
sind. Sehen Sie sich in Ihrer Vorstellung den Bedürfnissen ander
Menschen in immer größerer Weise nützen. Sehen Sie sich diese
Dienst immer größeren Reichtum bringen. Stellen Sie sich vor, da
Leben antworte Ihnen infolge Ihres selbstlosen Dienstes. Glauben S
daran, daß das Geld Ihnen genauso bereitwillig zufließt wie jede
anderen auf der Welt. Nehmen Sie es, wenn es kommt, egal, wieviel
ist, mit einem tiefen Gefühl der Anerkennung an und gebrauchen Sie
klug und mit Dankbarkeit.

Geld ist Universalgut. Es gehört allen Menschen. Es steht jede
zum Gebrauch zur Verfügung. Legen Sie jede falsche Überzeugun
daß Sie Geldfülle nicht haben können oder haben dürfen, vollständ

b. Geld ist für den vollen, freien, glücklichen Ausdruck des Lebens durch Sie nötig.

Sagen Sie zu sich selbst:

„Ich gebrauche mein Geld auf eine gesunde, konstruktive, großzügige und gute Weise. Ich wende mich weder vom Geld ab noch weigere ich mich, es anzunehmen, wie ich mich ja auch nicht von Luft oder Sonnenlicht abwende oder mich weigere, sie anzunehmen. Ich akzeptiere die großzügigen Gaben, die das Leben für mich hat, mit Begeisterung. Ich bin kein Sklave des Geldes, sondern betrachte es eher als meinen Diener. Es ist gut für mich, und ich gebrauche es, um Gutes in das Leben anderer zu bringen. Andere profitieren durch meinen richtigen Gebrauch des Geldes. Schöpferische, ausgedehnte Ideen für finanziellen Erfolg kommen mir fortwährend. Indem ich ohne Egoismus mehr und mehr das Gute anderer suche, ergießen alle Kanäle des Lebens – Menschen, Situationen und Zustände in meiner Umgebung – eine größere Fülle des Geldes auf mich. Ich suche und finde den Wert in jeder Situation."

„Durch die unendliche Kraft des Lebens in mir tue ich das, was ich tun sollte, begeistert und erfolgreich. Erfolg existiert für mich. Ich habe das Recht darauf, denn ich erfülle mein Leben auf dieser Erde nach bestem Wissen und bester Fähigkeit. Ich bringe das Leben – das gute Leben – auf volle und ganzheitliche Weise zum Ausdruck. Ich begegne jedem Tag mit Mut und Verständnis."

„Ich habe alles Geld, was ich brauche, und mir bleibt genug zum Sparen und Teilen übrig. Ich weiß, daß es keine Geldknappheit gibt. Ich erkenne, daß Geld geistige Substanz ist. Die Fähigkeit des Lebens, auf mich zu reagieren, ist ohne Grenzen. Sie kann eine Million Dollar so leicht hervorbringen, wie sie einen Dollar hervorbringen kann. Ich weiß, daß das Maß meines Glaubens die Höhe des Betrages bestimmt, den ich erhalte, daher öffne ich alle Straßen meines Seins, sowohl geistig als auch körperlich, um Reichtum in Fülle sowohl auszuteilen wie zu empfangen."

„Ich ziehe Geld an. Geld fließt mir leicht, frei und großzügig zu. Es kommt zu mir aus der unbegrenzten Quelle aller Versorgung. Ich habe ein klares, bestimmtes geistiges Bild vom Wohlstand. Ich sehe mich selbst mit allem Geld, das ich mir wünsche, damit ich reich, üppig und luxuriös leben kann. Ich habe ein Gefühl großer Freude, wenn ich mich von meinen Vorräten des Reichtums anderen geben sehe, damit sie an meinem Gut teilhaben. Mein Herz ist dem Geben aufgeschlossen. Meine Hände sind offen, großzügig zu empfangen."

„Ich mache kluge und sichere Investitionen. Jede Investition bringt mir reichliche Dividenden. Gelegenheiten, um Geld zu machen, bieten sich mir jeden Tag. Sie kommen unablässig und unerwartet. Es ist für mich so normal und natürlich, Wohlstand zu erlangen, wie es für mich ist zu atmen. Ich bin dankbar für meinen Wohlstand, und ich gebrauche ihn da, wo er das meiste Gute erreichen wird. Ein beständiger Ideenstrom, der dazu beiträgt, mein Bankguthaben zu vergrößern, kommt zu mir, und ich lasse jede Idee zu meinem Guten wirken, nicht egoistisch, aber so, daß ich noch mehr an Hilfe und an den Dienst an anderen wenden kann. Mein Erfolg ist beständig und stetig. Alles, was ich unternehme, gedeiht."

„Ich habe als Ergebnis meiner persönlichen Integrität ein reichliches und zuverlässiges Einkommen. Da ich weiterhin das, was ich habe, im Dienst meiner Mitmenschen gebrauche, fließt mehr herein, um das Ausgeströmte zu ersetzen. Meine Dankbarkeit für das, was ich habe, und mein guter Gebrauch von ihm bringen mir automatisch mehr und größere Gelegenheiten, Geld zu machen."

„Lukrative Ideen nehmen in meiner Vorstellung leicht und ungehindert Gestalt und Form an, und sie kommen als immer mehr Wohlstand in meine Erfahrungswelt.

Der Wohlstand ist jetzt mein. Ich akzeptiere ihn. Ich bin dafür dankbar. Ich bin dankbar für das, was ich erreicht habe. Ich bin dankbar für die Fülle, die jetzt mir gehört."

23. Kapitel

Wie man sein Bewußtsein für persönliche Führung einsetzt

Im dreiundzwanzigsten Psalm, der in der englischen Sprache zu den bekanntesten und geachtetsten Texten gehört, sagte David, der Herr führe ihn und sorge für ihn, wie ein Hirte seine Schafe führe und beschütze. Er sagte, ein inneres, führendes Prinzip führe ihn in friedliche, glückliche und profitable Situationen. Es war selbst unter den belastendsten Umständen mit ihm. Er glaubte an es, und es reagierte auf seinen Glauben an es.

Was ist der Herr? Der Herr ist die wissende Kraft Gottes in Ihnen. Er ist das weise, absichtsvolle, schöpferische Prinzip in Ihnen, das Sie erhält. Er ist Ihr eigenstes Wesen, da Ihr Leben wissendes Leben ist.

Vertrauen zu haben und sich auf Gott zu verlassen, das innere, führende Prinzip, heißt Vertrauen zu uns selbst haben, zu unserer Intelligenz und Weisheit. Es heißt, Selbstsicherheit zu besitzen, die das exakte Gegenteil von Furcht, Ängstlichkeit, Entmutigung und einem Gefühl der Minderwertigkeit ist. „Mensch, erkenne dich selbst."

Was sind Sie? Sie sind Leben. Das Leben hat sich in Ihnen verkörpert, zweifellos, um in Ihnen ein Instrument für seinen Selbstausdruck zu finden. Das macht Sie dem Leben wichtig. Wenn Sie diese Bedeutung rechtfertigen, ist das Leben an Ihnen interessiert und erhält Sie. Das ist ein wunderbarer Gedanke. Da das Leben zu Ihnen wurde, um durch Sie Ausdruck zu finden, haben Sie etwas Besonderes für das Leben zu tun. Sie sind besonders, weil Sie von jedem anderen Menschen auf der Welt verschieden sind. Sie sehen anders aus. Ihre Gedanken sind anders. Sie haben besondere Begabungen, einzigartige Fähigkeiten. Sie sind fähig, das Leben auf eine besondere Weise zum Ausdruck zu bringen, fähig, etwas auf eine Weise zu tun, wie es kein

Mensch sonst könnte. Da Sie besonders veranlagt sind, werden Sie, wenn Sie tun, was Sie tun können und sollen, Ihr Schicksal, Ihren Daseinszweck erfüllen. Tun Sie das, und Sie werden ohne Zweifel glücklich sein. In dem Maße, in dem Sie sich weigern, das zu tun, wird das Leben in eben diesem Maße unverwirklicht bleiben. Sie sind wichtig. Wenn Sie diese Wichtigkeit erkennen, wenn Sie die Aufgaben erfüllen, die das Leben Ihnen gegeben hat, wenn Sie Ihren Verpflichtungen dem Leben gegenüber nachkommen, wenn Sie das Leben so gut leben, wie Sie können, wenn Sie Ihren Platz ausfüllen, dann werden Sie Ihre Wichtigkeit empfinden. Unausweichlich werden Sie ein Gefühl von innerer Führung und hoher persönlicher Achtung haben.

Sie müssen wichtig sein im universellen Entwurf der Dinge, sonst hätte das Leben Sie nicht aus sich selbst geschaffen und mit seinen eigenen Eigenschaften und Fähigkeiten versehen – Glauben, Vorstellungskraft, Vernunft, der Macht, zu wählen und zu handeln. Es hätte nicht in Ihnen seine eigenen Eigenschaften der Vitalität, der Energie, des Friedens, der Liebe, der Ausgeglichenheit und des Glücks inkarniert, wenn Sie ihm nicht wichtig wären.

Das Leben hat Sie vor eine Aufgabe gestellt. Es hat Ihnen Gelegenheiten an die Hand gegeben. Es hat Ihnen auch alle Werkzeuge gegeben, die Sie benötigen, um diese Aufgabe auszuführen. Das Leben wünscht sich, durch Sie auf eine besondere Weise zu leben, sich herrlich auszudrücken, sonst hätte es Sie nicht geschaffen. Wenn Sie das Leben voll auf Ihre eigene, einzigartige Weise zum Ausdruck bringen, sind Sie glücklich und erfolgreich, denn das Leben wird vollkommener verwirklicht. Das Leben selbst ist glücklicher, erfolgreicher, und als Ergebnis haben Sie ein Gefühl des Wohlbefindens. Das ist Ihr Ausgleich dafür, daß Sie tun, was Sie tun sollten.

Innere Führung kommt, wenn Ihre Motive richtig sind, wenn Sie nur das Richtige richtig tun wollen, wenn Ihr Wunsch nach richtigem Handeln geht. „Die Gerechten sind niemals verlassen." Wenn Ihr Wunsch gerecht ist, haben Sie ein sehr reiches Gefühl, ein Gefühl der Selbstachtung und des Selbstwerts. Dieses Gefühl kann und wird sich nicht einstellen, wenn Ihr einziges Motiv ist, andere zu beeindrucken oder Ihr eigenes Ego aufzublasen, oder wenn es sich sogar nur auf Geld allein richtet oder auf irgendeine andere Kompensation. Wenn Sie Ihr Bestes getan haben, Ihr Bestes im Dienst an dem, was recht ist, gegeben haben, haben Sie einen Ausgleich, der weit über materiellen Gewinn hinausgeht. Natürlich erwarten Sie auch materiellen Ausgleich. Sie verdienen einen Lohn, und Sie werden Ihn haben, aber Sie werden für das arbeiten, was nicht vergeht – eine tiefe innere Befriedigung.

Zweifellos haben Sie Fehler gemacht. Sie mögen sich in Ihrem Urteil geirrt haben, aber wer hat noch keine Fehler gemacht? Wenn das Motiv in Ordnung ist, können Fehler in Sprungbretter zum Erfolg verwandelt werden. Vergeben Sie einfach der Vergangenheit. Streben Sie zuversichtlich und ohne Furcht vorwärts. Wenn Sie tun, was darauf wartet, erledigt zu werden, und Ihr Bestes geben, soweit Sie wissen, werden Sie sich emporgehoben, geführt, geleitet, unterstützt und beschützt fühlen. Ihre Stärke wird sich vergrößern. Sie werden keine Furcht vor Ergebnissen haben. Wenn Sie das Richtige auf die rechte Weise tun, haben Sie die gesamte Kraft des Lebens als Mitarbeiter. Sie erklimmen den hohen Berg des Muts, wenn Ihre Hände rein sind und Ihre Sache gerecht ist und Sie in Ihrem Herzen wissen, daß Sie Ihr Bestes gegeben haben.

Tun Sie das, was Sie zu tun haben, stets auf die beste Art und Weise, die Sie kennen, und achten und loben Sie sich auf alle Fälle dafür, daß Sie es tun. Natürlich kann niemand besser handeln als er weiß; wenn Sie jedoch heute das Beste tun, was Ihnen einfällt, dann wird jeder Tag Ihnen mehr Wissen bringen, denn Ihr Verständnis wächst von Tag zu Tag.

Wenn Sie sich fürchten, wenn Sie sich darum sorgen, was mit Ihnen geschehen wird, wenn Ihre Aufmerksamkeit ausschließlich auf Sie selbst statt auf Ihre Leistungen gerichtet ist, dann werden Sie verwirrt, frustriert und unsicher sein. Sie werden keine hohe Meinung von sich selbst haben. Sie werden entmutigt sein. Wenn Sie tun, wozu das Leben Sie geschaffen hat, wenn Sie aufrichtig gegen sich selbst sind, werden Sie sich nicht vor dem fürchten, was Ihnen möglicherweise geschehen könnte, denn Sie wissen, daß Sie Ihren

Zweck im Leben erfüllen. Sie wissen, daß Sie von einem intelligenten, allmächtigen Leben beschützt und unterstützt werden.

Ein Mann aus meiner Bekanntschaft entwickelte ein großes Geschäft dadurch, daß er sich antrieb, unablässig plante und sich restlos überarbeitete. Er brach mit einem Herzanfall zusammen. Sein Geschäft wurde ernstlich in Mitleidenschaft gezogen. Er war hochverschuldet und schien vor dem völligen Ruin zu stehen.

Als er zuletzt einsah, daß sein Geschäft für ihn eine Möglichkeit war, anderen Menschen zu dienen, als er erkannte, daß das Leben ihm ein Geschäft als ein Mittel zur Selbstverwirklichung anvertraut hatte, als einen Kanal, durch den das Leben Angestellten und Öffentlichkeit dienen könnte, löste sich der Druck, unter dem er stand, und seine Gesundheit kehrte zurück. Er begann, sich als Manager des Geschäfts zu sehen, wie er zum Guten des Lebens selbst arbeiten ließ. Sein Selbstvertrauen kehrte zurück, und sein Geschäft ist heute erfolgreich und gewinnträchtig. Es liegt alles an der eigenen Bewußtseinshaltung.

In Ihnen ist eine höhere Instanz, eine Bewußtheit, die Sie „Ich" nennen. Diese Bewußtheit wird nicht durch äußere Unruhe oder Verwirrung kontrolliert. Sie erkennt Mißerfolg nicht an. An dieser Stelle können Sie wählen. Sie treffen Entscheidungen. Sie wählen, was Sie denken und wie Sie Ihre Emotionen lenken wollen, wie Ihr Körper reagieren wird und was Sie tun werden. Denken Sie nach über diesen wunderbaren geheimen Ort der Kraft und Weisheit in Ihnen, diesen Ort, der nie von äußerlichen Erlebnissen berührt wird, und leben Sie aus diesem Mittelpunkt heraus. Versuchen Sie nie, von außen nach innen zu leben. Die zentrale Stelle der Bewußtheit ist der Mittelpunkt Ihrer eigenen Individualität, wo das unendliche Leben selbst in Ihnen personalisiert ist. Betrachten Sie diesen inneren Punkt höchster Weisheit und Kraft in sich, und Sie werden wissen, daß Sie vollkommene Herrschaft über Ihre eigenen Angelegenheiten und Tätigkeiten haben; Sie werden wissen, daß nichts, was außerhalb von Ihnen ist, Sie kontrollieren kann. Stellen Sie das eindeutig fest, und von jetzt an beginnen Sie, alles, was vor Ihnen liegt, auf eine solche Art und Weise zu tun, daß Sie mit sich einverstanden sein können. Tun Sie alles, was Sie tun, auf eine Weise, die Sie zufriedenstellt.

Setzen Sie sich jeden Abend hin und entspannen Sie sich in aller Ruhe. Durchdenken Sie Ihren Tag mit einem Gefühl der Befriedigung, einem Gefühl der Freude an Ihren Leistungen. Machen Sie dies zu einer täglichen Gewohnheit, und schon bald werden Sie durch jeden Tag mit einem Gefühl des Friedens und dynamischer innerer Kraft gehen. Sie werden sich selbst schätzen. Sie werden vollkommenes Selbstvertrauen haben. Sie werden sich als Meister Ihres Schicksals kennen, denn Sie werden Ihre Entscheidungen von jenem inneren, geheimen Ort unbegrenzter Weisheit aus treffen.

Du bist nicht höher als dein niedrigster Gedanke,
nicht niedrer als der Gipfel deines Sehnens;
und alles Sein hat Wunder nicht hervorgebracht,
zu denen Ehrgeiz sich nicht bringen möchte.
Oh, Mensch! Planet nicht, Sonne nicht noch Stern hielte dich,
wenn du dein Wesen wüßtest.

– Unbekannter Autor –

Sagen Sie mit positiver Sicherheit zu sich:

„Ich bin ausgeglichen, heiter und zuversichtlich. Ich kann jeder Situation, wie sie kommt, mit ruhiger, gelassener Sicherheit begegnen und tue es auch. Die unendliche Weisheit des Lebens in mir kann jedes Problem lösen. Ich vertraue ihr. Ich verlasse mich auf sie. Die Weisheit Gottes – des unendlichen Lebens – in mir kommt an die Oberfläche meines Bewußtseins, wenn ich sie brauche. Sie befähigt mich, jedes Problem außerhalb von mir zu halten, wo ich es unpersönlich und gelassen betrachten kann – wo ich es klar als das sehen kann, was es ist – etwas, was ich zu handhaben habe; und ich handhabe es leicht und vollkommen."

„Ich behandele jede vor mir liegende Aufgabe mit Gelassenheit und Zuversicht, mit Heiterkeit und vollständiger Selbstsicherheit. Ich bin mir immer jenes Zentrums der Weisheit und Kraft in mir bewußt, das weiß, was zu tun ist und wie es zu tun ist."

„Ich habe Zutrauen zu meiner Fähigkeit, zu leisten, was

immer ich mir zu leisten vornehme, denn ich habe Zutrauen zu mir selbst. Ich glaube an mich. Ich schätze mich, denn ich weiß, daß das Leben der Natur, das Leben Gottes, mein Leben ist. Ich begegne jedem Tag mit ruhiger Sicherheit. Ich habe Zutrauen zu meinen Entscheidungen, denn sie werden immer von jener hohen Gott-Ebene unendlicher Weisheit und Bewußtheit aus getroffen. Ich bin stets in vollständiger Kontrolle über alle meine Fähigkeiten."

„Mein Glaube an das Leben erhält mich mutig, zuversichtlich, einfallsreich und stark. Was ich auch sage, was ich auch tue, das wird gesagt und getan mit vollkommenem Vertrauen und vollständiger Selbstsicherheit. Ich gehe mit Frühling in meinen Schritten. Meine Augen sind beobachtend. Mein Kopf ist erhoben. Meine Stimme ist stark, aber vollkommen kontrolliert. Meine Erscheinung flößt Respekt ein. Meine Gedanken sind ruhig und stetig. Ich schaue den Leuten gerade in die Augen, wenn ich mit ihnen rede. Ich spreche leicht und flüssig, immer ein klares Bild von dem Gedanken, den ich zu vermitteln wünsche, durch meine Worte entwerfend."

„Ich bin auch ein guter Zuhörer. Meine Freunde und Kollegen arbeiten mit mir zusammen, weil ich ein aktives Interesse an ihrem Wohlergehen nehme. Ich habe viele Freunde, weil ich freundlich bin. Andere Leute respektieren mich, weil ich sie und mich selbst respektiere. Ich habe Zutrauen zu meinem eigenen Urteil, weil ich aufrichtig und verläßlich bin. Ich habe ein Gefühl der Stärke, der Kraft und des Mutes. Ich bin zuversichtlich und ausgeglichen. Ich glaube an mich. Ich achte mich. Ich schätze mich. Ich kann von einer großartigen Leistung zur nächsten gehen und tue es. Das ist die Wahrheit über mich."

24. Kapitel

Wie man sein Bewußtsein für Entspannung einsetzt

Geistige und körperliche Entspannung ist eine der größten Notwendigkeiten in diesem modernen Zeitalter der Geschwindigkeit und Anspannung, des Lärms und der Unruhe. Entspannung ist nichts, was uns von außen her getan wird. Sie ist eine Geisteshaltung, die sich im Körper widerspiegelt. Entspannung ist ein Nicht-Widerstehen den Dingen gegenüber, die wir fürchten oder nicht leiden können. Sie ist eine Annahme des Unvermeidlichen, eine geistige Bereitschaft, das All so sein zu lassen, wie es ist; wissend, daß es gut ist, egal wie es erscheint. Entspannung ist ein geistiges Schulterzucken gegenüber jenen Zuständen oder Erfahrungen, an denen man nichts ändern kann, und ein Wissen darüber, daß auf irgendeine Weise nur Gutes aus ihnen erfolgen wird, da das Universum, in dem wir leben, gut ist. Spannung und Streß sind die Feinde der Gesundheit. Sie stören das glatte, harmonische Arbeiten des schöpferischen Bewußtseins. Wenn wir angespannt sind, machen wir uns die einfachste Arbeit schwer. Wenn wir beunruhigt sind, beunruhigen wir unsere Familie, unsere Freunde und unsere Kollegen. Unsere zwischenmenschlichen Beziehungen sind dann eher qualvoll als angenehm. Spannung vergeudet unsere Energie und verkürzt unser Leben. Ich kenne einige Leute, die zu denken scheinen, es sei eine Tugend, mit Höchstgeschwindigkeit daherzubrausen. Hastend, eilend, antreibend würgen sie ihr Essen herunter und vernachlässigen ihren Körper. Sie sind immer ins Karussell eingespannt. Geistige Anspannung zeigt sich als Verspannung ihrer Muskeln und in gestörter Verdauung. Leben, das durch den schöpferischen Geist handelt, erbaute Ihren Körper; und wenn es keine

Störungen gäbe, würde es den Körper so lange funktionstüchtig erhalten, wie man einen Körper braucht.

Angespanntheit des Geistes ist gewöhnlich das Ergebnis von Furcht oder Ablehnung – Furcht vor dem, was geschehen könnte, oder Ablehnung dessen, was früher geschehen ist. Furcht wird oft in Form von Wut geäußert. Indem sie um sich schlägt, um sich selbst zu schützen, geht sie in die Offensive.

Lösen Sie Ihre geistigen Verspannungen, indem Sie jedem Menschen vergeben, der Sie verletzt hat. Vergeben Sie jedem Menschen, jedem Zustand, jeder Situation, die Ihnen Schmerzen, Sorge oder Widerwillen verursacht haben. Lassen Sie alle Wunden der Vergangenheit los, und vergeben Sie sich selbst für alle früheren Fehler. Jeder macht Fehler. Vergeben Sie sich selbst, wie Sie jemand anderem vergeben würden. Der Fehler ist unbedeutend. Es ist die ständige Wiederholung des Fehlers, die schadet. Sagen Sie zu sich:

„Ja, ich habe einen Fehler gemacht. Ich werde sorgfältig aufpassen, damit ich ihn nicht wiederhole. Ich kann ihn nicht ungeschehen machen, daher will ich mir etwas Gutes von ihm holen. Genau jetzt lasse ich die Vergangenheit vollständig los. Die Vergangenheit hat jetzt keine Macht über mich. Ich erkenne die Güte des Lebens, das mich umgibt. Das Leben hat mich erschaffen. Es kann mich erhalten und tut es. Ich vertraue ihm. Das Leben liebt mich, und ich liebe das Leben. Ich glaube an das Leben. Ich vergebe jetzt. Ich lasse jedes Gefühl von Ablehnung und Furcht los. Ich nehme eine Bewußtseinshaltung der Liebe, des Verständnisses und des Glaubens an und bewahre sie mir. Ich lasse alle Anspannung oder allen Streß fahren. Ich bin entspannt. Ich versuche nicht, die Welt zu manipulieren. Ich versuche nicht, die Welt durch Anstrengung meines Willens zusammenzuhalten."

Es könnte gut sein, sich zu fragen, „Beabsichtige ich jetzt tatsächlich, etwas Konstruktives an diesen Dingen zu tun, die mir Sorge bereiten, oder soll ich fortfahren, mich zu ärgern und mich aufzuregen?" Wenn Ihre Arbeit Sie beherrscht, sind Sie angespannt und voller

Sorge. Wenn Sie die Kontrolle über Ihre Arbeit übernehmen, sind Sie entspannt. Wenn Sie Ihrem Körper erlauben, die Kontrolle über Sie zu übernehmen, wenn Ihr Körper Sie beherrscht, sind Sie in ständiger Unruhe. Wenn Sie die Kontrolle übernehmen, sind Sie im Frieden mit sich selbst. Der Weise weiß, daß die Umstände keine Macht über ihn haben. Er weiß, daß er seine Umgebung kontrolliert. Er ist den Umständen nicht unterworfen.

Oft verspannen wir uns, wenn wir an all das denken, was wir zu tun haben, und die kurze Zeit, in der wir es tun müssen. Ein berühmter Arzt sagte einst: „Die Sorgen von morgen im Verein mit den Enttäuschungen von gestern, zusammen mit den Problemen von heute getragen, sind zu viel für jeden Menschen." Wir leben jeweils nur *einen* Augenblick zur Zeit, und jeder kann mit dem jeweils gegenwärtigen Augenblick fertig werden. Versuchen Sie nicht, Sorgen für die Zukunft zu ahnen. Versuchen Sie vielmehr, mit Begeisterung vorwärtszuschauen, Gutes zu erwarten und aufrichtig zu glauben, daß Ihnen jeder Tag mehr Gutes bringen wird.

Sprechen Sie, um ihn zu entspannen, liebevoll zu Ihrem Körper, und bitten Sie ihn, sich zu entspannen. Setzen Sie sich bequem in Ihrem Lieblingsstuhl zurecht und lassen Sie los oder strecken Sie sich auf dem Rücken aus. Schließen Sie die Augen und sagen Sie still zu sich:

„Die Muskeln meines Gesichts sind entspannt. Meine Schultern haben losgelassen. Meine Hände sind entspannt. Meine Finger sind entspannt. Meine Füße und meine Zehen sind entspannt. Jeder Nerv, jeder Muskel meines Körpers ist entspannt. Ich habe jedes meiner Probleme und alle Probleme anderer Leute fallenlassen. Ich sorge mich um nichts."

Atmen Sie langsam und tief ein, und atmen Sie ebenso langsam aus, wobei Sie diese Probleme loslassen. Lassen Sie geistig und körperlich los.

Stellen Sie sich sich selbst entspannt vor, so schlaff wie ein nasses Badelaken, das über einer Stuhllehne hängt. Rufen Sie sich in Erinnerung, wie sich ein Hund zwei- oder dreimal um sich selbst dreht und sich dann in ganzer Länge ausstreckt.

Denken Sie ruhig an einen Wasserlauf – einen Bach –, wie er sich seinen Weg durch die Hügel sucht und durch die Ebene rieselt. Das Wasser im Bach entspringt im großen Ozean. Das Wasser wurde von den Luftströmen vom Ozean in den Himmel getragen, wo es Wolken bildete, die zu Regen kondensierten. Das Wasser fiel auf die Hügelkuppen nieder und sammelte sich in diesem Rinnsal klaren, glitzernden Wassers, das zum Meer unterwegs ist – seinem Bestimmungsort. Der Bach kämpft nicht und widersetzt sich nicht. Er fließt stetig, beständig fort. Das Wasser im Bachlauf bewegt sich um Felsen, Bäume, Hügel herum. Nichts stört oder enttäuscht es. Es umgeht oder überwindet jedes Hindernis. Es ist beharrlich. Das beharrliche, aber widerstandslose Wasser spült schließlich alles, was vor ihm ist, mit sich fort. Denken Sie an diesen Fluß. Sie sind wie dieser Fluß. Auch Ihre Quelle ist der große Ozean des Lebens.

In sich haben Sie die Kraft, jede Situation zu handhaben, sowie sie auftritt. Sie leben immer nur einen Tag zur Zeit, einen Augenblick zur Zeit, und Sie unternehmen immer nur einen Schritt zur Zeit. Sie können immer mit dem fertig werden, was dieser Augenblick für Sie bereithält; und wenn Sie diesem Augenblick begegnen, alle früheren Wunden loslassend, Ihre Kraft, alle Probleme zu handhaben, wenn Sie ihnen begegnen, erkennend, bemerken Sie, daß Sie entspannt, zuversichtlich und besser in der Lage sind, dem nächsten Augenblick entgegenzutreten. Sie sind ein Strom unendlichen Lebens. Nichts stört Sie. Die Strömung des Lebens durchfließt Sie wie das beharrliche, aber widerstandslose Wasser des Baches, trägt alles, was auf ihrem Wege liegt, mit sich fort.

Bejahen Sie für sich:

> „Ich bin entspannt an Geist und Körper. Ruhig und zuversichtlich gehe ich vorwärts, meinem Guten zu begegnen, und ich weiß, daß jeder Tag mir mehr und mehr vom übervollen Guten des Lebens bringt. Ich habe jeden beunruhigenden Gedanken, jedes verwirrende Problem losgelassen. Ich fühle einen tiefen Frieden sich in jedem Nerv, jedem Muskel und jedem Organ meines Körpers regen. Jeder Teil von mir ist entspannt. Ich bin zutiefst

still. Mein Bewußtsein ist gelassen und still. Ich weiß, alles ist gut."

„Ein Bild vollkommenen Friedens bewegt sich durch meine Vorstellung. Der Tag ist warm und angenehm, still und ruhig. Ich gehe allein durch einen stillen Wald. Eine sanfte Brise bewegt die Bäume über meinem Kopf. Die Sonne schimmert durch die sich regenden Blätter herunter und wirft Schatten auf das kühle, grüne Moos zu meinen Füßen. Ich rieche den Duft von Veilchen, die sich in das Gras schmiegen. Ich fühle den Frieden des Sommers. Langsam weitergehend finde ich mich am Ufer eines stillen Sees im Herzen des Waldes. Während ich bei mir diese schöne Szene betrachte, fühle ich mich heiter und friedlich. Ich fühle mich besänftigt, geheilt, entspannt an Geist und Körper."

„Ich verspüre den Frieden und die Heiterkeit der ganzen Natur an diesem vollkommenen Sommertag. Nicht ein Kräuseln rührt die Oberfläche des Wassers im See. Alles ist still – friedlich und heiter. Ich fühle den tiefen, beruhigenden Frieden der Natur, wenn ich in meiner Vorstellung still am Ufer des Sees sitze und eine sanfte Brise meine Wangen liebkost. Die Sonne wärmt mich. Jeder Teil von mir ist entspannt, beruhigt und geheilt. Ich fühle die Heiterkeit des Lebens in diesem stillen Wald, bei dem ruhigen See, in der Sonnenwärme. Ich bin mir der Schönheit in den Schatten bewußt, die mich umgeben, in den sich leise regenden Blättern über mir. Ich bin entspannt und friedevoll."

„Morgen früh werde ich aus einem erholsamen Schlaf erwachen, erfrischt und zuversichtlich. Ich werde wissen, wie ich jedes Problem lösen kann, wenn es sich zeigt, leicht und zuversichtlich. Ich werde jeden Augenblick des Tages genießen. Jeden Tag erwarte ich, daß ich Gutes erleben werde. Jeder Augenblick ist ein Augenblick der Ewigkeit, und jeder Augenblick ist so gut wie jeder

Augenblick der ganzen Ewigkeit. Ich bin entspannt – heiter – friedlich. Ich bewege mich zuversichtlich auf ein reicheres und ein herrlicheres Leben zu."

25. Kapitel

Wie man sein Bewußtsein für Erfolg in zwischenmenschlichen Beziehungen einsetzt
Gesellschaft – Geschäft – Ehe

Jeder wird von dem Platz angezogen, der für ihn der angenehmste ist. Mrs. Posts Problem waren jahrelang die zwischenmenschlichen Beziehungen gewesen. Sie hatte ständig Streit mit den Nachbarn und mit den Mitgliedern ihrer Familie. Heute ist sie eine der beliebtesten Frauen, die ich kenne. Vor einiger Zeit sagte sie zu mir: „Mein ganzes Leben hat sich geändert, und das kam durch eine Bemerkung, die ich Sie vor wenigen Jahren in einer Vorlesung machen hörte. Ihre Worte waren für mich wie ein Signal. Sie sagten: ‚Jeder fühlt sich zu dem Platz hingezogen, der für ihn der angenehmste ist.' Ich nahm mir die Idee zu Herzen und ging daran, die Atmosphäre, die mich umgab, angenehm zu machen. Es ist wunderbar, wie sich die Leute jetzt von mir angezogen fühlen."

Menschen werden auf Sie reagieren, wenn sie Sie mögen; wenn sie an Sie glauben und Vertrauen zu Ihnen haben; wenn sie Vertrauen zu Ihrem Wissen haben und wenn Sie enthusiastisch sind. Wenn Sie wollen, daß sie an Sie glauben sollen, müssen Sie zuerst selbst an sich glauben. Damit sie Vertrauen zu Ihnen haben, müssen *Sie* sich vertrauen. Damit sie an Ihre Kenntnisse glauben, müssen *Sie* glauben, daß Sie Wissen haben. Sie können anderen nicht geben, was *Sie* nicht haben.

Unser geheimer Glaube über uns selbst spiegelt sich in unserer Erscheinung wider, und Leute werden von unserer Erscheinung angezogen oder abgestoßen. Derjenige, der furchtsam ist und sich stets im Hintergrund hält, bescheinigt dies nach außen hin in seinem Gang, durch die Art, wie er sich kleidet, und durch die Weise, wie er spricht. Wenn jemand eine kämpferische Haltung hat, eine arrogante oder überhebliche Einstellung, wird es sofort von anderen bemerkt und empfunden, die automatisch defensiv reagieren.

Wenn Ihnen jemand begegnet, gewinnt er seinen ersten Eindruck von Ihnen durch Ihr Erscheinungsbild. Wie sehen Sie aus? Wie verhalten Sie sich? Wie tragen Sie sich? Wie kleiden Sie sich? Unbewußt mag er sich sagen: „Ich mag sein Aussehen nicht. Er sieht aus, als mache er sich nicht viel aus sich selbst." Wenn Sie aussehen, als liege Ihnen nicht viel an Ihrer eigenen Erscheinung, ist es nicht anzunehmen, daß anderen viel an Ihnen liegt.

Erste Eindrücke werden durch das Auge gemacht – Ihre Erscheinung; dann durch das Ohr – die Art und Weise, wie Sie sprechen. Sie werden beurteilt nach der Geschwindigkeit, mit der Sie reden, und der Höhe Ihrer Stimme, und danach, ob sie angenehm oder hart ist; dann durch die Ideen, die Sie darbieten – das, worüber Sie sprechen.

Sie können Menschen durch Ihr Aussehen von sich forttreiben. (Sie selbst werden vom Aussehen einiger Menschen abgestoßen.) Durch die Art, wie Sie sich ausdrücken, die Art, wie Sie sich kleiden, die Art, wie Sie sich tragen und durch das, was Sie sagen, ziehen Sie andere an oder stoßen sie ab. Ihre Motive enthüllen sich in der Art, wie Sie sprechen und aussehen. Sie werden nicht nur nach dem beurteilt, was Sie sagen, sondern auch nach der Art, wie Sie es sagen. Ihre Einstellungen enthüllen sich in Ihrer Erscheinung und in Ihrer Redeweise und bestimmen weitgehend, wie die Leute auf Sie reagieren werden. Sie mögen Sie oder sie mögen Sie nicht! Am besten arbeiten Sie mit Menschen zusammen, die Sie mögen, nicht wahr? Andere Menschen werden mit Ihnen zusammenarbeiten, wenn sie Sie mögen.

Um sich die Mitarbeit anderer zu sichern, müssen sie an *Sie* glauben und zu *Ihnen* als Mensch Vertrauen haben; auch müssen sie davon überzeugt sein, daß Sie wissen, wovon Sie sprechen – daß Sie Wissen haben. Sie selbst müssen überzeugt davon sein, daß die Mitarbeit, die Sie von dem anderen haben wollen, für ihn genauso gut und richtig ist wie für Sie. Sie müssen sich in Ihrem eigenen Bewußtsein klar darüber sein, was Sie wollen, daß er tut, und Sie müssen *begeistert* sein in der Darbietung dieser Sache. Sie sollten sowohl beharrlich wie begeistert sein. Sie müssen Künstler genug sein, um ihn dazu zu bringen, daß er die Sache so sieht, wie Sie sie sehen. Es hört sich einfach an, nicht wahr? Nun, es ist einfach, wenn Sie den anderen Menschen *wie* sich selbst lieben und wenn Sie zuerst sich selbst auf gesunde Weise lieben. Um den anderen dazu zu bringen, daß er mit Ihnen zusammenarbeitet, müssen Sie fähig sein, ihm ein Bild von der Idee zu malen, das sich seinem Geist so darstellt, wie Sie es sehen. Sie werden nicht in der Lage sein, das zu tun, wenn Sie es nicht selbst deutlich vor sich sehen und von seiner absoluten Richtigkeit überzeugt sind.

Das Schlimmste, was wir beginnen können, wenn wir möchten, daß jemand etwas für uns tut, ist zu sagen: *„Ich möchte, daß du es tust."* Wenn jemand das zu mir sagen würde, würde ich rebellieren. „Ich möchte, daß du es tust! Du bist es mir schuldig! Wenn du mich liebtest, würdest du es tun!" Solche Forderungen rufen in anderen Widerstand hervor.

Unser Wunsch ist, zu leben und zu erleben, uns auszudrücken; aber wir wären sehr dumm, wenn wir nicht erkennen würden, daß der andere genau das gleiche möchte. Wir lieben ihn *wie* uns selbst. Er möchte genausowenig beherrscht werden wie wir. Er möchte nicht mehr in Besitz genommen werden, als wir in Besitz genommen werden wollen. Er möchte nicht besessen werden.

Menschen sind gut zu uns und arbeiten mit uns zusammen, wenn sie wissen, daß es in ihrem Interesse ist, wenn sie mit uns zusammenarbeiten und unseren Wünschen nachkommen. Wenn sie wissen, daß etwas für sie eine gute Sache ist, werden sie sich von selbst in diese Richtung bewegen. Sie wollen jedoch selbst entscheiden. Sie wollen nicht, daß ihnen ihr Entscheidungsrecht genommen wird. Sie wollen ihre eigene Wahl treffen.

Für jeden ist die einzige Wahrheit das, was *selbst gesehen* ist. Jedwede Wahrheit, die wir besitzen mögen, ist von keinem Wert für jemand anders, solange er sie nicht sehen, akzeptieren und gebrauchen kann. Was er auch für uns und für unser beiderseitiges Wohl tun soll, was wir uns auch von ihm erwarten, das alles wird ihm nichts bedeuten, solange er nicht das Gefühl hat, das es für ihn ebenso wie für uns eine gute Sache ist. Es sollte für uns beide gut sein. Wir können niemandem die Wahrheit *aufzwingen*. Sie ist nur seine, wenn er sie sieht und wenn er sie anwendet.

Sie mögen den Wunsch haben, etwas für unser gegenseitiges Wohl zu tun; aber wenn Sie sagen, „Ich möchte, daß du es tust – ich bestehe darauf, daß du es tust", dann bedeutet das, daß Sie kein Vertrauen zu sich selbst haben, und irgendwie spüre ich automatisch diesen Mangel an Vertrauen. Wenn Sie Vertrauen zu sich haben, werden Sie nicht arrogant, überheblich oder befehlshaberisch sein, weil Sie keine Angst haben.

Wenn Ihr Bewußtsein frei von Furcht und Widerstand ist – alles negative Komplexe –, können Sie lieben und mit dem anderen ohne Furcht und Besorgnis zusammenarbeiten. Wenn Sie die Gesetze Ihres eigenen Seins kennen, können Sie sie auf den anderen anwenden. Der Trick ist, daß Sie sich selbst an die Stelle des anderen versetzen. Es bedarf eines gewissen Maßes an Vorstellungskraft, das zu tun, aber Sie können es tun. Seien Sie gewiß, daß Ihr Motiv richtig ist, und wissen Sie, daß das richtige Motiv die gewünschte Antwort von seiten des anderen bringen wird. Wenn Sie von Haß, Furcht und einer besitzergreifenden Mentalität bestimmt sind, werden Sie nur in Schwierigkeiten geraten. Sie können und sollten von Liebe, Mitgefühl und einem Verlangen für Ihr beiderseitiges Wohl motiviert sein.

Erfolg im Leben, wie wir ihn bemessen, ist weitgehend davon abhängig, wie gut wir mit anderen Menschen auskommen – von der Art, wie wir unseren Weg durch die Masse zwischenmenschlicher Kontakte hindurch zustande bringen. Wenn wir erfolgreich mit anderen auskommen, *gebrauchen* wir sie nicht; wir *gebrauchen* uns selbst. Natürlich möchten wir, daß andere Menschen mit uns zusammenarbeiten, aber die Art, wie man sich die gewünschte Zusammenarbeit sichert, ist eine rechte Einstellung ihnen gegenüber. Wir wünschen uns gegenseitige, gesunde Zusammenarbeit.

Um harmonisch mit anderen auszukommen, müssen wir zuerst uns lieben und achten. Derjenige, der sich selbst nicht schätzt, der sich selbst kritisiert und abwertet, überträgt diese Abwertung und diese Kritik auf andere. Indem er das tut, provoziert er automatisch ihre Mißbilligung und Kritik. Niemand kann andere lieben, solange er nicht mit sich selbst ins reine gekommen ist; solange er sich selbst nicht auf gesunde Weise schätzt und liebt. Er kann mit anderen nicht auskommen, solange er nicht mit sich selbst auskommt, denn seine eigenen Probleme behindern dauernd eine normale Zusammenarbeit.

Ein besserer Vorschlag zur Entwicklung erfolgreicher persönlicher Beziehungen wurde nie gemacht als der, den Jesus machte, als er sagte, wir sollten unseren Nächsten lieben wie uns selbst. Er deutete an, daß wir uns auf gesunde Weise lieben sollten und dann unseren Nächsten *wie* uns selbst lieben sollten. Der implizierte Sinn ist, daß wir uns natürlich zuerst lieben, aber daß wir danach weitergehen und das gleiche emotionelle Interesse am Wohle unseres Nächsten nehmen sollen, das wir an unserem eigenen haben.

Der Egoist hält sich von aktiver Zusammenarbeit fern. Der Egoist liebt nur sich selbst. Wenn er lernt, andere Menschen genauso zu lieben wie sich selbst, ist er nicht länger egoistisch. Er kooperiert – er ist interessiert am Wohlergehen anderer und kommt natürlich besser mit ihnen aus. Ein Mensch kann nicht aufhören, sich selbst zu lieben. Aber *gesunde* Selbstliebe sucht nicht andere zu besitzen; sie arbeitet mit ihnen zusammen und findet so zu einer gesunden Selbstverwirklichung.

Die starke, gesunde, vitale, sich selbst respektierende Persönlichkeit kommt am besten mit anderen aus. Der starke Mensch ist derjenige, der am besten helfen kann, der am mitfühlendsten sein kann, am zärtlichsten und am liebevollsten zu anderen.

Wir müssen uns selbst achten, wenn wir erwarten, daß andere uns achten sollen. Wir müssen Sympathie für uns selbst empfinden. Derjenige, der das Gefühl hat, er sei minderwertig, ist schwach und steht den Herausforderungen, vor die das Leben ihn stellt, voller Furcht gegenüber.

Daher ist es notwendig, daß wir so denken und so leben, daß wir unser Selbst hoch achten können. Wir dürfen uns selbst nicht ablehnen, und wir dürfen keine Angst vor uns haben. Wir müssen ein Gefühl des Vertrauens zum Selbst, zu anderen und zum Leben haben. Wenn wir glauben, wir seien Sünder, schwach und minderwertig, unwirksam, werden wir nicht gut mit anderen Menschen auskommen, weil wir immer versuchen werden, uns zu schützen, und so eine Schranke zwischen uns und anderen Leuten aufbauen. Viele unserer Schwierigkeiten in menschlichen Beziehungen sind auf eine Übertragung unserer eigenen Gefühle der Schuld, Ablehnung, Minderwertigkeit und des Mangels zurückzuführen.

Um angenehme und glückliche Beziehungen zu haben, müssen wir davon überzeugt sein, daß wir es verdienen, geliebt zu werden, und daß wir es wert sind, daß man mit uns zusammenarbeitet. Natürlich können wir dieses Gefühl nur dann haben, wenn wir auf eine solche Weise leben, daß wir fühlen, daß wir es verdienen. Wir werden nicht glauben, daß wir haben können, solange wir nicht glauben, daß wir es verdienen. Erfolgreiche menschliche Beziehungen basieren auf dem rechten Motiv. Das einzige gültige Motiv ist das Gute anderer und unser eigenes Gutes. Das bedeutet eine ehrliche, gesunde Selbstliebe und eine vergleichbare Liebe für alle, mit denen wir in Berührung kommen.

ICH VERSPRECHE MIR:

> Meine innere Gottkraft zu erkennen, so daß nichts meinen geistigen Frieden stört.
> Gesundheit, Glück und Wohlergehen in meiner Redeweise zum Ausdruck zu bringen.
> Das Göttliche und Schöne in allen anderen zu erkennen, ungeachtet ihrer Rasse und ihres Glaubensbekenntnisses.
> Einer besseren Zukunft entgegenzusehen und sie vorzubereiten. So begeistert über den Erfolg anderer zu sein, wie ich es über meinen eigenen bin.
> Mich von den Fehlern und Verletzungen der Vergangenheit abzuwenden und der Zukunft freudig entgegenzusehen.
> So beschäftigt damit zu sein, mein Leben in Liebe und Dienst zum Ausdruck zu bringen, daß ich keine Zeit dazu habe, andere zu kritisieren.
> Eine zu gesunde geistige Einstellung zu haben, um mich zu sorgen, zu vernünftig zu sein, um wütend zu wer-

den, zu klug zu sein, um mich zu fürchten, und zu glücklich, um Kummer gelten zu lassen.

Gut von mir zu denken, und dies nicht in Worten, sondern in großen Taten zu verdeutlichen.

Gut von anderen zu denken und zu erwarten, daß sie den von mir in sie gesetzten Glauben rechtfertigen.

In dem Glauben zu leben, daß alles zu meinem Guten zusammenwirkt, da ich nur das Gute liebe.

Zu wissen, daß, weil Gott für mich ist, nichts gegen mich sein kann.

Heute erfüllt Frieden meine Seele. Ich weiß, daß ich eins mit Gott und mit jedem Kind Gottes bin; daher gibt es keine Feinde, keine Gegner, keine Fremden in meiner Welt. Ich habe keine Ablehnung oder keinen Widerstand gegen irgendeinen Teil von Gott. Ich ziehe den Kreis der Liebe bewußt so, daß er jeden einschließt. Wenn Liebe und Gutwilligkeit von mir ausgehen, kann nur Gutes zu mir zurückkehren. Ich bin frei von allen beunruhigenden Gedanken. Die vollkommene Liebe Gottes, die durch mich zum Ausdruck kommt, heilt alle Feindschaft, allen Kampf und alle Verwirrung. Alle Situationen, Dinge und Gedanken in meiner Welt sind versöhnt. Es herrscht vollkommene Ausgeglichenheit. In diesem Zustand der Stille und des Friedens ruhe ich.

Die Gesetze der erfolgreichen Ehe

Die Ehe ist das größte Abenteuer innerhalb der menschlichen Beziehungen. Sicherlich muß eine erfolgreiche Ehe durch Liebe und durch einen Wunsch nach gegenseitiger Zusammenarbeit motiviert sein. Keine Ehe kann erfolgreich sein, wenn nicht jeder Partner den anderen *wie* sich selbst liebt.

Wenn Sie heiraten möchten, sollten Sie sich wünschen, eine gute Ehefrau *zu sein*, statt sich zu wünschen, einen Mann *zu bekommen*;

bzw. Sie sollten sich wünschen, ein guter Ehemann *zu sein*, statt sich zu wünschen, eine Frau *zu bekommen*. Sie werden eine Niederlage erleben, wenn es Ihr Wunsch ist, jemanden zu besitzen. Sie wollen nicht besessen werden, oder? Wenn Sie jemanden besitzen, werden Sie besessen werden. Wenn Sie jemanden an sich gebunden haben, sind Sie an diese Person gebunden. Wenn Sie eine Mauer um sich herumbauen, um andere fernzuhalten, sind Sie eingemauert, nicht wahr? Wenn Sie mich *bekommen* wollen – mich besitzen, kontrollieren oder beherrschen wollen –, werde ich sicherlich davonlaufen. Aber Sie können mich *anziehen*.

Was wir anziehen, hängt von unserer Einstellung ab. Wir ziehen immer die Art von Menschen an, die wir selbst sind. Lügner finden sich stets von anderen Lügnern umgeben. Unglückliche Menschen gesellen sich automatisch mit anderen unglücklichen Menschen zusammen, und glückliche Menschen gesellen sich natürlich zu anderen glücklichen Menschen.

Ehe ist eine Partnerschaft – eine Partnerschaft in allen Bereichen des Lebens. In Kapitel 15 besprachen wir die vier vorwiegenden Seiten, an denen das Leben sich äußert: *Arbeit* – Kreativität; *Spiel* – Erholung; *Liebe* – emotionaler Selbstausdruck; *Gottesverehrung* – intellektuelles und spirituelles Wachstum.

Zwei Männer mögen auf der kreativen Seite zusammen ein Geschäft eingehen. Sie sind Partner in ihrer schöpferischen Tätigkeit. Sie gehen die Partnerschaft ein, um beide infolge ihrer Zusammenarbeit mehr zu sein, mehr zu haben und mehr zu tun. Einer erledigt vielleicht die Büroarbeit und die Auslieferungen, während der andere geht und die Aufträge einholt. Indem beide ihre Aktivitäten auf diese Weise verschmelzen, haben beide Nutzen davon.

In der Ehe gehen zwei Menschen eine lebenslange Partnerschaft in allen vier Bereichen der Selbstäußerung ein. Ihr größter Erfolg stellt sich dann ein, wenn sie fast vollständig ihre Tätigkeiten verschmelzen; wenn sie in engster Harmonie arbeiten, spielen, lieben und Gott verehren. Die meisten Leute verstehen das nicht, sie versuchen häufig zu *bekommen*, aber nicht zu *geben*.

Ich habe viele Leute mit Eheproblemen beraten und sehr wenige gefunden, die mit dem richtigen Motiv geheiratet haben. Die meisten Menschen heiraten, um eine gewisse Kompensation zu haben. Sie versuchen bewußt oder unbewußt, eher individuell als partnerschaftlich davon zu profitieren. Enttäuscht sagen sie zu mir: „Wie um alles in der Welt sind John und ich überhaupt jemals zusammengekommen? Wir sind so verschieden. Wir kommen einfach nicht miteinander aus. Wir sind nie einer Meinung." Die Antwort darauf ist, beide hatten eine ungesunde Einstellung und ungesunde Motive, sonst hätten sie sich nicht zusammengefunden. Jeder suchte Kompensation für irgendeinen inneren Mangel. Wir könnten mit Recht sagen, daß beide neurotisch waren.

Eine Frau mit einem *Überlegenheits*komplex wird sich wahrscheinlich für einen Mann mit einem *Minderwertigkeits*komplex interessieren. Sie möchte über jemanden Herrscher sein – ihr Ego muß erhoben werden –, daher ist sie an dieser Art von Kompensation interessiert. Ein Mann, der sich minderwertig fühlt, wird sich von einer Frau mit Überlegenheitskomplex angezogen fühlen – von jemandem, auf dessen Schultern er seinen Kopf legen kann. Was geschieht? In etwa sechs Monaten wird sie es müde, ein Baby aufzuziehen, und er wird es müde, am Gängelband geführt zu werden. Sie hätten sich nicht für einander interessiert, wenn sie nicht geistig krank gewesen wären und nach einer Kompensation Ausschau gehalten hätten. Menschen mit ungesunder Einstellung ziehen das an, was ihnen unähnlich ist.

Gleiches zieht gleiches an, wenn es sich um Leute mit gesunder Einstellung handelt. Wenn Sie eine gesunde Einstellung haben, werden Sie von einem Partner angezogen, der so denkt wie Sie und der ungefähr die gleichen Dinge mag, die auch Sie mögen. Partner, die die größten gemeinsamen Interessengebiete haben, haben die größte Aussicht auf Erfolg und Glück. Es ist nicht möglich, daß zwei Menschen *genau* die gleichen Interessengebiete haben; aber wenn sie eine gesunde geistige Einstellung haben, werden sie sich in geringfügigeren Dingen leicht einander anpassen. Leute mit gesunder geistiger Einstellung halten nicht Ausschau nach Kompensation; sie halten Ausschau nach Kooperation. Sie versuchen nicht, etwas zu bekommen, was ihr Ego befriedigt, wie es der melancholische Mann tun würde, der erwartet, daß seine Frau ihn aufheitert.

Es ist nicht schön, aber wahr, daß viele Leute wegen Geld oder aus sexuellem Antrieb heiraten oder um von dominierenden Eltern oder von der Einsamkeit wegzukommen. Sie haben vielleicht Angst vor der Zukunft oder sind ihre Arbeit leid. Sie versuchen, vor etwas davonzulaufen, oder suchen ein Gefühl der Unzulänglichkeit zu kompensieren.

Wenn zwei Leute aus den richtigen Motiven heiraten – um Partner durchs Leben in ihrer Arbeit, ihrem Spiel, in der Liebe und im Gottesdienst zu sein –, dann bekommen sie das Gute, das sie sich erhoffen, und sie haben ein Recht darauf. So mögen sie sich zum Beispiel Geld ersparen und es verlieren, aber als gesunde Partner fahren sie fort, miteinander zu arbeiten und ihr Vermögen wiederaufzubauen. Sie streiten sich nicht deswegen – sie sind Partner. Wenn einer krank wird, wird der andere Partner nicht ärgerlich. Sie lösen ihre Probleme gemeinsam.

Wenn einer oder beide mit der falschen Absicht heiraten, ist es fast unvermeidlich, daß irgendwann das eine, dessentwegen sie geheiratet haben, wegfällt. Wenn eine Frau des Geldes wegen heiratete (was sie nicht zugeben würde) und ihr Mann später durch Unglück sein Geld verlöre, würde sie unbewußt sagen: „Nun, ich habe nicht bekommen, was ich erwartet habe." Natürlich wird sie sich ihr wahres Motiv nicht eingestehen. Sie wird zu einem Anwalt gehen und sagen: „Ich kann ihn nicht ertragen. Alles, was er tut, verärgert mich. Jeden Morgen läßt er seinen Pyjama mitten im Zimmer liegen." Wenn ein Mann mit seiner Frau emotionell unzufrieden ist, mag er sagen: „Ich kann sie nicht aushalten. Sie ist immer unterwegs. Sie bleibt nicht zu Hause, wo sie hingehört. Ich kann ihre Eltern nicht leiden." Das sind nicht die Gründe dafür, *warum* sie sich „nicht ausstehen" können. Das sind nichts als Funken, die das Feuerwerk in Gang setzen. Sie sind nur Ausreden.

Ich kannte einen Mann, der seine Frau nicht ertragen konnte, weil sie die Zahnpastatube immer in der Mitte statt vom Ende her zusammendrückte. Ich kannte eine Frau, die ihren Mann nicht aushielt, weil er die Angewohnheit hatte zu schnarchen. Nun, dies waren nicht die Gründe für die Verärgerung. Das waren nur Ärgernisse an der

Oberfläche. Der wirkliche Grund lag viel tiefer. Wenn jemand frustriert ist oder das Gefühl hat, übers Ohr gehauen oder gedemütigt worden zu sein, wird er für gewöhnlich wütend, und diese Wut kommt auf verschiedene und unterschiedliche Weise zum Ausdruck.

Nörgeln ist eine Erscheinungsform von Ärger und Verbitterung. Dem aufgeblasenen Ego eines Mannes ist die Luft abgelassen worden. Er will, daß ihm seine Frau dieses Ego wieder aufbaut. Unbewußt denkt er: „Ich werde an dir herumnörgeln, bis du tust, was ich will; ich werde es dir so lange schwermachen, bis du es tust." Nörgeln heißt, es jemandem beständig schwerzumachen, ihn zu schikanieren. Wenn ich meine Frau bäte, etwas zu tun, und sie täte es nicht, und wenn ich sie dann ständig damit bedrängte, dann würde ich nörgeln. Es könnte sein, daß ich die ganze Zeit über wüßte, daß sie wüßte, was ich wollte, aber daß sie es nicht tun wollte. Ich nörgele, damit sie sich elend fühlt. Ich versuche, sie dazu zu zwingen, daß sie tut, was ich will, das sie tut, obwohl ich weiß, daß sie es nicht tun will.

Eine andere Art der Reaktion, die Leute zeigen, wenn sie das Gefühl haben, „reingelegt" zu werden, ist die, daß sie griesgrämig werden. Griesgrämigkeit ist eine Art schmorende Wut. Ich kannte einmal einen Psychologen, der sie als „Hölzernen-Indianer-Komplex" bezeichnete. Der Griesgram ist nach außen hin höflich, aber unkommunikativ. Man weiß, daß mit ihm etwas nicht stimmt, aber er wird dir nicht sagen, was es ist.

Fraglos wollen Sie aus Ihrer Ehe einen Erfolg machen. Was immer auch der erste Anlaß für Ihr Zusammentreffen gewesen sein mag, ob es richtig oder falsch war, Sie sind gefühlsmäßig mit Ihrem Partner verbunden und haben vielleicht auch Kinder.

Gibt es einen Weg, aus Ihrer Ehe einen Erfolg zu machen? Ja, es gibt einen Weg, wenn Sie wirklich einen Erfolg daraus machen *wollen*. Sie wollen sich vielleicht keine Mühe geben; aber wenn Sie nicht bereit sind, sich Mühe zu geben, werden Sie sicherlich keinen Erfolg haben. Sie *können* es schaffen, daß Ihre Ehe funktioniert.

In den Jahren meiner Beratertätigkeit sind viele Frauen mit der gleichen Geschichte zu mir gekommen. Ich frage sie immer, ob sie einen Erfolg aus der Partnerschaft machen wollen. Die Frau antwortet immer gleich: „Ja", sagt sie. „Es ist äußerst unbefriedigend, wie es ist, aber ich liebe meinen Mann." Dann lasse ich den Mann kommen. „Wollen *Sie* aus dieser Ehe einen Erfolg machen?" – „Ja, das will ich. Die Dinge werden sich ändern müssen, aber ich will einen Erfolg daraus machen." Das ist gut! Beide wollen ihre Ehe zu einem Erfolg machen. Dann bringe ich die beiden zusammen. Ich habe jedem von ihnen erklärt, daß Ehe Partnerschaft ist und daß jeder seine individuellen Rechte und Pflichten hat. Es ist eine Sache der Kompromißfähigkeit in den zwei Punkten, in denen sie nicht übereinstimmen. Wenn sie erkennen, daß die Ehe eine lebenslange Partnerschaft in allen Bereichen des Lebens ist, entscheiden sie sich, *wie* sie vorgehen und diese Institution aufbauen wollen, und gemeinsam entschließen sie sich, einen klaren, verständlichen Plan für ihre Zukunft zu entwerfen.

Sie fangen an, indem sie vier Blätter Papier nehmen und detailliert aufschreiben, wie sie es anfangen wollen, ihr Leben in *Arbeit, Spiel, Liebe* und *Gottesdienst* zum Ausdruck zu bringen.

Sie machen sich ihre Arbeitspläne – wie werden sie diese Seite ihres Lebens zusammen aufbauen? Sie planen, was jeder tun will. Der eine ist so wichtig wie der andere. Ein kreatives Leben ist für eine Frau genauso notwendig wie für einen Mann.

Dann planen sie ihre Freizeit. Das heißt nicht unbedingt, daß er nicht Golf spielen kann oder daß sie nicht mit ihren Freunden Karten spielen kann. Es ist besser, wenn sie zusammen spielen; aber wenn er bestimmte Spielaktivitäten haben soll, die sie nicht einschließen, dann hat sie das gleiche Recht.

Was wollen sie unternehmen in Hinsicht darauf, wie sie sich ihr Heim aufbauen? Was sind ihre Pläne für ihr häusliches Leben? Was werden sie in ihrem Leben des Wachstums und des Betens unternehmen? Es müssen Pläne gemacht werden, die beide zufriedenstellen und mit denen beide einverstanden sind. Nur auf diese Weise können sie ein Programm für eine erfolgreiche Ehe haben. Eine Planung ist in einer Ehepartnerschaft genauso notwendig wie in einer Geschäftspartnerschaft. Dann schlage ich gewöhnlich vor, daß sie beide den Plan unterschreiben – nennen Sie es eine Garantie. Sie machen einen neuen Anfang. Ich sage ihnen, daß sie wirklich neu verheiratet werden. „Sie wollen, daß er Ihr Mann ist. Sie wollen sie zu Ihrer Frau. Sie wollen beide einander als Partner. Nun beginnen Sie neu mit einem bestimmten Plan." Schließlich mache ich ihnen noch den Vorschlag und bitte sie, ihre rechte Hand zu heben und zu versprechen, daß sie niemals auf die Vergangenheit zurückkommen werden, daß sie ihr Bestes tun werden, um diese Pläne in liebevoller Zusammenarbeit auszuführen. Ich habe noch nie einen Fall gehabt, der sich nicht zufriedenstellend entwickelte, wenn diese Methode befolgt wurde.

Mir sind Fälle vorgekommen, in denen der eine oder der andere es nicht versuchen wollte; wo der Mann sagte: "Nein! Ich bin damit fertig!" oder die Frau sagte: "Ich habe kein Vertrauen zu ihm. Ich will ihn nicht als Partner." Sie können eine Partnerschaft nicht erzwingen. Sie wollen niemand zu Ihrem Partner, der diese Stellung nicht freiwillig einnimmt. Sie besitzen den anderen Menschen nicht. Wenn die Partnerschaft nicht zum beiderseitigen Guten ist, ist sie nicht gut. Wenn jeder aufrichtig ist, wenn jeder Partner sein will, statt den anderen zu *besitzen* oder ihm Vorschriften zu machen und der überlegene Teil der Partnerschaft sein zu wollen, wenn jeder anerkennt, daß der eine Partner genauso wichtig ist wie der andere, dann wird die Ehe ein Erfolg sein.

Dieser Plan wird sich in allen zwischenmenschlichen Beziehungen bewähren. Sie lieben Ihren Nächsten *wie* sich selbst, weil Ihre Interessen gegenseitig sind. Es wäre wunderbar, wenn die ganze Welt diese Wahrheit sehen und erkennen würde. Ob im Geschäftsleben, in der Ehe oder in Weltangelegenheiten, die Interessen aller Beteiligten müssen gegenseitig sein, wenn die Partnerschaft erfolgreich sein soll. Die Interessen von Frau und Mann müssen gegenseitig sein. Wenn ich im Geschäftsleben einen Partner habe, muß ich ihm sicherlich Liebe entgegenbringen und mit ihm zusammenarbeiten, denn wenn er einen Dollar verdient, bekomme ich die Hälfte davon! Unsere Interessen sind beiderseitig. Ich kann es mir nicht leisten, mich mehr zu lieben als ihn. Die Interessen des Händlers und des Kunden sind identisch. Die Interessen von Kapital und Arbeit sind identisch, und vielleicht wird dies irgendwann einmal erkannt werden. Die Interessen der Menschen sind landesweit und weltweit die gleichen. Eines Tages werden die

Führer aller Nationen wissen, daß das wahr ist. Zusammenleben ist ein kooperatives Unternehmen. Egoismus hat in erfolgreichen zwischenmenschlichen Beziehungen keinen Platz.

In glücklichen Beziehungen kann es *kein Gefühl der Gebundenheit* geben. Es muß vollkommene Freiheit herrschen. Sie können niemanden zwingen, Ihnen treu zu sein. Er wird nur dann treu sein, wenn er glaubt, daß es in seinem Interesse ist, treu zu sein, und wenn er ein Partner sein möchte. Jeder Mensch muß wählen, wo seine größten Werte liegen. Natürlich erkennt jeder denkende Mensch, daß seine größten Werte im kooperativen Unternehmen liegen. Er weiß, daß er nicht sehr weit kommt, wenn er versucht, es allein zu schaffen.

Wenn sich zwei Leute entscheiden, Partner zu sein, und einen Plan für die Partnerschaft aufstellen; wenn sie sich sozusagen wieder verheiraten – mit dem richtigen Motiv; wenn sie darin übereinstimmen, die Vergangenheit nie zu erwähnen, dann ist es sehr wahrscheinlich, daß sie glücklich zusammen leben und ein gesundes Unternehmen aufbauen.

Wenn Sie heiraten, erwarten Sie eher Freiheit als Gebundenheit. Tatsächlich erwarten Sie mehr Freiheit in den wichtigen Gebieten des Lebens als im sogenannten „gesegneten Alleinsein". Wenn Sie diese größere Freiheit erreichen, ist es stets notwendig, einen gewissen Grad an Bewegungsfreiheit aufzugeben. Wenn Sie mit Ihrem Wagen auf der Straße unterwegs sind, stoppen Sie bei rotem Licht. Sie geben eine gewisse Bewegungsfreiheit auf, ja; aber sie haben tatsächlich als Ergebnis des Haltesignals mehr Freiheit. Wenn es keine Verkehrszeichen gäbe, gäbe es sehr wenig Sicherheit oder Freiheit. Sie geben etwas auf, um mehr zu bekommen. Das ist es, was Sie in der Ehe tun.

Wir müssen die anderen Menschen von unseren Ansichten *befreien*. Es mag schwierig sein, das zu tun – sie ihre eigenen Ansichten haben zu lassen und sie selbst denken zu lassen. Aber ich würde sagen, wenn man in der Ehe glücklich sein will, sollte man nie in die Privatsphäre des anderen eindringen – weder physisch noch geistig.

Wir *befreien* andere von Verwöhnung. Wenn wir sie verwöhnen, dann nur, weil wir versuchen, etwas von ihnen zu erkaufen. Wenn wir sie verwöhnen, so geschieht das nicht, weil wir sie etwa lieben; es geschieht, weil wir uns selbst lieben. Wir sollten sie von jedem Gefühl der Abhängigkeit befreien. Wenn wir sie in Abhängigkeit halten, rufen wir ihren Widerstand hervor. Jeder weiß das.

Wir müssen Vertrauen in und Achtung für unseren Partner haben. Zwei Männer in einer Geschäftspartnerschaft *müssen* Vertrauen zueinander haben. Wenn angenommen wird, daß der eine Partner im Außendienst ist und Waren verkauft, muß der Partner im Büro wissen, daß der andere Bursche seine Zeit nicht bei einem Kartenspiel oder einer Cocktailparty verbringt. Partnerschaft ist keine Pflicht, es ist keine Verantwortung – es sei denn, man übernimmt diese Verantwortung. Partnerschaft ist ein *Privileg*.

Wenn Sie eine glückliche Ehe haben wollen, müssen Sie den Wunsch haben, sowohl zu geben wie zu empfangen. Denken Sie daran, Sie wollen keinen Mann; Sie wollen keine Frau; Sie wollen ein guter Partner sein. Wenn das Ihr Motiv ist, haben Sie das Recht auf eine glückliche Ehe. Daher untersuchen und analysieren Sie Ihre Persönlichkeit sorgfältig. Fragen Sie sich selbst: „Würde ich mich selbst heiraten?" Schauen Sie sich selbst an und sehen Sie, was Sie in Ihre Persönlichkeit einbauen sollten. Arbeiten Sie an sich selbst, bis Sie sagen können: „Ich bin ein Gewinn. Ich würde von dem idealen Menschen als Gewinn erkannt werden – von dem idealen Gefährten. Der ideale Gefährte würde sich wünschen, mein Partner zu sein." Sie können nicht glauben, daß Sie zu den Rechten der Partnerschaft zugelassen werden, wenn Sie nicht glauben, daß Sie ein Recht darauf haben; sonst wäre es ein Kampf, und was immer Sie durch Kampf bekommen, um das müssen Sie kämpfen, um es zu behalten.

Eines Abends vor einigen Jahren hielt ich eine Vorlesung über die Gesetze der erfolgreichen Ehe. Ich schlug vor, daß jemand zuerst *wünschen* sollte, ein Partner zu sein, und dann an sich arbeiten sollte, bis er wüßte, daß man ein Gewinn sei.

Eine Frau, die unsere Vorlesungen regelmäßig besucht hatte, brachte eine Freundin mit, die noch nie zuvor in unserem Hörsaal gewesen war. Im Fortgehen sagte die Freundin: „Nun habe ich einiges zu tun." Es scheint, daß sie und ein gewisser Mann, den wir Dave nennen wollen, sehr aneinander interessiert gewesen waren, aber aus irgendeinem Grund war die Beziehung abgebrochen. Sie hatte ihn seit anderthalb Jahren nicht gesehen und seit sechs Monaten nichts mehr von ihm gehört, aber sie hatte immer noch etwas für ihn übrig. Sie ging nach dieser Vorlesung nach Hause und dachte gründlich darüber nach. Sie *wollte* ein Partner sein. Sie wollte eine Partnerschaft mit der richtigen Person haben, und Dave schien der Richtige zu sein. Sie begann darüber nachzudenken, was sie tun sollte, um aus sich einen vollkommenen Partner zu machen – so daß er wirklich den Wunsch haben würde, ihr Partner zu sein. Sie machte Pläne, ohne an Zeit zu denken.

Um drei Uhr morgens klingelte ihr Telefon. Es war ein Ferngespräch. Dave sprach von Oregon aus. Er sagte: „Ich konnte heute nacht nicht schlafen. Ich habe an dich gedacht, und ich habe das Gefühl, es war ein Fehler, daß wir unsere Beziehung abgebrochen haben. Ich denke, wir gehören zusammen. Wenn ich dir ein Flugticket schicke, willst du dann hier heraufkommen und es mit mir ausdiskutieren? Es ist mir unmöglich, jetzt direkt nach San Franzisko zu kommen; und damit du nicht in Verlegenheit gerätst, schicke ich dir ein Rundflugticket." Sie sagte ihm, ja, sie würde kommen. Aber natürlich machte sie von der Rückflugkarte keinen Gebrauch. Statt dessen wurde Sie Mrs. Dave, blieb in Oregon und ist nach jüngsten Berichten eine glücklich verheiratete Frau.

Das klingt nach ganz hübsch rascher Arbeit, nicht wahr? Aber das ist, was geschah. Es ist leicht zu verstehen. Schließlich ist der Raum im Geist, und der Geist überwindet den Raum. Während sie an und mit sich selbst arbeitete und über Dave nachdachte, geschah etwas mit Daves Bewußtsein. Wie oft schon haben Sie und jemand anders angefangen, über etwas nachzudenken, und dann begonnen, zur gleichen Zeit über das gleiche zu reden?

Wir sollten dem anderen niemals das Recht zur Wahl absprechen. Das Recht zu wählen ist das, was jeden zu einem Individuum macht; und wenn irgend jemandem das Recht zu wählen genommen wird, mag er das nicht.

Wenn es in Ihrer Ehe Disharmonie gibt, versuchen Sie, Ihren Gefährten neu zu entdecken. Als Sie Ihren Mann heirateten, müssen

Sie ihn geliebt haben, und er muß immer noch einige Eigenschaften haben, die Sie bewundern können. Machen Sie eine Liste von diesen guten Eigenschaften. Jeder Erwachsene kann das. Wenden Sie sich von seinen schwachen Seiten ab. Richten Sie Ihre Aufmerksamkeit auf seine guten Eigenschaften. Ihre Sorgen fangen an, wenn Sie beginnen, Ihre Verschiedenheit zu einem negativen Kapital zu machen; tatsächlich sind es doch die Unterschiede, die das Leben interessant machen. Interessieren Sie sich für sein Wohlergehen. Werden Sie erwachsen! Gewinnen Sie Reife! Sonst werden Sie weiterhin nur sich selbst lieben.

Liebe ist nicht besitzergreifend. Niemand möchte besessen werden. Es ist ein Privileg, mit jemandem zusammenzuleben, den wir lieben und der uns liebt, aber wir *gehören* uns selbst. Liebe verbindet uns, aber sie erlegt keine Bande auf. Wir möchten, daß der andere uns liebt, weil uns das bei diesem Menschen Bevorzugungen verschafft, aber unser Glücklichsein gewinnen wir aus unserem eigenen Zum-Ausdruck-Bringen von Liebe. Was wir auch tun, es muß für uns beide gut sein.

Jeden Tag beeindruckt mich die erstaunliche Kraft der Liebe mehr. Du liebst dich selbst, aber durch Wachstum lernst du, andere zu lieben! Du dehnst die Liebe beständig aus. Deine Liebe ist Gottes Liebe, die durch deine Persönlichkeit zum Ausdruck kommt.

Die Liebe des Alls, die wir Gottes Liebe nennen, wird auf zahllose verschiedene Arten und Weisen auf Sie ausgegossen – durch die Luft, das Sonnenlicht und die gute Erde; und Gott erbittet nichts als Gegenleistung. Ihre Liebe muß, um eine vollkommene Äußerung der göttlichen Liebe zu sein, ein Geben ohne ein Besitzergreifen sein. Setzen Sie sie in Bewegung! Sie haben viel zu teilen und viel, was Sie übrig haben. Der Quellborn des Lebens trocknet niemals aus.

Der tiefe und komplexe Hintergrund eines Gefühls des *Mangels* an Liebe und Freunden ist Ablehnung. Was meinen Sie, was die Leute über *Sie* denken? Was immer Sie denken, daß sie denken, sehr wahrscheinlich denken sie es nicht! Aber da das das ist, was *Sie denken*, daß sie es denken, wird Ihnen so geschehen, wie Sie glauben. Heilen Sie sich von dem, was Sie denken, daß die anderen denken.

Verbannen Sie den Gedanken an das Altern. Verbannen Sie den

Gedanken, daß der Schein gegen Sie ist. Verbannen Sie die Vorstellung der Konkurrenz. Haben Sie Vertrauen zu sich selbst. Sagen Sie niemals über einen anderen, wovon Sie nicht wollen, daß es auf Sie zurückfällt. Lesen Sie Matthäus 12,36–37. Sie werden Rechenschaft ablegen müssen „von einem jeglichen unnützen Wort", das Sie geredet haben. „Aus deinen Worten wirst du verdammt werden." Durch unsere Worte verdammen wir uns selbst! Ausgesprochene Worte erzeugen Bilder – Filme, und Verurteilung ist nur die Konsequenz des Handelns des Naturgesetzes von Ursache und Wirkung.

Versuchen Sie um keinen Preis, andere zu korrigieren oder zu verändern. Menschen lesen oft negative Vorstellungen oder Bilder in andere hinein in dem Versuch, sich von ihrem eigenen Gefühl der Unzulänglichkeit, der Schuld und des Verletztseins abzuwenden. In ihrem eigenen Denken projizieren sie gewisse Eigenschaften in andere hinein, weil sie versuchen, ihre eigenen Schwachstellen zu verdecken. Sie betrügen sich selbst. Einige Leute versuchen, andere zu verbessern, anstatt ihre eigene Meinung über sich selbst zu verbessern. Der Verbesserer ist derjenige, der Verbesserung braucht. Er braucht Verbesserung, weil er selbst ein Schuldgefühl hat, sonst würde er sich nicht anstrengen, andere Leute zu verbessern und seine eigenen Gefühle auf sie zu übertragen.

Moralische Entrüstung – Entrüstung über die Immoralität anderer Leute (die uns wirklich nichts angeht) – ist ein Anzeichen dafür, daß etwas in uns selbst der Sanierung bedarf. Unsere Überzeugung, daß es die Schuld des anderen ist – daß er schlecht ist und verbessert werden sollte – ist nur eine Projektion unseres *eigenen* inneren Unzulänglichkeitsgefühls oder *unserer* inneren Unzufriedenheit. Wir versuchen, uns von unseren Unzulänglichkeiten zu befreien, indem wir sie in andere hineinsehen. Das ist ein irriger Weg zu versuchen, das Selbst zu entlasten.

Egoistische Beweggründe verspürt der andere unausweichlich. Sie können nicht hinreichend verdeckt werden; es hat keinen Sinn, es zu versuchen. *Liebe ist die Lösung.*

Lassen Sie Ihr Lächeln warm und freundlich ihren guten Willen widerspiegeln. Wenn Sie jemandem die Hand geben, glauben Sie daran, daß Ihre Freundlichkeit sich von Ihrer Hand auf seine überträgt und er es fühlt. Sagen Sie zu sich: „Ich bin mir meines guten Gefühls für dich bewußt, mein Freund. Ich weiß, daß du es durch diesen Händedruck fühlst und daß du es in meinem Lächeln siehst. Unsere Interessen sind beiderseitig. Wir verstehen einander. Gutes geht von jedem von uns aus und kehrt zu jedem von uns zurück."

Eine gegenseitige Behandlung für Kameradschaft

Meine Augen sind offen für alles, was lieblich ist. Ich bin nie allein. Mein Herz ist für Liebe empfänglich. Ich lasse Seine große Liebe mich durchfließen, alles, was sie berührt, heilend und segnend, und durch tausend Straßen kehrt sie zu mir zurück. Ich bin in Bewußtsein, Körper und Geist vereint mit der ganzen Menschheit. Ich sehe nur das, was schön ist. Ich höre nur die Musik der Liebe und ich spreche nur Worte der Liebe. Ich bin die Verkörperung der Liebe.

Ich höre nicht auf falsche Prophezeiungen. Ich lasse mich nicht stören von dem, was andere denken und tun mögen. Ich *weiß*, daß es den richtigen Gefährten für mich gibt – den einen, der mein Leben vervollständigen wird und der in mir seine Erfüllung finden wird. Ich bin der richtige Mensch für ihn (sie). Unsere Liebe ist die Anziehungskraft, die uns selbst von den entferntesten Teilen der Erde zueinander führt.

Das Gesetz der Liebe kann nur richtiges Handeln hervorbringen. Liebe zum Idealen bringt mir meinen vollkommenen Gefährten – den einen, der mich so braucht, wie ich ihn (sie) brauche. Ich glaube an die unendliche Gutheit Gottes. Meine Liebe ist beständig, heiter und treu. Ich gebe das Beste, was ich habe, und nur das Beste kommt zu mir zurück. Ich halte sachte, liebend und beständig an meinem Ideal fest und glaube fest daran.

Ich lasse das Leben meinen Geliebten zu mir bringen. Selbst wenn er (sie) auf sich warten läßt, warte ich auf ihn (sie) voll Vertrauen, da ich weiß, daß er (sie) kommen wird. Das ist das *Gesetz*. „Die Liebe höret nimmer auf."

26. Kapitel

Wie man eine machtvolle Persönlichkeit aufbaut

Persönlichkeit ist die Brücke zwischen Individuen. Sie ist das Mittel, durch das ein Individuum mit dem anderen kommuniziert. Die Persönlichkeit ist nicht die Person an sich, aber sie ist alles, was man von der Person sehen, berühren und hören kann. Sie ist das Vehikel, durch das sich das Leben äußert. Sie sind unendliches Leben, zum Ausdruck gebracht durch eine Persönlichkeit.

Das Leben mit all seinen farbigen Eigenschaften und dynamischen Kräften verkörpert sich in *Ihnen*, denn das unendliche Leben ist in Ihnen Person geworden. Durch den Gebrauch Ihrer Vorstellungskraft können Sie die Eigenschaften des Lebens als Vitalität in Ihrem Körper ausdrücken, als Attraktivität in Ihrer Erscheinung, als persönliche Kraft und als Magnetismus in Ihrer gesamten Persönlichkeit. Ihre Persönlichkeit ist das Instrument oder der Kanal, durch den sich das wahre Selbst äußert. Wenn Ihre Persönlichkeit fade und farblos ist, bringen Sie die Eigenschaften des Lebens auf eine sehr begrenzte Weise zum Ausdruck. Wenn sie farbig, magnetisch und kraftvoll ist, geben Sie den unendlichen Eigenschaften des Lebens volleren und vollkommeneren Ausdruck.

Jeder möchte bestimmte Eigenschaften in seine Persönlichkeit einbauen: Loyalität, Aufrichtigkeit, Ehrlichkeit, Takt, Ausgeglichenheit, Höflichkeit, gutes Benehmen, Schönheit. Jeder möchte unerwünschte Züge loswerden und erwünschte dafür einsetzen.

Sie können die Persönlichkeit haben, die Sie sich wünschen. Sie können sie planen. Alle Elemente einer vollkommenen Persönlichkeit sind bereits in Ihnen, und Sie haben das Vorrecht, irgendeiner oder allen von diesen Eigenschaften oder Elementen Ausdruck zu verleihen, ganz so, wie Sie sich entscheiden, aber *Sie* müssen entscheiden. Sie müssen sich entscheiden, die positiven Eigenschaften zum Ausdruck zu bringen, die Sie erleben wollen. Die Kraft zur Entscheidung ist in Ihnen. Je aktiver Sie das Leben und alles, was das Leben ist, zum Ausdruck bringen, desto mächtiger, dynamischer und magnetischer wird Ihre Persönlichkeit.

Liebe zu anderen Menschen und Liebe zum Leben drückt sich aus in Ihren Augen, in Ihrer Stimme und in Ihren Handlungen. Inneres Glücklichsein äußert sich in Ihrem ruhigen, freundlichen Lächeln. Ihr guter Wille kommt in Ihrem festen Händedruck zum Ausdruck. Ihr Selbstwertgefühl äußert sich in der Reinlichkeit der Person und der Attraktivität Ihres persönlichen Selbst. Diese inneren Eigenschaften zu aktivieren und sie sich automatisch äußern zu lassen, ist eine viel bessere Methode des Persönlichkeitsaufbaus als der Versuch, eine objektive Veränderung in der Persönlichkeit selbst vorzunehmen; zum Beispiel zu versuchen, fröhlich zu erscheinen, wenn Sie sich in Wirklichkeit nicht glücklich fühlen, oder zu versuchen, beschwingt zu gehen, wenn Sie ein inneres Schwächegefühl haben.

Ihre innere Kraft wird von Ihrer Vorstellungskraft gelenkt. Stellen Sie sich sich daher als die Person vor, die zu sein Sie sich wünschen. Bauen Sie das geistige Bild klar, deutlich und im Detail auf. Sehen Sie sich selbst vital, attraktiv, magnetisch, kraftvoll und fähig, weise Entscheidungen zu treffen. Sehen Sie sich entspannt, glücklich, zuversichtlich, umgeben von Menschen, die Sie lieben, und solchen, die von Ihnen geliebt werden. Halten Sie dieses Bild beständig in Ihrer Vorstellung fest. Das geistige Bild wird bald schon beginnen, in Ihrer Erfahrungswelt Gestalt und Form anzunehmen.

Der Gesunde lebt, liebt, lacht und ist glücklich. Viele Menschen fürchten sich entweder vor dem Leben oder leisten ihm ständig Widerstand, lehnen es ab und bekämpfen es. Der Mensch, dessen Dasein sich lohnt, liebt das Leben und gibt sich ihm mit Begeisterung hin.

Denken Sie einen Augenblick lang hierüber nach, betrachten Sie einen Samen, den Sie gerade in den Boden legen wollen – einen kleinen, schwarzen Samen. Dieser Same ist ein Zentrum, von dem aus das

Leben sich äußert. In diesem Samen liegt die Anlage einer Pflanze. Sie pflanzen den Samen in den Boden, und all die produktiven Elemente, Boden, Wasser, Mineralien, Luft und Sonnenlicht, fließen zusammen nach diesem Muster in den Samen ein. Alles, was der Same braucht, kommt zu seiner Hilfe, und die Natur vollendet das Projekt – eine Schöpfung – eine Pflanze, die blüht. Der Same hat seine Bestimmung erfüllt.

Hier ist der Mensch, auch ein Punkt, durch den das Leben sich verwirklicht. Der Mensch ist wie der Same von allem umgeben, was er braucht, um sein Projekt, eine gesunde, wirkungsvolle, interessante Persönlichkeit zu werden, zu verwirklichen. Warum fließt ihm nicht das, was er braucht, so zu wie dem Samen? Auch er ist von Natur umgeben, von der guten Erde und von Menschen, die ihn vielleicht lieben, mit ihm zusammenarbeiten und ihm etwas geben. Warum dient ihm das Leben nicht? Der Grund ist der, daß der Mensch *ablehnt*, während der Same *annimmt*. Der Same diskutiert nicht. Er kämpft nicht mit seiner Umgebung. Er widersetzt sich nicht, leistet nicht Widerstand und kämpft nicht. Auch fürchtet er sich nicht oder versucht davonzulaufen. Er gibt sich dem Boden hin. Er tut, wozu er bestimmt ist, und das Leben wirkt durch ihn und für ihn. Der Mensch jedoch fürchtet sich häufig. Er versucht davonzulaufen. Er weigert sich zu kooperieren, folglich kann das Leben nicht gut zu ihm sein. Er entfernt sich selbst von dem Guten, das das Leben für ihn hat. Wenn der Mensch sich widersetzt, baut er eine Mauer um sich herum, die es dem Leben unmöglich macht, ihm etwas zu geben; und doch ist er weit besser begabt als der Same, denn er hat die Kraft, sich aus eigenem Willen zu bewegen. Er kann sich bewegen, wie und wo er will. Er kann sich in bessere und angenehmere Umgebungen versetzen, während der kleine Same seine Umgebung so akzeptieren muß, wie er sie vorfindet, und das Beste daraus machen muß. Wir sollten uns an dem Samen ein Beispiel nehmen.

Der dynamische, kraftvolle Mensch liebt das Leben, andere Menschen und sich selbst auf eine gesunde Weise. Er sieht das Gute in seiner Umgebung. Er denkt weiter. Er bleibt seinem Lebenszweck treu. Er erkennt, daß er von einem unendlich guten Leben umgeben ist, daß ihm in dem Maße gibt, wie er annimmt. Er ist ein selbstbeherrschter Mensch, der von seinem Glauben an das Gute aufrechterhalten wird. Er ist entspannt und freundlich. Er freut sich über das Glück anderer. Er ist immer froh, wenn er anderen helfen kann.

Ich erinnere mich an eine äußerst anziehende Frau in den Sechzigern, strahlend, lächelnd, mit sehr wenigen Falten in ihrem Gesicht, und diese dabei die Folge eines stets bereiten Lächelns. Ein gerngesehener Mensch, der in seinem früheren Leben eine große Tragödie erlebt hatte. Ihr Verlobter kam bei einem Unfall ums Leben, und sie selbst war schwer im Gesicht verletzt worden. Nachdem sie fünf Jahre lang in einem verdunkelten Zimmer gelegen hatte und niemanden hatte sehen wollen, entschloß sie sich, sich einem Leben des Dienens zu widmen. Sie wurde Krankenschwester, und einer strahlenderen, herrlicheren, dynamischeren, ruhigeren Persönlichkeit bin ich nie begegnet!

Mein Freund Johnny Hayes erzählte mir die anregende Geschichte von einem kleinen Mädchen, das als Bucklige geboren wurde. Johnny vertrat eine Korrespondenzschule für Künstler. Er verkaufte Kurse an Leute, die zu Hause Kunst studieren wollten, und eines Tages nahm er einen Anruf von Mrs. Oliver entgegen, die den Kurs für ihre siebzehnjährige Tochter haben wollte. Sie erzählte ihm, ihre Tochter sei künstlerisch begabt, aber sie habe ein sehr schweres Problem. Sie hasse jeden, eingeschlossen sich selbst. Sie war so sensibel, morbide und verbittert geworden, daß sie kaum jemals ihr Zuhause verließ. Weil sie sich von der Gesellschaft abgelehnt fühlte, weil sie anders war als andere Mädchen – bucklig –, war sie so verbittert geworden und war ihre Einstellung dem Leben gegenüber so ablehnend geworden, daß ihre Familie verzweifelt war.

Nun war Johnny nicht nur ein Künstler, er war auch jemand, der sich ernsthaft mit geistiger Wissenschaft beschäftigte. Er wußte um die Kraft des Bewußtseins, und er war in der Lage, dem Mädchen auf höchst außergewöhnliche Weise zu helfen. Als er ihr zum ersten Mal begegnete, war sie mürrisch, mißtrauisch und herausfordernd; aber er tat so, als bemerke er es nicht. Er führte sie in ihren Kunstkursus ein und versprach, ihr zu helfen, denn dies war das eine, wofür sie ein definitives Interesse hatte. Der Name des Mädchens war Emma, und sie sagte ihm voll Bitterkeit, daß sie nicht nur häßlich anzusehen sei, sondern daß sie auch ihren Namen hasse.

„Nun gut", sagte dieser kluge Mann, „laß uns deinen Namen ändern. Welchen Namen magst du? Was für einen Namen findest du schön?" Überrascht und fasziniert von diesem Vorschlag gab Emma zu, sie liebe den Namen Patricia. „Sehr gut, von jetzt an wird dein Name Patricia sein. Patricia Oliver ist ein schöner Name. Ich werde mit deiner Mutter darüber sprechen, den Namen gesetzlich ändern zu lassen." Die kooperative Mutter ließ Emmas Namen offiziell in Patricia umändern.

Allein dies brachte eine erstaunliche Veränderung in dem Mächen in Gang. Als sie anfing, sich mit Schönheit zu identifizieren, fühlte und handelte sie wie ein anderer Mensch.

Johnny brachte einige Bücher in Vorschlag – tatsächlich einige von meinen, und einige andere. Beiläufig ließ er sie ihr zum Lesen da. In der folgenden Zeit hatten Patricia und Johnny viele Gespräche über die Macht des schöpferischen Bewußtseins.

Eines Tages sagte er: „Patricia, wo du doch jetzt einen so schönen Namen hast, möchte ich, daß du ein Bild malst, das zeigt, wie das Mädchen mit diesem Namen deiner Meinung nach aussehen *müßte*. Mach ein Selbstbildnis, natürlich ein Porträt von dir selbst; aber laß deine wahre, innere Schönheit durch die körperliche Ähnlichkeit hindurchscheinen."

Patricia malte das Porträt von sich, und während eines Zeitraums von mehreren Monaten malte sie es immer wieder neu. Jedesmal hielt sie Ausschau nach der Schönheit in sich, und jedesmal fand sie mehr, weil sie nach der Schönheit ihres wahren Selbst suchte. Patricias Porträt gewann nicht nur den ersten Preis bei einer Kunstausstellung, sondern Patricia wurde während des Malens ein vollkommen neuer Mensch. Ihre ganze Veranlagung änderte sich in den Monaten, die darauf folgten. Sie wurde eine leuchtende, strahlende Persönlichkeit, die zuversichtlich in die Welt hinaustrat und eine beneidenswerte Position als Modekünstler einnahm. Ihr Erfolg war ihr bald sicher, und ihr Salon war immer voll von Freunden. Johnny, der weiterhin ihr

Freund war, erzählte mir, daß diese neuen Freunde oft von ihr sagten: „Wenn man einmal darüber nachdenkt, hat Patricia eine körperliche Behinderung; aber sie ist so heiter, so fröhlich und amüsant, daß man es vollständig vergißt. Ihre innere Schönheit scheint aus ihr heraus wie die Sonne!"

Hier haben Sie ein Wunder an Persönlichkeitsveränderung, und es zeigt, was *jeder* Mensch selbst unter den ungünstigsten Umständen durch Anleitung und Inspiration tun kann. Sie müssen jedoch den *Willen* haben, sich zu verändern; sie müssen da Gutes wünschen, wo Schlechtes zu sein scheint.

Denken Sie daran, das Individuum ist potentiell vollkommen, auch wenn es sich in ein Schneckenhaus unangenehmer Charakterzüge zurückgezogen haben mag. Wie Robert Browning sagte: „Die Wahrheit ist in uns selbst; sie entsteht nicht aus äußerlichen Dingen, was immer man glauben mag. Es gibt ein innerstes Zentrum in uns allen, wo die Wahrheit in Fülle wohnt; und drumherum, Mauer um Mauer, grenzt sie das plumpe Fleisch ein." Und: „Zu wissen", sagt Browning, „besteht vielmehr darin, daß man einen Weg auftut, auf dem der eingesperrte Glanz entfliehen kann, – nicht darin, daß man einen Eingang für ein Licht erwirkt, von dem man annimmt, daß es draußen sei."

Die Wahrheit ist die, daß wir Erben einer Vollkommenheit sind, die bereits in uns existiert. Wir mögen nur einem kleinen oder aber einem großen Teil erlauben, sich zu manifestieren; aber wenn wir die Vollkommenheit nicht vollkommen und ausgedehnt verwirklichen, dann deswegen, weil wir uns in ein Netzwerk unseliger Charaktergewohnheiten eingeschlossen haben, die die wahre Vollkommenheit, die wahre Person in Gefangenschaft halten. Unsere Aufgabe bei der Persönlichkeitsentwicklung ist es, unsere schlechten Denk- und Handlungsgewohnheiten durch gute, heilsame Denk- und Handlungsgewohnheiten zu ersetzen. Intuitiv wissen wir, daß unsere schlechten Angewohnheiten verändert werden sollten. Dieses intuitive Wissen ist unser innerer Führer, der versucht, unser Handeln auf vollkommenere Wege zu lenken. Laßt uns auf ihn hören.

Versuchen Sie, klar zu sehen, daß Sie nicht durch Denkgewohnheiten gebunden sind. Ihr wahres inneres Selbst ist intelligent und kraftvoll. Wenn Sie einmal sich selbst als Gott-Wesen erkannt haben, werden Sie wissen, daß Sie Ihr eigenes Leben lenken können. Durch Ihre Gedanken, Ihre Einstellung und Ihren Glauben werden Sie automatisch Ihr Gutes in Ihre Erfahrungswelt bringen.

Stellen Sie sich sich mit einem warmen Lächeln vor, wie Sie Liebe und Wohlwollen durch Ihre Augen ausstrahlen. Stellen Sie sich vor, wie Sie einen anderen Menschen begrüßen, und sagen Sie zu sich selbst:

„Meine Augen, mein Lächeln, mein Händedruck machen ihm meinen guten Willen, mein freundliches Fühlen für ihn bewußt. Meine Persönlichkeit drückt mein aufrichtig gutes Empfinden und mein Verständnis aus. Er weiß, daß ich ihn mag. Er verspürt meinen guten Willen. Meine Erscheinung zieht ihn an und bringt ihn dazu, eine gute Meinung von mir zu haben."

„Zu allen Zeiten ist es angenehm, in meiner Nähe zu sein. Ich weiß, daß die Menschen automatisch von dem Ort angezogen werden, der ihnen am angenehmsten ist. Ich habe Selbstvertrauen und bin höflich, taktvoll und freundlich. Ich bin fröhlich und begeisterungsfähig. Es ist angenehm, in meiner Nähe zu sein."

„Ich bin ein guter Zuhörer. Ich erfreue mich am Erfolg anderer und ich bin mitfühlend gegenüber ihren Problemen. Ich gebe anderen Freiheit zu denken, zu planen und zu leisten, was sie sich wählen. Ich versuche nicht, zu herrschen oder zu kontrollieren."

„Ich ziehe Freunde an, weil ich freundlich bin. Ich achte mich, und ich achte die Meinung und Rechte anderer. Ich erwarte, daß mir in jeder Situation Gutes zukommt. Ich habe einen Händedruck, der fest und zuversichtlich ist. Meine Stimme ist stark, magnetisch und vibrierend. Ich habe eine Würde an mir, die Achtung befiehlt. Meine Erscheinung spiegelt innere Zuversichtlichkeit und Stärke wider. Jeder Teil meines Körpers ist rein, makellos und pulsiert von persönlichem Magnetismus. Ich bin jederzeit vollkommen versorgt. Ich wähle meine Kleidung sorgfältig und vernünftig. Sie reflektiert meine ruhige, gelassene aber machtvolle Persönlichkeit. Ich bin aufrichtig und ehrlich. Meine Integrität verspüren all diejenigen, die mir begegnen. In meiner Vorstellung existiert ein klares, deutliches Bild davon, was ich für meine ideale Persönlichkeit halte. Ich betrachte dieses Ideal als mich selbst."

27. Kapitel

Wie man neue Gewohnheiten formt

Wir lernen, uns zu unterhalten. Wir lernen, ein Auto zu steuern. Aber angenommen, es würde uns nicht zur Gewohnheit, ginge uns nicht in Fleisch und Blut über, und wir vergäßen beim Autofahren, wie wir sitzen müssen? Wenn wir nicht die Fähigkeit hätten, Gewohnheiten zu formen, würden wir gewiß nicht gleichzeitig ein Gespräch führen, Radio hören und unsere Aktivitäten planen können.

Wir lernen, eine Sache zu tun, und dann übertragen wir ihre Ausführung dem Unterbewußtsein oder dem Vater im Innern. Automatisches Gewohnheitshandeln ist ein erstaunlicher Teil unserer Bewußtseinsmaschinerie. Es ist kaum weniger als wunderbar. Wir lernen, mit einer Maschine umzugehen, zu gehen, zu schreiben. Nachdem wir den Vorgang bewußt und Schritt für Schritt gelernt haben, wird er vom Unterbewußtsein in uns übernommen und handelt danach durch uns als Gewohnheit. Die Möglichkeit des bewußten Formens von Denk- und Handlungsgewohnheiten macht erfolgreiches Leben möglich.

Der Mensch ist ein willensbegabtes Wesen, daher kann er seine Kräfte auf jede ihm beliebige Weise gebrauchen. Er kann entweder gute oder schlechte Denk- und Handlungsgewohnheiten formen. Wenn er seine Kräfte destruktiv gebraucht, leidet er unter den Konsequenzen. Man sagt, *daß jedes Laster eine pervertierte Tugend ist*, was sagen will, daß alles Böse etwas Gutes ist, was auf die falsche Weise benutzt oder für den falschen Zweck verwendet wurde.

Wir können unseren Glauben auf die falsche Weise benutzen. Wenn wir ihn als Furcht gegen uns selbst benutzen, sündigen wir gegen uns selbst. Wir können unsere Liebe und unsere Zuneigung auf das falsche

Objekt richten und, indem wir das tun, viel Kummer verursachen. Wir können unsere Vorstellungskraft dazu gebrauchen, den Kräften des Lebens falsche Richtung zu geben und uns eine Erfahrung des Mißerfolgs zu bringen; aber indem wir zu bewußtem Denken greifen, können wir unseren Glauben umlenken und unsere Liebe und unsere Phantasie in gesunde Bahnen lenken. Wir können die Kraft unseres Körpers und die Stärke unseres Arms dazu benutzen, jemand anderem zu schaden oder ihn aufzuheben. Wir können entweder konstruktive oder destruktive Gewohnheiten formen, aber das Formen von Gewohnheiten an sich steht unter unserer Führung.

Ich habe Leute sagen hören, ihre Gewohnheiten kontrollierten sie, und das stimmt solange, wie sie nichts unternehmen, um sie zu ändern. Was das Bewußtsein geformt hat, kann das Bewußtsein umformen. Wir können nicht leben und dabei ohne Gewohnheiten auskommen, aber wir wollen unseren Gewohnheiten nicht untertan sein und wir brauchen es nicht zu sein. Gewohnheiten können und sollten unsere Diener sein. Wenn wir konstruktive Gewohnheiten in unsere Persönlichkeit einbauen, erfahren wir das Leben als Glück. Wenn unsere Gewohnheiten uns kontrollieren, dann, weil wir nicht die notwendigen Schritte unternommen haben, um sie zu verändern. Wir verweigern uns unser gottgegebenes Recht zu wählen. In uns haben wir die Kraft, die schöpferischen Kräfte in uns umzuleiten und bewußt zu kontrollieren.

Einige Leute ziehen sich vom Leben zurück und sagen: „Gott hat mich gemacht, wie ich bin, und so muß ich bleiben." Aber das ist ein Ausdruck der Schwäche. Diese Behauptung leugnet die Macht des einzelnen, zu wählen und zu entscheiden. Niemand wurde je als Trinker geboren. Tatsächlich *ist* niemand ein Trinker. In Wirklichkeit ist ein solcher Mensch eine vollkommene Person mit der Kraft zu wählen, aber unglücklicherweise ist er in die schlechte Gewohnheit verfallen, exzessiv zu trinken. Er hat damit angefangen, und *er* kann es ändern. Es ist kein wirklicher Teil von ihm. Er kann es sich aussuchen, ob er auf dem alten Weg bleiben oder einen neuen einschlagen will. Es gibt keinen egoistischen Menschen. Wohl gibt es den Menschen, der versucht, das, was er haben will, zu bekommen, ohne auf andere Leute

Rücksicht zu nehmen. Es gibt keinen hochmütigen Menschen. Es gibt den Menschen, der die Gewohnheit hat, hochmütig zu reagieren. Es gibt keinen Versager, aber es gibt einen Menschen, der gewohnheitsmäßig versagt. Es gibt keinen faulen Menschen – nur einen Menschen mit der schlechten Gewohnheit, faul zu sein, einen, der keine konstruktive Tätigkeit gefunden hat, die ihn interessiert.

Wir haben die Kraft zu wählen, die Kraft, unser Leben in neue Bahnen zu lenken. Wir alle haben Gewohnheiten – viele von ihnen gute und einige davon solche, die wir gern verändern würden. Lassen Sie mich Ihnen raten, daß Sie nie versuchen sollten, eine Gewohnheit zu durchbrechen – vielmehr sollten Sie sie durch eine neue ersetzen. Wenn Sie versuchen, eine Gewohnheit zu durchbrechen, wird sie Sie brechen! Benutzen Sie einfach die Ihnen von Gott gegebene Kraft dazu, zu wählen, was Sie wollen. Sie können jede Gewohnheit loswerden – nicht indem Sie *versuchen*, sie zu durchbrechen, sondern indem Sie sie durch eine neue ersetzen.

Als Jugendlicher sind Sie vielleicht Schlitten gefahren. Sie nahmen Ihren Schlitten auf die Spitze des Hügels mit und stießen ihn herunter, um eine Spur zu machen. Sie nahmen ihn ein zweites Mal auf die Hügelspitze mit, und dieses Mal fuhr der Schlitten ein bißchen leichter und schneller. Nach wenigen Fahrten schon war die Spur gut eingefahren. Dann brauchten Sie den Schlitten nur auf den Hügel zu bringen und auf die Spur zu setzen, und er fuhr den Hügel mühelos herunter. Das erste Mal waren jedoch bewußte Lenkung und Anstrengung nötig, und es brauchte einiges Durchhaltevermögen. Sie können einen neuen Gewohnheitsweg oder eine neue Gewohnheitsspur einfahren, wann immer Sie wollen. Wenn die alte Spur Ihnen Kummer bringt oder wenn Sie in eine andere Richtung fahren wollen, können Sie bewußt einen neuen Weg einschlagen.

Uns wird nun gesagt, daß so etwas im Gehirn stattfindet, und es mag nun interessant sein zu wissen, was genau physikalisch im Gehirn und in den Nerven vorgeht. Die Nerven sind Telegraphenleitungen. Die Gefühlsnerven übermitteln Information zum Gehirn, und die Bewegungsnerven übertragen den Muskeln Nachrichten, wie sie handeln sollen. Wenn die Nerven die Information zu einem bestimmten Teil des Gehirns bringen, wird diese Information zu einem anderen Teil weitergeleitet, wo die Information analysiert wird und eine Entscheidung darüber getroffen wird, was zu tun ist. Diese Entscheidung wird dem Zwischenhirn übertragen, das sie wiederum den Muskeln weitergibt mit den dazugehörigen Handlungsanweisungen. Das ist ein vereinfachtes Schema.

Jemand sagt etwas Bestimmtes zu Ihnen. Die Information erreicht Sie durch das Ohr. Sie nehmen die Information auf, analysieren sie und entscheiden, was die Antwort darauf sein soll. Diese Information geht an ein bestimmtes Gehirnzentrum, das die Weisung wiederum dem Stimmapparat weitergibt und ihn anweist, eine gewisse Sache auf eine gewisse Weise zu sagen. Eine Anweisung mag an die Gesichtsmuskeln ergehen und sie anleiten, zu lächeln oder die Stirn sich runzeln zu lassen. Für jedes bißchen Information, das in das Gehirn gelangt, gibt es tausend mögliche Antworten. Sie können lächeln oder weglaufen oder sich stellen. Sie können kämpfen oder die Stirn runzeln oder gewisse Kommentare abgeben. Die Auswahlmöglichkeiten sind unbegrenzt. Für welche Handlungsweise Sie sich entscheiden, wird von Ihrer Vernunft, Ihren Gefühlen, Ihren vergangenen Erfahrungen und vielen anderen Faktoren bestimmt. Etwas wird zu Ihnen gesagt, Sie entscheiden sich, und dann handeln Sie. Eine ähnliche Erfahrung kommt Ihnen an einem anderen Tag unter, aber Sie haben einmal über die Frage entschieden, und so gerät die Information in ein eingefahrenes Geleise, und dieselbe Order ergeht wie beim ersten Mal. Beim zweiten Mal dauert es nicht so lange zu entscheiden, was zu tun und wie zu handeln ist. Dieser Gewohnheitsgang prägt sich dem Gehirn schon bald ein; und wenn dann ähnliche Information zu Ihnen kommt, ergeht instinktiv, sofortig, automatisch die Anweisung, ohne daß Sie einen bewußten Gedanken daran gewendet hätten. Gewohnheit ist automatisch, aber sie wird durch bewußte Wahl erlangt. Neurologen sagen uns, daß tatsächlich eine feine elektrische Verbindung im Gehirn errichtet wird, eine Verbindung von dem Punkt des Informationseintritts bis zu dem Punkt, wo die Anweisungen austreten, so daß kein bewußtes Denken vonnöten ist, nachdem die Gewohnheit gebildet ist. Sie sehen einen bestimmten Menschen und rufen ihn automatisch beim Namen. Sie lächeln oder runzeln die Stirn, je nachdem, was für eine Gewohnheit Sie angenommen haben.

Es gibt viele Millionen solcher Verbindungen im durchschnittlichen Gehirn. Es ist ein sehr feines, kompliziertes Gebrauchsinstrument. Angenommen, Sie haben die Gewohnheit, finster zu blicken, wenn Sie eine bestimmte Person sehen, aber Sie haben in der Vergangenheit nichts Gutes erlebt, wenn Sie finster geblickt haben; also entschließen Sie sich, Ihre Gewohnheit zu ändern. Das nächste Mal, wenn Sie diesen Menschen sehen, wird es zwar leicht sein, finster zu blicken, aber Sie sind jetzt vorsichtig. Sie erlauben dem Impuls nicht, die alte Bahn einzuschlagen. Sie fangen an, eine neue Verbindung zu formen. Sie senden Anweisungen zum Lächeln aus. Das nächste Mal ist es dann einfacher zu lächeln, und in kurzer Zeit ist eine völlig neue Verbindung aufgebaut, und Sie lächeln automatisch; aber eine Weile lang müssen Sie noch sorgfältig aufpassen, damit der „Schlitten" in die richtige Fahrspur kommt. Schon bald ist die alte Bahn außer Gebrauch geraten, und die neue wird ohne bewußtes Denken gebraucht.

Ein Mann aus meiner Bekanntschaft hatte die Angewohnheit, unmäßig viel Whisky zu trinken. Er hatte den „Schlitten" viele Male diese Bahn fahren lassen, mehrmals täglich, bis der Weg sehr glatt geworden war. Oft verlor er die Kontrolle über den „Schlitten" und überschlug sich. Daher begann er, eine neue Bahn einzuschlagen, der er mehrere Wochen lang folgte. Dann passierte, wie er mir erzählte, dies: „Ich ging aus und nahm eben nur einen kleinen Drink mit den Jungs, und schon ließ ich mich wieder vollaufen. Ich schien keinerlei Kontrolle mehr zu haben. Warum kann ich nicht bloß einen kleinen Drink nehmen, ohne mich gleich zu betrinken?" Es ist leicht zu sehen, was hier geschah. Er ging den Hügel hinauf und schob den „Schlitten" nur ein kleines bißchen auf der alten Spur an und dachte, er würde oben bleiben. Er erkannte nicht, daß er das solange nicht tun konnte, wie die alte Spur noch glatt war. Die Fahrrinne, die er gemacht hatte, war sehr glatt. Ein kleiner Stoß, und er konnte den „Schlitten" nicht mehr kontrollieren. Ich erklärte, wenn er die neue Spur tief eingeschnitten habe und die alte außer Gebrauch gekommen sei, werde die Gefahr nicht mehr so groß sein, und es könne dann sicher sein, wenn er eben nur einen nehme und es dabei bleiben lasse. In der Zwischenzeit werde er von diesem Weg fortbleiben müssen. Er sei im ganzen zu gefährlich.

Um eine neue Gewohnheit zu formen, *müssen wir überzeugt sein, daß sie wünschenswert ist*, und einsehen, warum sie wünschenswert ist. In der Religion alten Typs wird viel über Überzeugung gesagt, was einfach heißt, daß man über jeden Zweifel hinaus überzeugt ist. Wenn ein Mann überzeugt ist, hat er eine Entscheidung getroffen. Nur dann legt er sich einen neuen Plan zum Handeln zurecht. Wenn keine Entscheidung getroffen wird, wird er auf dem alten Weg bleiben. Nachdem er seine Entscheidung getroffen hat, muß er ausdauernd auf dem neuen Weg bleiben, bis er tief eingeschnitten und gut geglättet ist. Dann ist er so leicht zu befolgen wie der alte. Zur Verdeutlichung ein Beispiel: Sie treffen einen Freund, der das Abbild der Vitalität und Gesundheit selbst ist. Er sagt Ihnen, er schreibe seine robuste Gesundheit seiner Gewohnheit zu, jeden Morgen kalt zu duschen. Durch sein Beispiel lassen Sie sich vielleicht überzeugen, daß eine kalte Dusche jeden Morgen eine gute Sache ist. Sie wollen das Ergebnis haben, das Ihr Freund zu haben scheint. Sie werden *überzeugt*. Sie entschließen sich, die Sache durchzuführen. Sie bemerken, daß andere Freunde von Ihnen diese Gewohnheit haben, daher entschließen Sie sich. Sie treffen eine Wahl. Im Endeffekt wählen Sie das Resultat, das Sie sich wünschen.

Die neue Gewohnheit zu formen, wird nicht sehr schwer sein, solange Sie Ihre Aufmerksamkeit dem Resultat zuwenden. Sie leben in dem Gefühl, das gute Ergebnis zu haben, das Sie sich wünschen. Wenn eine Entscheidung getroffen wird, setzen Sie emotionell Energie frei. Die Entscheidung ist schon der halbe Kampf.

Sie entscheiden, dann *bereiten Sie sich vor*. Sie sagen: „Morgen früh werde ich anfangen, kalt zu duschen." Sie stellen den Wecker auf eine Viertelstunde früher. Sie versprechen es sich selbst, und vielleicht versprechen Sie es auch jemand anderem, den Sie nicht sitzenlassen wollen. Das ist übrigens auch der Vorteil, wenn man eine Garantie unterschreibt. (Einige Leute machen ihr Versprechen Gott gegenüber.) Dies alles, um Sie selbst zu beeindrucken, denn das Versprechen geben Sie in Wirklichkeit sich selbst. Dann, bei der ersten Gelegenheit, *führen Sie die Handlung ein.* Sie haben sich entschieden, und bevor Sie oder irgend jemand sonst Sie wieder davon abbringen kann, fangen Sie damit an. Je länger Sie mit dem Anfang zögern, desto einfacher ist es, es nicht zu tun. Wenn Sie es hinausschieben, nachdem Sie Ihre Entscheidung getroffen haben, formen Sie die Gewohnheit der Verzögerung. Sie dürfen sich keine Entschuldigung, keinen Vorwand geben. Sagen Sie nicht: „Das Wetter ist zu kalt" oder „Ich bin zu spät aufgestanden." Sagen Sie: „Heute ist der Tag."

Sie haben die erste kalte Dusche genommen – es war eine schwierige Aufgabe. Sie haben gezittert und geschaudert, aber morgen wird es leichter und am nächsten Tag noch einfacher sein. Durch *Ausdauer* wird die neue Gewohnheit geformt. Es mag einen Teil von Ihnen geben, der auf die alte Weise weitermachen will, und dieser Teil mag argumentieren: „Warum willst du dir das Leben so schwer machen?" Ungefähr am dritten Morgen sagen Sie vielleicht: „Ich denke, ich werde die Sache heute nicht so ernst nehmen", und bevor Sie es bemerkt haben, sind Sie schon wieder im alten Geleise.

Nun ist dies beim Bilden von Gewohnheiten wichtig: *Jeder will bezahlt werden.* Sie haben das Recht auf ein Gefühl der *Genugtuung*, wenn Sie richtig handeln. Wenn Sie gut angefangen haben, machen Sie sich eine Freude. Wir alle freuen uns über Anerkennung, daher zeigen Sie sich Ihre Anerkennung. Kaufen Sie eine Schachtel Süßigkeiten oder feiern Sie das Ereignis zum Zeichen Ihrer Anerkennung mit dem Besuch einer Show.

Hier sind die Schritte, die unternommen werden müssen – sei es nun, um kalt zu duschen, ein Optimist zu sein, ehrlich oder fröhlich zu leben oder ein gutes Leben zu führen:

Überzeugung, daß die neue Gewohnheit wünschenswert ist und die erwünschten Ergebnisse bringen wird.

Entscheiden Sie sich anzufangen.

Bereiten Sie sich darauf vor.

Führen Sie die Handlung ein und

haben Sie Ausdauer, bis sie automatisch wird.

Danken Sie sich selbst. Erlauben Sie sich ein Gefühl der Freude, wenn Sie etwas geleistet haben.

Benjamin Franklin sagte, es sei ihm möglich, jede Woche eine neue Gewohnheit anzunehmen und wirksam werden zu lassen. In der einen Woche wählte er Ordentlichkeit, in einer anderen Selbstbeherrschung, in einer weiteren Frohsinn. Ohne Zweifel ist das möglich; aber es wäre auf jeden Fall klüger, jeden Monat oder einmal in jedem Jahr eine neue Gewohnheit anzunehmen, als weiterhin dem alten Gewohnheitspfad zu folgen, falls er zu Kummer und Mißerfolg führt. Das Formen einer neuen Gewohnheit ist nicht schwierig, wenn man in seiner Vorstellung klar und deutlich sieht, was physikalisch vorgeht, und dann bewußt wissenschaftlich darangeht.

Sachen Sie zu sich selbst:

„Ich bin dazu geschaffen, über mein Leben zu bestimmen. Ich bin ein Schöpfer, weil ich das unendliche Leben in Gestalt eines menschlichen Wesens bin. Ich bin ein bewußter Erscheinungsort des Lebens, der Gott zum Ausdruck bringt – die göttlichen Eigenschaften – und die göttlichen Fähigkeiten benutzt. Ich bekämpfe die alten Gewohnheiten nicht. Mit aufrichtiger Absicht und klarer Einsicht wähle ich mir zu meinem größeren Guten neue Wege. Ich wende mich nicht zurück oder kritisiere die alten."

„Ich bin frei. Ich kenne die Wahrheit über mich. Ich bin frei zu handeln. Die Fähigkeiten des Lebens stehen mir zum Gebrauch zu Gebote. Mein Körper gehört mir, ich kann ihn lenken. Meine emotionellen Kräfte zu leiten, ist meine Sache. Was immer der Vater hat, es gehört mir. Ich habe die Macht, bewußt zu wählen, wie ich die Kraft des Lebens zu meinem eigenen Guten gebrauchen will. Ich kann meinen Weg zu Glück, Wohlstand und Gesundheit führen. Wenn ich mich an einen neuen Plan mache, habe ich Ausdauer, bis das entsprechende Handeln zu einer Gewohnheit wird."

„Wenn ich das Reich des Himmels suche, verschwinden Krankheit und Mangel automatisch. Ablehnung ist beseitigt, denn ich habe Selbstbeherrschung und Ausgeglichenheit zu einem Teil meines Charakters gemacht. Neid und Eifersucht plagen mich nicht länger, denn ich äußere Liebe und Selbstachtung."

„Ich bin der Richter meines eigenen Schicksals und der Führer meiner eigenen Seele. Ich kann alle Dinge tun durch Christus, der mich mächtig macht, und Christus ist die Kraft Gottes in mir. Ich habe die Kraft zu wählen und die Kraft zu handeln. Ich habe das Privileg, mir vom Leben alle Eigenschaften zu nehmen, die in ihm sind – Vitalität, Verständnis, Weisheit, Frieden, Kraft, Schönheit, Freude. Ich erkenne keine Vorstellungen von Begrenztheit mehr an. Ich denke nicht an Mangel. Ich *bin*, und weil ich bin, *kann* ich, und mit Gott als meiner Kraft *werde* ich."

28. Kapitel

Wie man sein Bewußtsein dazu einsetzt, jung zu bleiben

Das Leben altert nie. Da das Bewußtsein und der Geist ewig sind, werden sie von der Zeit nicht berührt. Jugend ist eine Grundeigenschaft des Lebens, und wir sind Leben. Wir brauchen nicht alt und hinfällig zu werden. Wir können die Kraft unseres Bewußtseins gebrauchen, um jugendlich, vital und aktiv zu bleiben, solange wir auf dieser Erde sind. Was auch die Zahl unserer Jahre sein mag, wir können uns immer noch jung fühlen. Wir müssen nicht versuchen, jung zu werden. Wir gelangen einfach zu der Erkenntnis, daß wir ewig jung sind.

Als individualisierte Punkte des Lebens, die von Bewußtsein Gebrauch machen, haben wir uns Körper erbaut, die alt zu werden *scheinen*. Tatsächlich altert der Körper nicht, denn er wird beständig erneuert. Heute sagen uns Wissenschaftler, daß die Gewebe unseres Körpers nie älter als ein Jahr sind. Früher einmal wurde uns erzählt, unser Körper werde alle sieben Jahre erneuert. Nun haben wir zuverlässige Information darüber, daß der unterbewußt tätige Geist alle paar Monate einen neuen Körper für uns aufbaut. Jeder Nerv, jede Drüse, jeder Knochen und jeder Muskel wird in Jahresfrist mit neuen Zellen wiederaufgebaut. Tatsächlich, die Gewebe unseres Körpers sind immer jung. Genau jetzt sind die Gewebe unseres Körpers, den wir gebrauchen, so jung wie die eines einjährigen Babys. Da unser Bewußtsein nicht altert und da unser Körper nie älter ist als ein Jahr, sind wir immer jung.

Unser neues Wissen führt uns zu der Schlußfolgerung, daß die Erfahrung des Alterns das Ergebnis unserer geistigen Einstellung ist. Zu einem sehr großen Maße ist sie zweifellos das Ergebnis der

Übernahme des vorherrschenden Massenbewußtseins vom Alter – der Idee, die die meisten Menschen akzeptieren, wenn sie in Jahren fortschreiten. Wenn man sich eine jugendliche Geisteshaltung bewahrt, hat man die Erfahrungen, die Spontaneität, die Vitalität und die Gesundheit der Jugend.

Selbst wenn wir unsere jugendliche Weltsicht verloren haben und gealterte Denkweisen und Altersgewohnheiten entwickelt haben mögen, ist es uns doch immer noch möglich, die Einstellungen und die Ansichten der Jugend wiederzugewinnen. Dieser Gesichtspunkt kann bewußt festgehalten werden, und das Muster der Jugend kann das ganze Leben hindurch beibehalten werden. Viele Männer und Frauen lassen die Jahre weder ihre Wahrnehmung trüben noch ihre kreativen Aktivitäten hindern, denn sie bleiben jung in ihrer Lebensauffassung. Gladstone war mit fünfundachtzig Premierminister von England. Tizian, der Künstler, vollbrachte seine beste Arbeit in seinen Neunzigern. Oliver Wendell Holmes war in seinen Achtzigern Mitglied des Obersten Gerichtshofes der Vereinigten Staaten und sagte mit neunzig: „Es ist der Glaube an etwas, der dich geistig jung erhält."

Ein vorherrschendes Merkmal der Jugend ist Ehrgeiz. Wie jung man auch an Jahren sein mag, wenn man nicht ehrgeizig ist, ist man alt. Man mag alt an Jahren sein, aber wenn man ehrgeizig ist, ist man noch jung im Geiste. Wenn man nicht mehr bauen, schaffen und wachsen möchte, wenn man damit zufrieden ist, sich nur so treiben zu lassen, dann erlebt man das Alter. Wenn ein Mann von seinem Verlangen läßt, zu sein, zu tun und zu haben, dann ist er alt. Leute mit Ehrgeiz leben mehr Jahre, und jedes Jahr bedeutet mehr, denn sie leben erfüllter.

Wenn Menschen sagen, sie wären das Leben müde, bedeutet das, daß sie den Platz müde sind, den sie innehaben, daß sie es müde sind, jahrein, jahraus dasselbe zu tun. Solche Leute sind im Routinetrott. Sie sind vom Leben gelangweilt. Sie sind es satt, weil sie kein attraktives und erregendes Ziel für die Zukunft haben.

Wenn wir unsere Lebensbegeisterung in jedem Alter beibehalten würden, *hätten wir immer ein Ziel*, das uns in die Zukunft hineinzöge.

Die Jugend hat eine Vielzahl von Erfahrungen. Das Alter engt seine Erfahrungen ein. Unsere Interessen sollten ausgedehnt und vielfältig sein. Wir sollten uns neue Freunde machen, neue Bücher lesen und auf neuen und interessanten Wegen abenteuern. Monotonie läßt auch die Besten von uns altern. „Vielfalt ist des Lebens Würze." Ewige Veränderung ist das eine, was sich nicht ändert. Alles verändert sich ständig. Gewiß ist es in diesem erstaunlich interessanten Universum närrisch, das Leben monoton werden zu lassen.

Jugend ist plastisch, anpassungsfähig, flexibel. Sie hat die Eigenschaft, lieber mit dem Leben zu gehen, statt sich ihm zu widersetzen. Sie ist elastisch wie Gummi. Was immer geschieht, sie fällt nicht und bleibt dann unten. Sie prallt immer zurück. Wenn unser Geist und unser Körper nicht aktiv gehalten werden, verfallen sie durch mangelnden Gebrauch wie der Reifen an Ihrem Auto. „Gebrauche oder verliere", sagt die Natur. Es gibt keinen Ersatz für Gebrauch – für Aktivität.

Die Jugend steht immer neuen Ideen offen, und was mehr ist, sie fürchtet sich nicht, nach diesen neuen Ideen zu handeln. Sie hat keine Angst, ihren Ahnungen, ihrer Intuition, ihrem inneren Wissen zu folgen. Nachdem wir viele Erfahrungen gemacht haben, neigen wir dazu, zynisch zu werden. Aber nur weil wir irgendwann in der Vergangenheit einmal verletzt worden sind, brauchen wir uns nicht vor neuen Ideen zu fürchten, und es heißt auch nicht, daß wir nicht wachsen oder ehrgeizig sein könnten. Wir sollten die Gewohnheit entwickeln, eine reiche, erfüllte Zukunft vorauszusehen, indem wir uns ein verlockendes Ziel vor Augen stellen. *Wir sollten die Gegenwart genießen und der Zukunft mit freudiger Erwartung entgegensehen.*

Leute, die die Einstellung des Alters haben, denken und sprechen über die „guten alten Tage". Um jung zu bleiben, sollten sie den Vorhang sowohl über vergangene Leistungen wie über vergangene Fehler fallen lassen. Wir bleiben dadurch jung, daß wir *jetzt* ein Erfolg sind und hoffnungsvoll nach noch größerem Erfolg und größerer Befriedigung in der Zukunft langen. Das Personal kann immer berichten, daß das größte Handicap älterer Leute ihre niedergedrückte Stimmung ist. Ältere Leute sind nicht weniger fähig, produktive Arbeit zu leisten, aber jüngere Leute haben den Vorteil einer hoffnungsvollen Einstellung.

Jugend hält immer Ausschau nach etwas Besserem. Jemand hat gesagt: „Wenn die Hoffnung stirbt, rennt dir das Alter entgegen."
Nehmen Sie diesen Gedanken auf, schreiben Sie ihn auf eine Karte, hängen Sie sie über Ihren Schreibtisch oder über das Spülbecken und lesen Sie sie oft:

> Ich bin immer offen für neue Ideen. Meine Überzeugungen, meine Ideen sind nicht statisch. Dies ist ein Universum der Expansion, ein Universum des Wachstums. Das ist auch meine Natur, und ich werde meiner Natur treu sein.

Jugend ist verständnisvoll und tolerant gegenüber anderen. Jugend akzeptiert die Menschen, wie sie sind. Jugend sucht nicht nach Fehlern. Fehler zu suchen ist eine schlechte Angewohnheit – eine Altersgewohnheit. Wenn wir nach dem Guten in anderen Ausschau halten, finden wir heraus, daß sie gut sind.

> Wenn du und ich uns beide kennten,
> wir beide deutlich sehen könnten,
> und mit göttlich-innrer Sicht
> Herzensmeinung zu uns spricht,
> so hätten wir sicher weniger Streit,
> aus unserm Händedruck spräche Freundlichkeit;
> zu angenehmer Übereinstimmung fänden
> wir beide, wenn wir einander kennten.
>
> Nixon Waterman

Man kratze den niederträchtigsten Sünder an, und man wird beinahe mit Sicherheit eine warmherzige, farbige Persönlichkeit darunter entdecken. Wir können nicht magnetisch wirken und gleichzeitig kritisch sein.

Am besten können wir die leiden, die in uns das Beste sehen. Wenn man das Beste in anderen sieht, ruft man ihr Bestes wach. Wir fühlen uns stets zu den Menschen hingezogen, die gut von uns denken – eher als zu jenen, die schlecht von uns denken. Wir sollten die gute Absicht im Handeln anderer erkennen, wenn wir wollen, daß sie das Gute in unserem sehen. Laßt uns Gottesfinder sein, nicht Fehlerfinder. Jedes von beiden ist eine Gewohnheit. Die eine paßt zum Alter; die andere zur Jugend.

Jugend ist progressiv, erfinderisch und nicht durch Vorgegebenes gebunden. Jugend trifft Veränderungen leicht und problemlos. Wenn wir die Stricke der Gewohnheit eng um uns ziehen, werden wir alt. Wir sollten es uns nicht durchgehen lassen, Sklaven der Gewohnheit zu werden. Wir sollten unsere Gewohnheiten ändern, wenn die Notwendigkeit dazu auftritt. Wir sollten lieber unsere Gewohnheiten kontrollieren, statt ihnen zu erlauben, uns zu kontrollieren.

Jugend ist enthusiastisch. Enthusiasmus ist als göttliche Berauschung bezeichnet worden. Da „en" „in" bedeutet und „theos" „Gott", heißt Enthusiasmus „in Gott" – ein Wissen davon, daß man in Gott und Gott in einem selbst ist – unzerstörbar, unsterblich und göttlich. Die Jugend ist von dieser Vorstellung berauscht. Das Alter ist die Zeit der Depression, die Jugend ist Zeit der Begeisterung. Das Alter ist zerschlagen, überempfindlich und desillusioniert. Die Jugend sieht den Himmel hier und jetzt.

Jugend ist verliebt, und Liebe ist der große Verjünger. Wenn Sie nicht lieben, sind Sie unglücklich und das Leben scheint sich nicht zu lohnen. Halten Sie immer die Liebe lebendig, lassen Sie sie nie sterben. Lieben Sie, ob der andere Mensch reagiert oder nicht. Das Gefühl der Liebe, das Sie durchzieht, heilt alle Krankheit und belebt alle Hoffnung neu. Die Liebe versagt nie. Sicherlich möchten Sie geliebt werden, denn das gibt Ihnen Privilegien bei dem, der Sie liebt; aber auf jeden Fall – lieben *Sie*! Lieben Sie Menschen, die Natur, Ihre Arbeit, Ideen, Ideale und lieben Sie Gott. Zu lieben ist das größte Vorrecht.

Wenn wir unser ganzes Leben hindurch unsere Erfahrungen falsch bewerten, kann es sein, daß wir uns selbst und andere verurteilen. Leute, die verurteilen, werden hart und spröde. Sie sind unnachsichtig, und das bedeutet ihren Zusammenbruch. Sie sind dem Leben gegenüber voller Widerstand. Folglich entwickeln sich viele körperliche und seelische Leiden. *Kritik und Wut vergiften das System.* Dieses langsame Gift zerstört die Gewebe, hemmt die Körpergelenke, verursacht Herzbeschwerden, Nervosität und Verdauungsstörungen. Diese falschen Gewohnheiten müssen beseitigt werden, wenn wir körperlich jung und geschmeidig bleiben wollen.

Um uns ein Gefühl von Jugendlichkeit zu bewahren, *sollten wir eine befriedigende Lebensphilosophie entwickeln*, damit wir irgendeinen Sinn im Leben sehen können. Wir müssen an die Unsterblichkeit glauben, sonst werden wir wahrscheinlich sagen: „Wozu das alles?!" Dann werden wir entmutigt, denn wir können nichts vor uns sehen, was uns ermutigte und anregte. Wenn wir diese unsere gegenwärtige Existenz als eine Erfahrung innerhalb des unsterblichen Lebens sehen können, als eine Phase der Entwicklung, als Teil des göttlichen Planes, dann werden wir voller Eifer der Zukunft entgegensehen.

Wenn wir um uns schauen, sehen wir Gesichter, die von Anspannung und Sorge gezeichnet sind, aber es gibt eine erstaunliche Tatsache, deren wir uns immer bewußt sein sollten: der Mann von achtzig ist tatsächlich nicht älter als das einjährige Baby. Sein Körper wird beständig erneuert, und der Geist altert nicht. *Wir versuchen nicht, jung zu bleiben.* Wir versuchen einfach nur zu erkennen, daß wir jung sind. Solange wir an das Alter glauben und unsere Geburtstage zählen, werden wir nach Anzeichen des Alterns Ausschau halten, und das Leben wird uns, automatisch reagierend, ein altes Aussehen geben – schwache Augen, faltige, verblaßte Haut und morsche Gelenke. Wir werden Angst haben, uns in neuen Tätigkeitsbereichen zu engagieren, weil wir uns davor fürchten, nicht die Zeit oder die Energie zu haben, sie zu Ende zu bringen.

Altwerden ist in Wirklichkeit nicht realer als der Traum von letzter Nacht. „Sich seinem Alter gemäß zu benehmen" muß heißen, sich jung zu benehmen. Warum sollten wir an Alter und Verfall glauben? Warum glauben wir, es sei unabwendbar, daß wir schwach werden, daß die Organe unseres Körpers nicht mehr richtig funktionieren können? Gibt es mit sechzig oder siebzig Jahren weniger Gott in uns als mit zwanzig? Hat sich Gott schrittweise von uns zurückgezogen, oder ist Gott immer noch in uns verkörpert? Ist die Heilkraft noch in uns, oder hat sie sich zurückgezogen? Gibt es in einem Menschen mehr Gott als in einem anderen? Zieht sich Gott, während die Jahre vorübergehen, allmählich von uns zurück? Laßt uns uns von diesen lächerlichen Ideen heilen.

Ungefähr das Schlimmste, was wir uns antun können, ist, unsere Phantasie auf falsche oder zerstörerische Weise zu gebrauchen. Wäre es nicht besser, das Altern zu vergessen und ans Leben zu denken? Eines Tages werden wir diesen Körper verlassen, aber *wir werden niemals aufhören zu leben*. Wir selbst bestimmen, *wie* wir leben. Wir können wie alte Leute leben oder wie junge. In unserer Vorstellung laßt uns uns den Stempel der Jugend und Vitalität aufdrücken statt das Muster des Alters.

Jugend ist kein Lebensabschnitt, sondern eine Geisteshaltung. Sie hat nichts mit errötenden Wangen, roten Lippen und weichen Knien zu tun. Sie ist eine Eigenschaft der Phantasie. Sie ist Lebhaftigkeit des Gefühls. Sie ist Mut, der über Furchtsamkeit siegt. Sie ist Abenteuerlust, die sich gegen Furcht und Langeweile durchsetzt. Niemand wird bloß dadurch alt, daß er eine Anzahl von Jahren lang lebt. Die Leute werden dadurch alt, daß sie ihre Ideale verraten. Jahre der Erfahrung mögen Ihre Haut faltig werden lassen, aber das Aufgeben der Begeisterung wird Ihre Seele runzlig machen.

Kummer und Sorge, Zweifel, Mißtrauen gegenüber sich selbst, Furcht und Verzweiflung beugen den Kopf und bringen den Geist dazu, nach Fluchtwegen zu suchen. Sie sind so jung, wie Sie sich fühlen, so alt wie Ihre Zweifel. Sie sind so jung wie Ihr Selbstvertrauen und so alt wie ihre Furcht. Sie sind so jung wie Ihre Hoffnung und so alt wie Ihre Verzweiflung. Aber solange Ihr Herz Liebe, Schönheit, Hoffnung, Fröhlichkeit, Mut und Freude empfindet, *sind Sie jung*.

Sagen Sie zu sich:

„Ich verkörpere den gleichen Geist der Jugend, der der Geist des Lebens ist. Meine sterblichen Erfahrungen sind nur eine Erfahrung innerhalb der Unsterblichkeit. Dieses ‚Ich' wird niemals ausgelöscht. Dieses ‚Ich' ist unzerstörbar. Ich entscheide jetzt, wie ich leben, was ich tun und was ich denken werde. Ich entscheide nun, meinem wahren Wesen gemäß zu handeln. Da ich unsterblich bin, handle ich wie ein Unsterblicher. Ich nehme das nie endende Leben ahnend vorweg. Ich bin immer aktiv, lebendig, wach und bewußt – ich tue die Arbeit der Welt und lasse dabei die Kraft und die Energien des Lebens durch mich als Vitalität, Aktivität, Frieden und vollkommene Ideen hindurchfließen."

„Ich habe den Gedanken des Alterns fallengelassen und nehme nun für mich die Idee ewiger Jugend, ewiger Vitalität und ewiger Gesundheit, voller Verwirklichung des Lebens in Anspruch. Alle Eigenschaften Gottes sind in mir verkörpert. Ich weiß, daß ich niemals ans Ende meines Weges gelangen werde, denn es ist ein Weg ewiger Entfaltung und Entwicklung. Ich weiß, daß Gott mir nichts vorenthält, daß die Erfüllung aller meiner Wünsche aus dem Grund der Erde sichergestellt ist, und es ist mein Verlangen und meine Erwartung, zu leben und ewig zu leben."

29. Kapitel

Wie man die Furcht loswird

Die Furcht ist der größte Feind des Menschen. Sie verzögert seinen Fortschritt. Furcht vor dem Vergangenen, Furcht vor der Zukunft, Furcht vor dem Unbekannten hindern ihn am Weitergehen.

Vor einigen Jahren wurde ich zur Beratung von Mr. Cosgrove zugezogen, der ein sehr kranker Mann war. Es brauchte nicht lange, um zu entdecken, daß seine Krankheit das Ergebnis einer verzehrenden Furcht war. Es zeigte sich, daß Mr. Cosgrove in seinem früheren Leben einen Fehler gemacht und für diesen Fehler eine Gefängnisstrafe verbüßt hatte. Nach seiner Entlassung lebte er in beständiger Angst. Er fürchtete, seine Vergangenheit werde entdeckt werden. Er erlaubte sich nie, irgendeine geschäftliche Position zu akzeptieren, für die eine Erforschung seiner Vergangenheit erforderlich gewesen wäre. Das machte einen häufigen Wechsel des Arbeitgebers notwendig, denn Mr. Cosgrove war ein sehr intelligenter und fähiger Mann – ein Mann von der Art, die ab und zu zur Beförderung ansteht. Er war verheiratet und hatte eine großartige Familie, der er ergeben war.

Vor seiner Krankheit war Mr. Cosgrove mehrere Monate lang mit einer großen, erfolgreichen Gesellschaft verbunden gewesen, und er war rasch vorangekommen. Er gewann an Boden. Aber jetzt, wo sich ihm eine neue Position eröffnete, hatte er Angst, man würde von ihm einen Lebenslauf verlangen. Die Furcht vor Nachforschungen in bezug auf seine Vergangenheit hatte ihn krank gemacht.

Ich ging zum Leiter seiner Firma und fragte ihn, ob er wisse, daß Mr. Cosgrove krank sei. „Ja", sagte er mir, „das weiß ich, und in der Tat denke ich, ich weiß auch, warum. Er hat Angst. Sie können ihm sagen, daß wir seine Geschichte schon seit langer Zeit kennen und daß sich dadurch für ihn nichts ändert. Er hat seine Vergangenheit hinter sich gebracht und wiedergutgemacht. Er ist jetzt ein wertvoller Mitarbeiter, und wir vertrauen ihm. Seine Vergangenheit wird seine Beförderung bei uns nicht beeinflussen." Jahrelang hatte Mr. Cosgrove unnötig in Sklaverei gelebt.

Ein Kind weint. Es kann nicht schlafen. Es fürchtet sich. Es glaubt, unter seinem Bett sei ein Bär. Wenn man ihm zeigt, daß kein Bär unter seinem Bett ist, hat es keine Angst mehr. Es schläft friedlich ein. Die Dinge haben sich nicht geändert, aber der Glaube des Kindes hat sich verändert. Ja, Furcht hält jeden – Kind oder Mann – in geistiger Sklaverei.

Das Bewußtsein ist die größte Kraft, die Sie besitzen. Durch Ihren Glauben gebrauchen Sie die Kraft des Bewußtseins ständig. Ihre Fähigkeit zu glauben ist eines Ihrer größten Besitztümer. Ihr Recht zu wählen, wie und was Sie glauben wollen, ist das größte Geschenk, das das Leben Ihnen gemacht hat. Durch Ihre Anwendung des Bewußtseins und durch Ihre Denkgewohnheiten können Sie Ihr Schicksal lenken und tun es auch. An das Böse, an Krankheit, Versagen oder Unglück zu glauben, bedeutet, die unendliche Kraft des Bewußtseins *gegen* sich selbst zu gebrauchen. An Gesundheit, Erfolg und die Gutheit des Lebens zu glauben und darauf zu vertrauen, heißt, die Bewußtseinskraft *zum* eigenen Guten zu gebrauchen. Ihrem Glauben gemäß reagiert das Leben auf Sie, ob dieser Glaube nun positiv oder negativ ist.

Als der alttestamentarische Hiob einst aufschrie: „Das, was ich so sehr gefürchtet habe, ist über mich gekommen", verlieh er den Erfahrungen jedes Menschen Stimme, denn das, was über ihn kam, war das Ergebnis seiner Art, vom Bewußtsein Gebrauch zu machen – seines negativen Denkens. Um Furcht und die Resultate der Furcht zu überwinden, ist es notwendig, sich einen positiven Glauben aufzubauen.

Sie haben stets irgendeine Art von Glauben, denn Sie machen immer Gebrauch von Bewußtsein. Sie denken und glauben immer irgend etwas. Sie können Ihrem Glauben genausowenig entkommen, wie Sie Ihren Beinen davonlaufen können, denn Ihr Glaube ist Ihr Bewußtseinszustand. Sie können sich jedoch dazu entscheiden, Ihrem Glauben eine neue Richtung zu geben. Wenn Sie unglückliche Erlebnisse haben, können Sie Ihren Glauben in eine neue Richtung weisen und andere Ergebnisse erfahren. Sie mögen in einer Situation sein, die Sie nicht leiden können, oder ein unerfreuliches Erlebnis haben. Sie können diese unangenehme Erfahrung verändern, indem Sie nach dem Guten darin Ausschau halten und wissen, daß das Gute da ist, und Ausdauer haben, bis Sie es finden. Sie können sie auch verändern, indem Sie sich vollkommen von ihr abwenden und Ihre Aufmerksamkeit etwas anderem schenken – etwas, das Ihnen Vergnügen bereiten wird, etwas, was Sie sich wünschen, – und dann diese Idee in Ihrer Vorstellung Gestalt und Form annehmen lassen. Wenn Sie das tun, wird das Gesetz der Schöpfung anfangen, diesen neuen Plan zu bearbeiten, und Ihnen eine neue Erfahrung bringen. Sie könnten sich fragen: „Warum habe ich negativen Glauben? Warum *fürchte* ich mich? Ist es nur gewohnheitsmäßiges Denken? Habe ich tatsächlich aufgehört, meine Überzeugungen zu analysieren? Ruht mein gegenwärtiger Glaube auf einer vernünftigen Grundlage?"

Durch eine gewohnheitsmäßige Morbidität und ohne bewußt zu wählen gehen viele Leute durch ihr gesamtes Leben mit grundloser Furcht, weil sie sich nicht die Mühe gegeben oder sich nicht die Zeit genommen haben festzulegen, was sie glauben sollten.

In Kapitel 4, Die Zauberkraft des Glaubens, haben wir die vier Phasen des Lebens notiert, an die wir positiv glauben sollten:

1. Glaube an das große, unendliche Leben, das uns umgibt.
2. Glaube an die Menschheit, was dann uns selbst sowohl wie andere Menschen einschließt.
3. Glaube an die Verläßlichkeit der Gesetze des Lebens – des Gesetzes der Anziehung, des Gesetzes von Ursache und Wirkung –, was alle Furcht vor Zufällen beseitigen würde, denn nichts geschieht zufällig.
4. Glaube an die Unsterblichkeit.

Wenn wir an diese vier fundamentalen Grundsätze glauben, haben wir aller Furcht die Grundlage entzogen.

Fragen Sie sich: „Glaube ich an ein unendliches Leben und vertraue ich ihm?" Wenn Sie ehrlich mit sich selbst sind, werden Sie einsehen, daß intelligentes Leben die Wirklichkeit von allem ist – die der Pflanze, des Tieres, des Minerals. Was für eine Form das Leben auch annimmt, es ist immer alle Kraft und alle Weisheit. Es lenkt alles Wachstum. Es ist der universale Schöpfer. Schöpferische Tätigkeit sehen Sie überall. Sie wissen, daß es einen Schöpfer geben muß, denn etwas kann nicht aus Nichts hervorgehen. Wenn Sie auf Ihre Uhr schauen, wissen Sie, daß es einen Uhrmacher gegeben haben muß und daß dieser Erschaffer der Uhr all die verwickelten Operationen der Uhr geplant haben muß. Nehmen Sie sich all die nötige Zeit und Mühe, einen positiven Glauben an den unendlichen Schöpfer – das Leben selbst – zu etablieren. Erkennen Sie, daß, da Sie existieren und da Sie nicht aus dem Nichts gekommen sein können, das Leben selbst sich in Ihnen verkörpert haben muß. Es gab Sie sich selbst und stattete Sie mit allem aus, was Sie zu Ihrem Wohlbefinden brauchen; Luft, Sonnenlicht, Nahrung, Menschen, die Ihre Freunde sein sollen – alles steht Ihnen zu Gebote, um sich daran zu erfreuen, es zu haben und zu gebrauchen. Das Leben liebt Sie, und es dient Ihnen, wenn Sie mit ihm zusammenarbeiten. Da es all dies und mehr für Sie tut, glauben Sie an es. Vertrauen Sie ihm.

Da Sie das Leben sind, haben Sie Vertrauen und Zutrauen zu sich. Da jede Person genauso wie Sie Leben ist und dasselbe Verlangen nach Gesundheit, Glück und Leistung hat wie Sie, vertrauen Sie auch den anderen Menschen. Wenn Sie an die Leute glauben, wenn Sie sie lieben und mit ihnen zusammenarbeiten, werden sie Sie lieben und mit Ihnen zusammenarbeiten. Nehmen Sie einen scheinbar schwierigen Menschen und finden Sie das Gute in ihm. Denken Sie an dieses Gute, seien Sie besonders nett und freundlich zu ihm, und sehen Sie, was geschieht. Sie mögen erstaunt sein!

In dieser Sache des Lebens, Zusammenarbeitens und Kooperierens sind wir alle Partner – der Käufer und der Verkäufer, der Mann und die Frau, die Kinder und die Eltern, der Arbeitgeber und der Angestellte. Gegenseitiges Vertrauen und gegenseitige Achtung erzeugen beiderseitige Zusammenarbeit. Wenn wir dem anderen dasselbe Gute wünschen, das wir uns selbst wünschen, reagiert er auf unser Bedürfnis, und wir haben das Gesetz erfolgreicher zwischenmenschlicher Beziehungen erfüllt. Wir haben die Goldene Regel angewendet. So viele von uns vergessen das.

Die Wissenschaft zeigt uns, daß das Leben überall ist und *nach* dem unveränderlichen Gesetz handelt und *durch* es beherrscht wird. *Es gibt nichts Derartiges wie Zufall.* Chemie, Mathematik, Schwerkraft, Elektrizität oder Geist – alle werden durch das Gesetz regiert. Sie können lernen, das Gesetz zu gebrauchen. Sie lernen es, wenn Sie dieses Buch lesen. „Wie ein Mensch in seinem Herzen denkt, so ist er." *Sie bestimmen Ihr eigenes Schicksal*, ob Sie es wissen oder nicht, denn Sie denken. Sie entscheiden, wie Sie die Gesetze des Lebens anwenden, und Sie gebrauchen diese Gesetze, um Glück oder Unglück, Erfolg oder Mißerfolg herbeizuführen. Meditieren Sie über dies, bis Sie an das Gesetz von Ursache und Wirkung und an das Gesetz der Anziehung glauben, so daran glauben, wie Sie an die Gesetze der Mathematik glauben. Das wird Ihnen alle Furcht vor dem Zufall nehmen.

Da Sie das Leben sind und das Leben unsterblich ist – endlos –, wissen Sie, daß *Sie* unsterblich sind. Irgendwann werden Sie natürlich diesen Ihren gegenwärtigen Körper ablegen, aber das wird eine weitere Erfahrung innerhalb Ihres unsterblichen Lebens sein. Denken Sie darüber nach, bis Sie an Ihr nie endendes, unsterbliches Leben glauben.

Wenn Sie zu einem positiven Glauben an jene vier Lebensphasen gelangen – das Leben selbst, die Menschheit, die Sie selbst einschließt, die Gesetze des Lebens und die Unsterblichkeit –, dann wird Sie das von aller Furcht heilen. Sie werden frei sein, sich auf einem Weg positiven Glaubens voranzubewegen.

Sagen Sie zu sich:

„Leben ist allumfassende Gutheit, und es verströmt sich auf mich. Ich bin von Gutem umgeben, wo ich auch bin. Das Leben ist zu mir geworden. Es trägt mich immer. Ich nehme mein Gutes jetzt an. Ich habe nichts zu befürchten. Mein Denken lenkt die größte Macht der Welt – den Geist. Meine guten Gedanken ziehen mir nur das zu, was gut ist, denn ich denke nur über das nach, was gut für mich und gut für andere ist. Das, was von mir ausgeht, muß unvermeidlich zu mir zurückkehren."

„Ich fühle die Güte des Lebens selbst in der Luft, die ich atme. Ich sehe Gutheit und Schönheit im Gesicht jedes Menschen abgespiegelt, dem ich begegne. Ich weiß, daß in jeder Situation der Same der Gelegenheit liegt. Ich finde mein Gutes überall, denn ich halte stets nach ihm Ausschau und erwarte es beständig. Ich finde stets das, wonach ich suche, wenn ich mit Glauben suche."

„Ich bin heiter. Ich bin zuversichtlich. Ich habe keine Furcht. Ich weiß, daß es nichts Derartiges wie Zufall gibt. Ich weiß, daß alles vom Gesetz regiert wird. Ich weiß, daß ich das erlebe, was ich denke."

„Da ich weiß, daß ich ein unsterbliches Wesen bin, fürchte ich mich nicht vor der Erfahrung, die man Tod nennt. Ich weiß, daß Tod eine Erfahrung in meinem ewigen Leben ist. Selbst wenn ich ihn nicht völlig verstehe, akzeptiere ich ihn als den Beginn eines neuen Abschnitts in meinem Leben, wie ich die Geburt als den Beginn einer neuen Lebenserfahrung akzeptiere. Ich vertraue dem Leben. Ich habe Zutrauen zu mir selbst – Zutrauen zu der Ehrlichkeit und Integrität der Lebensgesetze. Ich habe Zutrauen zu meinem Mitmenschen. *Ich glaube, daß ich immer sein werde, denn ich bin Leben.*"

30. Kapitel

Wie man sich von einem Minderwertigkeitskomplex befreit

Ein tiefsitzendes Gefühl der Unzulänglichkeit, ein sogenannter Minderwertigkeitskomplex, zerstört Initiative. Es ist das genaue Gegenteil von Mut. Derjenige, der an einem Gefühl der Unzulänglichkeit leidet, kann nicht leicht Entscheidungen treffen, weil er sich vor den Folgen fürchtet. Wenn er keine Entscheidungen treffen kann, kann er keinen Erfolg haben. Er kann nicht führen. Unzulänglichkeit zerstört Leistung. Sie verbietet Vorankommen. Der Mann, der sich fürchtet, vorwärts zu gehen, geht nicht und haßt sich dafür, daß er so furchtsam ist.

Ein Minderwertigkeitsgefühl spiegelt sich im Aussehen eines Menschen wider, in der Kleidung, die er trägt, in den Farben, die er bevorzugt, und in seiner Körperhaltung. Es spricht aus seiner Stimme. Es macht ihn vor der Zeit alt. Es verursacht einen Zwiespalt in seinem Geist wie in seinem Körper. Für ihn ist das Leben ein beständiger Kampf. Er versucht, sich dazu zu zwingen, weiterzugehen, aber seine Ängste halten ihn zurück. Er ist gefühlsmäßig auseinandergerissen.

Mindestens vier von fünf Menschen haben irgendein Minderwertigkeitsgefühl. Es findet sich unter Studenten und Professoren, Bankpräsidenten und Bankangestellten, Arbeitern und Arbeitgebern. Es ist auf keine bestimmte Gesellschaftsschicht, keinen Beschäftigungszweig und keinen Intelligenzgrad beschränkt. Es ist ein emotionelles Un-Wohlsein.

Ihre Gefühle sind die dynamische Lebenskraft in Ihnen, und Sie können eine lebendige Quelle nicht eindämmen. Irgendwann wird sie durchbrechen, und es hat nicht viel Sinn, sich dazu zu zwingen, so zu handeln, als sei man gleichwertig, wenn man sich minderwertig fühlt.

Sie können diese Gefühlszustände nicht wirksam durch Willensanstrengung in den Griff bekommen, dadurch, daß Sie sich zwingen, daß Sie sich dazu bringen, auf eine Weise zu handeln, wie Sie nicht fühlen, oder daß Sie sich zwingen, an etwas zu glauben, wovon Sie nicht überzeugt sind. Das trägt nur noch bei zu der Verwirrung.

Jeder Mensch hat das Verlangen zu sein, zu tun und zu wachsen; er hat das Verlangen, zum Fortbestehen der Art beizutragen und das Selbst zu bewahren. Die Natur zwingt die Jugen ins Leben hinaus – zu heiraten, eine Familie zu gründen, einen Job zu suchen und die Arbeit der Welt zu tun. Die Natur zwingt das Individuum fortwährend in neue Lebensbereiche, sie zwingt es, sich als den Umständen überlegen zu erweisen. Das zeigt sich an dem Baby, das nach mancher Anstrengung seinen Zeh in den Mund bekommt. Es zeigt sich am Erbauer des Empire State Building und der Golden Gate Bridge.

Der Mensch, sich selbst, seine eigenen Kräfte und das ihn umgebende Leben der Natur mißverstehend, gelangt häufig durch eine falsche Auslegung seiner Erfahrungen zu der Überzeugung, er sei minderwertig. Für einen solchen Menschen sieht das Leben schwierig, ungeheuerhaft und heimtückisch aus, voller häßlicher Fallgruben.

In frühem Alter schon sollte man Kindern beibringen, den Problemen des Lebens zu begegnen. Wenn das Kind Mut bekommt, wird es wahrscheinlich Erfolg haben. Wenn es falsch geführt wird oder wenn man ihm erlaubt, sich treiben zu lassen, wird es wahrscheinlich zu falschen Überzeugungen von sich selbst und seinen Fähigkeiten gelangen, die zur Gewohnheit werden. Es entwickelt vielleicht die Gewohnheit, davonzulaufen oder zu kämpfen.

Ein Kind fühlt sich vielleicht zu klein, zu groß oder zu dick. Solange ihm nicht seine Einzigartigkeit erklärt wird, solange es nicht dahin geführt wird, eine gute Meinung von sich selbst zu haben, mag es glauben, es sei weniger wert als andere, ein Glaube, der es sein Leben lang beeinflussen wird, wenn er nicht durch irgend etwas berichtigt wird.

Wenn ein Kind die Vorstellung entwickelt, daß es jederzeit zu seinen Eltern laufen kann, wenn es weiß, daß sie es beschützen und seine Kämpfe für es austragen werden, dann ist es anzunehmen, daß es die schlechte Gewohnheit entwickelt, sich für schwach zu halten. Es kann sein, daß es gewohnheitsmäßig immer die Hilfe anderer in Anspruch nimmt und Gott, die Regierung oder seinen Nachbarn um Hilfe bittet.

Eltern tragen unbedacht zu einem Schwachheitsempfinden des Kindes bei, wenn sie sagen: „Du bist nicht sehr stark. Du bist nicht wie andere Kinder." Einige Eltern haben eine Haltung selbstsüchtiger Liebe – die Einstellung, das Kind zu besitzen und ihm nicht seine rechtmäßige Unabhängigkeit geben zu wollen. Sie beherrschen es und schwächen es dadurch.

Ein Junge mag das Gefühl haben, er sei einem klügeren Bruder unterlegen, oder ein Mädchen hat vielleicht das Gefühl, sie sei weniger wert als eine schöne Schwester. Da gibt es die, die von einem Gefühl der Demütigung gequält werden. Sie haben das Gefühl, sie müßten sich für irgendeinen Makel in der Familie entschuldigen oder dafür, daß sie auf der falschen Seite geboren wurden. Andere haben das Gefühl, es fehle ihnen an Bildung, Prestige oder an der richtigen Stellung. All diese verletzten Gefühle können sich, wenn sie nicht geheilt werden, zu einem Minderwertigkeitskomplex kristallisieren.

Einige wenige Leute sind von jeglicher Art von Minderwertigkeitsgefühl frei. Sie leben erfüllte, enthusiastische Leben, während viele andere als Opfer ihrer Furcht und ihres Unzulänglichkeitsgefühls durchs Leben gehen.

Der Drang des Lebens stößt jeden ins Tätigsein hinaus, und er will gehen. Wenn er Mut und Stärke verspürt, geht er und gewinnt. Er erreicht immer bessere Leistungen. Wenn er sich angewöhnt zu zögern, sich zurückzuziehen, wurstelt er sich, trotz seiner Ängste, nur so durch.

Seine Furcht und sein Gefühl der Unzulänglichkeit lassen ihn viele falsche Dinge tun. Er versucht vielleicht, vor dem, was so groß aussieht, zu *fliehen* – vor dem, was ihn erschreckt. Er mag sagen: „Ich möchte fortgehen und allein für mich leben", auch wenn er weiß, daß Rückzug Versagen bedeutet. Die Bemühung, angesichts seiner Ängste weiterzumachen, ist zuviel für ihn. Er sucht die Einsamkeit, aber durch die Flucht kann er sich nie wohl fühlen. Er mag die Flucht durch Drogen versuchen oder er mag seine Sorgen ertränken – um sich selbst zu entkommen. Er mag den gewohnheitsmäßigen Hang zu Phantastereien oder zum Tagträumen entwickeln, wo er dann der Held ist. Auf diese Weise verschafft er sich eine gewisse Ersatzbefriedigung. Er mag sich die täuschende Illusion der Größe verschaffen oder versuchen, durch Reisen zu entkommen, immer nach neuen Orten, neuen Anblicken suchend. Er mag „großsprechen" – bis es etwas zu tun gibt, und dann macht er sich durch seine auffällige Abwesenheit verdächtig. Um seinem Versagen zu entkommen, mag er die Aufregung suchen. Es kann sein, daß er stets Zechbrüder braucht, weil er Angst hat, mit sich allein zu sein. Er mag versuchen, sein Unzulänglichkeitsgefühl durch das Kritisieren anderer Leute zu kompensieren, oder es kann sein, daß er einfach seine Niederlage hinnimmt – aufgibt und ein Gammler wird. Einige ziehen sich vom Leben zurück und werden Asketen. Einige werden Einsiedler und leben allein, Sklaven ihrer Ängste. *Der extreme Ausweg ist Selbstmord.* Es ist bekanntgemacht worden, daß San Franzisko die höchste Selbstmordrate in den Vereinigten Staaten hat. Es ist interessant zu bemerken, daß es auch die höchste Alkoholikerrate hat.

Da gibt es die, die versuchen, sich durch Überkompensation anzupassen. Sie betrügen sich selbst. Das Leben hat sie zur Aktivität gezwungen, aber da sie sich fürchten, machen sie sich eine Maske, um sich zu schützen. Sie sind arrogant und prahlerisch, oft auch wichtigtuerisch oder sarkastisch in ihrem Versuch, sich aufzubauen.

Flucht und *Verteidigung* sind zwei falsche Wege, mit einem Minderwertigkeitsgefühl umzugehen. Der Flüchtende wird scheu und ängstlich, während derjenige, der das Gefühl hat, daß er sich gegen das Leben verteidigen muß, sich wichtigtut und kämpft. Er ist geladen, weil er denkt, das Leben sei gegen ihn.

Eine äußerliche Anpassung erreicht niemals den Kern des Problems. Solange jemand auf sein Problem mit Flucht oder Verteidigung reagiert, beschützt er nur sein inneres Schwächegefühl; er wird nicht geheilt. *Die Furcht selbst muß geheilt werden.*

Äußerliche Übung, selbst Leistung und Wohlstand helfen sehr wenig. Reich werden oder heiraten, Macht bekommen oder eine hohe Position im Leben erreichen – alles äußerliche Erfolge – wird die innere

Wunde nicht heilen. Die Korrektur muß im Innern stattfinden. Man muß sich eine neue Meinung über sich selbst bilden. Man muß seine innere Quelle der Kraft und der Sicherheit finden.

Es ist eine unselige Sache, wenn die Leute glauben, ihre Sorgen entstünden außerhalb von ihnen – daß sie von ihren Nachbarn, ihren Arbeitgebern, ihrer Familie, ihren Eltern, ihrer Regierung verursacht würden. Es ist ein großer Fehler zu glauben, die Schuld sei in der Umgebung zu suchen.

Wenn jemandem das Herz bricht, wenn seine Gefühle verletzt sind, entwickelt sich Empfindlichkeit. Dieser Mensch wird egozentrisch. Er glaubt, er sei die Zielscheibe für die schlechten Scherze des Lebens, daher verfällt er in Selbstmitleid. Er glaubt, er sei anders als andere Leute. Er glaubt, das Leben sei gegen andere besser als gegen ihn. Er zieht einige Befriedigung daraus, daß er sagt, er sei anders, daß das Leben außergewöhnlich grausam mit ihm umgesprungen sei, daß Gott ihn für besonderen Kummer vorbehalten habe; aber nichtsdestoweniger ist er unglücklich, weil er weiß, daß er das Maß seiner Verpflichtungen nicht erfüllt hat. Er hat nichts geleistet, und er nähert sich nicht auf gesunde Weise seinem bestimmten Ziel. Solange er die Sorgen etwas zuschreibt, das außer ihm liegt, wird es ihm niemals gutgehen.

Die Schwierigkeit ist nicht die Niederlage. Es ist die Furcht vor der Niederlage. Das Problem liegt nie in der Sache, die wir fürchten; es liegt immer in der Furcht selbst. Es liegt in dem, was im Innern vorgeht. Das Problem ist niemals die Sache; es ist in dem, was wir über die Sache denken, und unsere Gedanken können wir ändern.

Hier also ist das Herz der Schwierigkeit: der Drang, zu gehen und dem Leben zu begegnen, gerät in Konflikt mit der Furcht, dem Leben zu begegnen. Ein innerer Konflikt folgt. Das Verlangen, voranzugehen, kollidiert mit der Furcht zu gehen. Dieser Konflikt führt oft zu geistigem und körperlichem Zusammenbruch. Wenn man eine äußerliche Anpassung vollzieht, bearbeitet man nur das Symptom, und es gibt nur eine zeitweilig sehr eingeschränkte Erleichterung des geistigen Schmerzes. Man kann die Dinge in seiner Außenwelt vorantreiben, aber wenn man keine Korrektur in seinem eigenen Denken vornimmt, wird man fortfahren, unglücklich zu sein.

Solange man glaubt, das Problem liege *außerhalb* von einem, wird man unfähig sein, sich zu retten. Man mag die Schuld den Umständen oder seiner Familie oder der Weise, in der das Leben einen behandelt hat, geben; aber man muß immer noch mit dem Leben fertigwerden oder sterben. Flucht oder Verteidigung verschaffen keine dauernde Erleichterung. Jede Veränderung, die einen Wert haben soll, muß die innere Stärke des Individuums zum Vorschein bringen. Die Schwierigkeiten sind in seinem Denken, in seinem Glauben gewesen. Er muß seiner Überzeugung eine neue Richtung geben.

Wenn es möglich ist, zurückzudenken und zu sehen, wie diese falschen Bewußtseinszustände an erster Stelle entstanden sind, dann kann die Kränkung verstanden werden; und *Verstehen ist Vergeben*. Wenn ein Mensch vergeben kann, was er als die Ursache seines Unglücks bezeichnet, wird er der Rechtfertigung seines Versagens den Boden entzogen haben. Jeder hat Defekte und Unzulänglichkeiten, die durch Verständnis geheilt oder überwunden werden müssen. Jeder hat Probleme, mit denen er fertigwerden muß. David war ein Hütejunge, aber er wurde ein großer König. Moses war ein Findelkind, aber er wurde zum großen Gesetzgeber des Altertums. Jesus war der Sohn eines Zimmermanns. Carver war der Sohn von Sklaven. Milton war blind und Beethoven war taub, wohingegen Lincoln Autodidakt war. Diese Männer ließen sich nicht vom Leben fertigmachen. Sie wurden sich ihrer inneren Kraft bewußt. Sie wurden nicht mit goldenen Löffeln im Munde geboren.

Reichtümer oder Armut, jeder Zustand kann ein Fluch oder ein Segen werden, je nachdem, wie man mit ihm umgeht. Demjenigen, der unter einem Minderwertigkeitsgefühl leidet, schlage ich vor, daß er sich jemand anderen unter den gleichen Umständen vorstellt und sich fragt, was er diesem Menschen raten würde. Er hat nur ein Problem, das er in den Griff bekommen muß, eine Herausforderung an seine Erfindungsgabe. Es ist nicht wirklich ein Teil von ihm. Es gibt tatsächlich nichts Überlegenes und nichts Minderwertiges. Es gibt da nur einfach einen Menschen, der sich selbst nicht versteht. Jeder Mensch ist ein Teil des Lebens mit der Kraft zu wählen, wie er durch sich dem Lebensprinzip Richtung gibt, daher sollte er seine Probleme objektivieren, sie außerhalb seiner selbst stellen.

Wenn Sie unter einem Minderwertigkeitsgefühl leiden, stellen Sie sich jemanden in der gleichen Lage vor, in der Sie sich befinden. Fragen Sie sich, was dieser Mensch tun sollte, und geben Sie dann sich selbst die Antwort. Ein anderer Vorschlag, den ich machen würde und der vielen Leuten eine große Hilfe gewesen ist: schreiben Sie Ihre Geschichte in der dritten Person, als ob es jemand anders wäre. Schreiben Sie alles, was Sie erinnern können, von der frühen Kindheit an auf. *Sehen Sie sich als jemand anderen. Trennen Sie den Glauben vom Glaubenden. Trennen Sie Ihr Selbst vom Problem.* Tun Sie das, damit Sie sich selbst so sehen können, wie andere Sie sehen würden, und dann geben Sie sich irgendeinen guten Rat. Sie werden sich von Ihrem Problem heilen, indem Sie sich selbst gut betrachten.

Hier ist etwas, was jeder tun kann, etwas, das, wie ich glaube, jedes Minderwertigkeitsgefühl heilt: tun Sie alles, was Sie tun, so, daß Sie mit sich zufrieden sind! Wenn Sie morgen früh aufstehen, nehmen Sie Ihr Bad, rasieren Sie sich oder legen Sie Ihr Make-up auf; dann schauen Sie sich an und sagen: „Das habe ich ordentlich gemacht." Behandeln Sie den ganzen Tag über jede Situation so, daß Sie zu sich sagen können: „Ich bin mit dir einverstanden." Natürlich werden Sie einige Fehler machen, aber Sie werden stets in der Lage sein, sich sich selbst zuzuwenden und aufrichtig zu sagen: „Zumindest waren meine Motive richtig, und ich werde es besser machen."

Ich kann versprechen, daß Sie, wenn Sie drei Tage lang alles, was Sie tun, auf eine solche Weise getan haben, daß Sie zu sich selbst sagen können: „Ich bin mit dir einverstanden", am Ende des dritten Tages Ihre Schultern zurückwerfen und sagen werden, „Ich komme über jedes Minderwertigkeits- und Schwächegefühl hinweg, denn ich bin mit mir einverstanden."

Denken Sie daran, Sie laufen nicht mit dem Leben um die Wette. Sie konkurrieren nicht mit anderen Menschen. Der einzige Vergleich, den Sie ziehen müssen, ist der zwischen Ihrer Lage gestern und Ihrer Lage heute. Sagen Sie zu sich: „Ich bin mit mir einverstanden, egal, was andere Leute von mir halten mögen, und ich weiß, wenn ich wirklich mit mir einverstanden bin, wird die Welt mit mir einverstanden sein, denn die Welt wird mich nach meiner eigenen Selbsteinschätzung bewerten." Das hat nichts mit Arroganz zu tun, denn jemand, der arrogant ist, ist nicht mit sich selbst einverstanden. Arroganz ist ein Verteidigungsmechanismus.

Sie sind nicht minderwertig. Fälschlich haben Sie angenommen, Sie seien minderwertig. *Sie* sind eine Inkarnation Gottes, und Gott ist nicht minderwertig. Genausowenig sind Sie überlegen. Jeder ist aus dem gleichen Stoff gemacht und benutzt den gleichen Geist – den göttlichen Geist. Die Gesetze des Lebens sind da, damit Sie sie anwenden. Das Leben ist für Sie genauso empfänglich wie für jeden anderen Menschen auf der Welt. Das Leben in Ihnen ist dasselbe Leben, das in Jesus oder in Lincoln war. Derselbe schöpferische Geist steht Ihnen zur Verfügung, der auch von dem größten Menschen auf der Welt benutzt wird. Jeder kann ihn benutzen. Er erwartet *Ihre* Anwendung.

Erkennen Sie sich als ein geistiges Sein. Wissen Sie, daß Sie da, wo *Sie* entscheiden, sich entschließen können, wie Sie wollen, den Geist, Ihre Gefühle und ihren Körper zu gebrauchen. Wissen Sie, daß Ihre Gefühle und Ihr Körper Ihre Untertanen sind und daß Sie sie dirigieren. Entwickeln Sie ein Gefühl der Kraft, indem sie erkennen, daß Sie Kommandant Ihres eigenen Schiffes sind. Dann leben Sie ohne Vorwand, und Sie werden nie ein Alibi brauchen oder Entschuldigungen abgeben müssen. Der Mensch mit einer gesunden geistigen Einstellung wird mit seinen Problemen fertig. Er hat zu der Fähigkeit, der Kraft und der Kenntnis gefunden, sich selbst in der Hand zu haben; daher kann er seine Probleme handhaben. Er beherrscht sie, denn er hat die Herrschaft über seine geistigen Vorgänge übernommen. Er hat zu innerer Stärke gefunden.

Die Heilung vollzieht sich durch *Reue* und *Umkehr*. „Reue" bedeutet „sein Bewußtsein ändern", und „Umkehr" bedeutet „sich umwenden". Wenn Sie Ihre Bewußtseinseinstellung ändern und sich umwenden, können Sie sich selbst ohne Angst oder Verlegenheit begegnen. Sie werden mit sich einverstanden sein, denn Sie haben zu Ihrem wahren Selbst gefunden. Sie sind selbstgenügsam, ohne arrogant zu sein. Sie sehen das Leben ohne Furcht oder Ängstlichkeit an. Sie haben Vertrauen zu sich selbst, denn Sie sind göttlich und unsterblich. Sie glauben an die Integrität des Lebens. Sie glauben, daß die Welt freundlich ist und daß Ihre Beziehung zum Leben und zu anderen nicht zeitlich, sondern ewig ist. Sie sind ein ewiges Wesen, und Sie sehen jeden Mann und jede Frau als ewiges Wesen an. Sie sind an ihnen so interessiert wie an sich selbst. Sie lieben andere Menschen wie sich selbst, und Sie lieben das Leben. „An diesen zwei Geboten hängen das ganze Gesetz und die Propheten." – „Tue dies, und du wirst leben."

Sagen Sie zu sich:

„Ich weiß, daß ich eine Inkarnation des göttlichen Geistes des Lebens bin. Das Leben ist in mir auf andere Weise Selbst geworden als in jedem anderen Menschen. Ich bin einzigartig. Ich habe besondere Qualifikationen. Die Arbeit, die vor mir liegt, kann und werde ich besser erledigen als irgend jemand sonst. Ich bin für das Leben wichtig. Es erschuf mich für seinen Zweck, und ich rechtfertige diese Absicht. Ich lebe so, daß ich mit mir einverstanden bin. Ich habe kein Minderwertigkeitsgefühl. In mir sind all die Eigenschaften und Fähigkeiten des Lebens. Mit diesem Selbstverständnis erhebe ich mich über jegliches Gefühl des Mangels oder der Begrenzung."

„Ich weiß, daß das Leben alles Gute hervorbringen kann, und es wird alles in meiner Erfahrung. Durch meine Phantasie, durch mein kreatives Denken leite ich das Leben durch mich zu ganzheitlichem, erfülltem und vollständigem Ausdruck. Ich sehe mich selbst als Gesundheit, Vitalität, Energie, Liebe, Schönheit und Güte verkörpernd. Ich entferne jegliche Überzeugung, daß das Leben auf mich nicht in Liebe, Glück und Fülle reagieren könne oder werde. Ich erkenne die Gutheit des Lebens an, und ich erkenne sie *jetzt* an. *Ich glaube, daß ich diese Gutheit genau jetzt habe.*"

31. Kapitel

Wie man Sorgen überwindet

Sorge ist das Interesse, das wir auf Schwierigkeiten verwenden, bevor sie fällig sind. Sie hat noch nie irgendein Problem gelöst. Sie ist vollkommen zerstörerisch und zersetzend. Trotzdem geben sich ihr viele von uns weiter hin.

Ein Mann sagte zu mir: „Ich habe mir so viel Sorgen darüber gemacht, was in meinem Geschäft passieren könnte, daß ich meine Nahrung nicht mehr verdauen kann. Mein Geist ist in Aufruhr. Ich kann dieses Herumhasten scheinbar nicht lassen. Diese fürchterliche Angst vor dem, was geschehen kann, macht mich verrückt. Ich kann nicht klar denken. Ich kann nicht stillsitzen. Ich kann nachts nicht schlafen und ich habe Magenschmerzen. Ich nehme an, Sie werden mir sagen, ich solle mich zusammennehmen, und daß ich die Lösung meines Problems finden werde, wenn ich aufhöre und ruhig werde. Ich würde sicherlich gerne damit aufhören, aber wie kann ich das? Ich bin durch und durch krank."

„Nun gut, was ist denn mit Ihrem Geschäft nicht in Ordnung, Jim?" fragte ich.

„Oh, es ist noch nicht passiert, und es kann natürlich sein, daß es auch nicht passiert; aber ich sorge mich Tag und Nacht. Ich weiß, daß es nicht hilft; es macht die Dinge nur noch schlimmer, aber ich kann nicht aufhören."

Der Mann gab selbst zu, daß er sich nicht half, indem er sich sorgte. Tatsächlich schadete er sich damit. Er schwächte sich, er wurde weniger fähig, mit dem Problem fertigzuwerden, falls es auf ihn zukommen sollte. Und zweifellos zog er sich selbst in Wirklichkeit das Problem *zu*, aber er schien sich nicht helfen zu können. Er bewegte sich rapide in die Richtung, in die er nicht gehen wollte, denn das war es, worüber er nachdachte und was er erwartete. Sein morbider Bewußtseinszustand hatte eine so vollkommene Kontrolle über ihn bekommen, daß er sich unfähig glaubte, ihn in den Griff zu bekommen.

Jims wahre Schwierigkeit war nicht das Problem in der Zukunft. Es war die Sorge, von der er besessen war, sein *Glaube*, er könne sein Bewußtsein nicht kontrollieren. Er litt unter einer falschen Selbsteinschätzung. Er hatte vergessen, daß er dazu geschaffen war, über das Leben zu herrschen, über sich selbst, und daß es in des Vaters Gefallen lag, ihm das Reich zu geben, und daß sein Reich sein Bewußtsein und seine Angelegenheiten waren. Er war zu einem Sklaven eines falschen Glaubens von sich selbst geworden.

Die Leute bringen es durch diesen Dämon Sorge fertig, sich geistig und körperlich kaputtzumachen. Ärzte haben uns gesagt, außer den durch Bakterien und durch Alter verursachten Krankheiten sei es die Furcht, die ganz unzweifelhaft für eine Mehrzahl unserer Krankheiten verantwortlich sei. Zusätzlich verschafft die Sorge den Bakterien zweifellos den rechten Nährboden, um ihr tödliches Werk zu tun, und ganz sicher verstärkt sie für uns die Auswirkungen des Alterns.

Sorge ist ein Fehlfunktionieren des Geistes. Ein falscher Gebrauch des Geistbewußtseins resultiert in Un-Wohlsein. Er verursacht geistigen und körperlichen Schmerz und zerrüttet die Persönlichkeit. Es ist eine Tatsache, daß *Sorge gegen das Gesetz* ist. Das mag eine ungewöhnliche Behauptung scheinen, aber Sorge verletzt das Gesetz von Gesundheit und Glück. Sie schränkt unsere Freiheit ein und bringt denen, die um uns sind, Unglück.

Die Buddhisten sagen: „Die zwei Teufel des Gefühlsreichs sind Wut und Furcht; Wut, die brennende Leidenschaft, und Furcht, die eiskalte Leidenschaft." Wut, Ablehnung, Widerstand sind ungesunde Reaktionen auf das, was früher geschehen ist. Sorge ist eine morbide, ungesunde Reaktion auf etwas, wovon Sie annehmen, daß es irgendwann in der Zukunft geschehen wird. Es ist noch nicht geschehen, aber Sie fürchten, daß es geschehen wird. Wenn Sie sich sorgen, bereiten Sie sich Schwierigkeiten in der Zukunft. Sie scheinen danach zu hungern.

Wir alle verstehen den Teufelskreis der Sorge. Wir bekommen ein bißchen Schmerzen in der Brust und fangen an, uns darüber Sorgen zu machen. Diese morbide Aufmerksamkeit und Sorge verursachen, daß der Schmerz anwächst. Der wachsende Schmerz läßt uns uns mehr und mehr sorgen, und bald schon befinden wir uns auf einem Karussell; wir schwelgen in Sorge. Dieser Kreis muß durchbrochen werden. Manchmal ertappen wir uns sogar dabei, daß wir uns Sorgen über unsere Unfähigkeit machen aufzuhören, uns zu sorgen.

Jim, der sich so um ein mögliches Versagen in seinem Geschäftsleben Sorgen machte, fürchtete nicht nur die Zukunft, sondern er sorgte sich auch, weil er scheinbar nicht aufhören konnte, sich zu sorgen. Dieser Zustand wird von Freud sehr passend als „das neurotische Gedankenschema, das sich mit monotoner Regelmäßigkeit immer wieder wiederholt" beschrieben. Wenn wir erst einmal anfangen, uns von diesen negativen Bewußtseinszuständen beherrschen zu lassen, wiederholen sie sich immer wieder. Unsere morbiden Gedanken kreisen „mit monotoner Regelmäßigkeit" um sich selbst. Nachdem das eine Weile so gegangen ist, kommen wir an den Punkt, wo wir an unserem Verstand zweifeln. Nachdem wir das Haus verlassen haben, mögen wir uns sorgen, ob wir das Gas abgedreht haben. Wir kehren um und sehen, daß wir es abgedreht hatten. Wir starten von neuem und sorgen uns dann, ob wir die Tür auch abgeschlossen haben. Wir werfen einen Brief in den Briefkasten ein und machen uns Sorgen, ob wir eine Briefmarke draufgeklebt haben oder vielleicht den richtigen Brief in den falschen Umschlag gesteckt haben. Wir beginnen, an unserem Verstand zu zweifeln, und wenn wir anfangen, unserem eigenen Verstand nicht mehr zu trauen, haben wir nicht mehr viel, auf das wir uns stützen können.

Paulus sagte: „Gott hat uns nicht den Geist der Furcht, sondern den der Kraft und der Liebe und eines gesunden Geistes gegeben." *Wir werden nicht mit Furcht geboren.* Unsere Ängste sammeln sich an. Sie sind die Folge davon, daß wir unsere Erfahrungen nicht richtig bewertet und verstanden haben. Wir haben vergessen, daß wir den Fehler verlassen können und jederzeit, wenn wir uns dafür entscheiden, das Richtige tun und als Ergebnis davon Gutes haben können.

Wir haben die irrtümliche Vorstellung, daß wir schwach, unwirksam und unzulänglich seien, daß das Leben gegen uns sei und daß andere Menschen unsere Feinde seien, während doch in Wirklichkeit unsere Erfahrung das Ergebnis unseres Denkens und Handelns ist und nur beweist, daß das Leben gut zu uns ist. Das Leben reagiert *sofort* auf uns. Das Leben vergilt uns in genau der gleichen Münze, die wir herausgeben.

Ein gesunder Geist meint einen integrierten Geist. Integriert sein heißt, alles in einem Stück sein; mit anderen Worten, vom Kern unserer selbst aus zu denken, von unserem spirituellen Wesen her; zu wissen, daß wir dort, wo wir „ich" sagen, unsere Gedanken wählen und unser Denken bestimmen können. Wir können unsere Gefühle kontrollieren, und durch unsere Gefühle kontrollieren wir unseren Körper und unsere Angelegenheiten.

Wenn ich es mit einem „erstklassigen" Schwarzseher zu tun habe, sage ich häufig: „Sie sind also besorgt? Worum haben Sie sich heute vor einem Monat Sorgen gemacht?" Für gewöhnlich antwortet er dann: „Nun, ich erinnere mich nicht, aber ich bin sicher, daß ich mich um etwas gesorgt habe!" Die meisten von uns sollten sich fragen: „Worum habe ich mir vor einem Monat Sorgen gemacht?" Sehr wahrscheinlich ist, was auch immer wir befürchtet haben, nicht passiert; und wenn es passiert ist, haben wir es durchgestanden, und unser Sich-Sorgen hat uns dabei nicht geholfen.

Wir sollten uns fragen: *„Möchte ich diese Sorge wirklich überwinden?* Möchte ich es so sehr, daß ich tatsächlich etwas daran tun will?" Es gibt einige Leute, die aus der Sorge eine morbide Befriedigung ziehen; sie wollen sich selbst verletzen, sie sind der Meinung, sie sollten bestraft werden. Aber was auch die Ursache sein mag, das Ergebnis ist Unglücklichsein. Fragen Sie sich daher: „Um was sorge ich mich, und warum sorge ich mich?" Schreiben Sie Ihre Antworten auf. Wenn Sie aufschreiben, was Ihnen Sorge bereitet und warum, auch ob Sie sich wünschen aufzuhören, sich zu sorgen, dann wird Sie das befähigen, die Situation objektiv zu betrachten. Sie haben das Problem aus sich herausgestellt. Bald schon werden Sie die Lösung sehen. Häufig, wenn ein Mensch aufgeschrieben hat, was ihn bekümmert und warum, sagt er mit einem schwachen Lächeln: „Ist das nun nicht albern!" Wenn Sie Ihren Problemen ins Gesicht sehen, sind sie nur Situationen, die man in den Griff bekommen muß.

Der geistig Gesunde wie der geistig Kranke hat seine Probleme. Der Unterschied ist, der geistig Kranke läßt seine Probleme ihn beherrschen, während der geistig Gesunde seine Probleme beherrscht. Der Unkluge bildet sich seine Meinung über sich selbst aus der Sicht seiner Probleme. Er verstrickt sich in das Problem. Er läßt das Problem in sich eindringen. Der Kluge hat sich in der Hand; und da er sich in der Hand hat, ist er fähig, seine Probleme zu handhaben. Er läßt sie nicht in sich eindringen und die Kontrolle über ihn übernehmen. Er denkt über sich vom Standpunkt seiner Fähigkeiten aus, seiner Befähigung, mit Problemen umzugehen. Er hält sich für einen Mittelpunkt des vernünftigen, entscheidenden Lebens, und er weiß, daß er darüber entscheiden kann, was er in einer jeden Situation denken und tun will.

Als ein Schwarzseher haben Sie nur ein Gefühl der Unzulänglichkeit und Minderwertigkeit akzeptiert, aber das ist nicht die Wahrheit über Sie. Sie haben sich vom falschen Standpunkt aus betrachtet.

Wenn Sie aufschreiben, worum Sie sich sorgen, mag irgendein kleiner Teufel von Gedanke in Ihnen aufstehen und sagen: „Du willst also ein Weichling werden, oder? Du kannst es nicht ab. Du kannst den Druck von einem bißchen Sorge nicht aushalten. Weißt du nicht, daß es vieles gibt, um das du dir Sorgen machen solltest? Weißt du denn nicht, daß du dich drückst, wenn du jetzt nachgibst? Du wirst für den Rest deines Lebens geschlagen sein. Du solltest dich schämen!" Aber wenn Sie sich entschlossen haben, Ihr Problem in den Griff zu bekommen, werden Sie zu diesen negativen Launen des Bewußtseins sagen: „Sei stille und wisse, daß ich Gott bin" oder „Hebe dich hinweg, Satan".

Ich habe gesagt, *daß Sorge gegen das Gesetz ist*. Tatsächlich ist Sorge *selbstmörderisch*. Wenn wir uns sorgen, konzentrieren wir unser Bewußtsein auf das, was wir nicht wollen, und dadurch, daß wir das tun, schaffen wir Erfahrungen, die wir nicht wollen.

In unserem Studium der Evolution und der Entwicklung des Bewußtseins bemerken wir, daß nur diejenigen, die Geist besitzen, der überlegen kann, sich sorgen können. Überlegen heißt Ideen assoziieren. Der Mensch ist das einzige Tier, das seine Ideen assoziieren kann, daher ist der Mensch das einzige Tier, das sich sorgen kann. Das heißt, wenn wir uns sorgen, gebrauchen wir einfach unsere wunderbare Kraft der Überlegung auf zerstörerische Weise. Wir gebrauchen diese wundervolle Fähigkeit, Ideen zu assoziieren, um falsche Vorstellungen zu bekommen. Je mehr wir in der Lage sind, Ideen miteinander zu kombinieren, desto mehr Sorge können wir uns auch machen. Der Mensch mit der stärksten geistigen Verfassung kann der größte Schwarzseher sein.

Wir gebrauchen unsere Urteilskraft entweder für positive oder für negative Zwecke. In der Erkenntnis, daß der klügste Mensch sich am meisten sorgen kann, haben wir, die wir uns Sorgen machen, einen ganz wunderbaren Anfangspunkt. Es ist eine Tatsache, daß wir sehr dankbar dafür sein können, daß wir so wunderbare Konzentrationskräfte haben, daß wir uns tatsächlich kranksorgen können. Wir haben wunderbare Kraft. Wir können aus uns tatsächlich ein bemitleidenswertes Wrack machen, indem wir unsere Überlegungs- und Konzentrationskräfte einsezten, und das gerade ist es, was der Schwarzseher tut. Wie wunderbar wäre es, wenn diese Urteilskraft – die Fähigkeit, Ideen miteinander zu kombinieren – von uns dazu verwandt würde, uns aufzubauen und Pläne für ein herrliches Leben zu machen, statt daß wir uns Bande der Sklaverei schüfen.

Einige der gebildetsten Leute, jene mit den höchsten IQs, sorgen sich am meisten. Sie sind nicht geboren, um sich zu sorgen. Es ist dies kein Teil ihres Wesens. Sie haben gewisse Erfahrungen falsch bewertet. Ihre Beurteilung ist falsch gewesen.

Ein Mann sagte einmal zu mir: „Ich habe mich krankgesorgt. Ich habe heute meinen Job verloren, und ich hätte gern, daß Sie mir dabei helfen, einen anderen zu bekommen. Ich habe im Büro einen fürchterlichen Fehler gemacht. Sobald ich den Fehler entdeckte, erstattete ich darüber Bericht und ging, bevor sie Zeit hatten, mich zu feuern, also bin ich hier, ohne einen Job." Ich fragte ihn: „Was hat der Manager gesagt?" – „Ich habe nicht mit ihm gesprochen. Ich ging, bevor man ihn benachrichtigte", war die Antwort. „Wie wissen Sie dann, daß Sie gefeuert sind?" Er antwortete: „Oh, es stimmt schon, daß ich gefeuert bin. Das steht außer Frage!" Ich forderte ihn auf, zurückzugehen und dem Manager direkt Bericht zu erstatten. „Nein, ich würde nie im Leben zu dem Büro zurückgehen; sie würden die Möbel nach mir werfen!" Aber ich bestand darauf; ich überredete ihn zurückzugehen. Und was denken Sie, was der Manager zu ihm sagte? Er sagte: „Das war ein teurer Fehler, den Sie da gemacht haben, mein Freund. Ich bin sicher, daß Sie nächstesmal vorsichtiger sein werden. Sie gehen jetzt besser an Ihren Schreibtisch zurück. Ihre Arbeit häuft sich schon."

Emerson schrieb: „Einige eurer Wunden habt ihr geheilt, und die tiefsten habt ihr immer noch überlebt, aber welche Qualen und Sorgen hattet ihr auszuhalten durch Übel, die nie eintraten!" Männer sind überzeugt gewesen, sie seien gefeuert, oder ihre Frauen hätten sie verlassen oder ihr Geld sei verloren; aber sie wurden nicht gefeuert, ihr Geld war nicht verloren, und die Frau vergab.

Es gibt für jedes Problem eine Lösung. Wir mögen im Moment nicht in der Lage sein, die Antwort zu sehen. Es ist unwahrscheinlich, daß wir sie sehen werden, solange wir von Sorge geblendet sind, aber die Lösung ist da. Wir sollten in uns selbst schauen und den Ort des Friedens finden, wo wir sagen und meinen können:

„Ich bin im Frieden und werde weiterhin im Frieden sein. Was immer das Problem, ich werde mich ihm stellen, wenn ich zu ihm gelange. Nichts von diesen Dingen bewegt mich. Unter allen Umständen bin ich in meinem Grunde ungestört."

Wenn wir uns sorgen und fürchten, haben wir vergessen, wer wir wirklich sind. Wir haben versäumt, dieses uns umgebende Leben der Liebe zu erkennen. Wir haben vergessen, daß „Alle Dinge zum Guten derer zusammenarbeiten, die Gott lieben, für die, die zu seinem Zweck gerufen sind".

Denken Sie daran, das Leben hat Sie hergebracht, und da es Sie hergebracht hat, muß es an Ihnen Anteil nehmen. Das Leben war augenscheinlich daran interessiert, sich auf eine einzigartige, besondere Weise zu äußern, und so wurde es zu Ihnen. Nie zuvor hat es einen anderen Menschen auf der Welt gegeben, der genau wie Sie war, und nie wird es einen geben. Da Sie besonders sind, müssen Sie zu einem besonderen Zweck hier sein. Die Vernunft würde es sicherlich zurückweisen, daß der Zweck Ihres Hierseins der ist, unglücklich zu sein. Es ist unmöglich, daß das Leben, indem es Sie hierherbrachte, durch Sie unglücklich sein wollte, indem es Sie ständig verletzte, Ihre Ambitionen durchkreuzte, Ihre Wünsche enttäuschte und Sie schikanierte.

Wenn sich in Ihnen ein intelligentes Leben mit einer bestimmten Absicht verkörperte, *kann* und *wird* es Sie unterstützen und tragen. Der Meisterlehrer Jesus wies darauf hin, daß selbst die Sperlinge vom Vater des Lebens gefüttert und erhalten werden. Die Lilien sind in schöne Gewänder gekleidet und haben alles, was sie brauchen. Um wieviel mehr kümmert sich das intelligente Leben um Sie? Der Mensch ist der höchste Punkt in der Evolution des Lebens auf diesem Planeten. Das Leben hat sich Ihnen geweiht. Gewiß ist das Leben intelligent genug, seine höchsten Werte zu bewahren und zu erhalten. Können Sie Ihrem Erhalter nicht vertrauen?

Da Sie sind, wo Sie sind, tun Sie, was Sie tun müssen, auf die Ihnen bestmögliche Weise. Lassen Sie das intelligente Lebensprinzip, das danach verlangt, seinen Zweck durch Sie auszuführen, Ihnen sagen, was Sie tun sollen, und fangen Sie dann an, es zu tun. Lassen Sie es Ihre Probleme für Sie lösen. Suchen Sie, wie Jesus vorschlug, das Königreich Gottes, und lassen Sie die Dinge, die Sie brauchen, an sich herankommen.

Im 37. Psalm gab David die Weisung „fürchte dich nicht". Das ist von grundlegender Bedeutung für eine gesunde Lebensführung. Seien Sie nicht verstört! Fürchten Sie sich nicht! „Vertraue auf das Gesetz und tue Gutes; so sollst du in dem Lande weilen, und du sollst wahrlich ernährt werden." Können Sie das glauben? Sie können versichert sein, daß Ihnen nur Gutes begegnen wird, wenn Sie Ihr Bestes tun, voller Glauben an die Aufrichtigkeit des Gesetzes von Ursache und Wirkung. Andere mögen verletzt werden, aber Ihnen wird nichts Verletzendes nahekommen.

David sagte auch: „Oh, wie ich dein Gesetz liebe." Wir sollten uns daran erinnern, daß das Gesetz von Ursache und Wirkung unendlich, unverletzlich, aufrichtig und verläßlich ist. Die Fehler, die wir in der Vergangenheit gemacht haben mögen, haben keine weitere Auswirkung, wenn wir mit dem Bösen aufhören und Gutes tun. Das Gesetz von Ursache und Wirkung ist immer noch wirksam. Wir wählen einen neuen Kurs, und sofort beginnen wir ein neues Ergebnis zu erfahren.

Immer wieder haben wir die Gebote „Liebe deinen Nächsten wie dich selbst" und „Liebe erfüllt das Gesetz" gehört. Wenn wir das Gesetz mit Liebe gebrauchen, wenden wir unsere Aufmerksamkeit von unserem scheinbaren Problem ab und interessieren uns in zunehmendem Maße für das dramatische Schauspiel der Entwicklung anderer Menschen. Oft sagen wir von jemandem, der andauernd in Schwierigkeiten zu sein scheint: „Wenn er nur für eine kleine Weile von sich selbst abgelenkt würde; wenn er nur überlegen würde, was er tun könnte, um anderen zu helfen, dann ginge es ihm gut."

Laßt uns aufhören, unser Ego morbide zum Mittelpunkt unserer Aufmerksamkeit zu machen. Laßt uns unsere Gedanken und Bemühungen daran wenden, anderen auszuhelfen und diese Welt zu einem besseren Ort zu machen, um darin zu leben.

Niemand kann abstreiten, daß „alle Dinge zum Guten wirken bei denen, die Gott lieben" und daß Gott alles Leben ist. Das ist keine Versprechung. Es ist ein festgelegtes Gesetz, und das Leben wirkt durch das Gesetz. Wenn Sie das Leben lieben, wenn Sie die Ausdrucksformen des Lebens lieben – alle Menschen, alle Dinge (was Sie selbst natürlich einschlösse) –, dann werden alle Dinge zu Ihrem Guten zusammenwirken. Durch dieses mathematische Gesetz von Ursache und Wirkung werden Ihr Arbeitgeber, Ihre Angestellten, Ihr Gemahl, Ihre Kinder, Ihr Nachbar, Ihre Freunde – *alle Dinge zu Ihrem Guten zusammenwirken*. Nur *Sie* können darüber entscheiden, wie Sie das Gesetz gebrauchen wollen. Niemand steht über dem Gesetz, sondern jeder muß das Gesetz der Liebe, des Glaubens, der Goldenen Regel für den richtigen Zweck anwenden, wenn er glücklich sein und sich vollkommen verwirklichen will.

Sie können nicht glauben, Sie seien von einer anderen Art Leben als andere Menschen oder das Gesetz arbeite nicht für Sie. Sie können nicht glauben, daß Sie durch irgendeinen Irrtum, durch einen Fehler auf diese Welt gekommen oder daß Sie verloren sind. Sie sind für das Leben wichtig, wenn Sie sich selbst wichtig machen. Sie sind das Werkzeug, durch das sich Gott ausdrückt. Sie sind die Hände und Finger Gottes. Lassen Sie diese Hände und Finger nicht durch mangelnden Gebrauch verkümmern und schwach werden.

Wir geraten in Schwierigkeiten, wenn wir das Leben, das uns für sich allein gemacht hat, nicht völlig äußern, und unser Herz bleibt hungrig, solange wir nicht eins werden mit unserem Daseinszweck. Wir sind dem Leben wichtig, sonst wären wir nicht hier. Wir sind Gott wichtig. Wir sind dazu geschaffen, Gott zum Ausdruck zu bringen. Rechtfertigen wir diese Bedeutung?

Viele Leute werden durch Furcht, Sorgen, Ablehnung und Widerstand beinahe wertlos.

Wir sind in dem Maße wertvoll und wichtig, wie wir uns selbst wertvoll machen, wenn wir das tun, wozu wir bestimmt sind, wenn wir unseren Daseinszweck erfüllen. Wenn wir nach bestem Wissen und Gewissen leben, können wir zuversichtlich sein. Wir sollten uns einen wertvollen Daseinszweck setzen, einen, dem wir uns ohne Rückhalt hingeben können, eine Aufgabe, die alle Kräfte des Geistes, der Seele und des Körpers herausfordert. Wenn wir einem Ideal treu sind, können wir darauf vertrauen, daß das Leben uns reich bedenkt, denn wir tun, was wir tun sollten. Das heilt jedes Gefühl von Furcht und Kummer. Warum sollten wir nicht wohlauf, glücklich und frei sein, wenn wir unseren Daseinszweck erfüllen, wenn wir das tun, wozu wir bestimmt sind? Wenn wir unsere höchsten Ideale erfüllen und zuversichtlich sind, werden wir frei sein von Kummer und Sorge.

Sagen Sie zu sich:

„Ich bin gesund, glücklich und frei. Ich tue, wozu ich bestimmt bin, auf die beste Art, die ich kenne. Ich liebe meine Familie, meine Freunde, meine Nachbarn, meine Kollegen. Ich liebe das Leben. Ich bringe das Leben auf eine ganzheitliche und durchweg schöpferische Weise zum Ausdruck. Da nur das Beste von mir ausgeht, kann auch nur das Beste zu mir zurückkehren. Liebe und guter Wille durchfließen mich ständig und segnen jeden, mit dem ich in Berührung komme, und jede Lage, in der ich mich befinde."

32. Kapitel

Wie man jede Situation gewinnträchtig macht

Geschehen Dinge einfach so auf Gedeih und Verderb, oder gibt es irgendeine reale Ursache, die jeder Erfahrung zugrundeliegt? Gibt es für jede menschliche Berührung einen vernünftigen Grund? Wird das Leben von Gesetzmäßigkeit oder von Zufall bestimmt?

Wenn wir verstehen können, daß *alle* Geschehnisse des Lebens von Gesetzmäßigkeit bestimmt werden, dann können wir jeder Situation ihr Gutes entnehmen und einen Weg finden, eine scheinbar schlechte Lage für uns gewinnträchtig zu machen. Wir befinden uns oft in Lagen, die nicht angenehm sind. Tatsächlich werden wir oft von Situationen enttäuscht, die vielversprechend aussahen, aber sich nicht so entwickelten, wie wir es erhofft oder erwartet hatten. Wir sind, wo wir sind, wie wir auch dorthin gekommen sind. Es liegt an uns zu bestimmen, wie wir daraus das Beste machen wollen, wie wir uns das Gute davon nehmen, denn in jeder Situation liegt der Möglichkeit nach eine Gelegenheit.

Im ganzen gesehen führen die meisten Menschen ein äußerst nutzloses Leben. Sie verbrauchen viel Zeit und Energie, ohne lohnende Ergebnisse zu erzielen. Wir verbringen unsere Zeit mit Leuten, die uns nichts Gutes bringen, und widmen Stunden und Tage Sachen, die für uns äußerst wenig Wert haben. Die Natur legt uns ständig Gutes in den Weg, aber oft sind wir unseren Chancen gegenüber blind. Wir besuchen Versammlungen und haben nur wenig davon. Wir haben nichts von unseren menschlichen Kontakten, wenn uns auch rundherum gewaltiges Gutes umgibt, wenn wir es nicht erkennen und gebrauchen. Eine Unmenge von Gelegenheiten bietet sich uns jeden Tag, und wir sollten für uns jene Gelegenheiten auswählen und in

Anspruch nehmen, die uns das größte Gute bringen werden. Jede Berührung mit Freunden, Nachbarn und Geschäftspartnern sollte uns Gutes bringen. Jeder Mensch, dem wir begegnen, hat für uns etwas Gutes, wenn wir es nur annehmen wollen; und auch wir haben etwas von der Art des Guten, das wir jedem Menschen und jeder Situation mitteilen können, denen wir begegnen.

Die Geschichte sagt uns, daß die Insel Kreta von Menschen bewohnt war, die für ihren niedrigen Lebensstandard bekannt waren. Sie hatten den schlechten Ruf, zu lügen und geizig zu sein. Vielleicht haben Sie von der alten Redensart gehört, „Er log wie ein Kreter." Tatsächlich sagte ein alter griechischer Philosoph, Epimenides, der siebenhundert Jahre vor der Zeit Jesu auf Kreta lebte: „Kreter waren schon immer Lügner, bösartige wilde Tiere und Vielfraße."

Paulus, der Organisator der christlichen Kirche, reiste zur Insel Kreta und ließ einen Mann namens Titus dort, um eine christliche Gemeinde zu gründen. Es war offensichtlich, daß der junge Titus seine Aufgabe nicht mochte. Im Neuen Testament kann man einen Brief finden, den Paulus an Titus schrieb, in dem er sagte: „Aus diesem Grunde habe ich dich in Kreta gelassen, daß du die Dinge ordnen sollst, an denen es fehlt." Das muß eine Antwort auf Titus' Bitte um Hilfe und Erleichterung gewesen sein. Ohne Zweifel hatte Titus gesagt: „Laß mich um alles in der Welt nicht hier bleiben. Es ist weder für Menschen noch für Tiere ein anständiger Ort." Titus war in der Klemme. Er wollte schleunigst fort und woanders hin; aber Paulus' Antwort war: „Selbst einer ihrer eigenen Propheten sagt, die Kreter seien Lügner, bösartige Bestien und Vielfraße... aus diesem Grunde ließ ich dich in Kreta, daß du die Dinge ordnen solltest, an denen es fehlt." In aller Kürze, Titus blieb auf Kreta. Er lief nicht davon. Die Herausforderung wurde seine große Chance.

Heute gräbt man die alten Ruinen von Kreta aus, und die Fundamente von prachtvollen Kirchen und herrlichen Schreinen werden freigelegt; und wessen Name, glauben Sie, steht auf diesen Kirchen und Schreinen? Zu wessen Ehre wurden sie erbaut? Titus – St. Titus!

Unser Leben würde sich wunderbar verbessern, wenn wir die Gelegenheiten erkennen könnten, die uns umgeben, und das Gute, was sie uns zu bieten haben, annähmen. Gutes existiert in jeder Situation, in der wir uns befinden.

Ich hörte die Geschichte eines Mannes, der im fernen Norden lebte, jenseits des arktischen Kreises. Er ging in jenes Land als Abenteurer, heiratete eine Eingeborene und hatte eine Familie. Als die Zeit verging, wurde er sehr unglücklich. Er schrieb einem Freund, daß er fort wolle, daß er es nicht mehr länger aushalten könne; er hatte vor, seinen Verpflichtungen davonzulaufen, in die Vereinigten Staaten zurückzukehren und Schriftsteller zu werden.

Der Freund schrieb zurück: „Bleibe da, wo du bist. Schreibe Geschichten über den fernen Norden, das Gebiet, das du genau und gut kennst."

Dem Rate seines Freundes folgend, wurde er ein sehr erfolgreicher Autor von Erzählungen über den fernen Norden. Die Magazine waren auf seine Geschichten versessen, und er wurde gut für sie bezahlt.

Jeder Mensch und jede Lage ist eine Gelegenheit. Jeder Mensch, der unseren Weg kreuzt, hat einen Grund dazu. Der Betreffende erkennt oder versteht den Sinn davon wahrscheinlich nicht bewußt, und wir begreifen gewöhnlich nicht, warum sich die Gelegenheit bietet. Nicht einmal in hundert Malen fragen wir uns: „Wie kann ich aus dieser Situation das größtmögliche Gute machen?"

Mein sehr guter Freund George Herman, der außergewöhnlich erfolgreich gewesen ist, gewiß auch in Hinsicht auf sein Ansammeln weltlicher Güter, erzählte mir vor noch nicht allzu langer Zeit: „Ich habe gelernt, *daß jede Situation, wie schlecht sie auch zu sein scheinen mag, für mich etwas Gutes ist, wenn ich glaube, daß sie gut ist.* Wenn etwas vollkommen falsch zu sein scheint, wenn es so aussieht, als habe ich einen furchtbaren Fehler gemacht, habe ich gelernt, die Situation anzusehen und zu sagen: ‚Ja, ich mag das Gute hieran jetzt nicht sehen, aber es ist da. Ich weiß, wenn ich dieser Tatsache meine aufrichtige und liebevolle Aufmerksamkeit zuwende, wird Gutes daraus entstehen.'" Er sagt mir, daß ihm bei dieser Haltung keine Lage jemals keinen Segen bringt.

Wäre es nicht wunderbar, wenn wir jede Begegnung bewerten und das Gute entdecken könnten, das sie für uns birgt? Dieses Universum wird nicht vom Zufall beherrscht, sondern von Gesetzmäßigkeit. Das

Gesetz ist in unseren individuellen Angelegenheiten genauso präzise wie im Sonnensystem. Wir mögen nur wenig von dem Plan sehen, der der gesamten Operation zugrunde liegt – aber es gibt einen Plan! Man gibt allgemein zu, daß hinter allem, was ist, ein denkendes Bewußtsein steht, und wir sind alle in dieses denkende Bewußtsein eingeschlossen. Gewiß wird für uns gesorgt. Alles ist uns zum Gebrauch gegeben. Alle Kontakte kommen zu uns zu unserem Wachstum, unserem Verständnis und unserer Erfahrung.

Des Verständnisses ermangelnd, können wir oft das Gute nicht sehen, aber alles, was unseren Weg kreuzt, enthält Gutes für uns. Wir versäumen, die Gelegenheit und die Möglichkeiten darin zu erkennen, und doch ist alles so sicher vom Gesetz beherrscht wie die Bewegung der Sterne in der Milchstraße.

Jeder von uns hat eine Bestimmung zu erfüllen. In jedem von uns gibt es etwas, das nach Befriedigung verlangt. Ich bin sicher, daß wir viele Male ohne unser bewußtes Wissen von einer inneren, intelligenten Weisheit in Situationen und Umstände hineingeführt werden, damit wir aus ihnen lernen. Wir alle haben die Erfahrung gemacht, daß wir, wenn wir uns weigern, uns mit einer Situation auseinanderzusetzen, wenn wir vor ihr davonlaufen und zu fliehen versuchen, immer wieder vor diese oder eine ähnliche Situation gestellt werden, bis wir uns ihr stellen. Wenn wir uns ihr stellen, wenn wir unsere Lektion gelernt haben, gehen wir immer zu etwas Neuem und Besserem weiter.

Vor einigen Jahren war ein junger Mann davon überzeugt, daß es für ihn bei der Radiostation, bei der ich ein Programm hatte, keine Gelegenheit gebe. Er war unglücklich und angewidert. Er sagte, Vorwärtskommen sei ausschließlich von Beziehungen abhängig, und er habe keine. Ich fragte ihn, ob es da nichts gebe, was getan werden müsse, etwas, was nicht getan werde. Angewidert sagte er: „Massenhaft!" – „Warum tun Sie es dann nicht?" fragte ich ihn. Worauf er antwortete, „Was! Denken Sie, die werden mich dafür bezahlen? Nicht viel!" – „Das ist vollkommen nebensächlich", sagte ich. „Wenn es etwas gibt, was getan werden sollte, warum tun Sie es nicht, und zwar mit einem Gefühl der Dankbarkeit dafür, daß Sie die Chance haben, es zu tun. Es wird Sie nichts kosten außer der Anstrengung. Versuchen Sie es. Versuchen Sie außerdem auch dies. Machen Sie jeden, dem Sie begegnen, glücklich. Jedesmal, wenn Sie mit irgend jemandem hier herum in Berührung kommen, verlassen Sie ihn nicht, ehe Sie ihn froh gemacht haben. Sagen Sie etwas, um ihn zum Lächeln zu bringen. Lassen Sie seinen Tag etwas heller aussehen. Versuchen Sie das eine Woche lang." Ich konnte beinahe die Gedanken in seinem Geist herumgehen sehen, als ich diese Vorschläge machte. Er schien zuerst ein bißchen zweifelnd, aber er erklärte sich einverstanden, es eine Woche lang zu versuchen. In weniger als zwei Wochen hatte er einen viel besseren Job bei derselben Station. Eines Tages, einige Wochen später, hörte ich ihn zu einem anderen Angestellten sagen: „Jack, du bist wütend und entmutigt, aber hör mal zu! Deine Chance liegt direkt vor dir auf dem Tisch, wo du jetzt bist. Du mußt nicht denken, du könntest hier weggehen und irgendwo anders besser längskommen." Und er fuhr fort, Jack den Plan darzulegen, den ich ihm gegeben hatte.

Der Mensch, als ein selbstbewußter Punkt Geist, hat die Macht zu wählen. Er wählt, wie er die verschiedenartigen Umstände im Leben aufnehmen will, die sich ihm bieten. Er entscheidet, welches seine Reaktionen sein sollen, ob er seine Gelegenheiten ergreift und wie.

Wenn wir es versäumen, uns diese Gelegenheiten zu Nutzen zu machen, sind wir diejenigen, die verlieren. Die Natur jedoch ist gut zu uns. Wenn wir es versäumen, eine Chance zu erkennen, bietet sich eine andere und wieder eine andere. Wir mögen tausend Gelegenheiten verpassen, während wir eine nutzen. Aber die Natur wird niemals müde. Das Leben fährt fort, uns das anzubieten, was für uns gut ist, bis wir es schließlich lernen, es anzunehmen.

Wie können wir aus diesen verschiedensten Begegnungen den größten Nutzen ziehen? Wenn wir zu einer Versammlung gehen, wie können wir sicher sein, daß wir etwas Gutes davon mit nach Hause nehmen? An zwei Dinge sollten wir immer denken: erwarte zu geben und erwarte zu bekommen. Jeder Mensch, dem Sie begegnen, hat irgend etwas Gutes für Sie, und Sie haben etwas Gutes für ihn. *Suche zu geben und erwarte zu bekommen.* Der andere mag nicht akzeptieren, was Sie für ihn haben. Er mag die Möglichkeiten eines Austauschs nicht begreifen, aber das muß Sie nicht davon abhalten, Ihr

Gutes zu erhalten, und Sie werden es erhalten, indem Sie es erwarten und die Einstellung haben, daß Sie Gutes geben.

Oft sehen wir Leute zu einer öffentlichen Vorlesung kommen, sich setzen, ihren Nachbarn anlächeln, ihren guten Willen ausstrahlen, andere glücklich machen, sich dem Bewußtsein des Guten anschließen und in die gegebene geistige Stimmung eintreten. Diese Leute nehmen immer etwas Gutes mit sich nach Hause. Sie sind offen für Gutes, das aus ihnen ausfließt, und für Gutes, das ihnen zufließt.

Darf ich Ihnen etwas über einen alten Freund erzählen, Colonel Dan Morgan Smith? Er war Anwalt und ein guter Redner. In den Tagen, als die Anti-Saloon-Liga eine Unterstützungskampagne führte, wurde Dan von ihr angeheuert, um herumzureisen, Vorlesungen zu halten und für diese Sache Spenden zu erheben. Er erzählte mir, daß er eines Abends planmäßig in einem kleinen Ort in Neuengland sprechen sollte. Es war ein Sonntagabend im Winter. Ein schwerer Sturm kam auf. Der Wind, der Schnee und die Hagelschauer waren so heftig, daß niemand auf den Straßen war, und er rechnete nicht damit, daß irgend jemand zu der Kirche kommen würde, wo er die Vorlesung halten sollte. Er entschloß sich jedoch, dem Sturm zu trotzen, und ging, indem er sein Hotel verließ, zur Kirche hinüber.

Nur der Pförtner war da, als er ankam, aber er wartete. Schließlich kamen zwei kleine alte Damen herein und setzten sich ruhig hin, ohne ein Wort zu sagen. Niemand sonst kam, obwohl sie einige Zeitlang warteten. Colonel Smith dachte sich: „Ich denke, ich werde zum Hotel zurückgehen. Vielleicht kann ich eine Partie Bridge organisieren." Dann dachte er daran, daß in jeder Herausforderung eine Gelegenheit steckt. Er sagte sich: „Ich kam hierher, um zu sprechen, und sprechen werde ich!"

Er sagte mir, er gab diesen beiden kleinen Damen die beste Vorlesung, die er halten konnte, und als er geendet hatte, sagte eine von ihnen: „Nun gut, wenn es so wichtig ist, werde ich fünfzehntausend Dollar spenden." Die andere Dame meldete sich zu Wort und sagte: „Nun, wenn du das kannst, kann ich es auch."

Der Colonel bekam von dieser Kongregation von zwei Damen

mehr Geld als von irgendeiner anderen Versammlung von beliebiger Größe auf seiner gesamten Vorlesungstournee.

Eine Frau sagte mir einmal: „Niemand lädt mich je zu einem Besuch ein. Ich lade andere zu mir ein, aber sie erwidern die Einladung nie. Die Leute schätzen mich nicht." Es war leicht zu sehen, daß sie, wenn sie Leute zu sich einlud, sie in Wirklichkeit einlud, um für sich etwas davon zu haben. Sie lud sie ein, weil sie einsam war, nicht weil sie die Einsamkeit anderer genau wie ihre eigene mildern wollte. Wenn wir Kooperation von anderen wollen, müssen wir zur Kooperation bereit sein. Ich denke gern an einen jeden von uns als eine Art von Zweigstelle des allumfassenden Lebens. *Gutes fließt uns zu, wie Gutes von uns ausfließt.* Es kann nicht in uns aufgestaut und eingedämmt werden. Wenn wir es weitergeben, entsteht ein Vakuum, und mehr strömt hinein, denn wir wissen, daß die Natur vor dem Vakuum schaudert.

Es ist wichtig, daß wir nicht versuchen, anderen unser Gutes aufzuzwingen. Es wird uns zur Verfügung gestellt, und wir können es annehmen oder ablehnen, wie wir es für passend halten. Wenn wir die Einstellung haben, daß wir unser Gutes weitergeben und es anderen freistellen, es zu nehmen oder zurückzuweisen, ganz wie sie es für richtig halten, werden wir herausfinden, daß andere Menschen Kanäle sind, durch die uns Gutes zufließt. Sie geben uns willig und spontan, wenn wir willig und spontan geben. Tatsächlich gehört Gutes niemandem von uns im besonderen. Es steht uns nur zeitweilig zur Verfügung. Wir lassen es zirkulieren. Wir geben es weiter, und mehr strömt uns zu.

Glücklich ist der Mensch, der in jeder Herausforderung eine Chance sieht, der in jedem Menschen einen potentiellen Freund sieht und der jeden Augenblick zu einem Abenteuer macht.

33. Kapitel

Eine Morgenmeditation

Jeder Morgen ist ein neuer Anfang. Jeden Tag ist die Welt neu. Heute ist ein neuer Tag. Heute ist meine Welt neu erschaffen. Ich habe mein ganzes Leben lang bis zu diesem Augenblick gelebt, um diesen Tag zu erreichen. Dieser Augenblick – dieser Tag – ist so gut wie jeder Augenblick in der ganzen Ewigkeit. Ich werde aus diesem Tag – aus jedem Augenblick dieses Tages – einen Himmel auf Erden machen. Dies ist der Tag meiner Gelegenheit.

Heute morgen durchströmt mich die Kraft des Lebens (die die einzige Kraft ist, die es gibt) unbegrenzt. Mein Bewußtsein und mein Körper sind gründlich geläutert, und ich bin erregt von den möglichen guten Erfahrungen, die heute vor mir liegen. Ich bin dankbar für alle meine Erfahrungen der Vergangenheit, die mir gezeigt haben, wie ich jeder Situation, die sich ergibt, erfolgreich begegne.

Ich bin dankbar für all meine gottgegebene Ausstattung, die mir hilft, dem Heute zu begegnen, und ich werde sie gut gebrauchen.

Ich bin mit einem vollkommenen Körper gesegnet. Er ist zuverlässig. Jedes Organ, jede Zelle dieses Körpers hat ihre Funktion und wird von einem inneren Wissen zu perfektem Handeln angeleitet. Dieser Körper ist eine gute Ausrüstung, und seine Energie und Geschicklichkeit werden tun, was immer von ihm an diesem Tag gefordert wird. Er antwortet auf all meine Bedürfnisse. Ich habe absolutes Vertrauen zu diesem Körper. Er ist aus der ewigen Energie des Lebens gemacht.

Mein Geist ist ein feines Stück Ausrüstung. Da mein Geist *mein* Gebrauch des *einen* Geistes ist (des Geistes, der alles weiß, alles sieht, alles erschafft), kennt mein Geist die Antwort auf jedes Problem und *weiß*, daß er es weiß. Da es einen Geist gibt, der allen einzelnen Menschen gemeinsam ist, ist mein Geist niemals schwach. Es ist der Geist, der in Jesus, Sokrates, Plato, Shakespeare, Lincoln, Emerson und Edison war. Ich habe all die Ausrüstung, die ich brauche, um diesem Tag erfolgreich zu begegnen.

Heute morgen habe ich größere reale Besitztümer als jemals zuvor in meinem Leben, daher kann ich heute auch in größerem Maße tätig werden als jemals zuvor. Ich kann sein und tun, was ich sein und tun sollte.

Heute morgen habe ich mehr Erfahrung, die ich zu Rate ziehen kann, als je vorher in meinem Leben. Ich habe auch mehr geistige Stärke, denn ich verstehe mich selbst besser. Dafür bin ich dankbar! Jeden Tag gehe ich vorwärts. Das Leben hat große Räume, die erforscht werden müssen. Vor mir liegt eine äußerst interessante Reisestrecke. Es gibt viel zu tun; und ich tue alles, was zu tun ansteht, mit Tüchtigkeit und Stärke, mit Mut und Begeisterung.

Ich weiß, ich bin auf dieser Welt, um eine ganzheitliche, herrliche Selbstäußerung des Lebens zu sein. Daher frage ich mich: „Was kann ich heute tun, um diese Welt zu verbessern? Wie kann ich jemandem helfen? Wie kann ich Schmerz, Leiden oder Kummer lindern? Wie kann ich dem Leben am besten dienen?" Auch ich möchte mit jenem großen Meister sagen: „Ich bin gekommen, auf daß sie Leben haben." Das ist auch mein Motiv – zu dienen. Ich weiß, wenn ich selbstlos diene, ist mir am besten gedient.

Wie kann ich die vor mir liegende Aufgabe besser erledigen, als ich es jemals getan *habe*? Wie kann ich jemanden glücklich machen? Ich weiß, wenn ich jemand anderen glücklich mache, verstärkt sich mein eigenes Glücksgefühl.

Ich beschließe nun, daß jeder Mensch, dem ich heute begegne, ein besserer Mensch sein wird, weil ich ihn zu größerer Hoffnung, größerem Glauben, größerer Freiheit und größerem Glück inspiriere. Ein neues Leben beginnt heute für mich, ob ich nun zwanzig, vierzig, sechzig oder achtzig bin.

Ich werde mit Mut, mit Glauben und mit Begeisterung durch diesen Tag gehen. Ich werde meine Gedanken sorgfältig erforschen. Ich werde mein geistiges Haus bewachen, damit keine negativen Gedanken Eingang finden.

Meine Motive sind tadellos. Meine Handlungen werden von einem inneren Wissen und einer inneren Weisheit regiert, die mehr über mich und meine Bedürfnisse weiß, als ich bewußt über mich selbst weiß. „Der Herr ist mein Hirte; mir wird nichts mangeln. Er weidet mich auf einer grünen Aue und führet mich auf rechter Straße um seines Namens willen. Und ob ich schon wanderte im finstern Tal, fürchte ich kein Unglück; denn du bist bei mir, dein Stecken und Stab trösten mich." Mein inneres Unterbewußtsein – der Herr oder das Gesetz meines Lebens – führt mich in richtige Situationen. Es erbaute meinen Körper. Es erhält meine körperliche Ausrüstung und lenkt meine Angelegenheiten. Es denkt durch mich. Es führt und leitet mich. Es schuf mich und bewahrt mich.

Ich habe richtige Vorstellungen. Ich habe Stärke. Ich fürchte mich nicht; denn der Vater des Lebens – die Natur – der Unendliche Geist in mir tut das Werk.

Ich versage nie. Ich kann nicht versagen. Ich verweile unter dem Schatten des Allmächtigen, daher kann mich kein Schaden anrühren. In jedem Augenblick werde ich erhalten – bewahrt – geführt – geleitet. „Ich vermag alle Dinge durch Christus, der mich mächtig macht." Christus ist die Kraft Gottes oder der Natur oder des Lebens in mir. Ich verlasse mich auf diese Kraft in mir. Ich kann nicht mehr von ihr getrennt werden als die Welle vom Ozean oder der Lichtstrahl von der Sonne getrennt werden können.

Ich höre aufmerksam auf diese innere Stimme der Weisheit hin, und ich mache keine Fehler.

Der göttliche Geist in mir, von einigen „Unterbewußtsein" genannt, von anderen „Gott" oder „Schöpfergeist", ist mein großer Diener, Berater und Beschützer. Er ist nicht begrenzt durch Zeit oder Raum. Er hält mich davon ab, irgend etwas zu tun, das mir oder einem anderen schaden könnte. Er führt mich – leitet mich – jederzeit zu richtigem Handeln. Er ist die Quelle aller meiner Ideen. Er führt mich auf Wege des Friedens. Ich lasse mich von keinen Gedanken der Furcht, Sorge oder Vorahnung beherrschen, denn alle Probleme in meiner Welt werden von diesem unendlichen inneren Bewußtsein gerichtet. Ich verlasse mich auf es, daß es meine Nahrung verdaut, mein Herz am Schlagen erhält, mein Blut zirkulieren läßt und alle meine Körperfunktionen aufrechterhält. Ich wähle, mich von ihm führen zu lassen, damit ich zur rechten Zeit am rechten Ort bin, damit ich das Richtige tue und das Richtige sage.

Mein inneres Unterbewußtsein – der eine unendliche Geist – führt mich sicher durch diesen Tag. Während ich in diesen Tag eintrete, habe ich keinen Widerstand – keine Vorbehalte – gegen irgendeinen Menschen oder irgendeine Situation. Mein Geist ist klar. Ich habe keinen Haß, keine Unversöhnlichkeit in meinem Herzen. Ich bin entspannt und furchtlos. Ich fühle keineAnspanung. Ich fühle nur vollkommens Vertrauen.

Dies ist der Tag! Der Tag, an dem mir großes Gutes kommen kann. Ich erwarte es. Ich akzeptiere es. Ich danke dafür. Ich weiß, daß auch alle meine Lieben von demselben unendlichen, schöpferischen Geist geführt, versorgt und beschützt werden. Sie werden geleitet, bewahrt und beschirmt von der Kraft und der Weisheit des unendlichen Lebens, das sie umgibt. Sie werden bewahrt und beschützt, weil die Liebe des unendlichen Lebens ihnen ergeben ist. Heute kann niemand und nichts sie oder mich verletzen. Wenn ich in meinen Tag hineingehe, bin ich vor allem Schaden beschützt, denn ich kenne weder Furcht noch Haß noch Ablehnung.

Glaube an das Leben und Liebe zum Leben und zu den Menschen ist meine Parole für heute. Da ich heute Herr meiner selbst bin, bin ich Herr jeder Situation. In mir ist das, was stärker ist als alles, was außer mir ist. Jeder Schritt, den ich an diesem Tag unternehme, geht in die Richtung von mehr Gutem – größerem Glück. Jeder Schritt, den ich unternehme, bereitet mir eine herrliche Vision wunderbarer Leistung.

Heil diesem Tag!

Ich schaue diesem Tag entgegen, denn er ist Leben – das Leben des Lebens selber. In seinem Verlauf liegen alle Wirklichkeiten der Existenz. Die Wonne des Wachstums – die Herrlichkeit des Handelns – der Glanz der Schönheit. Gestern ist jetzt ein Traum und morgen ist eine Vision. Das Heute, gut gelebt, macht aus jedem Gestern einen Traum des Glücks und aus jedem Morgen ein Bild der Hoffnung.

Dieser Tag ist des Lebens wunderbares Geschenk an mich.

Teil drei

34. Kapitel

Eine Abendmeditation

Dieser Tag ist nun vorbei. Er ist in die Erinnerung eingegangen. Was immer an Gutem oder Schlechtem in ihm war, kann nicht von neuem durchlebt werden. Heute habe ich mein Bestes getan, wie es mir zu der Zeit erschien. Da mein Allerbestes von mir ausgegangen ist, *kann* nur das Beste zu mir zurückkommen. Ich bin zuversichtlich, daß meine Bemühungen an diesem Tage gute, ernsthafte Bemühungen waren. Morgen werde ich die Erfahrung von *heute* haben, um mich darauf zu stützen. Ich werde größeres Verständnis haben; daher werde ich in der Lage sein, es morgen viel besser zu machen als heute.

Ich bin gewachsen, weil ich mich den heutigen Herausforderungen gestellt habe. Da ich heute mein Bestes gegeben habe, habe ich heute nacht Frieden. Ich bin geistig ruhig. Ich habe dem Leben mit meinem Besten gedient. Ich habe nicht versucht, nur zu *bekommen;* ich habe mir gewünscht, auch zu *geben*. Ich erwarte als ein Ergebnis davon, daß ich dem Leben gedient habe, daß das Leben auch mir dienen wird. Da ich versucht habe, das unendliche, schöpferische Gesetz dazu zu benutzen, mehr Gutes zu erzeugen, statt darum zu kämpfen, die Güter eines anderen zu bekommen, bin ich im Frieden und weiß, daß ich meine heutige Aufgabe erfüllt habe.

Während die Sonne hinter den Horizont sinkt und die Schatten der Nacht über die Welt fallen, bin ich entspannt an Geist und Körper. Ich bin dankbar für jede Erfahrung dieses Tages. Auch wenn vielleicht einige Dinge passiert sind, die ich nicht verstehe, die anscheinend meinem Guten zuwiderliefen, weiß ich doch, daß, da mein Motiv richtig war, da ich nur Rechtes zu tun suchte, bei jeder Gelegenheit nur Gutes zu mir kommen kann. Ich weiß, daß in allen ungünstigen

Umständen auch eine Gelegenheit steckt. Ich weiß, daß neues Leben aus der Asche dessen ersteht, was wie ein Versagen ausgesehen hat. Ich bin dankbar für die vielen Gelegenheiten, andere glücklich zu machen, die sich mir heute geboten haben – die Gelegenheiten, Schmerz und Unglücklichsein zu erleichtern.

Ich bin dankbar für meine heutige körperliche Gesundheit – für die Vitalität, die mich jeden Augenblick über getragen hat. Ich bin dankbar für die guten Ideen, die von tieferen Schichten des Unterbewußtseins in mir an die Oberfläche meines bewußten Denkens aufstiegen – jene blitzhaften Eingebungen, wenn ich wußte, was zu tun war und wo mein Platz war – jene Ahnungen, die mich befähigten, das Richtige auf die rechte Weise zu tun. Ich bin dankbar für die mir gebotene Gelegenheit, jemandem, der verwirrt und in Schwierigkeiten war, ein hilfreiches Wort zu sagen. Ich bin froh, daß ich bewirken konnte, daß ein Lächeln über das Gesicht eines Menschen ging, der Kummer gehabt hatte. Ich bin dankbar, daß ich die Gelegenheit hatte, meinem Nächsten einen guten Dienst zu leisten. Ich bin dankbar für das Glücksgefühl, das ich empfand für die Liebe und Zuneigung meiner Mitmenschen, die wie ich den Weg des Lebens gehen. Wir alle versuchen, diesen Weg statt zu einer Straße der Traurigkeit und Sorge zu einer Straße des Gelingens zu machen.

Ich bin froh, daß jede meiner heutigen Handlungen ewig weiterwirkt, daß sie ewige Bedeutung hat. *Mein* Lächeln heiterte heute jemanden auf; und da dieser Mensch erheitert war, erheiterte wiederum er einen anderen, und dieser Mensch gab es weiter. Es geht ewig weiter. Tausende von Menschen auf dieser Welt werden irgendwann einmal die Auswirkungen dieses Lächelns verspüren. Mein warmer Händedruck bewegt sich durch die endlosen Jahre fort. Jede meiner Handlungen ist ewig. Mein Leben zählt. *Alles,* was ich tue, hört niemals auf, die Welt zu beeinflussen. Kommende Generationen fühlen *unbewußt* den Einfluß meiner guten Taten von heute.

Die Mark, die ich heute ausgab, war ein Segen für den Händler, der dadurch wiederum in der Lage war, den Großhändler zu bereichern, der seinerseits den Hersteller segnete. Diese Mark, die mir *gehörte,* geht weiter zum Bauern, zum Bergmann, zum Arbeiter und zu ihren

Kindern, verhilft zu einer Ausbildung oder zu einer Heilung und macht so die Welt zu einem besseren Ort, um darin zu leben. Ich erkenne, daß das Geld, das ich ausgab, die Substanz des Lebens war – ein göttlicher Botschafter, den ich auf seinen Weg des Dienens schicke. Es hat mir gedient; und nun wird es zahllosen anderen dienen, durch die Zeitalter hindurch.

Heute habe ich meine Pflicht dem Leben gegenüber getan. Nun entlasse ich den Tag und lasse ihn zu einer schönen Erinnerung werden. Ich habe mir selbst und allen anderen vergeben. Die Erinnerung an heute enthält keine Bitterkeit. Ich erinnere mich nur an das Gute, das Wahre und das Schöne. Ich bin meinen Tag im Geiste durchgegangen und habe jede Unruhe besänftigt. Ich habe mich von allem gelöst, was mir als eine Verletzung erschien. Ich verstehe und ich vergebe. Wenn jemand egoistisch zu sein schien, so weiß ich, daß er schlimmstenfalls nur egoistisch handelte, denn der Mensch in ihm ist eine Inkarnation des göttlichen Lebens. Seine Selbstsucht war nur eine Gewohnheit, die von seinen Tugenden bei weitem aufgewogen wird. Zu gegebener Zeit wird auch er sehen, daß sich weniger als Liebe und Wohlwollen nicht lohnt. Er ist im Grunde gut. Sein Handeln war nur ein Fehler, und ich vergebe jeden Fehler meines Nächsten, wie ich hoffe, daß mein Nächster mir meine Fehler vergeben wird.

Ich ziehe nun einen Vorhang vor den Tag und bereite mich auf die Ruhe vor. In meiner Vorstellung mache ich jetzt Vorbereitungen für morgen. Ich sehe mich morgen früh aufstehen, vollkommen ausgeruht und mit jeder Menge Energie – vital und lebendig. In meiner Vorstellung sehe ich mich an meine verschiedenen Tätigkkeiten gehen und tun, was immer es für mich zu tun gibt, wobei jede meiner Handlungen gute Ergebnisse zeitigt. Jeder Mensch, den ich treffe, erhält von mir etwas Gutes und ich von ihm.

Ich sehe mich jeder Situation, wie sie kommt, mit Mut, Glauben und Begeisterung begegnen. Das Heute ist erledigt. Ich habe dem Leben einen Plan gemacht, der das Morgen fließend einbezieht und über es hinausgeht. Ich habe den Vorhang über das Heute fallen lassen. Heute nacht werde ich ruhen und Energie für morgen sammeln.

Ich glaube, daß gute Erfahrungen mein göttliches Recht sind. Ich vertraue Gott und seinen unveränderlichen Gesetzen. Ich habe keine Vorbehalte gegenüber der Vergangenheit noch fürchte ich mich vor der Zukunft. Morgen werde ich den Herausforderungen von morgen entgegentreten. Ich werde keine Anspannung in meinen Schlaf mitnehmen – keine Sorge – keinen Kummer – kein Gefühl des Verlustes. Ich habe alle Fehler vergeben. Nun entspanne ich mich zu friedlichem Schlaf. Entspannung ist angenehm und Schlaf ist süß. Die Dunkelheit der Nacht mit ihrem Frieden und ihrer Stille läßt mich tief und friedlich schlafen. Ich vertraue dem Leben vollkommen.

Ich lasse nun alle ermüdenden Gedanken fallen und lege alle meine Angelegenheiten und die Angelegenheiten der Menschen, die ich liebe, in die Sorge des großen, unendlichen, liebenden Lebens selbst. Ich weiß, daß meine Lieben und ich beschützt und bewahrt werden. Ich weiß, daß ich, vom göttlichen Geist geleitet, immer zur rechten Zeit am rechten Ort bin und das Rechte tue.

Ich überlasse mich nun vollkommen und ganz und gar jener unendlichen, weisen Kraft, die die Sonne und die Sterne an ihren Plätzen hält und die auch die Vögel in ihrem Fluge leitet und dem verirrten Hund den Weg nach Hause zeigt. Das unendliche Leben umgibt mich mit seiner Liebe und wiegt mich in seinen ewigwährenden Armen. Ich bin dankbar für den Schlaf. Ich vertraue dem unendlichen Wissen in mir, daß es mich lebendig und meine Angelegenheiten in guter Form erhält. Da alle meine Angelegenheiten die Angelegenheiten des unendlichen Lebens selbst sind, werden sie von unendlicher Weisheit geführt.

Ich lebe beständig in dem Bewußtsein der Gegenwart des Guten. Gutes umgibt und umhüllt mich. Das Himmelreich ist in mir.

Ich habe jedes Problem der unendlichen Weisheit übergeben, denn ich weiß: „Er, der dich erhält, wird nicht schlummern." Ich schlafe nun in vollkommenem Vertrauen, und ich sage mit dem alten Propheten:

> In Frieden lege ich mich nieder, denn du, Jehovah, allein läßt mich in Sicherheit weilen. Wenn du dich niederlegst, sollst du dich nicht fürchten. Ja, du sollst dich hinlegen, und dein Schlaf soll süß sein.

35. Kapitel

Ich bin, ich kann, ich will

Die letzte und endgültige Antwort auf alle unsere Probleme, groß oder klein, findet sich definitiv in uns selbst. Gibt es etwas, was Sie gerne tun und sein wollen, was Sie bis jetzt nicht erreichen konnten? Sind Sie frustriert in Ihrem Wunsch, dem Leben Ausdruck zu verleihen, oder haben Sie das Gefühl, daß Sie in Wirklichkeit Ihre Welt beherrschen? Die Lösung dieser Probleme und die Kraft, sie zu lösen, liegen in Ihnen selbst. Die Lösung ist die Erkenntnis, wer und was Sie sind.

In einem vorhergegangenen Kapitel verglichen wir die schöpferische Ebene des Bewußtseins – das ist, den Geist, der auf der unterbewußten oder subjektiven Ebene arbeitet – mit der Erde in unserem Garten. Das Unterbewußtsein verkörpert unser unterbewußtes Selbst. *Als bewußte Wesen sind wir alle bewußte Erscheinungsorte des Geistes und haben die Macht zu wählen, was wir haben und sein wollen.*

Emerson sagt in seinem Essay über Selbstvertrauen: „Obwohl das weite Universum voll von Gutem ist, kann niemand zu einem Körnchen nahrhaften Weizens gelangen, außer wenn er den Flecken Boden bearbeitet, der ihm zur Bestellung gegeben worden ist. Die Kraft, die in ihm weilt, ist ihrem Wesen nach neu, und niemand außer ihm weiß, was es ist, das er vermag, noch weiß er es, bevor er es versucht hat."

Wir glauben immer etwas von uns und pflanzen dadurch Gedankensamen in unseren unterbewußten Boden. Diese Gedankensamen wachsen zu einer Gestalt heran, die dem im Samen angelegten Plan entspricht. Unkrautsamen wachsen zu Unkräutern heran und Gemüsesamen werden zu Gemüse. Negative Gedanken von Krankheit, Armut und Unglück wachsen, wenn man ihnen erlaubt, im großen subjektiven, schöpferischen Medium Wurzeln zu schlagen, zu Erfahrungen heran.

Wir haben den Wunsch, die richtigen Gedankensamen auszuwählen, und wir sollten lernen, die Pflänzlinge so zu behandeln und zu kultivieren, daß sie die richtigen Erfahrungsfrüchte tragen. Unsere Ideen, Überzeugungen und geistigen Vorstellungen sind die Samen; und alles bringt nach seiner Art Entsprechendes hervor.

Wir identifizieren uns immer geistig mit etwas. Wir nehmen immer etwas als wahr für uns an. Wir sagen immer, wir sind etwas – krank, gesund, reich oder arm. Die meiste Zeit über identifizieren sich viele von uns mit dem Negativen und erleben dadurch das, was sie nicht erleben wollen. Wenn wir sagen, „Ich fühle mich schlecht", wird die Idee in unserer Vorstellung aufgegriffen. Das Unterbewußtsein oder der schöpferische Grund akzeptiert, da er unvoreingenommen ist, was unser bewußtes Denken vorschlägt, nimmt uns beim Wort, bei unserer Überzeugung, und fängt sofort an, sie in Erfahrung umzusetzen.

Es ist gesagt worden, daß die Menschen des Altertums bestimmte Worte der Macht kannten, die dem modernen Menschen verlorengegangen sind. Diese Worte sind nicht verlorengegangen, aber ihre Bedeutung wird kaum von einem von hundert Menschen verstanden. Es sind Worte, die wir jeden Tag viele Male gebrauchen, und sie sind die wichtigsten Worte unseres Vokabulars. Die Worte der Macht sind *„Ich bin"*. Tag für Tag und Mal für Mal glauben und sagen wir: „Ich bin dies. Ich bin das." Unsere Behauptung, in den schöpferischen Boden unseres Bewußtseins wie in den Gartenboden gepflanzt, sprießt und wächst, und die Sache oder der Zustand, die oder den wir deklariert haben, nimmt Gestalt an.

Wenn wir sagen: „Ich habe Pech" oder „Ich bin krank", geben wir dem schöpferischen Bewußtsein ein festgelegtes Handlungsschema, wobei wir nicht erkennen, was für einen Schaden wir uns damit zufügen. Wenn wir sagen und glauben: „Ich bin ein Versager", machen wir uns unbewußt ein geistiges Bild des Versagens, und die schöpferische Kraft in uns geht daran, dieses Bild zu vergegenständlichen. Kein erfolgreicher Mann dachte oder sagte je, er sei ein Versager.

Statt uns mit negativen Vorstellungen zu identifizieren, laßt uns lernen, uns mit positiven Vorstellungen zu identifizieren, denn wir erleben uns so, wie wir uns in unserem Bewußtsein sehen. Wir sollten lernen, uns mit dem höchsten Ideal, das wir erkennen und begreifen können, zu identifizieren. Tatsächlich ist unser eigenes Leben vollkommenes Leben. Wir können sagen:

„Ich bin Leben. In mir habe ich alle Eigenschaften vollkommenen Lebens. Ich verkörpere das unendliche Gott-Leben. Die Kraft meines Körpers selbst und die Kraft in allen meinen Angelegenheiten ist dieselbe Kraft, die die Sonne, den Mond und die Sterne an ihren Plätzen hält. Es ist die Kraft, die die Rose erblühen läßt. Es ist die Kraft, die hinter dem Wind ist, und die Kraft, mit der ich atme. Diese unendliche, unsichtbare Kraft ist in mir personalisiert, und durch mein bewußtes Denken kann ich sie zu rechtem Handeln in meinem Körper und in meinen Angelegenheiten anleiten. Nichts nimmt mir mein Recht zu wählen."

Alle Kraft, die jemand braucht, steht ihm zur Verfügung, sobald er sie erkennt, und jeder kann lernen, sie zu gebrauchen. Wir können sagen:

„Das Wissen in mir ist das Wissen des unendlichen Geistbewußtseins. Es gibt für dieses Wissen keine Grenze. Es ist endlos, bodenlos und unbegrenzt da, wo ich existiere. Der allumfassende Geist ist in dem Bewußtsein, das ich gebrauche, und jede Information, die ich benötige, kann mir enthüllt werden, wenn ich sie brauche. Die Kraft Gottes ist meine Kraft. Die Gegenwart Gottes ist Gestalt geworden in meiner Gegenwart."

Indem wir auf diese Weise denken, identifizieren wir uns mit unendlichem Sein. Wenn wir dies als die Wahrheit über uns selbst akzeptieren, geben wir dem Leben automatisch ein vollkommeneres Schema für unsere Erfahrungen. Wenn wir diese größere Wahrheit über uns kennen und wenn wir sie uns mit Überzeugung erklären, sagt das schöpferische und unterbewußte Bewußtsein schließlich: „Er weiß, daß er ein Gott ist. Er weiß, daß seine Möglichkeiten unbegrenzt sind." Dann werden unsere Erfahrungen beginnen, sich nach dem neuen Schema zu entfalten.

Statt zu sagen, „Ich bin ein Versager", laßt uns sagen: „Ich *bin* erfolgreich" oder „Ich *bin* gesund. Ich *bin* die Intelligenz selbst." Wenn wir das tun, wird ein anderer Same gepflanzt; wir haben die Wahrheit über uns selbst deklariert.

Jesus sagte zu Petrus: „Du bist Petrus (ein Fels), und auf diesen will ich meine Kirche bauen; und die Pforten der Hölle sollen dagegen nicht bestehen." Petrus war einer der schwankendsten und unsichersten Menschen gewesen, unberechenbar und haltlos. Als Petrus von einem neuen Glauben von sich selbst erfüllt wurde, als er sich mit Beständigkeit identifizierte, wurde er ein Fels an Glauben und Stärke.

Wenn wir zu der großen Erkenntnis über uns selbst gelangen, können wir aufrichtig sagen:

„Da *ich* eine Inkarnation des ewigen Lebens *bin*, kann ich alles haben, sein und tun, was zu haben, zu sein und zu tun für mich richtig und normal ist. Ich kann erleben, was ich erleben sollte. Mein wahres Selbst ist nichts anderes als das ewige Sein. *Ich bin*; daher *kann* ich."

Das ist eine wunderbare Idee, um sie in den fühlenden, schöpferischen Teil des Bewußtseins einzupflanzen. Es ist ein alles einschließendes Konzept und das einzig wahre Konzept. Gott hat sich in mir, als Ich verkörpert, das ist die Wahrheit über mich, und diese Einsicht gibt mir das Recht, zu glauben und zu sagen:

„Ich kann tun, was zu tun für mich richtig ist. Ich kann haben, was zu haben mir zusteht. Ich kann sein, was zu sein für mich richtig ist. Es ist mir möglich, etwas zu leisten. *Ich kann*."

Jeder weiß, daß er Selbstvertrauen haben muß, wenn er irgend etwas Lohnendes vollbringen will.

Weil ich weiß, daß ich das Wissen und die Kraft habe, kann ich sagen: „ICH WILL. *Ich bin!* Daher *kann ich!* und daher *will ich!*" Wann immer wir mit einem Problem konfrontiert werden, sei es groß oder klein, können wir diese drei geistigen Schritte unternehmen. *Ich bin; ich kann; ich will.* Wenn wir dieses Konzept ohne Vorbehalt annehmen, finden wir heraus, daß die Situation, vor der wir stehen, kein Hindernis darstellt. Sie ist vielmehr eine Herausforderung an unsere Kraft und an unser Erkennungsvermögen dessen, wer und was wir sind.

Eines der größten Übel in der menschlichen Erfahrung ist ein Gefühl der Schwäche und Unzulänglichkeit – die Furcht, weiterzugehen, weil wir glauben, wir hätten nicht die richtige Ausrüstung, um den vor uns liegenden Herausforderungen zu begegnen. Wenn wir uns schließlich als Inkarnationen des unendlichen Lebens erkennen, die den unendlichen, schöpferischen Geist benutzen, wenn wir die Schleusen unseres Bewußtseins für unendliche Intelligenz, Kraft und Führung öffnen, dann können wir buchstäblich „Übermenschen" werden. In einem gewissen Ausmaß kann jeder Mensch diese Erfahrung machen.

Ich habe gesehen, wie sich das Leben von Menschen durch ein Verständnis und den ständigen Gebrauch dieser einen einfachen Feststellung geändert hat – *ich bin, ich kann und ich will.*

Dadurch, daß Sie die Wahrheit über sich wissen, die Wahrheit, die Sie kennen, auf sich in Anwendung bringen und anfangen, diese Wahrheit in jeder Ihrer Handlungen zum Ausdruck zu bringen, können Sie Ihre ganze Sichtweise und Ihr gesamtes Erleben verändern. Wenn Sie das tun, werden Sie die Intelligenz und die Kraft des allumfassenden, schöpferischen Geistbewußtseins gebrauchen, das alle Intelligenz und Kraft darstellt, die es gibt. Es gibt keine Kraft, die sich ihm entgegenstellen könnte. *Ich bin; ich kann; ich will!*

36. Kapitel

Der Schlüssel zu Gesundheit, Glück und Wohlergehen

Wir haben unsere Verbindung mit dem *großen, allumfassenden Geist und Leben* entdeckt. Wir haben herausgefunden, daß dieses „Ich" unserer selbst *individualisiertes Leben* ist, das sich selbst in einer Person erkennt, und wir wissen, daß wir den Geist des Lebens bei jeder Entscheidung gebrauchen, die wir treffen. Wir haben gelernt, daß wir nicht nur mit dem kosmischen Bewußtsein verbunden sind, sondern eins mit ihm. Wir gebrauchen es, weil es in uns als menschlicher Geist ist. Jeder von uns ist ein bewußtes, denkendes, richtunggebendes Einzelwesen in dem einen Leben, und jeder von uns kann wählen, wie er vom Bewußtsein Gebrauch machen, wie er denken und wie er handeln will.

Die gesamte Philosophie der christlichen Religion, die in Wirklichkeit die Philosophie der meisten großen Religionen ist, gründet sich auf zwei fundamentale Annahmen – die Verkörperung Gottes im Menschen und die Kontinuität, Ewigkeit und Unsterblichkeit des Lebens. Dies war grundlegend für Jesu Lehren – die Identität von Gott und Mensch und die daher rührende Unsterblichkeit und Göttlichkeit des Menschen. Diese Idee spiegelt sich in den größten Kunstwerken der Welt. Diese Überzeugung hat die größten Gedichte angeregt, die je geschrieben wurden. Da die wahre Natur des Menschen Gott ist, kommt sein Leben nie zu einem Ende.

Es ist nicht so, daß der Mensch jetzt Herr des Universums um ihn wäre, weil er das Atom spaltete, sondern er spaltete vielmehr das Atom, weil er sich für den Herrn seiner Welt hielt. Grundsätzlich, wenn auch vielleicht unbewußt, hat der Mensch an seine eigene Göttlichkeit geglaubt. Glaube führte die Suche. Glaube führte zum Gelingen, nicht das Gelingen zum Glauben.

Es ist äußerst wichtig, daß der Mensch an diese beiden Prämissen glaubt, die wir erwähnt haben: daß er eine *Verkörperung der Gotteskraft* ist und daß er *unsterblich* ist. Sicherlich hätte ein Mensch, der sich für ein zufälliges Nebenprodukt innerhalb der Schöpfung der Natur hält, recht, wenn er das Gefühl hätte, es sei kaum der Mühe wert zu versuchen, innerhalb der begrenzten Lebensspanne, die ihm auf dieser Erde zugestanden wird, Großartiges zu vollbringen.

Als die Wissenschaftler das Atom spalteten, wurde etwas Gewaltiges entdeckt. Es wurde voll ehrfürchtigen Staunens verkündet, daß im Atom, aus dem sich alle Substanz zusammensetzt, die Lebenskraft selbst sei; die intelligente Energie, aus der heraus die Welt der Formen um uns ins Sein getreten ist. Der Mensch ist durch diese Entdeckung in der Lage, die Göttlichkeit seines Wesens, seine Einheit mit dem unendlichen Leben selbst, klarer zu erkennen.

Für jeden denkenden Menschen sind diese beiden fundamentalen Grundsätze in sich selbst einleuchtend. Sie sind nicht länger eine Ansichtssache. Die absolute Einheit von Gott und Mensch ist so offensichtlich wie die Tatsache, daß wir existieren. Dieses unsichtbare Einssein hat es seit Anbeginn aller Zeit gegeben, bevor wir irgend etwas darüber oder über uns selbst wußten. Das ist wahr, ob wir es erkennen oder nicht und ob wir es begreifen oder nicht. Es wird nicht wahrer sein, nachdem wir es entdeckt haben; aber wenn wir es entdecken, werden wir fähig sein, es absichtlich zu gebrauchen. Insoweit diese Einheit betroffen ist, ist ihr nie etwas geschehen und kann ihr nie etwas geschehen. Niemand kann sie auflösen. Nur Unwissenheit kann uns daran hindern, sie zu genießen.

Innerhalb des Lebens ist ein großes Verlangen, das uns zur Entdeckung des Selbst treibt. Heute ist das nicht bloß eine religiöse Theorie. Es ist praktische geistige Wissenschaft. Die Vorstellung, die der heutige moderne Wissenschaftler im Hinblick auf die körperliche Welt hat, ist sehr verschieden von den Vorstellungen, die man vor hundert Jahren hegte. Wissenschaftler sehen nun, daß Substanz Energie ist und daß „Energie und Substanz gleich, identisch und austauschbar" sind. Das physische All ist eine Projektion der wirklichen Welt oder ihre

Oberflächenerscheinung. Substanz ist eins mit Geist, mit allumfassender Energie.

Die moderne Psychologie hat die Wahrheit des Bibelwortes wieder entdeckt: „In Ihm leben wir und bewegen wir uns und haben wir unser Sein." Schaue in dich hinein und entdecke die Wahrheit deiner selbst, dein eigenes Bewußt-Sein. Das ist der äußerste Punkt der Erkenntnis, an den man gelangen kann. An diesem Punkt bist du eins mit dem unendlichen Leben selbst.

Die Leute sagen manchmal: „Ich kann das akzeptieren, aber wie nehme ich diese Tatsachen und mache sie lebendig? Wie kann ich meine Lebensumstände verbessern, mein Einkommen erhöhen, meine Einkommenssteuer bezahlen, ein neues Haus kaufen oder Liebe und Freundschaft in mein Leben bringen? Was hilft es mir *jetzt* zu wissen, daß ich eins bin mit dem unendlichen Leben oder daß ich ewig fortdauern werde?"

Offensichtlich kann es keine Begrenzung dafür geben, was wir als individuelle Ausformungen des Lebens tun können, da wir eins mit aller Kraft, aller Energie, allem Wissen und allem Leben sind, die es gibt. Während wir mehr über uns selbst und über die Anwendung der Gesetze des Lebens in Erfahrung bringen, erweitern wir unseren Erfahrungshorizont.

Ihr Gehalt erhöhen? Ihre Umgebung verbessern? Liebe und Freundschaft finden? Selbstverständlich! Sie wenden einfach die Gesetze des Universums an – das Gesetz von Ursache und Wirkung, das Gesetz des Ausgleichs, das Gesetz der Anziehung, das Gesetz des Wachstums; und diese Gesetze arbeiten mit derselben Exaktheit wie die Gesetze von Physik, Chemie, Elektrizität, Mathematik, so präzise wie das Gesetz der Schwerkraft.

Die Rettung der Zivilisation als ganzer wie auch die Sicherheit von uns als einzelnen hängt, glaube ich, von unserer Erkenntnis der Einheit allen Lebens, aller Dinge, aller Menschen ab, von unserer Einsicht, *daß wir in einem Universum, in einer All-Einheit leben.*

Wir werden niemals zufriedenstellende Fortschritte machen, solange wir darauf bestehen zu glauben, wir als Individuen seien von anderen getrennt, niedriger oder höher als sie. Die Welt wird von

Uneinigkeit zerrissen sein, solange Menschen an Rassenüberlegenheit oder rassische Minderwertigkeit glauben. Menschliche Wesen *unterscheiden* sich in der Rasse, der Farbe, der Sprache oder der geographischen Lage ihres Siedlungsraumes; aber die Überlegenheit oder Unterlegenheit einer Rasse gegenüber einer anderen – niemals! *Nur das Individuum ist überlegen, dessen Gedanken und Motive überlegen sind.*

In unserem Verlangen nach den guten Dingen des Lebens berauben wir niemand anderen, denn es gibt um uns herum genug. Auch hat der Rest der Welt nichts davon, wenn wir unglücklich sind. Es gibt bereits zu viele Tränen. Wir helfen der Welt nur, wenn wir glücklich sind, wenn wir vital lebendig sind.

Phantasie ist im Grunde kreativ, aber wir sind es, die wählen, welche Vorstellungen wir schaffen und dem schöpferischen Bewußtsein übergeben. Unser Glaube kann entweder positiv oder negativ sein. Er kann stark sein oder schwankend. Das Bild, das wir uns machen, kann entweder klar sein oder wolkig; aber in jedem Fall werden durch unseren Glauben in unserer Vorstellung wirkliche Pläne gemacht, durch die für uns das Leben fließt; und uns geschieht nach unserem Glauben.

Ein Kind mag in einer Umgebung aufwachsen, die von Armut und Begrenzung gezeichnet ist. Es mag zu der Einstellung gelangen, Begrenzung sei für es die normale Erfahrung. Es macht sich ein Bild von einer begrenzten Zukunft. Begrenzung wird sein unterbewußtes Denkschema. Armut wird weiterhin seine Erfahrung bleiben, bis es durch irgendeinen Vorfall dieses Gedankenschema ändert. *Es machte den Plan nicht zuerst bewußt,* aber *es kann ihn bewußt verändern.*

Ein Kind mag in seinen frühen Jahren viel von Krankheit und Beschwerden umgeben gewesen sein; und wenn es sich nie bemüht, wenn es die Sache nie durchdenkt, bis es einsieht, daß Gesundheit der Normalfall ist, wird es wahrscheinlich zu der Schlußfolgerung gelangen, Krankheit sei normal. Ein Glaube an Krankheit wird seine Vorstellung beherrschen, solange es lebt.

Unbewußt mögen wir *an den Zufall glauben* – den guten oder den bösen. Wenn das der Fall ist, werden wir scheinbar vom Zufall beherrscht werden. Wenn wir glauben, unsere Erfahrungen müßten die Erfahrungen des Durchschnitts der Menschen sein, werden wir vom Gesetz der Mittelmäßigen beherrscht werden und an unseren vorherrschenden unterbewußten Geisteszustand gebunden bleiben.

Alle Schwierigkeiten sind das Resultat falscher Einstellung – spirituell, physisch oder geistig – und in den meisten Fällen ist das unbewußt. *Der dominierende Zustand des Unterbewußtseins spiegelt sich sowohl im Zustand unseres Körpers als auch in unseren Angelegenheiten. Wir haben jeder durch unser bewußtes Denken die Macht, eine neue Einstellung des Unterbewußtseins zu erzeugen. Unsere Fesseln der Begrenzung und des Kummers werden von uns abfallen, wenn wir in unserer Vorstellung nicht länger an Denkschemen der Begrenzung festhalten.*

Wir können unserem Glauben eine neue Richtung geben. Wir können unser Leben machen, es neu erschaffen. Wir brauchen uns nicht durch alte Überzeugungen binden lassen. Wenn wir dafür neue, positive Bewußtseinshaltungen einsetzen, schaffen wir uns eine Reihe neuer Erfahrungen. Wir sind in Gefängnissen eingeschlossen gewesen, die wir selbst gebaut haben. Jetzt, wo wir lernen, uns mit Freiheit, überreichlichen Gütern, Gesundheit, Erfolg, Frieden und Glück zu identifizieren, fallen diese Gefängnismauern in sich zusammen.

Unsere Außenwelt ist eine Spiegelung unserer Innenwelt. Äußere Erfahrungen sind nichts als Oberflächenerscheinungen. Es liegt etwas hinter dieser Oberfläche, das ihr die Realität gibt. Leben ist die große Realität. Das Gesetz des Lebens ist Geist, Bewußtsein. Form ist Leben, das in das Feld unserer Wahrnehmung gebracht wurde. Die gegenständliche Welt kann nur durch die subjektive Welt erklärt werden, die ihr zugrunde liegt. Der Erforscher des Geistes arbeitet in diesem Feld der Ursachen.

Viele Stunden lang, durch viele Seiten hindurch haben Sie, der Leser, und ich, der Autor, miteinander gedacht. Zweifellos haben wir viele Probleme ausgearbeitet, indem wir zusammen gedacht haben. Sie haben sich auf das größte, erregendste Abenteuer Ihres Lebens eingelassen. *Indem Sie die Kraft des Bewußtseins bewußt gebrauchen, die Kraft Ihres Bewußtseins dazu gebrauchen, können*

Sie sein und tun, was Sie sein und tun wollen. Sie können die Kraft Ihres Bewußtseins dazu gebrauchen, anderen zu helfen. Ihre Möglichkeiten sind unbegrenzt. Die Kraft, die Sie gebrauchen, ist in Ihnen selbst. Es ist nicht notwendig, anderswo nach ihr zu suchen, denn Sie haben den Schlüssel.